LE
BARREAU DE PARIS

1810-1870

PAR

JULES FABRE

AVOCAT A LA COUR D'APPEL DE PARIS

PARIS

J. DELAMOTTE, LIBRAIRE-ÉDITEUR

85, BOULEVARD SAINT-MICHEL, 85

1895

LE BARREAU DE PARIS

LE

BARREAU DE PARIS

1810 - 1870

PAR

JULES FABRE

AVOCAT A LA COUR D'APPEL DE PARIS

>+<

PARIS

J. DELAMOTTE, LIBRAIRE-ÉDITEUR

85, BOULEVARD SAINT-MICHEL, 85

—

1895

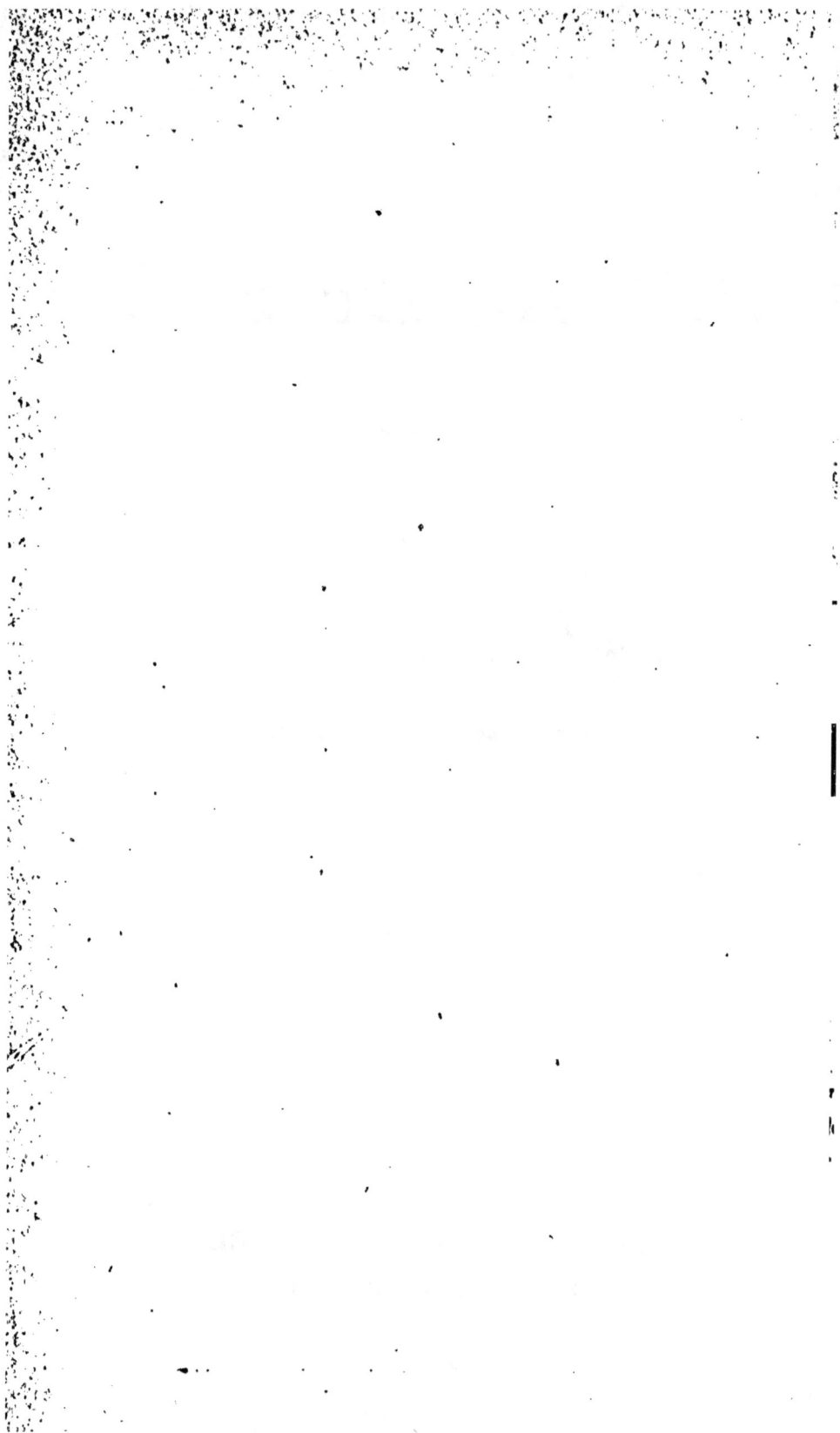

A

M. ERNEST CARTIER,

BATONNIER DE L'ORDRE DES AVOCATS A LA COUR D'APPEL

DE PARIS

————

Monsieur le Bâtonnier,

Quel nom plus digne et plus respecté que le vôtre pouvais-je écrire en tête de ces pages?

J'ai essayé d'y retracer, le plus fidèlement qu'il m'a été possible, soixante années de l'histoire de notre Ordre, d'y résumer les débats où il a joué son rôle, d'y rappeler les luttes mémorables qu'il a soutenues pour la défense de la liberté et du droit.

Je me suis efforcé de faire revivre un instant le précieux souvenir des maîtres qui l'ont illustré — par l'éclat de leur éloquence, par leur fidélité professionnelle, par la sincérité de leur talent, par la pureté de leur vie.

Au milieu de nos anciens, les suffrages bien inspirés de vos confrères vous ont mis en bonne place, Monsieur le Bâtonnier; c'est donc avec raison que je me suis permis de vous offrir l'hommage de ce livre, et je vous exprime ma profonde et respectueuse gratitude d'avoir bien voulu l'accepter.

JULES FAVRE.

PRÉFACE

Dans les premières pages de son beau livre sur le *Barreau au xix° siècle*, M. Oscar Pinard a écrit : « Je ne sais si je me trompe, mais on s'aperçoit à certains signes que le Barreau commence à ne plus être jeune... » Si cette pensée était vraie quand M. Pinard l'a exprimée, combien le serait-elle plus encore aujourd'hui, trente années s'étant écoulées pendant lesquelles les idées et les choses ont marché d'une allure presque vertigineuse !

C'est le propre des vieillards d'aimer à rassembler leurs souvenirs ; par là, ils s'efforcent de retrouver les temps qui ne sont plus, et de se survivre à eux-mêmes. Le Barreau, vieux il y a trente ans — beaucoup trop vieux maintenant, au gré de certains esprits — peut donc, à juste titre, faire un retour sur le passé et jeter un regard indulgent sur le chemin parcouru.

On se demandera peut-être ce qu'est, en dernière analyse, une histoire du Barreau. Doit-elle se réduire à faire revivre les grands avocats ou à rappeler les débats célèbres ? Doit-elle simplement se borner à commenter les textes organiques d'une corporation qui prend depuis des siècles, et prendra, sans doute, pour

quelque temps encore, sa large part de cette chose
délicate qui s'appelle l'administration de la justice?

Ainsi limitée, l'œuvre resterait fatalement incomplète. Aussi bien, en nous mettant au travail, en le
poursuivant avec quelque persévérance pendant plusieurs années, nous n'avons pas pensé d'abord que
nous dussions uniquement retracer la vie des maîtres
de la barre. Dans cet ordre d'idées, bien des volumes
ont déjà vu le jour, et l'utilité n'apparaissait pas d'un
livre nouveau. Et puis, si illustre qu'il soit devenu,
l'histoire de chaque soldat, pris à part et suivi dans le
cours de sa destinée, ne constituera jamais l'histoire du
régiment tout entier. Il y manquera toujours les vues
d'ensemble et les aperçus généraux.

Il n'eût pas suffi, en second lieu, de feuilleter les
journaux judiciaires, de déchiqueter les recueils des
causes célèbres et de raconter à nouveau les grands
procès auxquels la foule s'est passionnée. Pour les corporations comme pour les peuples, l'histoire ne consiste
pas en la froide énumération de leurs actes et de leurs
combats; elle doit, par surcroît, analyser les mouvements qui se produisent, signaler les transformations
qui se succèdent, constater les progrès qui s'accom-
plissent.

A quoi bon enfin eût-il servi de recueillir nos précédents, nos coutumes et nos règles? L'histoire des
lois n'est pas nécessairement celle des pays qu'elles régissent; et, à ce point de vue, MM. Mollot, Liouville et
Cresson, dans leurs livres, M. Lacan, dans ses *Notes*,

ont pour longtemps épuisé le champ des recherches.

Et pourtant c'est de la synthèse de toutes ces choses — portraits de nos anciens, résumé des grands débats judiciaires, étude de notre organisation intérieure — que se compose la substance vitale des annales de notre Ordre.

Tel était au moins l'aspect sous lequel avaient envisagé l'histoire du Barreau français ceux qui déjà l'ont écrite, Fournel, Gaudry, d'autres encore... Nous ne prétendons pas tracer un plan mieux combiné que le leur, et, loin d'avoir la pensée de refaire ce qu'ils ont achevé, nous avons simplement tenté de continuer l'œuvre par eux entreprise, en la reprenant à l'époque même où ils s'étaient arrêtés.

En tout temps et en tout pays, on a beaucoup écrit, parlé, discuté du Barreau; il s'est vu l'objet de critiques amères et d'injustes attaques; par contre, quelques-uns l'ont défendu sans modestie ou vanté sans mesure. N'est-ce pas Robespierre, qui, prenant un jour la défense de l'Ordre, s'écriait : « C'est là que se conservent les dernières traces de la liberté exilée du reste de la société; c'est là que se trouve encore le courage de la vérité, qui ose proclamer les droits du faible opprimé contre les crimes de l'oppresseur puissant ? »

« Vous dégradez, poursuivait-il, vous dégradez des fonctions précieuses à l'humanité, essentielles au progrès de l'esprit public; vous fermez cette école de vertus civiques où les talents et le mérite apprennent,

en plaidant la cause du citoyen devant le pays, à défendre un jour celle du peuple devant le législateur. »

A coup sûr, les avocats n'ont pas mérité tout le mal
ou tout le bien qu'on a dit d'eux; hommes ils sont, et,
rien d'humain ne leur étant étranger, ils ont eu leurs
faiblesses et leurs grandeurs; et ce n'est pas merveilleuse trouvaille que de leur découvrir des vertus et des
défauts.

Nous n'avons pas à disserter de nouveau sur la matière; en eussions-nous éprouvé l'envie, la science et
l'autorité nécessaires pour instituer un pareil débat
nous auraient faussé compagnie.

Et pourtant le sujet n'eût pas laissé d'être d'actualité
pressante; presque chaque jour, le Barreau, son organisation, ses traditions, ses usages défraient la discussion et soulèvent la polémique; plus que jamais, à la
suite d'incidents divers, le monde s'occupe de nous,
parfois sans nous bien connaître, et nous condamne
avec sévérité, souvent sans nous entendre. Il s'indigne
fort de nos droits et de nos « privilèges »; mais il
ignore volontiers nos devoirs, nos déceptions et nos
labeurs.

Qu'adviendra-t-il de tout ce bruit ? Probablement peu
de chose ! Sans vouloir deviner l'avenir — les temps
positifs où nous vivons n'engageant pas à prophétiser
— il semble que les propositions, les motions, les
projets, les vœux, les amendements, les rapports...,
concernant l'Ordre des avocats, risquent de dormir,

un peu de temps, leur innocent sommeil dans les cartons législatifs où ils ont disparu.

Mais, en fût-il autrement, et le Barreau, qui assiste impassible à ce mouvement, dût-il périr, ou plus simplement se transformer, ce serait bien le moment de raconter son histoire.

Pour vieilli, suranné, ou « archaïque » qu'on l'accuse d'être, l'Ordre des avocats reste fier de son passé, jaloux de ses travaux et glorieux de ses souvenirs.

On a vu, aux temps troublés de nos révolutions, ou à la suite de chutes profondes, les survivants de quelque vieille et noble maison contraints de quitter pour toujours l'antique demeure de leurs ancêtres; ils ne manquaient pas, à cette heure douloureuse, de ranger précieusement, pour les emporter en s'éloignant, leurs parchemins de noblesse et les témoins tangibles de leur gloire passée.

S'il le faut, notre Ordre fera de même; s'il doit un jour céder à la force et disparaître de la scène judiciaire, il tiendra à honneur de n'oublier jamais ni ses grandes actions, ni ses grands hommes; il peut, sans timidité et sans peur compter, pour les uns et pour les autres, sur les juge ... .s de l'avenir.

Dans notre étude, nous n'avons pas cru devoir dépasser l'année 1870; c'est une date, depuis que, dans le cours de notre histoire nationale, d'effroyables événements ont creusé comme une sinistre coupure.

Et puis, certains de nos maîtres sont au Palais, qui,

à cette époque, voyaient déjà grandir ou s'affirmer la situation et l'emploi que depuis leur ont assurés leur talent, leur savoir et leur vie. « Je viens maintenant, a dit Loysel, aux avocats de mon temps, — qui sont en bien grand nombre ; mais ils sont, pour la plupart, vivants, desquels partant ne puis parler... »

Nous suivrons le sage conseil de l'ancien ; aussi bien faut-il savoir se borner ; n'a-t-on pas prétendu que c'était une des vertus de l'écrivain? celle qu'à défaut d'autres nous voulons pouvoir revendiquer sans conteste.

Donc, à l'exemple des peuples malheureux, le Barreau a son histoire ; elle s'est déroulée, à travers les siècles, sans violentes péripéties et sans catastrophes irréparables ; il nous a semblé toutefois qu'à certains jours elle offrait un véritable intérêt ; cet intérêt, nous l'avons souvent éprouvé à écrire ces pages bien imparfaites ; et nous n'aurons rien à désirer si quelques-uns en trouvent aussi à les lire.

LE BARREAU DE PARIS

CHAPITRE PREMIER

DES ORIGINES
JUSQU'A LA RECONSTITUTION DE L'ORDRE (1810)

Établissements de saint Louis. — Concile de Lyon en 1274. — Le Parlement sous Philippe le Hardi. — Ordonnances de Philippe de Valois. — Charles VII, Charles VIII, Louis XII. — Vénalité des charges de justice. — François Ier. — Rédaction des coutumes. — Le conseiller Anne du Bourg. — Guerres civiles. — Les Jésuites. — Jurisconsultes du xvie siècle. — Conflit de 1602. — Dialogue de Loysel. — Tableau. — Bancs. — Bâtonnier. — Louis XIV. — La Fronde. — Omer Talon. — Avocats au Parlement et avocats au Châtelet. — Avocats célèbres. — D'Aguesseau. — Le bâtonnat déserté. — Incidents du commencement du xviiie siècle. — Le Parlement à Pontoise. — Affaire de la bulle Unigenitus. — Consultations célèbres. — Mandement archiépiscopal. — Exil de dix avocats. — Conflit entre le Parlement et l'archevêque de Paris. — Dissentiments au sein du Barreau. — Normand et Cochin. — Le Parlement à Pontoise. — Le Parlement Maupeou. — Gerbier et Linguet. — Incendie du Palais. — Lutte du Parlement contre Louis XVI. — Le Parlement à Troyes. — Les États généraux. — Dernier tableau des avocats. — La Révolution. — Suppression du costume des avocats. — Dispersion de l'Ordre. — Les hommes de loi, ou « avocats du Marais ». — Les défenseurs officieux. — Suppression des avoués. — Abus. — Tentatives de réorganisation. — Liste de jurisconsultes publiée par l'Almanach national. — Nouveau costume des gens de loi et des avoués. — Loi du 22 ventôse an IX réorganisant les Écoles de Droit. — Les avocats dans les grandes affaires criminelles : Mlle de Cicé, le général Moreau, le capitaine Argenton

— Mort de Tronchet; son éloge par Delamalle. — Legs de Ferey. — La bibliothèque des avocats. — Service en l'honneur de Ferey; discours de Bellart.

Il faut remonter aux « Établissements de saint Louis » pour découvrir les premières règles certaines concernant le Barreau français, et y chercher quelques traces de son histoire. Le chapitre XIV du livre II, intitulé : « Comment avocat doit se contenir en cause, » édictait plusieurs principes qui ont régi et régiront de tout temps un ordre d'avocats régulièrement organisé; c'est ainsi qu'il y est prescrit la courtoisie dans la discussion, la sincérité dans l'exposé du fait et du droit, et qu'il y est interdit toute communauté d'intérêts matériels entre l'avocat et son client.

L'Église, au sein de laquelle surtout se recrutait le Barreau, — un pape de ce temps, Clément IV, n'avait-il pas été jurisconsulte et avocat, alors qu'il s'appelait simplement Guy Foulques? — devait s'occuper aussi des règles imposées à l'avocat; et c'était l'une des plus positives que celle qui, au Concile de Lyon, en 1274, fixa les honoraires à 20 livres tournois, avec l'obligation pour les avocats de renouveler le serment qu'ils ne recevraient rien de plus. Philippe le Hardi, plus généreux, éleva ce maximum à 30 livres.

Sous Philippe le Long, la permanence du Parlement fut instituée ; de là, devait nécessairement sortir pour le Barreau une organisation nouvelle, plus régulière et plus précise.

Philippe de Valois, en 1327, à la veille d'arriver au trône, rendit une ordonnance qui contenait les prescriptions les plus importantes : elle parlait du « rôle » sur lequel les avocats seraient inscrits, et telle fut, en faisant la part des nombreuses modifications apportées par la marche du temps, la véritable origine du tableau.

Dès 1340, les registres du Parlement contenaient cinquante et un noms d'avocats.

Par la même ordonnance de 1327, il était prescrit aux avocats de se trouver au Châtelet, au soleil levant, sauf le temps nécessaire pour entendre une basse messe, de se présenter dans les causes suivant l'ordre réglé par le prévôt, et de n'en plaider chacun que deux ou trois, pour laisser à leurs confrères le temps de plaider les leurs. Enfin tout avocat prévaricateur était pour toujours exclu de l'audience.

En 1344, Philippe VI confirma ses précédentes décisions; il ordonna l'établissement d'une liste des avocats ayant prêté serment, sur laquelle seuls les plus capables étaient inscrits, les autres devant être supprimés. Les avocats maintenus, outre le serment de remplir leurs fonctions avec exactitude et fidélité, étaient tenus de ne point se charger de causes dont ils auraient reconnu l'injustice, de s'abstenir de fausses citations, de ne pas chercher à se procurer des remises par des subterfuges ou des prétextes malicieux. Le règlement de Philippe VI organisait enfin une sorte de stage, qu'il fallait subir avant de pouvoir définitivement exercer la profession. Plusieurs des dispositions arrêtées par Philippe VI ont résisté, dans leur principe et dans leurs détails mêmes, à toutes les tribulations des siècles écoulés, et sont restées en vigueur; c'est plus qu'il n'en faut dire pour démontrer l'esprit de sagesse de celui qui les avait édictées.

Pendant les troubles de la guerre de Cent ans et les alternatives de victoires et de défaites que la France traversait, les listes des avocats n'étaient guère dressées que pour la forme; les listes de 1418 ne mentionnent que dix-huit noms; çà et là, les registres du Parlement rappellent des prestations de serment, où l'avocat jurait fidélité au pouvoir; rien d'ailleurs n'assurait que le pouvoir d'un jour serait encore celui du lendemain.

Charles VII, en 1446, 1452 et 1453, Charles VIII, en 1490 et en 1493, Louis XII, en 1498, s'occupèrent plus sérieusement des avocats; mais il semble que la forme des plaidoiries et l'ampleur exagérée qu'elles avaient prise les aient avant tout intéressés. Jusque-là, à la barre, on se livrait volontiers au plus étrange verbiage; des développements extraordinaires étaient donnés aux discussions les plus simples, et c'était miracle lorsque, chargé d'une affaire de minime importance, l'avocat consentait, dès les premiers mots de son exposé de fait, à passer au déluge. Aussi « plaideront et écriront brièvement », avait dit Jean le Bon, et ses successeurs n'avaient pas manqué de le redire. En outre, interdiction formelle était faite de se servir de « paroles injurieuses et contumélieuses (1) ».

L'ordonnance de 1493 avait formellement proscrit la vente et l'achat des charges de justice; toutefois, les dépenses énormes qu'occasionnèrent les guerres d'Italie et la nécessité d'y subvenir firent fléchir la règle; sous Louis XII, la vénalité des charges était chaque jour pratiquée. François Ier la sanctionna positivement. En dehors des redoutables inconvénients qu'entraîne une pareille mesure pour la saine administration de la justice, elle eut de graves conséquences pour les avocats. Auparavant, en cas de vacance d'une charge, toutes les personnes habiles à la remplir pouvaient y être présentées, d'où il résultait que, fréquemment, des membres du Barreau que désignait seule leur valeur personnelle étaient appelés à la magistrature; mais à partir de François Ier, à quelques exceptions près, ils s'en virent écarter.

(1) Fournel, *Hist. des avocats*, II, pp. 84 et s.

Cependant le Barreau se repeuplait; des noms dignes d'être retenus figuraient sur les listes : c'étaient Guillaume Poyet, que l'amour du luxe et des richesses précipita dans les plus tristes aventures, François de Montholon, dont, à l'encontre de Poyet, la probité resta légendaire, Pierre Lizet, Jean de Lamoignon, Gilles Lemaître, Pierre Séguier, Christophe de Thou.

Les avocats ne se consacrèrent pas seulement à l'examen et à la défense des intérêts particuliers qui leur étaient confiés; ils prirent à la rédaction des coutumes une part sérieuse, l'étude des lois existantes étant le meilleur moyen d'en révéler les imperfections et d'en préparer la réforme.

Le Barreau a toujours prêté son concours à ceux qui le réclamaient, quelque danger personnel que pût présenter pour l'avocat l'accomplissement de sa mission; on pourrait, dès cette époque reculée, citer de nombreux exemples de l'intervention d'un avocat en faveur d'un accusé condamné à l'avance, pour avoir commis les crimes politiques les plus graves ou enfreint les lois civiles ou religieuses: le conseiller Anne du Bourg, poursuivi pour hérésie, fut assisté de Pierre Robert, bien qu'il eût encouru, sans limitation ni réserve, la peine de mort prononcée contre les protestants; les efforts de son défenseur devaient être vains, et il pouvait être dangereux de les tenter.

C'est l'époque des guerres religieuses et des dissensions civiles; les luttes fratricides, qu'elles s'engagent entre catholiques et partisans de la Réforme, ou entre amis du Roi et amis des Guises, couvrent bruyamment les voix qui se font entendre dans les prétoires de justice, et l'histoire du Barreau en ces temps troublés est restée assez obscure. Il en fut ainsi pendant tout le règne de Henri III, pendant le passage éphémère de Charles de Bourbon, et jusqu'à ce qu'Henri IV ait, à la pointe de son épée, définitivement conquis son royaume.

Toutefois, c'est sous Charles IX qu'éclata la grande querelle engagée contre les Jésuites.

En 1564, ils demandèrent à être incorporés à l'Université. Cette requête souleva au sein du Parlement une violente opposition.

Pasquier plaida pour l'Université, heureux de combattre les Jésuites, « ce monstre qui, pour n'être ni régulier ni séculier, était tous deux ensemble ». Pierre Versoris avait défendu les Jésuites. Le Parlement ajourna le débat; c'était un succès pour ceux-ci.

Trente années plus tard, en 1594, ils durent se défendre à leur tour, Jacques d'Amboise ayant demandé leur expulsion, non seulement de Paris, mais du royaume de France.

Attaqués par Antoine Arnaud, dans une plaidoirie véhémente qui a été conservée, ils furent défendus, mais avec une regrettable mollesse, par Claude Duret, qui eût mieux fait de refuser une cause qu'il jugeait condamnable que de l'accepter pour la trahir.

Le 29 décembre 1594, un arrêt du Parlement prononça l'expulsion « des Pères et escholiers du collège de Clermont, comme corrupteurs de la jeunesse, perturbateurs du repos public, ennemis du Roi et de l'État ». Les Jésuites rentrèrent quelques années plus tard, en 1603, et finirent en 1618 par obtenir de haute lutte un arrêt qui leur permettait de faire « lectures et leçons publiques, et autres exercices de leur profession ».

Pendant le cours du XVIe siècle, les jurisconsultes, éloignés de la barre par les événements politiques, mais versés dans l'étude des lois positives, brillèrent davantage par l'étendue de leur savoir que par leur éloquence même.

Au premier rang figure Dumoulin, qui parut un instant, mais qu'un défaut de prononciation éloigna bientôt. Après Dumoulin, c'est Pierre Pithou, qui ne plaida qu'une fois ; c'est Antoine Loysel, dont le nom restera fixé dans les souvenirs du Barreau français.

A son histoire se rattache celle du grave conflit qui éclata en 1602 entre le Parlement et les avocats (1).

Aux termes d'une ordonnance rendue à Blois, en 1579, les avocats étaient tenus « d'écrire et parapher de leur main ce qu'ils auraient reçu pour leur salaire, et ce, sous peine de concussion ».

Cette disposition était presque restée à l'état de lettre morte, quand, à la requête d'un grand personnage, le duc de Luxembourg, disent les uns, Sully lui-même, disent les autres, le Parlement prescrivit l'observation de la règle posée par l'ordonnance de Blois, concernant le salaire.

Malgré les protestations soulevées par cette décision, elle fut maintenue par un arrêt postérieur, en date du 18 mai 1602, qui enjoignait aux avocats d'obéir, et de venir au Palais faire leurs charges, « lesquels, si aucuns se veulent désister, soient tenus de le déclarer et signer au greffe ; mais ils seraient privés de l'exercice de leur profession, rayés de la matricule, et il serait fait défense à eux de consulter, écrire, ni plaider à peine de faux ».

Les avocats, raconte Loysel (2), s'étant assemblés au nombre de trois cent sept, en la chambre des consultations, résolurent tous d'une voix de renoncer publiquement à leurs charges. Et à cet effet ils s'en allèrent deux à deux au greffe de la Cour faire la déclaration qu'ils

(1) Fournel, II, pp. 383 et s.
(2) Préface du *Dialogue des avocats*.

quittaient volontiers la fonction d'avocat plutôt que de souffrir un règlement qu'ils jugeaient préjudiciable à leur honneur.

Le 21 mai, le Parlement n'ayant pas d'avocats à sa barre les envoya chercher, mais en vain. Cet incident faillit faire éclater une sédition en ville.

Le roi, saisi de la querelle, prit un moyen terme : il prescrivit aux avocats d'obéir à l'arrêt rendu, mais en même temps il rétablit les avocats interdits, les autorisant à exercer leurs fonctions comme par le passé.

Chacun retourna au Palais sans qu'il fût plus longtemps question de l'ordonnance de Blois. Cette affaire détermina Loysel à écrire et à publier son *Dialogue des Avocats du Parlement de Paris.*

L'auteur suppose une suite de conférences entre lui et Étienne Pasquier, conseiller et avocat du roi en la Chambre des comptes; ces conférences, auxquelles prennent part plusieurs autres avocats au Parlement, un conseiller élève et un maître des requêtes, se déroulent au domicile de l'un des interlocuteurs; elles ont pour point de départ l'arrêt du Parlement qui a prescrit l'observation de l'ordonnance de Blois, passent en revue l'histoire de la profession d'avocat, et font le portrait de tous ceux qui l'ont illustrée.

« Vous devez tous prendre courage de travailler, dit Pasquier en terminant par des considérations qu'en tout temps il sera bon de retenir, et estimer que, de quelque pays ou nation que l'on soit, il y a place pour tous au Barreau, du moins pour avoir part à ce beau et fertile champ du Palais, et espérer de vous rendre capables d'être un jour appelés aux plus hautes charges du royaume, y acquérir des commodités et des biens de ce monde, pour en faire part à ceux qui en ont besoin, et principalement de l'hon-

neur et du contentement, n'y ayant prince, seigneur, ni
personnage, de si grande étoffe ou fortune, qui n'ait
affaire du conseil et de l'assistance de l'avocat en ses plus
importantes affaires, et non seulement pour la conservation de ses biens temporels, mais aussi de son honneur et
quelquefois de sa propre personne... »

Les premières traces de listes régulièrement dressées,
et sur lesquelles figuraient des noms d'avocats, datent du
xiv° siècle. Nous avons vu que l'ordonnance de 1327 parlait du rôle sur lequel les avocats seraient inscrits, mais
ces listes, établies un peu au hasard et avec une certaine
fantaisie, ne donnaient que des indications assez vagues
et incomplètes, sans aucun caractère officiel et sérieux.
Puis, çà et là, dans un ouvrage ou dans quelque manus-
crit, on découvre un semblant de liste nouvelle; c'est
Claude Joly qui relève en 1524 les noms de quatre-vingt-
trois avocats; c'est Simon qui transcrit la nomenclature
des avocats au Parlement.

Enfin, en 1667, une ordonnance royale interdit de porter
en taxe les écritures des avocats non inscrits à un tableau
qui devait être arrêté tous les ans.

Quel compte a-t-on tenu de cette prescription? il est
difficile de le préciser; toutefois, après les listes officieu-
ses données par Bruneau et Boucher d'Argis, l'Ordre en
1696, déposa un tableau régulier d'avocats qui seuls
avaient le droit de prendre le titre d'avocats au Parlement (1).

Pour se retrouver plus facilement avec ses clients et
avec ses confrères, chaque avocat, au Palais, se tenait de
préférence aux environs du même banc, soit dans la
Grand' salle, soit dans les galeries voisines; ce fut l'origine

(1) Gaudry, *Hist. du Barreau de Paris*, I, p. 110.

de la division de l'Ordre par bancs ; il arriva alors que le bâtonnier ayant à conférer d'affaires d'un intérêt général réunit pour l'assister quelques avocats qu'il recrutait auprès de chaque banc ; puis, ce furent les avocats eux-mêmes, rassemblés auprès d'un banc, qui désignèrent leurs délégués à cette sorte de conseil, d'où est issu plus tard le conseil de discipline. Au commencement de XVIII⁰ siècle, les bancs étaient au nombre de douze, chacun d'eux portant une dénomination spéciale.

Dès les premiers temps de son organisation, le Barreau éprouva le besoin de désigner parmi ses membres un chef, ou plutôt un représentant chargé de défendre ses intérêts dans toutes les circonstances où il devait intervenir ; cette mission fut d'abord confiée au doyen, c'est-à-dire à l'avocat exerçant depuis le plus longtemps ; mais le doyen, généralement fort âgé et fatigué par les années, se trouvait parfois empêché de remplir sa fonction ; l'Ordre alors désigna à l'élection un bâtonnier, qui prit son nom de la coutume qui lui faisait porter un bâton aux fêtes de la confrérie de S. Nicolas.

C'est en 1693 seulement que le titre de bâtonnier a été, en vertu de l'arrêt de règlement du 17 juillet, revêtu d'un caractère légal.

Au début du long règne de Louis XIV et pendant la domination de Mazarin, la Fronde avait éclaté ; les avocats n'hésitèrent pas ; ils prirent le parti du Parlement et lui restèrent fidèles. Ils surent donner de cette fidélité un témoignage demeuré célèbre : l'avocat général Omer Talon, ayant eu le courage de s'opposer à l'enregistrement d'un édit, reçut l'ordre de s'exiler. Les avocats, à titre de protestation, décidèrent de ne plus venir à l'audience. Une ordonnance fut alors rendue qui autorisait les procureurs à plaider; mais la justice souffrait de cette mesure et le cardinal dut s'avouer vaincu : il enjoignit à Talon de reprendre ses fonctions.

La distinction que d'anciennes ordonnances royales avaient marquée entre les avocats au Parlement et les avocats au Châtelet s'était peu à peu effacée; entrant dans la voie tracée par Louis XI, qui avait décidé que ceux-ci faisaient au même titre que ceux-là partie du Barreau, un arrêt de 1696 ordonna la création du tableau annuel, où les deux ordres d'avocats furent portés sans aucune distinction. Les avocats au Châtelet étaient seulement astreints à prêter serment une seconde fois dans le courant de l'année.

Cette exigence devait provoquer plus tard un incident assez vif : en 1727, les avocats au Châtelet se refusèrent au serment, prétendant que, l'ayant prêté au Parlement lors de leur réception, il ne leur convenait pas de le renouveler devant un juge subalterne : ils obtinrent gain de cause, et le lieutenant civil du Châtelet, qui avait protesté contre l'attitude du Barreau, dut même se rendre chez le bâtonnier pour y faire une sorte d'amende honorable.

Bien que réunis sur le même tableau, il était d'usage que les avocats au Parlement et les avocats au Châtelet plaidassent, les uns et les autres, devant leur juridiction spéciale; le domicile respectif de chaque avocat, bien plus que la fidélité à un principe tombé en désuétude, avait contribué à maintenir cet usage.

Parmi les avocats célèbres de cette époque, certains noms doivent être retenus : Claude Gauthier et Jean Martinet, contre lesquels Boileau s'escrima; Antoine Lemaître, dont l'éloquence était tellement entraînante que les prédicateurs demandaient à ne pas occuper leurs chaires les jours où il plaidait, pour pouvoir aller l'entendre; Olivier Patru, qui, avec Colletet et Giry, représentait le Barreau à l'Académie française; puis, ce furent Fourcroy, Claude Érard, de Riparfonds. Par son testament, celui-ci léguait sa bibliothèque à son Ordre, désirant « que ses confrères se réunissent de temps en temps dans le local où serait placée cette bibliothèque pour y discuter des questions de doctrine ». C'était fonder la conférence, en facilitant à ceux qui y prendraient part le travail et l'étude.

D'Aguesseau ne fut pas avocat, mais il avait pour l'Ordre une admiration sans borne, que son discours de 1693 a révélée ; tous les Barreaux redisent avec fierté les paroles de l'illustre chancelier de France : « C'est un Ordre aussi ancien que la magistrature, aussi noble que la vertu, aussi nécessaire que la justice... ; libre, sans être inutile à sa patrie, il se consacre au public sans en être esclave, et, condamnant l'indifférence d'un philosophe qui cherche l'indépendance dans l'oisiveté, il plaint le malheur de ceux qui n'entrent dans les fonctions publiques que par la perte de leur liberté. »

A la fin du xviiᵉ siècle, l'éloquence judiciaire subit une légère éclipse, mais Normand et Cochin, au xviiiᵉ, rappelèrent les temps les plus favorisés. La loyauté et l'intégrité du premier étaient si connues qu'on disait, en parlant de lui, qu'il fallait tout croire quand Normand avait parlé; sa fierté seule lui ferma les portes de l'Académie française, où son fauteuil était marqué; mais il ne voulut jamais consentir à faire les visites accoutumées.

Pour Cochin, son style sans emphase et d'une extrême pureté est resté célèbre.

Une déclaration du Parlement, en date du 2 juillet 1707,

révèle en quelle estime était déjà tenue la haute fonction
exercée par les bâtonniers; ils furent officiellement invités à prendre place sur les fleurs de lys qui leur étaient
destinées ; c'était leur faire grand honneur, et à une
certaine audience solennelle, tenue en 1749, la présence
« sur les lys » de Prévost, Cochin, Aubry, Normand et La-
bourée auprès du procureur général produisait une grande
impression.

Il semblait que, dans ces conditions, le bâtonnat dût
être ardemment recherché ; dix-huit avocats en 1717 en
refusèrent l'honneur. On se demanda quelle était la cause
d'une résolution aussi inattendue; on finit par reconnaître
que, si le bâtonnier jouissait en haut lieu de l'estime à
laquelle il avait droit, il n'exerçait plus sur le Barreau
qu'une autorité dérisoire provenant de la faiblesse même
dont avaient fait preuve certains chefs de l'Ordre : le tableau était irrégulièrement dressé, ou ne l'était pas du
tout; une foule de gens y figuraient qu'on n'aurait pas
dû y trouver. Les avocats finirent par s'émouvoir de cette
situation regrettable, et il fut décidé que l'on préparerait
des projets destinés à rendre toute son ancienne importance à la fonction de bâtonnier et à faire en sorte qu'il y
eût de la pudeur et même quelque perte du côté de la dignité et de l'honneur à refuser cette place (1).

Quelques incidents, de gravité diverse, troublèrent au
xviii° siècle l'existence paisible du Barreau de Paris, et
démontrèrent la puissance d'une corporation qui, luttant
chaque jour pour la défense d'un droit méconnu, opposait
au pouvoir une résistance qui devenait bientôt invincible :
c'est un avocat, admonesté injustement par un président
de la Tournelle criminelle, qui obtient de véritables ex-

(1) Gaudry, II, p. 115.

cuses publiques ; c'est l'Ordre tout entier s'indignant de
l'arrestation de deux magistrats « enlevés par des mous-
quetaires ». Pour donner à sa protestation une portée
effective, les avocats adoptèrent le système qui avait déjà
réussi, et auquel plus tard ils devaient recourir encore :
ils cessèrent d'aller au Palais et d'y plaider ; par là, ils
obtinrent toute satisfaction.

Le Parlement, ayant refusé, en 1720, d'enregistrer un
édit proposé par le régent, concernant le système de Law,
fut d'autorité transféré à Pontoise ; à titre de protestation
les avocats refusèrent de l'y suivre ; vainement, le procureur général leur enjoignit, par une lettre adressée au
bâtonnier Babel, de s'y transporter ; il fut répondu que
« ni Babel, ni les avocats n'avaient d'ordre à recevoir de
M. le procureur général ; que leur fonction était libre et
même habituelle dans le lieu où le Parlement était sé-
dentaire et libre (1) ». L'incident se termina sans qu'on sût
ni pourquoi ni comment ; les audiences furent un jour reprises à Paris comme si elles n'avaient jamais cessé de
s'y tenir.

Une suite de querelles beaucoup plus graves troublèrent, au milieu du xviiie siècle, la paix du monde judiciaire.

En 1727, d'abord, le Parlement avait commencé par
protester contre la bulle *Unigenitus*, pour laquelle le
régent, au début du règne de Louis XV, s'était épris
d'une prédilection inattendue ; puis, la réconciliation
s'était faite au moment du retour à Paris. Les avocats,
qui avaient approuvé hautement l'attitude du Parlement,
ne consentirent pas si facilement à se taire; et cinquante
avocats de Paris, et non des moins illustres, puisque parmi eux figuraient Aubry, Normand et Cochin, rédigèrent

---

(1) Gaudry, II, p. 124.

une consultation combattant énergiquement les principes de la bulle.

Cette manifestation publique produisit un effet considérable. Une conférence d'évêques, tenue à Paris, dénonça la consultation comme « ayant avancé, insinué et favorisé des maximes et des propositions téméraires, fausses, tendantes au schisme, injurieuses à l'Église, destructives de la hiérarchie, suspectes d'hérésie, et même hérétiques, contraires à l'autorité royale et au respect qui était dû à un nombre considérable de prélats et même au Pape ».

Accablée de tant de méfaits, la consultation fut supprimée par arrêt du Conseil ; mais l'affaire n'était pas terminée pour si peu.

En 1730, une thèse, soutenue au collège des Jésuites, parut aux avocats, à qui l'étude des textes et la connaissance des lois ne suffisaient pas, renfermer des propositions contraires aux principes de l'Église gallicane ; aussitôt ils reprirent leur plume de combat, et une nouvelle consultation fut délibérée par quarante jurisconsultes. Le Parlement s'en empara et supprima la thèse dénoncée.

En 1731, un mandement de l'archevêque condamnait une autre consultation revêtue de quarante signatures, parmi lesquelles un certain nombre avaient été apposées d'office et sans même que les signataires apparents eussent été consultés ; l'archevêque qualifiait d'hérétiques les auteurs de la consultation ; sur cette accusation, le Barreau décide de porter plainte en diffamation contre le prélat. Soutenus par le procureur général, qui, de son côté, avait formé appel comme d'abus, les avocats reçurent pleine et entière satisfaction : la publication du mandement fut interdite. Le roi l'ayant, au contraire, permise, par arrêt rendu en son Conseil (1), la querelle, qui

(1) Fournel, II, p. 443.

paraissait éteinte, se ranima plus vive que jamais ; une véritable révolte éclate et les avocats décident de cesser l'exercice de leurs fonctions qui, disaient-ils, ne pouvaient être utiles au public qu'autant qu'elles seraient entre les mains d'hommes purs et irréprochables.

Ils ne parurent donc plus aux audiences, qui ne s'ouvraient que pour la forme.

On fit savoir aux avocats que si, dans le délai de trois jours, ils ne rentraient pas en fonctions, le roi userait de son autorité.

La menace resta vaine; aussi le 27 août 1731 des lettres d'exil furent signifiées à dix avocats, parmi lesquels le bâtonnier Leroy de Vallière.

Le Barreau accompagna de ses sympathiques regrets ceux de ses membres qui se virent ainsi frappés; mais, au risque de nouvelles rigueurs, il ne céda pas, et, à la rentrée de novembre 1731, les audiences restèrent désertes. Tout le monde allait souffrir de cet état de choses regrettable, le cours de la justice était paralysé, quand Normand, avec sa grande autorité, résolut d'intervenir. A son initiative, un mémoire nouveau fut publié qui maintenait la protestation du Barreau contre le mandement archiépiscopal, mais contenait, en même temps, des assurances de fidélité et de respect envers la personne du roi. Un arrêt du Conseil déclara les avocats « bons et fidèles sujets » ; les exilés furent rappelés ; le conflit avait pris fin.

Un dissentiment d'ordre ecclésiastique ayant éclaté entre le Parlement et l'archevêque de Paris, le roi prit parti pour celui-ci, et les magistrats n'ayant pas cédé, il prononça contre plusieurs des sentences d'exil. Cette fois encore, le Barreau embrassa la cause du Parlement, et l'abstention à laquelle il se décida en guise de protesta-

tion dura sept mois; elle se termina à la séance de rentrée de décembre 1732, où le premier président, dans
son allocution, les combla des louanges les plus touchantes.

Quelques années plus tard, en 1735, c'est au sein même
du Barreau que la dissension pénètre. De jeunes avocats,
échauffés, sans doute, par les luttes dont ils avaient été les
témoins à l'âge des vives impressions et des premières
ardeurs, émirent la prétention d'être placés dans la même
enceinte que les gens du roi; la cinquième chambre des
enquêtes n'ayant pas fait droit à la réclamation, il fut
décidé que l'on ne s'y présenterait plus.

Normand, plus calme que ses jeunes confrères, refusa
de se soumettre à cette résolution, et se présenta en personne à la cinquième chambre; la grande majorité du
Barreau critiqua avec vivacité son attitude, et décida de
persister dans la détermination prise. Les magistrats
crurent alors devoir intervenir; le premier président,
travestissant le sens réel d'une démarche faite auprès de
lui par quelques avocats, alla même jusqu'à parler publiquement de la « soumission du Barreau aux ordres de la
cour ».

On comprend l'irritation que de semblables paroles devaient provoquer dans l'Ordre, où les discussions s'élevèrent
à un ton jusqu'alors inconnu; les uns parlaient de quitter
le Palais sans retour; les autres, au contraire, semblaient
plutôt disposés à clore l'incident; Cochin et Normand
étaient de ceux-ci; à grand'peine, en déployant toutes les
ressources de leur éloquence, en insistant de tout le poids
d'une autorité conquise par une longue vie d'honneur et
de dévouement, ils ramenèrent à eux les dissidents qui,
en dernière analyse, ne mirent pas les rieurs de leur côté.
On en vint à penser, un peu tard peut-être, que la reven-

dication d'un siège pour les avocats auprès des gens du roi était de minime importance (1).

Normand et Cochin étaient morts quand Gerbier se trouva prêt à prendre la place qu'ils avaient laissée vide. L'éclat qu'il a jeté sur le Barreau dans la seconde moitié du xviii° siècle est resté incomparable. Les grandes affaires qu'il a plaidées, les incidents mémorables auxquels il a été mêlé, les jalousies et les colères que sa valeur a soulevées, font de Gerbier une des plus belles figures du Barreau de Paris (2).

A ses côtés, se pressaient des avocats, restés moins illustres que lui, mais qui se sont assuré dans leur Ordre un souvenir respecté.

C'était Louis Doulcet, fils d'un ancien bâtonnier du même nom, et qui devait mourir doyen de l'Ordre; il jouissait au Palais d'une estime générale que lui avaient méritée son talent et sa modestie; on raconte de lui que, plaidant dans une affaire de revendication de nom et d'état, qui avait été discutée par ses adversaires durant huit audiences, il se contenta de dire : « On ne connaît en France que deux manières d'établir son état, savoir : l'extrait de baptême et la possession. L'individu qui se présente a été baptisé sous le nom de Rougemont, et n'a jamais porté celui de Hatte; puisqu'il est Rougemont il n'est pas Hatte. Je persiste dans mes conclusions (3). » C'était Guéau Reverseaux, dont la science de jurisconsulte était justement appréciée. C'était Loyseau de Mauléon, dont la discussion conservait sa vigueur malgré l'emphase d'un style ampoulé. C'était Élie de Beaumont, qui rédigea, non sans courage, un mémoire resté célèbre en faveur de la veuve Calas et du

(1) Gaudry, II, pp. 149 et s.
(2) V. Henri Thiéblin, *Éloge de Gerbier.*
(3) Gaudry, II, p. 192.

malheureux Sirven. C'était Martineau, qui sacrifiait volontiers la forme du discours à la logique du raisonnement.
C'étaient Legouvé, Hardouin de la Reynerie, Bonnières.
C'était enfin Linguet, le plus connu de tous avec Gerbier,
mais dont la mémoire n'est pas restée aussi respectable
et aussi pure. Frondeur et sceptique, « il n'avait jamais
estimé le métier d'avocat, et si j'ai voulu le faire, disait-il,
c'est qu'il faut être quelque chose dans sa vie; c'est qu'il
faut gagner de l'argent ». Il eut maille à partir avec tout
le monde, les magistrats et ses confrères ; la violence de
son langage déshonora son talent original ; il dut quitter
le Barreau à la suite des excès de parole auxquels il s'était
livré dans une affaire banale entre un propriétaire et son
maître maçon.

En 1753, le clergé, partisan de la bulle *Unigenitus*, avait
menacé de refuser les sacrements à quiconque ne voulait
pas se soumettre à ses exigences ; le Parlement répondit
à ces menaces en décrétant la saisie du temporel et l'emprisonnement des curés, prêtres et « porte-Dieu ». Cette
mesure n'ayant pas eu le succès qu'elles avaient rêvé, les
chambres assemblées décidèrent de fermer leurs audiences. Le roi intervint pour vaincre la résistance du Parlement, et, n'y ayant pas réussi, il l'exila à Pontoise, comme
l'avait fait le régent trente années auparavant. Les avocats, pour affirmer leur communauté de sentiment avec le
Parlement absent, refusèrent de paraître devant une chambre de vacations qui avait été constituée à la hâte, et dont
les audiences n'étaient ouvertes que pour être aussitôt
levées. La cour saisit le prétexte de la naissance du duc de
Paris pour rappeler les magistrats.

Une période de calme relatif succéda à cette agitation;

quelques fantaisies littéraires dues soit à des avocats, soit à des gens qui en prenaient le titre, avaient été sévèrement réprimées; le Barreau, attaqué dans les gazettes, avait obtenu du Parlement la protection qu'il sollicitait; tout paraissait aller au mieux des intérêts de la justice et des justiciables, lorsque éclata dans le monde des parlementaires une véritable révolution. Louis XV, irrité des difficultés incessantes que lui suscitait le Parlement, résolut de s'en affranchir. Pour cette besogne, il s'adressa au chancelier Maupeou. Un édit du 7 décembre 1770 enjoignit aux membres du Parlement de cesser le service et de donner leur démission.

Le Parlement voulut faire des remontrances au roi, qui ne les accepta pas, et envoya les conseillers en exil; leurs offices étaient confisqués.

Une commission de conseillers d'État, désignée par Maupeou lui-même, ne put remplir aucune fonction, les avocats ne s'étant pas présentés. Le chancelier s'occupa alors de reconstituer un corps de magistrats, qu'il installa officiellement en avril 1771; ce fut le « Parlement Maupeou ».

Qu'allaient faire les avocats? De la part du pouvoir, il eût été imprudent de compter sur leur concours; aussi les procureurs reçurent-ils le droit de plaider, sous le nom d'avocats du Parlement.

Les avocats au tableau, dont le nombre était alors de cinq cent quarante-quatre, virent leur situation gravement compromise, sinon définitivement perdue, et l'agitation fut grande au sein du Barreau. On y décida la résistance; mais le temps accomplit son œuvre, et insensiblement des idées de conciliation se firent jour.

A la rentrée de 1771, près de trois cents avocats, parmi lesquels quelques-uns célèbres à juste titre, se présentèrent au serment.

La résolution de reparaître aux audiences souleva au sein de l'ordre de violentes récriminations ; les noms de ceux qui avaient cédé furent publiés, accompagnés des mots *sermentés* ou *soumis*. Ce dissentiment grave contribua à désorganiser complètement le Barreau ; pendant quatre années, il ne fut pas dressé de tableau ni procédé à l'élection d'un nouveau bâtonnier ; de Lambon, bâtonnier en exercice, n'ayant pas été remplacé, continua ses fonctions.

Louis XVI, à son avénement, en 1774, dispersa le parlement Maupeou, et rappela les anciens conseillers. Par suite de la suppression, qui s'imposait alors, des avocats au Parlement, l'Ordre des avocats était implicitement reconstitué.

Gerbier, par l'éclat de son talent, avait suscité d'ardentes jalousies ; à peine le Barreau était-il réorganisé qu'on l'accusa, à tort, de s'être rallié au parlement Maupeou (1); on alla jusqu'à proposer sa radiation. L'exagération même de l'esprit de vengeance qui se manifesta ainsi empêcha de donner suite à une pareille entreprise.

Mais au premier rang des adversaires de Gerbier se trouvait Linguet, qui ne pardonnait pas à son confrère d'avoir refusé de se rencontrer avec lui à la barre dans une importante affaire. A l'instigation de Linguet, Gerbier fut accusé d'avoir voulu suborner les témoins d'une enquête ; sans peine, il réduisit à néant l'accusation dirigée contre lui ; le Parlement toutefois se contenta de le mettre hors de cause. Une semblable décision ne donnait pas à Gerbier l'entière satisfaction à laquelle il avait droit ; aussi manifesta-t-il l'intention de quitter le Barreau, et l'eût-il fait dès ce moment si une décision du conseil n'a-

(1) Henri Thiéblin, *op. cit.*, p. 59.

vait déclaré que l'arrêt du Parlement n'attaquait en rien
son honneur et sa délicatesse (1).

Au moment où cette sentence était prononcée, Linguet
ne figurait plus au tableau. Déjà frappé, en 1773, d'une
injonction d'être plus circonspect et, en 1774, avant la
chute du parlement Maupeou, de la peine de la radiation,
Linguet avait obtenu du Parlement rétabli l'autorisation
de continuer ses fonctions. Mais il continua aussi ses violences, et à la suite de la publication d'un mémoire injurieux, un arrêt rendu le 4 février 1775, sur la plainte du
bâtonnier, prononça la radiation définitive (2).

Au commencement de 1776, les audiences se trouvèrent suspendues de fait par un événement de force majeure:
le Palais fut incendié ; les bâtiments, que l'on avait pu
sauver d'une première catastrophe en 1618, furent, cette
fois, presque entièrement détruits. Il fallut dix jours pour
qu'une réinstallation provisoire permit à la justice de reprendre son cours normal.

Louis XVI était en lutte avec le Parlement, qui refusait
d'enregistrer certains édits et se permettait des remontrances. Un lit de justice se tint à Versailles, où l'autorité royale manifesta clairement l'intention de procéder à
l'enregistrement malgré l'opposition du Parlement; celui-
ci répondit en déclarant nulle et illégale la transcription
des édits.

Le Palais, tout en assistant à la querelle, n'y prenait
pas une part directe, mais s'y intéressait vivement, comme
le prouvait l'agitation bruyante des galeries.

Le 15 août 1787, le Parlement fut transféré à Troyes ;

(1) Henri Thiéblin, op. cit., p. 69 ; — Gaudry, II, p. 179.
(2) Gaudry, II, pp. 181 et s.

le Barreau ne le suivit pas ; aussi les audiences s'ouvraient-
elles pour être refermées sur l'heure, après un simple appel
de rôle ; les affaires par là se trouvèrent suspendues. Cette
interruption dura deux grands mois. C'est seulement à la
fin de septembre que l'on se décida à faire la paix, mais
une paix boiteuse, d'où devaient sortir de redoutables événements. Un vœu avait été exprimé en faveur de la convocation des États généraux; la révolution apparaissait.

A l'audience de rentrée de 1787, les avocats prêtèrent
serment; toutefois l'agitation qui se poursuivit, les conflits nouveaux et particulièrement graves qui éclatèrent
entre le Parlement et le roi entravèrent l'œuvre de la justice (1). Le bâtonnier était nommé, et le tableau était déposé régulièrement, mais seulement pour la forme.

Le 24 janvier 1789, les États généraux étaient convoqués
à Versailles; ils devaient s'y réunir le 5 mars suivant.

Pendant les cinq siècles où il est possible de préciser
les événements qui constituent son histoire, l'Ordre des
avocats avait traversé de multiples vicissitudes et soutenu de nombreux combats. Témoin impassible des conjonctures les plus diverses, il n'avait pas hésité à se jeter
dans la mêlée quand il pouvait craindre que l'indépendance nécessaire à l'accomplissement de son œuvre ris-
quât de recevoir quelque atteinte. Le temps va venir où,
sous l'influence d'idées nouvelles, souvent plus généreuses
que réellement inspirées par les exigences sociales, le Barreau français traversera une effroyable crise. La plupart de ses membres, pris individuellement, en sortiront
plus respectés et plus purs, mais l'institution même sera
touchée; et, dans la tourmente, la force de ses traditions

(1) Voy. Gaudry, II, ch. xxiv.

et la grandeur de son œuvre l'empêcheront seules de périr sans retour.

Le dernier tableau qui, sous Louis XVI, ait été dressé de l'Ordre des avocats date de 1789 : il comprenait six cent vingt-sept noms.

Beaucoup de ceux qui y figuraient n'exerçaient pas effectivement leur profession; ils appartenaient à l'Ordre, et cet honneur leur suffisait.

La Révolution éclate; avec toutes les corporations et les privilèges qu'elles revendiquaient, le Barreau va disparaître. Toutefois, l'Assemblée constituante ne le frappa qu'indirectement. Bergasse, avocat à Lyon, avait en vain demandé au nom du Comité de constitution que, tout en déclarant que les avocats cesseraient de former une corporation, ils justifiassent de certaines études et de certains examens; l'assemblée passe outre; en s'occupant de l'organisation judiciaire, elle décide, le 2 septembre 1790, que les hommes de loi ci-devant appelés avocats, ne devant former ni ordre ni corporation, n'auront aucun costume particulier dans leurs fonctions.

La suppression de la robe entraînait la mort, implicite et sans franchise.

La mesure ne souleva aucune protestation au sein de l'Assemblée constituante, bien que plusieurs avocats, et non des moins qualifiés, en fissent partie : Tronchet, Camus, Treilhard, Target, d'autres encore.

« La nouvelle organisation judiciaire, écrivirent Bonnaire et Delacroix-Frainville, ne laisse pas de place aux cours souveraines; on n'y reconnaît que des tribunaux chétifs, qui, alternativement, jouent le rôle des tribunaux d'appel. Ce seront eux qui donneront l'investiture aux avocats, et chaque tribunal deviendra le foyer d'un Barreau. » Ils

ajoutaient : « Ces Barreaux seront meublés d'une quantité
prodigieuse d'hommes qui, sans aucune idée de nos principes et de notre discipline, aviliront nos fonctions honorables, et les dégraderont de leur noblesse. Cepend nt,
ces mêmes hommes s'obstineront à s'honorer du nom
d'avocat ; ils en usurperont la décoration ; ils voudront
aussi former un Ordre, et le public, abusé par la simili-
tude du nom, et qui, dans sa malignité naturelle, est toujours porté à généraliser les imputations, confondra ces
avocats de circonstance avec ceux de l'ancien régime.
Le seul moyen d'échapper à cette postérité dangereuse
est de supprimer sur-le-champ la dénomination d'avocat,
d'Ordre, et les attributs qui en dépendent ; qu'il n'y ait
plus d'avocats dès que nous aurons cessé de l'être. Seuls
dépositaires de ce noble état, ne souffrons pas qu'il soit
altéré en passant dans des mains qui le flétriraient ; ne
nous donnons pas des successeurs indignes de nous ; exter-
minons nous-mêmes l'objet de notre affection, plutôt que
de le livrer aux outrages et aux affronts (1). »

L'Ordre se dispersa ; mais cent cinquante avocats environ
se retrouvèrent pour constituer une sorte d'association
particulière et libre. Sous les noms d' « hommes de loi »,
ou d' « anciens avocats associés », comme le public les
appelait, ou bien encore d' « avocats du Marais », en raison
du quartier que plusieurs habitaient, ils se tinrent prêts à
assister les parties que le décret du 16 décembre 1790
autorisait à emprunter « le ministère d'un défenseur officieux, pour leur défense, soit verbale, soit par écrit ».

Ferey était le chef de cette réunion, le bâtonnier de
fait ; sa maison devint le lieu de ralliement ; on y rencontrait Lesparat, Delacroix-Frainville, Delamalle, Bonnet,

(1) Fournel, II, p. 510.

Gairal, Billecoq, Bellart, Gicquel, Berryer... Autour d'eux, se groupaient quelques jeunes gens, et tous s'attachaient à respecter les vieilles règles professionnelles, bien qu'elles fussent alors dépouillées de toute sanction légale.

Les avocats du Marais, s'ils consentaient à remplir officieusement tous leurs devoirs, se gardaient bien de se mêler aux défenseurs officieux tolérés par la loi ; ceux-ci, agents d'affaires véreux et jurisconsultes de hasard, se voyaient impitoyablement tenus à l'écart ; ils remplissaient leur métier sans frein ni contrôle, et se livraient aux plus incroyables excès (1) ; certains d'entre eux étaient même repris de justice ; c'est ainsi qu'un jour le tribunal criminel dut refuser d'en entendre un, qui avait été condamné à quatre ans de fers, et se trouvait conséquemment privé de ses droits de citoyen français (2).

Ces jurisconsultes étaient d'ailleurs d'une ignorance idéale ; ils ne savaient rien — le droit moins que le reste. Ils s'occupaient d'affaires de bourse, plutôt que de questions contentieuses, et l'on ne fut pas très surpris d'apprendre un jour que « M. X..., jurisconsulte, avait fait banqueroute ».

Le 3 brumaire an II, les avoués furent supprimés à leur tour, et les parties autorisées à se faire représenter par de simples fondés de pouvoirs ; on n'exigeait d'eux que la production d'un certificat de civisme ; mais malheur à qui ne parvenait pas à l'obtenir !

Encore trouva-t-on bientôt que c'était beaucoup ; on proposa de revenir à la législation de nature, et le tribunal révolutionnaire fut institué.

Là, le droit de la défense n'existait plus ; « les patriotes

(1) Delom de Mézerac, le Barreau libre. Rev. des Deux Mondes, 1er août 1853.
(2) C. cass., 10 vendémiaire an IX.

calomniés, disait-on, auront pour défenseur la conscience des jurés patriotes; les autres ne sont que des conspirateurs dont la loi n'a pas à s'inquiéter (1). »

Tout ce qui restait de l'ancien ordre des avocats disparut.

Au milieu de toutes les tempêtes, les abus résultant du nouvel ordre de choses passaient inaperçus; peu à peu, cependant, ils étaient devenus si éclatants que des efforts furent bientôt tentés pour y porter remède; en l'an V et en l'an VI, le Conseil des Cinq-Cents se saisit de divers projets de loi qui n'aboutirent pas; les préoccupations et les pensées étaient ailleurs.

Le coup d'État du 18 brumaire avait établi le Consulat; l'œuvre législative du régime nouveau fut immense; dans cette œuvre, la réorganisation du Barreau, qui s'imposait, devait trouver sa place.

En l'an X, l'*Almanach National* publia la liste des jurisconsultes plaidants ou consultants, et des défenseurs officieux près les tribunaux de Paris; c'était la reproduction du tableau que les avocats avaient formé entre eux; on y compte quatre-vingt-cinq noms, parmi lesquels ceux d'Archambault, Bellart, Berryer, Bonnet, Chauveau de la Garde, Delacroix-Frainville, Delamalle, De Sèze, Férey, Fournel, Gicquel, Lépidor, Maucler, Pantin, Pigeau, Tripier, Tronchet (sénateur)... Chacun de ceux qui avaient figuré sur le tableau antérieur à 1789 était désigné par la date de son inscription; le plus ancien, Maultrot, remontait à 1733.

Dès le 2 nivôse an XI un décret avait arrêté le costume que les gens de loi et les avoués porteraient devant tous les tribunaux; ils devaient y paraître revêtus de la toge

(1) Alb. Martin, *De la Juridiction civile en France, de 1789 à 1810.*

de laine fermée par devant, à manches larges, de la toque noire, de la cravate pareille à celle des juges, et les cheveux longs ou ronds.

La reconnaissance officielle du nouveau Barreau ne pouvait pas tarder; la loi du 27 ventôse an XII réorganisait les écoles de droit. Elle imposait à quiconque voulait exercer les fonctions d'avocat — le nom même était prononcé — l'obligation de représenter un diplôme de licencié ou des lettres de licence. Elle prescrivait la formation d'un tableau des avocats, et, comme toutes les précautions sont bonnes à prendre, elle se préoccupait d'un serment professionnel, dont un siècle écoulé a respecté la formule: les avocats devaient déjà, avant d'entrer en fonctions, jurer « de ne rien dire ou publier, comme défenseurs ou comme conseils, de contraire aux lois, aux règlements, aux bonnes mœurs, à la sûreté de l'État et à la paix publique, et de ne jamais s'écarter du respect dû aux tribunaux et aux autorités publiques ».

Des règlements d'administration allaient pourvoir à la formation du tableau des avocats, et à la discipline du Barreau.

Toutes ces dispositions étaient pleines de promesses; elles restèrent platoniques. Sans doute, le principe de la réorganisation était posé, et les intentions s'étaient nettement révélées; « suivant la loi de ventôse, disait M. Mallarmé, plus de doute que les avocats ne doivent désormais former une corporation; » et M. Perrin ne marchandait pas les éloges à « ce Barreau qui annonçait aux citoyens ceux dans la lumière desquels ils étaient appelés à placer leur confiance ».

Tout cela ne suffisait pas; la mesure était annoncée; l'exécution s'en faisait attendre.

Dans cette longue période troublée, où les hommes de
loi n'eurent d'autres règles que celles qu'ils s'imposaient
volontairement, et d'autres devoirs que ceux auxquels ils
tinrent à honneur de ne pas faillir, la défense au criminel
ne périclita pas; ils montrèrent devant les tribunaux de
répression autant d'énergie et d'indépendance que lorsque
le Barreau était solidement constitué.

Les affaires sont nombreuses où les avocats de ce temps
s'élevèrent à la hauteur de leur périlleuse mission. Mᵐᵉ de
Cicé avait fait donner asile à l'un des agents de Georges
Cadoudal; après l'attentat contre le premier Consul, elle
eut à répondre de cet acte imprudent. Bellart l'assista; la
plaidoirie qu'il prononça est restée célèbre; et le triomphe
fut complet : Mˡˡᵉ de Cicé bénéficia d'un acquittement.

En 1804, le général Moreau comparaissait devant le tribunal correctionnel : il avait choisi pour défenseurs Bonnet, Bellart et Pérignon; ils rédigèrent en commun un
mémoire où tous les griefs étaient examinés l'un après
l'autre. A l'audience, Bonnet plaida; il le fit avec une complète liberté de langage, et ne recula devant aucun argu-
ment, si hardi qu'il pût paraître.

Au procureur général qui l'interrompait en disant :
« Ce ne sont pas les gouvernements qu'il faut voir, c'est
toujours la patrie; et toutes les fois que l'on s'écarte de
l'intérêt de la patrie, on manque à son devoir, et l'on
est un traître, » Bonnet répliqua vivement :

« Monsieur le procureur général, permettez-moi de vous
le dire, Moreau a assez bien prouvé qu'il n'était pas un traître à la patrie; aucun de nous n'a fait, à cet égard, des
preuves aussi sublimes. Ni vous, ni moi, monsieur le procureur général, n'avons dirigé les plans des campagnes de
l'an IV et de l'an V. Ni vous, ni moi, n'avons battu en
tant de rencontres les ennemis de notre pays; ni vous, ni

moi, n'avons déjoué, par des victoires, les conspirations de Pichegru; ni vous, ni moi, n'avons anéanti ceux qui voulaient combattre contre la patrie et la trahir; ni vous, ni moi, n'avons fait l'admirable retraite d'Allemagne, ou celle d'Italie, et sauvé trois armées; ni vous, ni moi, n'avons, par des actions, par des victoires, en surmontant plusieurs armées ennemies, payé aussi largement à la patrie notre tribut d'affection et de dévouement. »

Les juges furent presque désarmés; aux réquisitions du commissaire du gouvernement, qui réclamait la peine capitale, six voix paraissaient disposées à répondre par un acquittement pur et simple; ce fut par esprit de transaction, et pour éviter des colères redoutées, que le tribunal prononça la peine légère de deux ans de prison. Les défenseurs furent, en haut lieu, et à juste titre, rendus responsables de cette indulgence inattendue; on délibéra sur les mesures à prendre contre eux. Napoléon était d'avis qu'il fallait les mettre en état d'arrestation et les déporter; Cambacérès et Regnauld de St-Jean-d'Angély eurent grand'peine à obtenir qu'on se contentât d'une simple réprimande; le grand juge Régnier, chargé de l'exécution de la sentence, éprouva un embarras visible à s'acquitter d'une mission à laquelle il n'eût pas demandé mieux que de se soustraire.

Quelques années plus tard, en 1809, le capitaine Argenton comparaissait devant ses juges sous l'accusation d'intelligence avec les Anglais, lors de la campagne de Portugal.

Il fut défendu par un vieil avocat du nom de Falconnet; après une discussion solide et sans prétention littéraire, il terminait ainsi son plaidoyer : « Je vous ai présenté cette cause d'un ton inculte et austère, tel qu'il m'a paru convenir à un vétéran de Thémis qui parle à des élèves de Bellone, et ne cherche que la vérité. »

Les « élèves de Bellone » condamnèrent le capitaine Argenton à la peine de mort; Falconnet rédigea un recours en grâce où il s'efforçait de démontrer la fausseté de la conspiration imaginée par le maréchal Soult, et les aspirations de celui-ci au trône de Portugal.

« Renvoyé au ministre de la Police, écrivit Napoléon, d'une plume irritée, en marge du recours, pour savoir ce que c'est que ce sieur Falconnet, qui prend ainsi la défense d'un misérable et accuse un maréchal de l'Empire. Si, comme j'ai lieu de le croire, cet homme ment à sa conscience, lui faire sentir vertement que calomnier près de l'Empereur un bon général, même un simple citoyen, c'est un délit, et lui enjoindre d'être plus circonspect à l'avenir. »

Tronchet, le dernier bâtonnier de l'Ordre, était mort au commencement de 1806. Inscrit en 1774, il semblait être de ceux que les événements désignaient pour ménager la transition entre l'ancien Barreau et le Barreau reconstitué, et transmettre à celui-ci les traditions de celui-là. Les avocats, qui, depuis la loi de ventôse an XII, pouvaient reprendre leur ancien titre, firent célébrer le 14 avril, en l'honneur de leur ancien bâtonnier, un service à l'église de Saint-Paul; après la cérémonie, Delamalle prononça l'éloge du défunt dans la bibliothèque du lycée Charlemagne, en présence de « Son Altesse sérénissime le prince archichancelier de l'Empire » — ce qui veut dire Cambacérès.

Le rétablissement officiel de l'Ordre n'était pas encore décrété; mais une circonstance se produisit où l'existence du Barreau officieux fut implicitement reconnue; un des vétérans de l'ordre, Férey, alors âgé de 71 ans, avait rédigé en 1806 un testament par lequel il léguait à l'Ordre des avocats, « sous quelque nom que Sa Majesté l'Empe-

reur et Roi jugeât à propos de le rétablir, sa bibliothèque
et une somme de trois mille francs une fois payée, pour
l'aider à acheter d'autres livres, et six cents francs de
rente ». Férey mourut le 5 juillet 1807 et l'acceptation du
legs fut autorisée par décret du 14 mars 1808.

Cette autorisation ne pouvait régulièrement être concédée à une corporation, c'est-à-dire à une personne morale,
qui n'existait plus depuis bientôt vingt ans, et dont la
reconstitution n'était encore qu'à l'état de projet; mais les
termes mêmes du décret contenaient une sorte d'engagement que le Gouvernement ne pouvait tarder à tenir : le
procureur général était chargé de prendre les mesures
conservatoires, jusqu'au moment où, conformément à la
loi du 22 ventôse an XII, l'Ordre des avocats aurait été
organisé.

La bibliothèque des avocats se trouvait donc reconstituée avant l'Ordre même, et celui-ci devait trouver, dans
le legs de Férey, les premiers éléments d'une collection
nouvelle qui lui était bien nécessaire. En effet, la dispersion de l'ancien Barreau avait été si impitoyable et si complète, en 1790, que ses livres, le seul bien précieux qu'il
possédât alors, recueillis depuis plus d'un siècle, et
autrefois rangés dans plusieurs salles de l'archevêché,
avaient été mis sous séquestre et étaient restés sans
maîtres. Un décret de la Convention, du 12 juillet 1793,
avait prescrit au directoire du département de la Seine de
faire transporter de la bibliothèque des ci-devant avocats
dans celle du Comité de législation, les ouvrages de jurisprudence qui pourront s'y trouver. Plus tard, le Directoire, puis le Conseil des Cinq-Cents et le Tribunal de
cassation puisèrent sans scrupule dans les collections
abandonnées, et constituèrent de la sorte, et à bon compte,
le premier fonds de leurs bibliothèques respectives; ils y

trouvèrent et y recueillirent les manuscrits les plus respectables ; la Cour de cassation, notamment, avait pris
pour sa part quatre registres contenant les procès-verbaux
des conférences de l'ancien Ordre des avocats au Parlement de Paris, quatre registres des conférences de discipline, des cartons renfermant les notes et minutes du
Conseil de l'Ordre de cette époque, et tous les papiers du
même Ordre (1).

Pour témoigner leur reconnaissance à Férey, les
avocats décidèrent de lui rendre les mêmes honneurs qu'à
Tronchet ; le 5 février 1810, un service fut célébré à
l'église Saint-Paul, et à la réunion qui se tint ensuite dans
la bibliothèque du lycée Charlemagne, Bellart prononça
l'éloge du vénérable donateur ; Cambacérès, cette fois
encore, assistait à la cérémonie, comme pour affirmer
officiellement l'intérêt qu'il attachait à la réorganisation,
laissée en suspens.

Le discours de Bellart fut vigoureusement applaudi.
Parlant de la bibliothèque qui allait renaître : « Jadis, sous
le titre de bibliothèque des avocats, dit l'orateur, existait un bâtiment dédié au double culte de la science et de
l'honneur ; c'était là que, dans des réunions hebdoma-
daires, les jeunes émules venaient apprendre à régler leur
bouillante ardeur à la voix de ces vieux chefs qui expli-
quaient comment il fallait tempérer le zèle par la modération et ployer sa fierté au joug d'une discipline salutaire.
M. Férey regrettait cet établissement détruit par la Révolution ; sa passion était de le relever ; par son testament,
il nous le rend autant que cela fut en lui. » Mais Bellart
ne pouvait manquer de dire que le legs de Férey avait, en
lui-même, une portée bien plus haute que celle qui pou-

(1) Cresson. *Notes sur la Bibl. Ann. des anc. secrét. de la Conf.* 1881.

3

vait s'attacher au don de quelques volumes : « Il a fait davantage, ajouta-t-il ; il a déposé aux pieds du monarque qui l'honora de ses bontés le vœu d'en obtenir à ses derniers moments une de plus dans le rétablissement de l'Ordre dont il conserva soigneusement les maximes, » et dans une prosopopée hardie, mais qui était bien de l'époque, il s'écria : « Dernières paroles d'un mourant, vous ne serez pas oubliées ! Celui qui veillait avec tant de sollicitude sur toutes les parties de l'harmonie sociale a déjà rétabli la discipline dans un si grand nombre de professions diverses que, quand le temps en sera venu, il jettera un coup d'œil sur la nôtre ; elle n'est pas indigne des regards du héros, puisqu'il aime la gloire, ni des regards du législateur, puisqu'elle est consacrée au culte des lois. Le vœu de M. Férey, auquel nous osons joindre le nôtre, sera exaucé... » Quelques mois s'écouleront encore avant qu'il le soit effectivement. Toutefois, le discours parut au *Moniteur* les 6 et 8 mai 1806 ; et cette consécration officielle avait bien son prix.

CHAPITRE II

FIN DU PREMIER EMPIRE (1810-1815)

Décret du 20 avril 1810 sur l'organisation de l'ordre judiciaire. — Napoléon et les avocats. — Les avocats et la Légion d'honneur. — Décret du 14 décembre 1810. — Rédaction du tableau conformément au décret de 1810. — Désignation des candidats au Conseil. — Delamalle et Delacroix-Frainville, bâtonniers. — Bancs, colonnes et conférences. — Discours de Delacroix-Frainville. — Reconstitution de la bibliothèque. — Costume des avocats. — Essai de réglementation de la plaidoirie. — Avocats célèbres. — Conspiration Malet. — Les avocats et le journalisme. — Vote par le conseil d'une subvention à l'armée. — Procès du maire d'Anvers. — Invasion de 1814. — Droits de l'ordre sur la formation du tableau. — Prise de Paris. — Bellart. — Gouvernement provisoire. — Adhésion du conseil. — Arrivée du comte d'Artois. — Démarche du conseil. — Entrée de Louis XVIII. — Mouvement en faveur de la révision du décret de 1810. — Dépôt du tableau de 1814. — De Sèze, premier président de la Cour de cassation. — Débarquement de Napoléon au golfe Jouan. — Retour aux Tuileries. — Arrêté du conseil suspendant le renouvellement de ses membres.

Le décret du 20 avril 1810, sur l'organisation de l'Ordre judiciaire, mentionnait déjà les avocats ; réglementant la mercuriale, le décret invitait la Cour à désigner ceux des avocats qui se seront signalés par leurs lumières, leurs talents, et surtout par la délicatesse et le désintéressement qui doivent caractériser cette profession. En fait, la Cour s'est toujours sagement abstenue de rédiger cette sorte de palmarès judiciaire, et la prescription est restée platonique.

Le texte définitif du décret organique qui allait paraître

n'avait pas été arrêté sans difficulté; Napoléon n'aimait pas les avocats; il avait le coup d'œil trop perçant pour n'avoir pas remarqué combien était développé chez eux, alors même qu'ils ne constituaient qu'une compagnie libre, l'amour passionné de l'indépendance vis-à-vis de tous, et il redoutait la puissance de l'Ordre reconstitué; en outre, il se rappelait que, lorsque le sénatus-consulte rétablissant l'Empire avait été soumis à l'acceptation du peuple français, trois avocats seulement, sur deux cents citoyens environ qui en exerçaient la profession, avaient répondu affirmativement. Le résultat était plus que médiocre, et l'on attendait mieux de gens auxquels le décret de ventôse venait de faire de véritables promesses de résurrection.

Un fait bien caractéristique atteste l'aversion que Napoléon a toujours conservée contre le Barreau. Lorsqu'il avait créé, en 1802, l'ordre de la Légion d'honneur pour « récompenser les citoyens qui, par leur savoir, leurs talents, leurs vertus, ont fait respecter la justice et l'administration publique », il s'était bien gardé d'y admettre aucun avocat. Et, pendant toute la durée de l'Empire, un seul membre de l'Ordre, exerçant effectivement sa profession, Férey, fut décoré; encore dut-on, pour faire accepter par l'empereur la nomination proposée, indiquer dans le décret que cette faveur était accordée au titulaire comme « membre du conseil des Écoles de droit ».

Dans de pareils sentiments, Napoléon, qui, en 1810, venait de repousser la nomination, que lui soumettait Lucien Bonaparte, de Ferryer père aux fonctions de membre du Tribunat, n'était pas disposé à accepter sans les examiner de très près les propositions de Cambacérès et Treilhard, chargés de la rédaction du projet.

Le préambule rendait hommage à la liberté, à l'indépendance et à la noblesse de la profession d'avocat, et ces

mots sonnaient mal à l'oreille du souverain ; les disposition mêmes du décret préparé, qui accordait au Barreau
le droit de nommer son conseil et son bâtonnier et resti-
tuait à l'Ordre le droit de former son tableau, étaient plus
mal reçues encore. « Ce décret est absurde, aurait alors
écrit Napoléon, dans une note découverte plus tard chez
Cambacérès ; il ne laisse aucune prise, aucune action contre les avocats ; ce sont des factieux, des artisans de crime
et de trahisons. Tant que j'aurai l'épée au côté, jamais je
ne signerai un pareil décret. Je veux qu'on puisse couper la
langue à un avocat qui s'en sert contre le gouvernement.»
On ne pouvait espérer vaincre une résistance qui s'exprimait de la sorte, en des termes « plus dignes d'un dey
d'Alger que du chef d'une nation civilisée (1) ». Le
projet dut donc subir de sérieuses modifications, et le décret parut enfin le 14 décembre 1810.

Dans son préambule définitif, l'auteur rappelle que lorsque l'empereur s'occupait de l'organisation de l'Ordre judiciaire, « une profession, dont l'exercice influe puissamment sur la distribution de la justice, a fixé ses regards ».
Aussi a-t-il, par la loi du 22 ventôse an XII, ordonné le
rétablissement du tableau de l'Ordre des avocats « comme
un des moyens les plus propres à maintenir la probité, la
délicatesse, le désintéressement, le désir de la conciliation, l'amour de la vérité et de la justice, un zèle éclairé
pour les faibles et les opprimés, base essentielle de leur
état ». Mais il importe, sans doute, de surveiller l'Ordre
ainsi rétabli, car « en retraçant les règles de cette
discipline salutaire, dont les avocats se montrèrent si
jaloux dans les beaux jours du Barreau, il convient d'assurer en même temps à la magistrature la surveillance

(1) Dupin, *Lettres sur la profession d'avocat*, I, p. 132.

qui doit naturellement lui appartenir sur une profession qui a de si intimes rapports avec elle : nous aurons ainsi garanti la liberté et la noblesse à la profession d'avocat, en posant les bornes qui doivent la séparer de la licence et de l'insubordination ». Et le législateur, pour faire renaître « les beaux jours du Barreau », en réglementa l'organisation, avec la préoccupation bien visible de prévenir toute tentative d'insubordination ou de licence.

Un tableau sera dressé des avocats exerçant auprès des cours et tribunaux; si les avocats sont plus de vingt, un conseil séra formé pour leur discipline.

Les magistrats, premiers présidents et procureurs généraux près les cours, présidents et procureurs impériaux des tribunaux, seront chargés, après avoir pris l'avis d'anciens avocats, de procéder à la formation du tableau, qui sera soumis à l'approbation du Grand Juge, ministre de la Justice.

Le serment imposé à tous les avocats ne sera plus simplement professionnel, il deviendra politique, le récipiendaire devant jurer « obéissance aux constitutions et fidélité à l'empereur », et promettre en outre « de ne conseiller ou défendre aucune cause qu'il ne croira pas juste en son âme et conscience ».

Les avocats inscrits au tableau d'une cour pourront plaider dans tout le ressort de cette cour; ceux qui seront inscrits dans un tribunal plaideront devant la cour criminelle et les tribunaux du département. Néanmoins, « les uns et les autres pourront, avec la permission du Grand Juge, aller plaider hors du ressort de la cour ou du département où ils sont inscrits ».

.. Le décret s'occupe ensuite des conseils de discipline : les avocats inscrits désigneront, à la pluralité des suffrages, des candidats au conseil, en nombre double des membres qui doivent y siéger — c'est-à-dire, à Paris, 30 candidats, le conseil étant composé de 15 membres.

La liste, ainsi dressée par le vote, étant transmise au procureur général, celui-ci choisira les membres du conseil.

Le procureur général nommera, parmi eux, un bâtonnier, qui deviendra le chef de l'Ordre; le membre du conseil, dernier inscrit, en sera le secrétaire.

« Le conseil sera chargé de veiller à la conservation de l'honneur de l'Ordre des avocats; de maintenir les principes de probité et de délicatesse qui font la base de leur profession; de réprimer ou faire punir par voie de discipline les infractions et les fautes, sans préjudice de l'action des tribunaux, s'il y a lieu. Il portera une attention particulière sur les mœurs et la conduite des jeunes avocats qui feront leur stage; il pourra, dans le cas d'inexactitude habituelle ou d'inconduite notoire, prolonger d'une année la durée de leur stage, même refuser l'admission au tableau » (art. 23).

Un bureau de consultation gratuite est établi; il est chargé de signaler au conseil les causes qu'après examen il trouve justes; le conseil, ensuite, doit les distribuer entre les avocats à tour de rôle; le bureau apportera la plus grande attention à ces consultations, l'empereur voulant « qu'elles ne servent point à vexer des tiers, qui ne pourraient, par la suite, être remboursés des frais de l'instance ».

Des peines disciplinaires, que le ministre peut, de son autorité, infliger à l'avocat (art. 40), sont édictées : l'avertissement, la censure, la réprimande, l'interdiction pour un temps qui ne pourra excéder une année, l'exclusion ou la radiation du tableau; un droit d'appel devant la cour est ouvert à l'avocat censuré, réprimandé, interdit ou rayé.

Le titre IV du décret réglemente soigneusement les droits et les devoirs des avocats : l'Ordre ne pourra se réunir que pour l'élection des candidats au conseil, sinon les contrevenants seront poursuivis pour délit d'association ou de réunion illicite (art. 33) ; les avocats qui se coaliseraient pour déclarer, sous quelque prétexte que ce soit, qu'ils n'exerceront plus leur ministère, seront rayés du tableau et ne pourront plus y être rétablis (art. 34).

Il est défendu de faire traite pour le paiement des honoraires, ou de les exiger avant plaidoirie (art. 36).

« Les avocats exerceront librement leur ministère, pour la défense de la justice et de la vérité ; nous voulons, en même temps, dit l'art. 37, qu'ils s'abstiennent de toute supposition dans les faits, de toute surprise dans les citations, et autres mauvaises voies, même de tous discours inutiles et superflus ; leur défendons de se livrer à des injures et personnalités offensa...es envers les parties ou leurs défenseurs, d'avancer aucun fait grave contre l'honneur et la réputation des parties, à moins que la nécessité de la cause ne l'exige, et qu'ils n'en aient charge expresse et par écrit de leur client ou des avoués de leurs clients ; leur enjoignons pareillement de ne jamais s'écarter, soit dans leurs discours, soit dans leurs écrits, ou de toute autre manière quelconque, du respect dû à la justice, comme aussi de ne point manquer aux justes égards qu'ils doivent à chacun des magistrats devant lesquels ils exercent leur ministère » (art. 37 et 38).

Sous peine des sanctions disciplinaires et ordinaires, l'avocat ne devra pas se permettre, dans ses plaidoiries ou dans ses écrits, d'attaquer les principes de la monarchie ou les constitutions de l'empire ; et, sous leur responsabilité personnelle, les procureurs devront veiller à l'exécution de cette prescription.

En ce qui touche les honoraires, un règlement d'administration publique statuera; jusque-là, les avocats les taxeront avec la discrétion qu'on doit attendre de leur ministère; en cas d'abus, le conseil pourra les réduire et en ordonner la restitution.

« Les avocats feront mention de leurs honoraires au bas de leurs consultations, mémoires et autres écritures; ils donneront aussi un reçu de leurs honoraires pour les plaidoiries » (art. 44).

Tel était le décret que l'empereur avait enfin consenti à signer; s'il réorganisait l'Ordre des avocats, les précautions étaient prises pour que le pouvoir le plus ombrageux n'y trouvât, à aucun degré ni en aucune circonstance, une association capable de lui créer quelque sérieuse difficulté. Quelle minutie dans les prescriptions édictées ! Si on l'eût osé, on eût essayé, semble-t-il, de régler la forme même et la durée des plaidoiries, puisque le décret s'efforce de réglementer les citations, et d'interdire les discours superflus ou inutiles. Et avec quel soin toute velléité d'émancipation est prévenue, avec quelle sévérité elle serait réprimée si elle venait à se manifester. Le serment, dont la formule est précisée et aggravée, ne suffit pas ; l'art. 38 insiste, et prescrit que ce serment sera fidèlement tenu; l'Ordre ne pourra se réunir que pour la désignation des candidats au conseil, sinon cette réunion serait considérée comme une association illicite, et poursuivie comme telle; pour éviter le retour de protestations semblables à celles qui s'étaient produites à diverses reprises, il était défendu aux avocats de se coaliser pour refuser leur ministère.

Quoi qu'il en soit, le Barreau français était reconstitué ; les conditions mêmes de cette réorganisation inspiraient sans doute des sentiments de tristesse et de regret à ceux

qui, vétérans de l'Ordre et vieillis au service du droit et
de la liberté, avaient connu des jours meilleurs ; mais
qu'importaient les règles écrites ! Les traditions sont plus
fortes que les lois, et, si les sentiments de fière indépendance qui se manifestent toujours au sein du Barreau ne
pouvaient s'exprimer au dehors sous peine des sévérités
du Grand Juge, ils restaient vivants dans les cœurs.

« La profession triompha de l'industrie, a dit Marie, dans
un de ses discours du batonnât ; on avait voulu la tuer
par la légalité ; elle vécut par la moralité, et lorsque, dans
une pensée de réorganisation, l'Empire songea à rétablir
l'Ordre des avocats, il le trouva debout au milieu des dé-
combres, et il n'eut, pour le constituer, qu'à formuler ses
lois, sous la dictée des hommes de cœur qui avaient pré-
féré le joug vivifiant du vieux Barreau à l'indépendance
mortelle que la Révolution leur avait trop libéralement
offerte. »

L'empereur a parfois mal entendu ou mal compris la
« dictée » qui lui était faite des vieilles lois et des vieilles
formules concernant l'Ordre des avocats ; il les a gravement modifiées ; mais dès lors que le Barreau avait recouvré le droit de vivre, le reste ne sera plus que l'affaire
du temps.

Les avocats ayant reconquis droit de cité purent, dès la
réorganisation de la Cour impériale, se présenter à sa barre.

Conformément au décret de 1810, un projet de tableau
fut dressé par le premier président et le procureur général,
qui devaient s'adjoindre et s'adjoignirent en effet six anciens avocats : Lesparat, Delavigne, Delacroix-Frainville,
Delamalle, Gicquel et Popelin ; le 14 mars 1811, le Ministre
approuva le tableau proposé.

L'ancien Barreau de Paris, sous le coup des événements, s'était dispersé, et l'on eut quelque difficulté à réunir au nouveau tableau trois cents noms d'avocats; le plus ancien était Dufour, dont l'inscription première datait de 1754; quatre-vingts étaient antérieurs à 1789, et parmi ceux-ci Fournel, Delacroix-Frainville, Delamalle, Archambault, Gicquel, Popelin, Berryer, Bonnet, Chauveau-Lagarde, De Sèze, Delvincourt, Billecoq, Gairal; Dupin datait de 1802, Couture de 1803, Hennequin de 1808.

Pour se constituer définitivement, le Barreau se réunit et désigna à la pluralité des suffrages trente candidats au conseil, entre lesquels le procureur général choisit les quinze avocats qui furent appelés à y siéger; il importe de rappeler leurs noms : Delamalle, Dufour, Lesparat, Porcher, Delavigne, Gicquel, Bonnet, Bellart, Billecoq, Larrieu, Delacroix-Frainville, Popelin, Gairal, Tripier et Moreau; ils tinrent leur première séance le 27 avril 1811.

Parmi les membres du conseil, le procureur général désigna Delamalle pour remplir les fonctions de bâtonnier; il eut ainsi le privilège mémorable d'être le premier mis à la tête de l'Ordre renaissant et de renouer ainsi la succession des bâtonniers interrompue depuis Tronchet.

En dehors du choix qu'il devait à la bienveillance du pouvoir impérial, Delamalle avait des titres certains à l'honneur qui lui était échu; par sa science du droit et son esprit juridique, il avait déjà contribué à fixer la jurisprudence, naturellement hésitante, au lendemain de la promulgation d'un Code nouveau; de nombreuses questions, que le législateur n'avait pu prévoir, se posaient, particulièrement graves et délicates par leur nouveauté même: il importait de pénétrer le sens de la loi, lorsque la lettre n'était pas suffisamment précise, et Delamalle l'avait entrepris avec succès. Il ne devait pas d'ailleurs oc-

cuper longtemps le poste où le procureur général l'avait
appelé ; le 2 juillet 1811, il était nommé conseiller d'État et
Delacroix-Frainville le remplaçait à la tête du Barreau ;
il y devait rester jusqu'en 1815.

Jadis, au Barreau de Paris, les avocats qui voulaient se
faire inscrire se présentaient aux *bancs*, et là ils étaient
instruits des usages et règles de la profession. A la fin du
XVIIIᵉ siècle, pour répartir également le nombre des avocats
inscrits dans les différents bancs, l'Ordre se divisa en dix
colonnes ; ce nom venait de ce que chaque groupe se
réunissait autour de l'un des piliers de la grande salle
du Palais.

Chaque colonne désignait deux de ses membres qui,
réunis aux anciens bâtonniers, formaient le comité.

Le décret de 1810 ne parlait pas de cette antique institution, mais le conseil était chargé de porter une attention
particulière sur les mœurs et la conduite des jeunes avocats qui faisaient leur stage (art. 23) ; pour remplir conve-
nablement sa mission et, en souvenir des anciennes colonnes, il en institua officieusement sept nouvelles, entre
lesquelles les stagiaires furent répartis ; la direction de
chacune d'elles était confiée à deux membres du conseil.

Les anciennes conférences des avocats avaient, tout
naturellement, sombré en même temps que l'Ordre lui-
même ; créées peu après la publication du *Dialogue de
Loysel*, elles n'avaient été définitivement instituées que
dans les dernières années du XVIIᵉ siècle : elles s'étaient
d'abord occupées de consultations de charité et de questions de discipline ; plus tard, en 1710, elles firent l'objet
d'une organisation nouvelle et furent divisées en deux
catégories : les unes « entre les jeunes gens sur quelques titres de la coutume, les autres, entre les anciens,
sur des questions importantes non décidées ».

Le bureau de consultation gratuite, reconstitué par le décret de 1810, faisait revivre la conférence; en effet, la réorganisation de ce bureau autorisait implicitement les assemblées de l'Ordre, bien que la lettre même du décret, dans une pensée de méfiance qui partout se révélait, semblât les interdire; les conférences reprirent aussitôt après la répartition entre les avocats des consultations à donner aux indigents; on s'y occupa de questions de droit, discutées et résolues par les avocats présents.

La réouverture officielle de ces conférences eut lieu en 1812; à la demande de Dupin, Delacroix-Frainville, alors bâtonnier, prononça le discours; de sa voix où perçait une véritable émotion, il rappela les vieux usages, et donna d'affectueux conseils à ses confrères. Puis il essaya de faire revivre les anciens, peignant d'un trait brillant leurs talents et leurs vertus (1).

C'est dans les locaux de la bibliothèque que se tenaient les conférences. Les livres légués par M. Férey avaient constitué le premier fonds de la bibliothèque nouvelle, et aussitôt l'Ordre s'efforça de la reconstituer; il essaya d'abord de rassembler les volumes dispersés; Delacroix-Frainville s'y employa, mais sans succès. Vainement, Montalivet, en septembre 1811, l'avait autorisé à faire choisir dans le dépôt littéraire de l'Arsenal les ouvrages qui pouvaient convenir; le choix fut vite fait: il n'y avait rien à prendre. Il fallut recourir à des moyens efficaces et plus pratiques; un décret du 3 octobre 1811 décida qu'un droit de 25 francs serait perçu sur chaque prestation de serment des avocats à la Cour impériale de Paris et que le produit de ce droit serait en partie affecté aux dépenses de la bibliothèque. Ces ressources permirent l'achat de quelques livres.

(1) De Goulard, *Éloge de Delacroix-Frainville.*

Depuis 1790, les avocats avaient abandonné leur ancien costume ; devant des juges en habit noir, coiffés d'un
chapeau rond relevé sur le devant, et surmonté d'un pa-
nache de plumes noires, les hommes de loi, les défenseurs officieux, pendant tout le cours de la Révolution, et
jusqu'au Consulat, plaidaient en habit de ville. Le décret
du 2 nivôse an XI avait décidé qu'aux audiences de tous
les tribunaux les gens de loi et les avoués porteraient une
tenue, qu'il décrivait minutieusement.

Napoléon, qui au milieu de ses soucis glorieux trouvait
le temps de se complaire à ces détails, y revint plus tard ;
l'art. 105 du décret du 30 mars 1808 ordonna que les
avocats porteraient le costume prescrit dans toutes leurs
fonctions, soit à l'audience, soit au parquet, soit aux
comparutions et aux séances particulières devant le commissaire ; et l'art. 35 du décret de 1810, confirmé sur ce
point par un décret du 2 juillet 1812, ajoutait que les avocats devaient porter la chausse de leur grade de licencié
ou de docteur.

Il ne suffisait pas au pouvoir impérial de réglementer
l'Ordre des avocats, son organisation, son costume ; il
essaya de régenter la plaidoirie ; le décret de 1810 (art. 37
et suiv.) avait déjà posé des principes sévères à cet égard,
et édicté des sanctions pénales contre quiconque s'en écar-
terait ; le décret de 1812 reprit quelques détails ; il ordonnait à l'avocat qui, chargé d'une affaire et saisi des pièces,
ne pouvait se présenter au jour indiqué, d'en avertir le
président par écrit et de renvoyer les pièces à l'avoué ;
tout retard de la cause, tout retrait de rôle ou même toute
remise d'affaires, hors des cas où elle était légitime, en-
traînaient contre l'avocat, s'il était en faute, une condamnation aux frais de la remise, et même, le cas échéant,
à des dommages-intérêts. On sait depuis longtemps que

certaines prescriptions légales ne sont que lettre morte.

Les plus minutieux détails de la réorganisation étant ainsi arrêtés, le Barreau allait poursuivre sa carrière. Renfermés dans l'exercice de leur profession, les avocats, qui sans regretter la Révolution ne s'étaient pas donnés à l'Empire, formaient une famille très unie et très fière. Bien que les préoccupations publiques fussent détournées du Palais par l'enthousiasme des victoires et des conquêtes, bien que le monde des affaires et de l'industrie n'eût guère le loisir et la tranquillité d'esprit nécessaires aux négociations suivies, l'Ordre faisait bonne figure à la barre. On y retrouvait Bonnet, l'avocat du général Moreau; Gautier, jurisconsulte excellent et impeccable, Lépidor, Tripier, Delacroix-Frainville, Billecoq. Berryer père était chargé des plus grosses affaires commerciales et maritimes que la rigueur des temps rendaient particulièrement délicates; Bellart, solennel dans sa personne et dans son éloquence, remplissait les audiences de sa voix, faible et voilée au début, mais pleine de charme lorsque l'émotion se mêlait à la plaidoirie. Dupin aîné faisait ses premières armes; le Conseil l'avait adjoint à Fournel et à Caillau pour l'organisation matérielle de la bibliothèque, et il se tira à son honneur de cette mission absorbante.

A cette époque, l'éloquence du Barreau se ressent des siècles passés; l'enflure y tient sa place; la prosopopée y règne; les divinités de l'Olympe encombrent le discours; Catulle et Ovide surgissent étonnés d'une discussion de chiffres ou de textes.

En dehors du Palais, certains avocats s'occupaient de journalisme — bien qu'alors rien ne pût donner idée de ce que la presse deviendrait un jour; il paraît que cette diversion ne reçut pas l'approbation de l'autorité disciplinaire du Barreau, car le 1er avril 1812, Tripier fut chargé, par délibération du Conseil, d'appeler plusieurs avocats dans son cabinet, pour leur faire des représentations sur quelques articles sortis de leur plume, et sur l'inconvenance qu'il y a à ce que des avocats soient entrepreneurs de journaux.

L'Ordre se mêlait également aux choses de la politique, alors surtout que la France, épuisée par de longues années de lutte, rassemblait ses derniers efforts; c'est ainsi que, le 20 janvier 1813, le Conseil vota 10.000 francs pour l'équipement de chevaux et de cavaliers appelés à prendre part à la campagne nouvelle qui allait s'ouvrir au retour de Russie.

Dans les dernières années de l'Empire, un grand procès, bien caractéristique de l'époque où il se déroula, attira l'attention publique, malgré le silence prudent dont on essaya de l'entourer. Berryer père s'y distingua, non seulement par son talent d'orateur, mais par son dévouement d'avocat et son courage de citoyen. Le maire d'Anvers avait été renvoyé devant la Cour d'assises de Bruxelles sous l'accusation de péculat, c'est-à-dire de détournement des fonds de l'octroi; Berryer était chargé de la défense. Au jour de l'audience, l'opinion était favorable à l'accusé, et le jury semblait partager cette impression. Sous prétexte de suspicion contre deux témoins à décharge, l'affaire fut renvoyée à une autre session. Le nouveau jury, soigneusement trié, rapporta néanmoins, le 24 juillet 1813, après une pressante plaidoirie du défenseur, un verdict d'acquittement, que sanctionna l'enthousiasme général. L'empereur, qui se trouvait à Drésde aux prises avec des difficultés croissantes, accueillit fort mal la nouvelle; il écrivit à Paris, donnant l'ordre de remettre en jugement le maire, ses complices, les jurés eux-mêmes. Le Sénat fut saisi de l'affaire ; invoquant l'article 55 du sénatus-consulte organique de la constitution, en date du 16 thermidor an X, qui lui donnait le pouvoir exorbitant d'annuler les jugements des tribunaux lorsqu'il les jugeait attentatoires à la sûreté de l'État, il annula la décision du jury, et chargea la Cour de cassation de renvoyer les accusés devant une autre cour impériale prononçant toutes sections réunies et sans jury.La Cour de cassation délégua la Cour de Douai.

A cette nouvelle, le préfet d'Anvers, M. d'Argenson, répondit par l'envoi de sa démission. Le maire fut arrêté de nouveau, emprisonné à Douai, où il attendit la réouverture des débats ; Berryer devait encore une fois lui prêter le concours de son infatigable dévouement; mais le jour de l'audience ne vint pas, l'infortuné magistrat étant mort dans son cachot (1).

Au commencement de 1814, des préoccupations plus graves que celles qu'engendre de coutume la vie judiciaire agitaient la France entière : à la suite des débris de la Grande armée battant en retraite, l'Europe coalisée avait envahi le territoire; le cours de la justice s'était ralenti, et les avocats du Barreau de Paris, enrôlés dans la garde nationale, n'interrompaient les exercices du fusil que pour venir, en toute hâte, plaider quelques petites affaires dont la solution pressait; ils paraissaient à la barre en uniforme, donnant ainsi le spectacle qu'un demi-siècle plus tard — qui donc l'eût osé prédire ?— la grande ville devait revoir encore.

Cependant le Conseil tenait aussi régulièrement que

(1) Berryer père, *Mémoires*, 1, 849 et s.

possible ses séances habituelles, et à cette époque troublée
il fut saisi de la question des droits de l'Ordre des avocats
sur la formation et la composition du tableau ; un arrêté
du 9 mars 1814 décida que le Conseil, qui refuse l'admission au stage, n'est pas tenu de motiver sa décision ;
l'Ordre est maître de son tableau. Ce grand principe,
implicitement proclamé en 1814, provoquera plus tard
des controverses ardentes, renouvelées, passionnées,
et recevra, selon les temps, des solutions contraires.

Mais les événements se pressent ; toutes les forces alliées,
concentrées à Châlons-sur-Marne, accourent sur Paris ;
elles y pénètrent le 30 mars. La soumission fut rapide et
complète. Bellart, qui était membre du Conseil municipal,
vivement impressionné par le spectacle qui se déroulait à
ses yeux, prit l'initiative d'une réunion extraordinaire, où
il proposa et fit voter, par la majorité de ses collègues,
une proclamation qu'il avait adressée au peuple de Paris, et
une déclaration demandant la déchéance de Napoléon, et
le rappel des Bourbons (1).

Cette proclamation, affichée puis lacérée, fut publiée
dans les colonnes du *Journal des Débats*. En récompense
de ce signalé service, rendu à une heure décisive où les
plus puissants et les plus habiles semblaient hésiter encore, Bellart recevra, en juillet 1814, peu de jours avant
sa nomination de procureur général, les lettres de noblesse.
Louis XVIII voulut qu'une fleur de lys figurât dans
l'écusson ; Bellart tint à y faire ajouter une cognée, en
souvenir respectueux de son père, qui avait exercé le métier de charron.

Le pouvoir était vacant ; en attendant l'arrivée du nouveau roi, un gouvernement provisoire s'était constitué,

_____

(1) De Vaulabelle, *Hist. des deux Restaurations*, I, pp. 367 et suiv.

à la formation et aux projets duquel le Conseil de l'Ordre des avocats s'empressa d'adhérer. Le 5 avril 1814, il prit une délibération où il dit que, « rendu si heureusement à la liberté de manifester ses sentiments d'attachement et de fidélité pour ses anciens rois, il exprimait, au nom de l'Ordre entier, sa profonde reconnaissance de la déchéance de Napoléon Bonaparte, et attendait, avec confiance, du gouvernement provisoire, les mesures capables d'assurer la restauration si désirée de l'auguste maison des Bourbons ». Le bâtonnier était chargé de présenter à « nos seigneurs du gouvernement provisoire » cet arrêté, qui portait les signatures de Delacroix-Frainville, Popelin, Hémery, Fournel, La Calprades, Guéroult, Thévenin, Giguet, Roy et Louis.

Précédant son frère de quelques jours, le comte d'Artois était entré solennellement dans Paris, le 12 avril; peu après, M. de Polignac, au nom du lieutenant-général du royaume, alla visiter de Sèze, et le chargea de témoigner à l'Ordre des avocats son estime particulière. Cette démarche en appelait une autre. Le 22 avril, une députation de l'Ordre fut présentée au comte d'Artois. Delacroix-Frainville, bâtonnier, prit la parole; il affirma au prince que la présence de Son Altesse Royale avait répandu sur la France la plus grande des félicités; « c'est un bonheur de plus pour l'Ordre des avocats, disait-il, de pouvoir offrir son tribut de vénération, d'amour et de fidélité pour ses rois légitimes, à l'auguste frère de notre Roi si désiré, à un prince si digne de toutes nos affections, ornement et soutien du trône de saint Louis, de Henri IV et de Louis le Grand... Daignez aussi, Monseigneur, poursuivait le bâtonnier, faisant allusion à la démarche de M. de Polignac, agréer la respectueuse expression de notre profonde sensibilité, de notre vive reconnaissance pour le suffrage si

flatteur dont Votre Altesse Royale a bien voulu nous honorer, en faisant donner à notre Ordre la bienveillante assurance de son estime particulière. Ce noble et glorieux
témoignage devient pour notre Ordre un des plus beaux
titres d'honneur dont il puisse à jamais se décorer. »

Le lieutenant-général du royaume remercia. « Conti-
nuez, dit-il aux avocats, de défendre avec courage la veuve
et l'orphelin ; c'est votre plus beau titre, » puis, ayant reconnu M. de Sèze, il lui adressa, selon le récit du *Moniteur*, des paroles « aussi nobles que touchantes », et le
présenta au duc de Berry.

Le roi arriva à Paris le 3 mai; parmi les nombreux
corps constitués qui sollicitèrent et obtinrent une audience
du souverain figure l'Ordre des avocats; il fut présenté par
le bâtonnier : « Sire, dit Delacroix-Frainville à Louis XVIII,
après s'être uni aux acclamations qui ont célébré le glorieux retour de Votre Majesté au trône de ses ancêtres, il
ne manquait à l'Ordre des avocats, pour combler sa joie,
que l'honneur d'approcher de ce trône révéré, et d'y
recueillir un de ces regards de bonté, une de ces paroles
paternelles que Votre Majesté répand avec une grâce si
touchante sur tous ceux qui l'environnent. Cet honneur qu'il
obtint est la plus belle récompense qu'il pût espérer de sa
constante persévérance dans les bons principes. Sous le
régime de l'oppression, ses atteintes n'ont que trop souvent pénétré dans le sanctuaire de la justice, et c'est là que,
dans nos rangs, il s'est trouvé des hommes courageux,
fidèles à leur serment, intrépides défenseurs de l'innocence, inaccessibles à toutes les cruautés en présence de
leurs devoirs... » Le roi répondit par quelques phrases, à
peu près stéréotypées sur ses lèvres et qu'il modifiait à
peine selon la députation qu'il recevait; il rappela que
l'Ordre s'était acquis une gloire que rien ne peut lui ravir;

c'est dans son sein que s'est trouvé le défenseur du meilleur des rois; puis, Chauveau-Lagarde lui ayant été présenté, il lui dit : « Ce que je viens de dire à M. de Sèze vous est commun à tous les deux. » La députation fut ensuite reçue par la duchesse d'Angoulême, chez laquelle on échangea encore quelques paroles remplies de banalité et de cérémonie.

Ces manifestations d'ordre politique paraissent si contraires aux traditions du Barreau qu'aujourd'hui l'on pourrait à bon droit s'en étonner; la forme ampoulée des allocutions, les sentiments de soumission qu'elles expriment s'expliquent toutefois par le temps même où l'on vivait; au point de vue des libertés de l'Ordre des avo.. s, c'était bien un régime d'oppression que le Barreau voy.it finir; des jours meilleurs allaient sans doute renaître pour lui; il était presque naturel qu'il en exprimât sa joie et ses espérances.

Fort des promesses qu'il avait entendues et des dispositions favorables dont il avait reçu l'assurance, le Barreau crut que le moment était venu de demander et d'obtenir la révision du décret de 1810; une députation du conseil se rendit auprès du garde des sceaux; il lui fut répondu qu'il était convenable d'attendre un temps plus opportun; quelques mois s'écoulèrent, et le 30 août 1814, le conseil, pour mettre le gouvernement en demeure de tenir sa parole, rédigea un mémoire et décida qu'il surseoirait à la rédaction du tableau; ne voyant rien venir, il dut l'arrêter le 14 décembre 1814; le 20 décembre suivant, le bâtonnier en opéra le dépôt au greffe.

Toutefois, à titre de faveur spéciale, la loi du 21 octobre 1814, en autorisant la publication, sans examen ni censure préalables, de tout écrit de plus de vingt feuilles d'impression, permit de publier librement, quel que soit d'ailleurs le nombre des feuilles, les mémoires sur procès signés d'un avocat ou d'un avoué près les cours et tribunaux.

Une ordonnance royale du 15 février 1815 avait procédé à la réorganisation de la Cour de cassation, et nommé premier président, en remplacement du comte Muraire, le « sieur Desèze », qui était avocat à la Cour royale. Les nouveaux magistrats furent installés le 21 février ; en réponse au discours du chancelier de France Dambray, de Sèze exprime, en termes les plus flatteurs, ses regrets d'être séparé tout d'un coup de cet Ordre si honorable auquel il avait eu le bonheur d'appartenir si longtemps : « Privé, ajoutait-il, des douceurs de la confraternité de ces hommes généreux, éclairés, courageux, modestes, dont j'ai été, pendant tant d'années, l'émule, le compagnon, l'ami, et en qui j'ai trouvé des guides si sûrs, des cœurs si droits, des esprits si justes, de ces hommes que je n'ai jamais vu disputer entre eux que de talents, de courages et de sacrifices, privé, dis-je, des douceurs de leur confraternité, mais vivant toujours avec eux par la pensée, le sentiment et le souvenir, je vous apporte mes regrets... »

Dix jours après, le 1er mars, Bonaparte atterrissait au golfe Jouan. La nouvelle de cet événement inattendu parvint à Paris dans la nuit du 5. Parmi toutes les manifestations qu'elle provoqua, le Barreau de Paris accentua la sienne ; le 15 mars, le Conseil exprima son dévouement au roi Louis XVIII le Désiré et à son auguste famille.

Mais la petite troupe débarquée marchait à grands pas. Dans la nuit du 19 au 20, à minuit un quart, Louis XVIII, goutteux et souffrant, quittait précipitamment les Tuileries ; Napoléon y rentrait quelques heures plus tard.

Dans cette occasion, le Barreau n'oublia pas, comme on le fit de toutes parts, les sentiments qu'il avait publique-

ment affichés peu de mois auparavant. Bien qu'il dût sa
réorganisation à l'Empire, il ne s'y était jamais franchement rallié ; la main de fer qui gouvernait tout était trop
lourde pour qu'il n'en sentît pas cruellement le poids. Sans
doute, la fumée des batailles avait obscurci l'essor de la
pensée et en avait paralysé toutes les manifestations ; mais
la gloire des armes, si bruyante fût-elle, n'avait pu faire
taire tous les ressentiments ni calmer tous les regrets.

Quand la royauté avait été rétablie, les avocats s'étaient
réjouis sincèrement ; à l'heure où un simulacre d'empire
allait se reconstituer, ils eurent le courage, assez rare à
ce moment pour qu'il soit permis de le signaler, de ne pas
se compromettre dans l'aventure étrange dont personne
alors ne pouvait prévoir ni la durée ni les conséquences.
Berryer père considérait la rentrée de l'île d'Elbe comme
une calamité.

Le 5 avril, le Conseil de l'Ordre arrêta que ses membres
ne seraient pas renouvelés ; c'était dire de la façon la plus
claire qu'il jugeait éphémère et transitoire la crise que
subissait le pays ; mais la coalition se reforme, l'invasion
se précipite ; le Conseil, au mois de juin, décide de suspendre ses séances ; il ne les reprendra que le 19 juillet,
un mois après Waterloo, quelques jours seulement après
le nouveau retour des Bourbons.

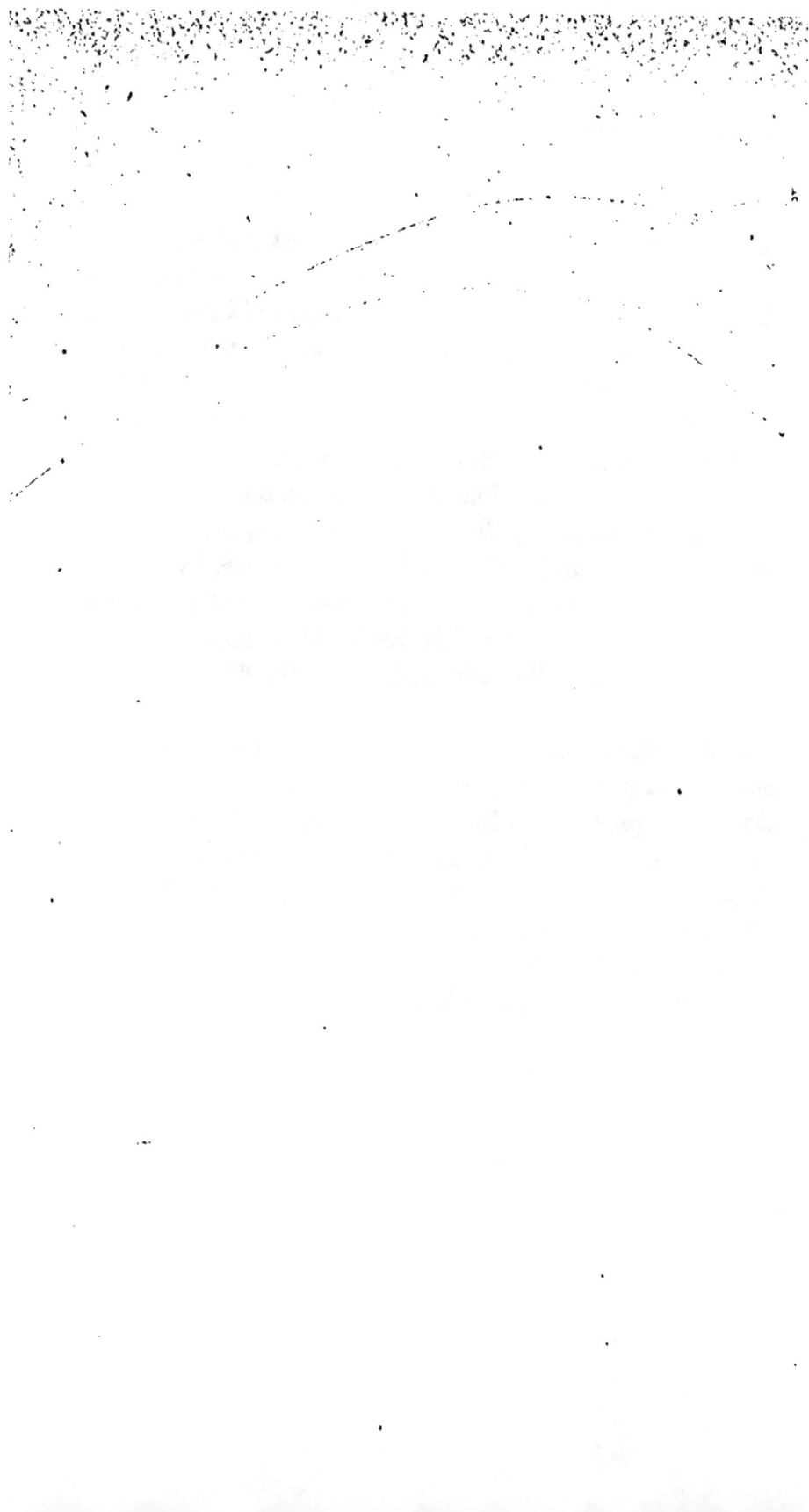

CHAPITRE III

RESTAURATION (1815-1822)

La réaction ardente et sans mesure que déchaîna la rentrée de Louis XVIII mit à l'épreuve le dévouement et le courage du Barreau de Paris ; il s'éleva à la hauteur de sa mission et ne se laissa pas effrayer par les attaques de certains journaux bien pensants, qui déclaraient que des avocats ne pouvaient défendre des accusés de crimes d'État, sans se rendre en quelque sorte leurs complices.

Mauguin assista Labédoyère ; l'ancien aide de camp de
« Bonaparte » aurait pu s'enfuir ; mais le violent désir de
revoir, avant de partir, sa jeune femme et son enfant
l'avait ramené à Paris ; il y fut bientôt arrêté ; le 14 août
1815, il comparut devant le conseil de guerre de la première division militaire. Labédoyère ayant manifesté l'intention bien arrêtée de se défendre seul, son avocat ne
plaida pas. A peine l'accusé avait-il prononcé quelques paroles qu'il fut vivement interrompu par le président ;
Mauguin protesta ; son client n'insista pas ; aussi bien
attendait-il sans illusion la sentence capitale, que le conseil prononça à l'unanimité. Cinq jours après, Mauguin
développait devant le conseil de révision, qui les rejeta,
dix moyens de cassation ; le jugement fut exécuté.

Michel Ney, arrêté dans le département du Lot, arriva
à Paris sous bonne escorte, à l'heure même où Labédoyère
tombait foudroyé. Traduit devant un conseil de guerre, le
Maréchal avait songé à Bellart pour lui confier sa défense ;
une démarche fut faite en ce sens ; Bellart refusa : ses opinions politiques, disait-il, n'étaient point d'accord avec
le parti qu'avait pris le Maréchal ; « il peut d'ailleurs se
défendre seul, ajouta-t-il ; à sa place je paraîtrais devant
le conseil de guerre et je me bornerais à prononcer ces
paroles ; » et Bellart remettait au beau-frère de Ney le
texte d'une allocution qu'il avait préparée, et dans laquelle
l'accusé demandait la mort parce qu'il l'avait méritée.
« Mon forfait est grand, aurait-il dit en terminant, puisque
j'ai sacrifié ma patrie ; que ma patrie se venge, cela est
juste ! Mais quand cette justice sera accomplie, que mes
anciens camarades, en détestant ma dernière action, ne
la jugent pas plus atroce qu'elle ne fut, et qu'ils réservent
quelques fleurs à ma mémoire. » Noble langage — mais

singulière défense ; il semblerait que Bellart y eût déjà
mis quelques-unes des pensées que, plus tard, il devait
développer dans son sévère réquisitoire.

Ney fit appeler Berryer père et fils ; ils s'adjoignirent
Delacroix-Frainville et Dupin aîné. Celui-ci venait de publier sa célèbre brochure : *Libre défense des accusés*. Dans
cet opuscule il s'élève contre l'interdiction, dont il a été
l'objet, de communiquer avec un prévenu incarcéré.
« Mais, diront les hommes de l'accusation, si on laisse
ainsi pénétrer les conseils près de l'accusé, ils lui indi-
queront les moyens de se justifier ; si on leur permet de
présenter des défenses *ab ovo*, ils étourdiront le juge de
la prétendue innocence de leurs clients, et, à les entendre, il n'y en aura pas un qui puisse être mis en accusation. Cela ressemble merveilleusement au mot de ce
capitaine suisse qui, chargé, après une bataille, de faire
enterrer les morts, faisait jeter tous les corps, pêle-mêle,
dans une large fosse, et, sur l'observation que plusieurs
donnaient encore signe de vie, répondit : Bah ! si on voulait les croire, il n'y en aurait pas un de mort ! L'humanité commande plus de ménagements à ceux qui enterrent
et à ceux qui accusent (1). »

Les passions étaient tellement surexcitées qu'à la nouvelle qu'il avait accepté la défense du maréchal Berryer
père reçut d'un de ses confrères une lettre, où on lit,
avec quelque effroi : « Je vous supplie, au nom de l'honneur, au nom de votre famille, au nom de notre Ordre,
d'échapper, quand il en est temps encore, au péril qui
vous menace de voir votre nom, glorieux jusqu'ici, former
un chiffre ineffaçable avec celui d'un guerrier, féroce et
sans foi, que ses contemporains nomment un traître régi-

---

(1) V. Tommy-Martin, *Éloge de Dupin aîné*, p. 21.

cide et que la postérité mettra à côté de Ravaillac et de
Damiens. »

Le 10 novembre, Ney comparut devant le conseil de
guerre, que présidait Jourdan, et où siégeaient, entre autres,
Masséna, Augereau et Mortier. La défense, peut-être fâ-
cheusement inspirée, déclina la compétence du conseil ;
Berryer père plaida l'exception; il rappela que Ney était
pair de France, et qu'à ce titre il devait être renvoyé devant la Chambre des Pairs ; la dignité dont le Maréchal
était revêtu était utile, puisque, s'écriait le défenseur,
dans le langage du temps, « semblable au majestueux vais-
seau que la foudre a brisé, elle offrait au navigateur
perdu dans un océan de misère la planche du naufrage
sans laquelle il eût peut-être péri ».

On sait le reste; le conseil de guerre, malgré les efforts
du commissaire du gouvernement, déclara son incompétence; le lendemain, 11 novembre, le maréchal était renvoyé devant la Chambre des Pairs. Au bas de l'acte d'accusation, à côté des signatures de Richelieu, Barbé-Marbois, Decazes, se trouvait celle de Bellart, le premier
défenseur choisi par l'accusé. Bellart, en effet, par ordonnance royale du 14 août, avait été nommé procureur général
près la Cour royale. Dans le procès du Maréchal, il fit
preuve d'une ardeur à peine justifiée par les devoirs
impérieux des hautes fonctions dont il venait d'être investi.

Les séances de la Chambre commencèrent le 21 novembre; elles se poursuivirent au milieu d'incidents de tout
genre: moyens préjudiciels, discutés par Berryer père et Dupin, puis finalement rejetés; demande de délai d'abord com-
battue, et enfin accordée; audition des témoins mouvementée,
et dans laquelle les défenseurs, comme c'était leur droit,
intervenaient sans relâche. L'esprit de taquinerie contre

les avocats fut poussé à un tel point que le chancelier leur interdit de plaider la tête couverte, selon une ancienne coutume qui conférait au Barreau, non pas la faculté, assez futile, de se mettre à l'aise, mais bien le droit absolu de parler librement; de la sorte on arriva au 5 décembre; ce jour-là, le procureur général prononça son réquisitoire et Berryer père commença la défense. Sa plaidoirie terminée, Dupin demanda la remise au lendemain. « Ce qu'on vient de demander, s'écria Bellart, est sans exemple.— Je réduis ma demande, répliqua Dupin, à une simple question d'humanité. » Le renvoi fut prononcé.

Le lendemain, Dupin soutenait que Ney, étant né à Sarrelouis, était resté Français de cœur mais appartenait à un pays qui n'était plus soumis au roi de France; « je suis Français, interrompit le maréchal, et je mourrai Français. » Il ajouta : « Jusqu'ici ma défense a paru libre; je m'aperçois qu'on l'entrave à chaque instant. Je remercie mes généreux défenseurs de ce qu'ils ont fait, de ce qu'ils sont prêts à faire, mais je les prie de cesser plutôt de me défendre tout à fait que de me défendre imparfaitement; j'aime mieux n'être pas défendu du tout que d'avoir un simulacre de défense; je suis accusé contre la foi des traités, et on ne veut pas que je les invoque; je fais comme Moreau; j'en appelle à l'Europe et à la postérité. » Les débats étaient clos; la peine capitale fut prononcée à une majorité considérable; le maréchal mourut en brave, le 7 décembre. « Je le dirai tant que je vivrai, s'écriait Dupin, la condamnation n'a pas été juste, car la défense n'a pas été libre. » Elle l'avait été si peu qu'en raison de son intervention, et jusqu'en 1822, Berryer père fut écarté du conseil par le procureur général.

En même temps que siégeait la Chambre des Pairs pour juger Ney, le comte de Lavalette comparaissait devant la

Cour d'assises de la Seine ; Tripier le défendit avec chaleur ;
il s'éleva énergiquement contre la réunion en une seule
question des différents chefs d'accusation relevés contre
l'accusé ; de la sorte, en effet, les jurés ne pouvaient rapporter un verdict négatif, le délit d'usurpation de fonctions
étant constant et reconnu. Lavalette fut condamné à mort ;
on sait comment, grâce à l'admirable dévouement de sa
femme, il parvint à s'évader, la veille même du jour fixé
pour l'exécution de la sentence.

C'est peu après l'arrestation de Ney que Bellart avait
quitté le Barreau pour remplir les fonctions de procureur
général ; caractère élevé, il apportait à tout ce qu'il faisait
l'ardeur de son esprit ; travailleur infatigable, il s'était
promis de mourir à la peine s'il le fallait, mais d'arriver
au premier rang des avocats ; sa parole était passionnée
et trahissait souvent sa pensée, généralement plus calme
que l'expression qu'il lui donnait.

Le nouveau procureur général s'efforça de travailler à
la réorganisation de la magistrature en y introduisant des
avocats du Barreau de Paris ; il insista sur l'utilité qu'offrait cette mesure dans une lettre adressée le 3 septembre
1815 au Garde des sceaux. « Il est une profession que je
n'ai pas le droit de louer, écrivait-il, parce que je lui ai
appartenu, mais dont l'éloge, pour ceux qui l'exercent dans
son véritable esprit, est dans la bouche des magistrats
eux-mêmes : c'est la profession d'avocat. Un avocat capable et homme de bien peut être jugé d'une manière infaillible ; ses preuves sont longues et publiques, et si j'ose
proposer à Votre Excellence d'élever trois ou quatre avocats à la dignité de conseiller à la Cour royale, c'est uniquement sous le rapport de la sûreté du choix, quoique
sous d'autres rapports encore, et, par exemple, sous celui

d'entretenir dans cette profession même une émulation utile de délicatesse et de noblesse de conduite, la mesure pût paraître devoir produire de grands avantages...L'objection de la vieillesse est plus spécieuse que solide; c'est encore l'expérience que j'invoque. J'ai travaillé avec nos premiers jurisconsultes : Tronchet, Férey, Poirier, etc., sur la fin de leur carrière. A quatre-vingts ans, M. Tronchet était remarquable par sa vigueur, et M. Férey, à soixante-dix ans, par sa mémoire... Les hommes forts vieillissent moins que d'autres dans leur science; l'habitude du travail, une certaine routine de l'action du jugement, beaucoup de souvenirs qui s'appliquent d'eux-mêmes rendent les progrès de l'âge plus insensibles, et les compensent. »

Les propositions de Bellart furent accueillies : Hémery, Moreau, Larrieu, de Sèze fils se virent appeler, le 18 septembre 1815, aux fonctions de conseillers à la Cour royale. Quéquet fut nommé avocat général, et Popelin vice-président du tribunal.

Les dispositions favorables qui se manifestaient en haut lieu envers l'Ordre des avocats leur permirent d'espérer que des jours meilleurs allaient luire pour eux et que les dispositions rigoureuses du décret de 1810 ne tarderaient pas à faire place à une réglementation plus libérale.

Le procureur général Bellart s'y employa de son mieux : « La Cour royale, écrivait-il au Garde des sceaux, les tribunaux civils de Paris sont réorganisés; quelque chose pourtant semble manquer à l'achèvement de ce grand ouvrage : c'est la restauration de l'Ordre des avocats. J'ai eu l'honneur de lui appartenir si longtemps que j'éprouve une sorte de pudeur à réclamer pour lui le rétablissement de son ancienne discipline. En demandant qu'on lui rende son éclat, je parais demander quelque chose pour moi-même... » Bellart reconnaît que, lorsque l'Ordre se gouvernait lui-même, on pouvait lui reprocher un peu d'orgueil et de morgue. « Ce sont des ridicules peut-être, ajoute-t-il, mais des ridicules qu'il ne faut pas s'empresser de condamner, s'ils eurent du moins le bon effet, que n'obtiennent pas toujours les inspirations de la conscience, de diriger ceux qui s'y laissaient aller dans des voies où ils voulussent être séparés du vulgaire par plus de délicatesse, pour avoir le droit de s'en séparer par plus de jouissances d'amour-propre. » Il propose nettement de rendre à l'Ordre son ancienne discipline en détruisant, sauf quelques modifications, les entraves apportées à son indépendance, notamment par le décret de 1810. Le procureur général entre dans l'examen de tous les détails, et s'attache à réfuter vigoureusement les objections.

Malgré l'autorité de celui qui intercédait ainsi en faveur des avocats, les vœux qu'il exprimait ne furent pas entendus. Le Barreau de Paris n'éprouvait pas, pour le gouvernement de la Restauration, un enthousiasme aussi profond que des manifestations officielles l'auraient pu faire croire; sans doute, les avocats s'étaient réunis dans leur opposition à l'Empire, et, sur ce point, les avis étaient presque unanimes ; mais, l'Empire tombé, les divergences reparurent, et les sympathies de chacun s'accentuèrent. Les uns, en petit nombre, attachés à la royauté par principe ou par souvenir, se rapprochèrent de ceux qu'au dehors on appelait les ultra-royalistes; d'autres, plus nombreux, l'avaient acceptée sans esprit de récrimination ni arrière-pensée; mais ils attendaient d'elle plus que, dès les premiers mois, elle ne parut disposée à leur donner; ils devinrent ses adversaires; d'autres enfin, par tendances personnelles, se déclarèrent dès le début contre le régime nouveau et ne cessèrent de le combattre.

En 1815, les événements avaient empêché la rédaction du tableau ; il fut dressé seulement le 31 avril 1816, et déposé au greffe de la Cour le 5 novembre suivant ; Fournel avait été nommé bâtonnier le 18 mars 1816, à la place de Delacroix-Frainville, qui avait rempli ces fonctions pendant plus de quatre ans.

Les conférences, suspendues par la force même des choses, furent réorganisées ; ce n'étaient plus les anciennes conférences de discipline, dont les attributions avaient été de plein droit transmises au conseil de l'Ordre, mais bien des conférences d'étude et de charité: d'étude, parce qu'elles permettaient aux avocats d'examiner et de résoudre certaines difficultés de droit ; de charité, parce que la répartition s'y faisait des consultations que demandaient les indigents.

« Le premier objet de nos assemblées, avait dit Taillandier, dans son discours de 1815, sur les travaux de la conférence des avocats, doit être la distribution des consultations à donner aux indigents. La première idée qui occupe, en entrant dans la carrière que vous allez parcourir, est une idée pieuse et charitable ; un usage aussi ancien que l'Ordre a voulu que le lieu de réunion des avocats fût toujours ouvert à ceux que le sort aurait privés des avantages de la fortune. »

Un grave incident, auquel était directement mêlé le conseil de l'Ordre, occupa à ce moment l'opinion publique. Manuel, avocat au Barreau d'Aix, avait, en 1815, fait partie de la Chambre des représentants ; après la dissolution de cette Assemblée, il se fixa à Paris, et demanda son inscription au tableau des avocats ; Delacroix-Frainville fut nommé rapporteur. Le 23 avril 1816, le conseil décida de demander des renseignements au bâtonnier d'Aix : « Si

M. Manuel, disait la lettre, inscrit sur votre tableau, se présentait dans votre Ordre et dans votre Barreau pour y reprendre ses fonctions, serait-il accueilli sans contradiction et à l'unanimité des voix? »

A cette question, posée en des termes un peu étranges et inaccoutumés, le bâtonnier d'Aix répondit, en son nom et au nom de quatre de ses collègues du conseil. Dans une première lettre, il se retranchait derrière une sorte de fin de non-recevoir (1) : l'Ordre, disait-il, est resté dans l'état d'une organisation provisoire, et son administration, qui n'a pu dès lors être renouvelée, est méconnue depuis 1813 par divers membres de l'Ordre, et notamment par un des membres du conseil de discipline qui, par ce motif, a refusé dans cette occasion de se rendre à nos invitations réitérées. Si, dans cet état précaire, le conseil avait pu émettre un vœu, nous observerions que, si le conseil de Paris a entendu parler du vœu unanime des membres du conseil d'Aix, il serait impossible à ce conseil d'émettre ce vœu, du moment que l'un de ses membres refuse de reconnaître son existence légale. Que si, au contraire, comme il paraît résulter de la question telle qu'elle est proposée, c'est le vœu unanime des membres de l'Ordre, il était naturel de prévoir que le conseil de discipline d'Aix ne pouvait garantir l'opinion personnelle des divers membres de l'Ordre sur un accueil purement facultatif, ni se permettre de les consulter individuellement sur cette question.

Une seconde lettre précisait davantage : le bâtonnier s'efforçait de prévenir toute induction que l'on pourrait tirer de la première réponse, relativement à son opinion personnelle sur M. Manuel. « Des talents distingués lui

(1) Mollot, II, p. 141.

avaient acquis dans notre Barreau, écrit-il, une grande considération, et l'y font regretter tous les jours. Une conduite sans reproches, des mœurs douces, un caractère liant l'avaient rendu cher à tous ses collègues; et si, comme il l'avait annoncé, son absence n'avait été que momentanée, il aurait trouvé chez nous à son retour le même accueil qu'il avait toujours trouvé chez tous ses confrères.» Ces sentiments d'estime qu'avait inspirés Manuel aux membres du Barreau d'Aix, la compagnie des avoués près la Cour royale les exprima également dans une lettre adressée au bâtonnier de Paris, Fournel. Malgré tout, le conseil, par décision du 18 juillet 1816, ajourna indéfiniment M. Manuel.

En 1818, il renouvela sa demande; le 9 avril, le conseil déclara persister dans sa décision première.

La politique joua-t-elle son rôle néfaste dans la sentence du conseil? L'opinion publique le crut, et il faut reconnaître que ce sentiment a persisté. Il semble toutefois qu'il ait été relevé, à la charge de Manuel, un fait particulier qui justifierait les scrupules du Barreau de Paris, — l'ouverture d'un cabinet d'affaires. Les sentiments politiques de Manuel n'étaient pas, en effet, très affichés, et ne paraissaient aucunement subversifs; il n'avait occupé qu'une place modeste à la Chambre en 1815, et c'est à la fin de 1818 seulement qu'il rentra dans la vie publique. Toutefois, du fait particulier retenu contre Manuel, et qui aurait, à lui seul, motivé l'ajournement de sa demande, le dossier de l'affaire ne contient aucune trace, et toute obscurité n'est pas dissipée (1).

De nombreux procès criminels et civils, d'où les préoccupations politiques du dehors n'étaient pas exclues,

(1) Mollot, II, p. 113; — Gaudry, II, p. 532.

mirent en lumière, pendant les premières années de la Restauration, plusieurs maîtres du Barreau de Paris que leurs études, leur expérience et leur talent avaient admirablement préparés : Berryer père et fils, Dupin aîné, Mauguin, Hennequin, Berville, d'autres encore, qui se retrouveront dans les grands débats auxquels assistaient, anxieux et découragés, tous ceux que le fanatisme n'aveuglait pas.

Le général Cambronne, grièvement blessé à Waterloo, où il fut fait prisonnier, se mit à la disposition du commandant de place dès son retour à Paris. Traduit devant un conseil de guerre, il y fut plus heureux que beaucoup de ses compagnons d'armes, et bénéficia d'un acquittement prononcé à la majorité de quatre voix contre deux.

Berryer fils avait défendu Cambronne. « On ne ramasse pas, s'était-il écrié, les blessés sur le champ de bataille pour les porter à l'échafaud. » Le défenseur avait plaidé que son client, sujet de Napoléon constitué par les traités souverain de l'île d'Elbe, n'était plus Français lors du retour en France; qu'en tout cas il devait suivre son chef partout, et qu'en fait il ignorait le but réel et la nature de l'expédition entreprise, lorsque la petite flotte avait appareillé.

Ému de ce système de défense, et surtout contrarié de l'issue du procès, le procureur général Bellart prétendit que les doctrines professées par Berryer étaient également contraires, « soit aux principes que s'honore de professer l'Ordre des avocats, si distingué par sa fidélité, soit au droit public, » et dénonça le défenseur au conseil de discipline; le conseil, qui se croyait obligé de donner au pouvoir des témoignages peut-être plus apparents que sincères de sa respectueuse soumission, examina la plainte.

Lors de sa comparution, il invita l'inculpé à désavouer une thèse, qu'il avait au contraire hautement revendiquée en communiquant à ses juges son plaidoyer imprimé.

L'avocat répondit par écrit en ces termes : « Je devais me croire à l'abri de tout reproche, puisque le président du conseil de guerre et le procureur du Roi, qui avaient seuls la discipline de l'audience et le droit de faire respecter les principes, ne m'avaient pas interrompu dans ma plaidoirie; je me suis borné à développer, au nom de mon client, les moyens invoqués par lui, sans prétendre m'expliquer, en aucune façon, sur ses opinions personnelles. Si on voulait m'obliger aujourd'hui à reconnaître que mon système de défense est erroné, criminel, condamnable, ce serait renverser toutes les idées; ce serait censurer les deux jugements que j'ai dû provoquer; ce serait condamner les juges qui ont absous le général Cambronne; ce serait me constituer l'accusateur de mon propre client; ce serait m'obliger à lui ravir ce qu'il a reconquis. Un avocat ne peut jamais être contraint à trahir à ce point celui qui lui confia tout à la fois sa vie et son honneur. »

Le conseil, après une délibération qui se prolongea pendant les trois séances des 15, 18 et 22 mai 1816, prononça qu'il n'y avait lieu à peine disciplinaire; mais dans les considérants de sa sentence il déclara que l'Ordre des avocats réprouvait hautement la doctrine qui paraissait avoir été développée pour la défense du général; qu'elle était contraire au droit public, pernicieuse et anti-sociale, en ce qu'elle tendait à dénaturer les devoirs des sujets envers leurs légitimes souverains, et à rompre les liens qui unissaient les citoyens à leur patrie, et que c'était à cette funeste doctrine que l'on devait attribuer l'égarement d'opinion, et la dépravation de principes qui avaient mis la France en danger de ruine, en la livrant à tous les maux qu'elle avait soufferts par suite des événements du 20 mars 1815.

Le conseil rendait ensuite hommage à Berryer, connu pour ne professer personnellement que les meilleurs principes; la doctrine qui lui a été attribuée, ajoutait l'arrêté, se trouvait à l'avance authentiquement désavouée par la conduite qu'il a tenue aux époques les plus désastreuses, conduite qui ne s'est jamais démentie dans le temps intermédiaire, et qui atteste, de la manière la moins équivoque, son dévouement à la Cour royale et à l'auguste maison des Bourbons; au surplus, il résulte des explications qu'il a données au conseil que cette doctrine n'est pas la sienne et qu'il la désavoue formellement.

Bellart ne tarda pas à revenir, à l'égard de Berryer fils, à des sentiments plus justes; saisissant une occasion qui se présentait de lui adresser quelques lignes, le magistrat l'assurait de sa confiance (1).

Les avocats rencontraient donc de sérieuses difficultés dans l'accomplissement de la courageuse mission, acceptée par eux sans réserve, de défendre les malheureux que la passion politique poursuivait, jugeait et condamnait sans pitié; les plus éloquents, les plus respectables, ceux même que leurs sympathies bien connues ou leur passé auraient dû justifier contre le soupçon, n'échappaient pas aux mauvais procédés et aux injustes défiances; c'est ainsi que Chauveau-Lagarde lui-même, le défenseur de Marie-Antoinette, nature modérée entre toutes, de sentiments royalistes très prononcés, étant appelé à défendre l'infortuné général Bonnaire, se vit. au cours de sa plaidoirie. sans cesse interrompu avec une extrême véhémence, soit par le président, soit par l'un des membres du conseil de

(1) Mollot, II, p. 107.

guerre. En vain, l'avocat ne parlait-il de Napoléon qu'en
l'appelant l'usurpateur, et qualifiait-il la période des
Cent jours d'horrible usurpation, presque toutes ses
phrases étaient coupées, hachées par les exclamations
de juges qui, résolus à frapper l'accusé, n'avaient même
pas la pudeur d'écouter le défenseur (1).

Hennequin, que quelques affaires importantes avaient
déjà mis en évidence, se révéla plus encore à cette époque
dans un retentissant procès où se posait la question, toujours passionnante, des droits de l'écrivain. La presse
quotidienne ne risquait pas de subir les rigueurs de la
justice, chaque ligne de journal étant, avant de paraître, soumise à l'examen d'une censure pointilleuse;
mais quelques publications, trop volumineuses pour
être assimilées à des journaux quotidiens, ou ne paraissant pas avec une périodicité régulière, furent l'objet
de poursuites. Un ancien préfet de l'Empire, rallié à l'o-
pinion royaliste, M. Fiévée, publiait une correspondance
politique et administrative, où il eut l'imprudence d'imprimer que « les rois se croient aimés quand on leur dit
qu'ils le sont, et quelquefois même ils le répètent avec
une rare bonhomie ». C'était une allusion peu dissimulée à
cette parole de Louis XVIII dans son discours d'ouverture
de la session : « Je sens que je suis aimé de mon peuple. »
Le Parquet s'émut, et intenta des poursuites correctionnelles contre Fiévée qui, voulant pour défenseur l'avocat
le plus près d'une grande réputation parmi les avocats
encore jeunes, choisit Hennequin. Celui-ci prononça, à
cette occasion, une vigoureuse plaidoirie.

Il médita sur le droit d'écrire, en en mesurant l'étendue. En vain, d'ailleurs, fit-il une apologie quelque peu

(1) De Vaulabelle, IV, pp. 334 et s.

ampoulée de Louis XVIII, « prince célèbre en Europe
par la variété de ses connaissances, les trésors de sa mémoire, la finesse de ses observations, le bonheur de ses
à propos, et qui eût obtenu le prix de la bonne plaisanterie
si la raillerie était permise aux rois, » Fiévée s'entendit
condamner à trois mois de prison et cinq cents francs
d'amende. Ayant interjeté appel, il eut la bonne fortune,
rare à cette époque et en ces matières, de s'en tirer avec
une confirmation pure et simple, sans que la peine prononcée par les premiers juges fût aggravée.

D'autres affaires intéressantes mettaient aux prises soit
avec le ministère public, soit entre eux, Tripier, Bonnet
père, Mérilhou, Dupin aîné surtout, qu'on retrouvait
presque chaque jour infatigable à la barre.

Dès les premiers jours de la Restauration, de grands
personnages avaient saisi les tribunaux de leurs différends privés.

Le comte de Saint-Leu — c'est-à-dire l'ex-roi de Hol-
lande Louis Bonaparte — vivait depuis longtemps en fort
mauvaise intelligence avec sa femme, la reine Hortense;
et ce n'était que pour obéir aux injonctions de Napoléon
que les deux époux ne s'étaient pas jadis adressés à la
justice pour faire prononcer entre eux une séparation légale.

L'Empire n'étant plus, le comte réclamait la garde
exclusive de leur enfant, Napoléon Louis; il avait confié
sa cause à Tripier, et Bonnet plaidait pour la duchesse de
Saint-Leu. La lutte offrit le spectacle de deux genres d'éloquence se livrant bataille : — Tripier était positif et serré,
Bonnet, brillant et pompeux : « L'un des champions res-
semblait à un brillant héros de la chevalerie; ses armes
étincelantes d'or jetaient des éclairs qui éblouissent le
regard; monté sur un fier coursier, il prélude au combat

par ses manœuvres et prend du champ pour fondre sur
l'ennemi; tout plie sous son choc impétueux; tout tombe
aux grands coups de son glaive, et, cor_ne il combat
avec pompe, il triomphe avec éclat. L'autre est un soldat
des temps modernes : son arme est triste à voir, mais
meurtrière; pour la manier tout est compté, le temps et
les mouvements; retranché dans sa position, il semble,
par son immobilité, étranger à l'action : mais bientôt l'éclair
luit, le coup part, l'adversaire est terrassé, et du combat
il ne reste au vainqueur que ce qu'il demandait : le fait
même de la victoire (1). »

Le frère de Napoléon gagna son procès; le tribunal ordonna que, dans les trois mois à partir du jugement, son
fils aîné lui serait remis.

Plus tard, ce fut le procès du duc d'Orléans contre le
Théâtre français, la poursuite intentée contre trois Anglais
accusés d'avoir favorisé l'évasion du marquis de la Val-
lette, la comparution aux assises de deux personnages
assez obscurs, auxquels on reprochait d'avoir tiré un
coup de pistolet sur Wellington, au moment où il rentrait
à son hôtel des Champs-Élysées. Les débats établirent
presque matériellement que le pistolet n'était pas chargé,
ce qui permettait à un journal de l'époque, rendant compte
de l'affaire, d'intituler son article : « Coup de pistolet tiré à
balle ou sans balle, sur ou près la voiture du duc de Wellington. »

Les tendances du régime nouveau, qui se manifestaient
par des poursuites sans relâche et sans justice, ne tardèrent pas à soulever quelques incidents au sein même du
Barreau de Paris, où, sous l'apparence d'une soumission

(1) Marc de Haut, *Éloge de Bonnet*.

officielle, sommeillaient chez beaucoup des idées plus larges et plus généreuses, des souvenirs toujours vivants et d'irréductibles espérances. Une opposition sérieuse et résolue s'y déclara bientôt.

C'est autour de Mauguin surtout que cette opposition se réunissait. Mauguin n'avait jamais dissimulé ses sentiments intimes ni consenti à limiter la liberté de sa parole; un recueil publié par des adversaires déclarés de la Restauration, *la Bibliothèque historique*, étant poursuivi, lui avait confié sa défense. Ce fut l'occasion d'une violente altercation entre l'avocat et l'organe du ministère public, Marchangy. Celui-ci, faisant un parallèle au moins déplacé entre la magistrature et le Barreau, s'écriait : « Moins souvent l'on verra le magistrat abaisser jusqu'au niveau des antichambres ministérielles l'honneur de la simarre, que l'avocat se constituer l'écho de la révolte et le défenseur des partis. »

Mauguin proteste avec véhémence contre les personnalités dont il vient d'être l'objet, contre l'amertume des expressions employées et la gravité des reproches qu'il subit.

« Vos écarts nombreux, interrompt Marchangy, vos censures si inconvenantes, vos apostrophes irrévérencieuses justifieraient au besoin la sévérité du ministère public. »

Le président intervient : « Je vous invite à la modération, dit-il à Mauguin, et vous rappelle à vos serments ; vous avez juré de ne point vous écarter du respect que l'on doit aux magistrats. »

« Je n'ai jamais trahi mes serments, réplique le défenseur; je suis avocat; comme tel, j'ai droit à des égards; comme tel, je jouis de l'indépendance attachée à ma profession ; ces égards, cette indépendance, j'en dois compte à mes confrères; je ne laisserai point violer dans ma personne les privilèges communs dont je suis dépositaire. »

Interrompu de nouveau, Mauguin abandonna la défense.

« Quand je parle, dit-il, je ne sais point dissimuler ma pensée ; mais aussi je sais me taire. »

Le tribunal rendit alors un jugement qui, attendu que, sans aucun motif qui puisse suffisamment l'excuser, Mauguin a parlé, à plusieurs reprises, d'une manière injurieuse et offensante pour la magistrature, enjoignait à l'avocat d'être à l'avenir plus circonspect dans l'exercice de sa profession, et plus respectueux envers le ministère public et les magistrats.

Il ne paraît pas que le conseil de l'Ordre se soit ému de cette aventure, bien que c'eût été peut-être pour lui l'occasion d'intervenir ; il jugea plus prudent de s'abstenir.

Le conseil ne reconnaissait d'ailleurs à l'avocat qu'un droit de critique assez limité sur les lois et les institutions d'alors : un arrêté du 25 février 1819 proclamait qu'en s'élevant contre les institutions établies par les lois l'avocat se livrait à des écarts très répréhensibles. « Ces assertions et ces déclarations, disait-il, tendent à répandre dans le public, et dans les esprits mal intentionnés, le mépris et la haine des institutions et des lois, que l'avocat jure de respecter et d'observer dans l'exercice de sa profession et que les magistrats sont chargés d'exécuter... L'avocat, ajoutait-il, ne doit pas sortir des formes de la discussion judiciaire pour parler en son propre nom et exprimer son opinion personnelle sur le mérite des lois et des règlements qui doivent servir de base à sa discussion et non de base à sa critique. »

Des peines disciplinaires, d'une extrême sévérité, réprimaient les infractions qui venaient à se produire en ces matières. En juillet 1819, la radiation fut prononcée contre un avocat pour avoir, par la publication de ses principes et ses provocations exprimées dans une plainte au procureur du Roi, et dans une requête au Garde des sceaux, violé le serment, prescrit par l'art. 14 du règlement de 1810, d'obéissance aux constitutions de l'État et de fidélité au Roi.

Ces rigueurs auraient dû favorablement disposer le pouvoir à accueillir les vœux que l'Ordre exprimait ; il n'en fut pas ainsi ; et lorsque, par exemple, il insista pour que, par dérogation aux règles imposées au Barreau, les anciens bâtonniers fissent partie du conseil en dehors des membres désignés par le procureur général, sa requête fut repoussée. Le sentiment qui avait provoqué cette demande était cependant des plus naturels et des plus respectables; la présence à la tête de l'Ordre de tous ses chefs, avec l'autorité qui s'attache à leur personne, le respect qu'impose leur passé, et la déférence que leur talent commande, était justifiée à bien des titres. Le gouvernement ne comprit pas, ou feignit de ne pas comprendre, l'intérêt de la mesure qu'on sollicitait de lui.

Deux articles du décret de 1810 (art. 43 et 44) avaient essayé d'imposer certaines règles aux avocats pour la fixation et la perception de leurs honoraires; ils leur enjoignaient d'en faire mention au bas de leurs consultations, mémoires et autres écritures et de donner reçu de ceux qu'ils recevraient pour leurs plaidoiries. Ces prescriptions, que rien ne justifiait, et contre lesquelles s'élevaient au contraire les pl..s constantes traditions du Barreau, étaient restées à l'état de lettre morte, à Paris du moins. Le gouvernement, sans le vouloir, fournit l'occasion de proclamer de nouveau les vieux principes ; en son nom, le procureur général avait écrit au bâtonnier, le 10 septembre 1819 :

« M. le Garde des sceaux me charge de lui faire connaître les usages établis dans le ressort de la Cour royale de

Paris sur l'exigibilité des honoraire des avocats. Sa Grandeur observe que, dans quelques départements, les avocats croient pouvoir faire passer en taxe leurs honoraires pour plaidoiries en se fondant sur l'art. 80 du tarif de 1807... La délicatesse du Barreau de Paris m'est parfaitement connue, et je sais que les jurisconsultes qui le composent n'ont pas coutume de réclamer leurs honoraires comme des créances exigibles et susceptibles d'évaluation; toutefois, je vous prie de me faire connaître si cette règle générale a reçu des exceptions. »

Le bâtonnier répondit : « Les avocats à la Cour royale de Paris n'exigent rien de leurs clients, comme vous le savez très bien; ils se contentent de ce que ceux-ci veulent bien leur donner. Celui qui aurait recours à la justice pour se faire payer de ses honoraires annoncerait par là même qu'il ne veut plus être avocat et serait à l'instant rayé du tableau. C'est un des points de notre discipline auquel nous tenons le plus fortement et que nous exécutons le plus strictement. Les clients, qui le savent très bien, en abusent le plus souvent, et il n'est pas un d'entre nous qui n'ait plus d'un exemple à citer à cet égard. N'importe! nous aimons mieux courir la chance de l'ingratitude que de nous écarter de la règle qui nous y expose, persuadés que l'indépendance et la considération dont nous jouissons dépendent en grande partie de là. La partie qui gagne sa cause est autorisée à porter dans ses mémoires de frais les honoraires de son avocat... C'est l'avoué qui prend ce droit. L'avocat n'intervient point, n'y prend point de part, et ne s'en mêle en aucune manière. Voilà pour Paris. Quant à ce qui est des départements, je n'en dirai rien, ne sachant pas ce qui s'y pratique. J'observerai seulement que, partout, les avocats ne suivent pas les mêmes maximes que nous relativement à leurs honoraires; je ne fais nul doute qu'ils ont le droit d'en former la demande en justice, et qu'en ce cas il y a lieu à appréciation. »

En ce temps-là, les luttes de l'audience étaient particulièrement brillantes : au talent oratoire que déployaient au Parquet les de Marchangy, les de Vatimesnil, les de Broë, le Barreau pouvait opposer la grande parole des Berryer, des Dupin, de Mauguin, de Mérilhou, d'Hennequin ; Paillet et Chaix d'Est-Ange allaient bientôt paraître. Sans doute, l'éloquence de cette époque, avec ses périodes soignées, sa recherche attentive des effets et ses développements exagérés, ne saurait être comparée à celle qui s'imposera plus tard ; mais elle avait son charme et sa grandeur.

Il ne se passait guère de semaine qui ne fût marquée par un débat éclatant ; les droits et les libertés de la presse étaient souvent en jeu. La loi du 17 mai 1819, en rendant au jury le jugement de certains délits, lui avait préparé sérieuse besogne. Au mois de janvier 1819, *le Constitutionnel* était accusé d'avoir outragé la morale publique et religieuse en s'élevant contre les prédications des missionnaires qui parcouraient la France pour la catéchiser. Philippe Dupin, à peine âgé de vingt-cinq ans, présenta la défense du journal ; le souvenir de sa plaidoirie a été conservé. L'avocat soutint qu'en présence de la campagne entreprise par les « légions ultramontaines » et des excitations qu'elle produisait dans des sens divers, les journaux ne pouvaient rester muets; ils avaient dû suivre la marche des nouvelles milices, et donner le bulletin de leurs opérations. Mais, dans ces comptes rendus, la religion avait toujours été respectée, et les missionnaires étaient coupables de n'avoir pas suivi les divins préceptes de tolérance et de charité qu'elle enseigne.

Le crime de Louvel avait passionné le public; les séances de la Chambre des Pairs où il fut jugé, en juin 1820, excitèrent vivement la curiosité. Archambault, bâtonnier de l'Ordre, et Bonnet père, commis d'office, défendirent l'accusé; mais celui-ci prit bientôt la parole lui-même, malgré l'avis de ses conseils, et prononça quelques mots enflammés qui permettent de douter de la rectitude de sa raison.

A la même époque, l'ancien archevêque de Malines, l'abbé de Pradt, écrivain d'une infatigable fécondité, et d'une mobilité de sentiments peu édifiante, avait consacré aux élections l'une de ses nombreuses brochures. Il fut traduit devant la Cour d'assises, sous l'accusation de provocation à la désobéissance aux lois, d'attaque contre l'autorité du roi et de provocation à la guerre civile; c'était plus qu'il n'en fallait pour qu'il eût à redouter toutes les conséquences pénales d'une grave prévention. De Pradt se présenta librement devant ses juges; il portait en sautoir le grand cordon de la Légion d'honneur, et sur la poitrine, la croix archiépiscopale. Cet appareil fit-il sur l'esprit du jury une impression favorable à l'accusé? ou lui inspira-t-il une sainte frayeur? malgré le vigoureux réquisitoire de Vatimesnil, le prélat fut acquitté, et c'est aux applaudissements de la foule qu'il regagna sa voiture. Dupin aîné avait plaidé pour lui. La situation que l'avocat occupait déjà au Barreau, son talent, sa science juridique, son autorité reconnue lui permettaient toutes les fantaisies; ce jour-là, il ne craignit pas de remonter aux origines du monde. « Dès la plus haute antiquité, disait-il, nous voyons les peuples soumis au gouvernement absolu; prêtre ou roi, c'est toujours un despote qui commande; la verge de Moïse et le sceptre de Pharaon pèsent également sur les Juifs et sur les Égyptiens. » Puis, il parle des Grecs, des Romains, des barbares, des républiques d'Italie et des villes libres d'Allemagne, de Louis le Gros et des croisades... et l'on ne raconte pas que le président ait interrompu, ou que l'auditoire ait souri!

La hardiesse de Dupin se révéla surtout le jour où il plaida pour le chevalier Des Graviers, dont la prétention se résumait en ces mots : un roi de France est tenu de remplir les engagements qu'il a contractés avant de monter sur le trône.

Des Graviers était légataire et exécuteur testamentaire du prince de Conti, qui était porteur contre le roi d'une créance, représentant le reliquat du prix, resté impayé, de la terre de l'Isle-Adam. La liste civile fut assignée en paiement de cette somme ; en première instance. et malgré une savante plaidoirie de Dupin, le tribunal de la Seine déclara la demande non recevable. Le débat fut alors porté devant la Cour ; l'argumentation de l'avocat y fut vive, pressante, presque brutale. « Rendez un arrêt, s'écria-t-il en terminant, qui aille prendre place dans l'histoire parmi les oracles que leur profonde sagesse a sauvés de l'oubli des temps... Faites que la postérité puisse dire de vous : en 1821, un Séguier se trouvant encore à la tête de la première Cour du royaume, tels et tels présidents, conseillers, tous imbus de la même doctrine, animés d'un même esprit de justice..., ont rendu un arrêt solennel qui a maintenu le principe suivant lequel, roi ou sujet, quiconque a promis personnellement, demeure tenu personnellement, et doit payer personnellement.

« L'inflexible histoire dira sans doute de Louis XVIII : Il a relevé le trône de ses pères ; il a donné au peuple français un gouvernement constitutionnel ; il a fondé des institutions dignes de lui et de son siècle ; il sut encourager les lettres, les arts, les sciences ; on le vit toujours prêt à soulager l'infortune ; jamais prince ne fut plus magnifique ni plus libéral… Empêchez qu'elle n'ajoute : mais… il n'a point payé ses dettes. »

La Cour accueillit cette véhémente adjuration : le 19 janvier 1821, un arrêt était rendu qui proclamait qu'aucune disposition de droit français n'affranchit le prince qui parvient à la Couronne de ses engagements personnels, contractés avant son avénement; le prince sur le trône, ajoutait la Cour, pouvant acquérir et posséder un droit privé, est à cet égard dans les liens du droit civil; c'est ainsi que la loi, sans blesser la majesté royale, reconnaît dans le roi la personne privée contractant des engagements et pouvant être citée devant les tribunaux; en conséquence, le marquis de Lauriston, représentant la liste civile, était condamné à payer la somme de 1.382.816 fr. 06 restant du prix des domaines stipulé payable après le décès de Louis-Joseph de Bourbon, prince de Conti.

L'arrêt fut cassé; la Cour de cassation proclama que c'est un ancien et inviolable principe du droit public français qu'à l'instant même de l'avénement du roi au trône tous les biens qu'il possédait auparavant sont de plein droit unis et incorporés au domaine de l'État, d'une manière perpétuelle et irrévocable; or, cette disposition de loi opérant une dévolution entière et forcée de tous les droits actifs et passifs du roi en faveur de l'État, l'effet nécessaire et légal de ce dessaisissement absolu est d'affranchir la personne du roi de toutes les actions qu'on aurait pu avoir contre lui avant son avénement au trône, et de rendre ses créanciers créanciers de l'État.

L'affaire fut renvoyée devant la cour d'Orléans, où Philippe Dupin plaida à la place de son frère aîné. Ce n'était plus la même vigueur; mais dans une discussion solide et une sérieuse argumentation, l'avocat fit les plus louables efforts pour ne pas laisser péricliter

6

entre ses mains la grande cause qui lui avait été confiée.

« La Cour de Paris, disait-il, a fait preuve de fidélité,
car elle avait juré de rendre à tous une égale justice; elle
a fait preuve de sagesse, car la justice serait encore un
bon calcul quand elle ne serait pas un devoir pour les
gouvernements; enfin, elle a fait preuve de courage en
protégeant le faible contre le puissant. »

La cour d'Orléans jugea, comme la Cour de cassation,
que le roi était soumis à l'accomplissement de ses obligations, mais que ses biens personnels ayant été dévolus à
l'État, c'était contre l'État que ses créanciers devaient
diriger leurs poursuites; le principe était sauf, l'équité satisfaite; il restait, en outre, le souvenir d'un mémorable
débat, où deux membres du Barreau de Paris avaient
montré une véritable indépendance.

Pendant que l'affaire du chevalier Des Graviers fran-
chissait les divers degrés de juridiction, l'atmosphère des
audiences s'échauffait peu à peu; les discussions politiques, en raison même de la nature des débats que le
ministère public y portait, envahissaient le prétoire et les
années qui suivirent furent marquées par de grands procès, où le Barreau combattit avec vaillance.

Un des plus célèbres fut celui que provoqua la *souscription nationale*, ouverte par plusieurs journaux, en faveur
des citoyens qui seraient victimes des mesures d'exception
édictées, le 26 mars 1820, contre tout individu prévenu
de complot ou de machination contre la personne du Roi,
la sûreté de l'État et les personnes de la famille royale.
Les éditeurs des journaux furent poursuivis, et aussi plusieurs membres du comité de la souscription: MM. Gévaudan, Étienne, le général Pajol, Odilon-Barrot, avocat à la Cour de cassation, Mérilhou, avocat à la Cour

royale. Le Barreau, cette fois, n'était plus seulement au banc de la défense.

L'affaire commença devant la Cour d'assises de la Seine le 29 mai 1820; l'accusation, que devait soutenir l'avocat général de Broë avait soulevé au dehors des protestations unanimes, encouragées par de graves personnages comme le duc de Broglie et Casimir Périer. M. de Broë était, dans le ministère public, un redoutable adversaire; sa parole manquait d'éclat, mais elle avait toujours de la force et de la dignité; il fut souvent acerbe, passionné, excessif, et l'obligation d'une lutte presque quotidienne aigrissait parfois l'expression de sa pensée. A la barre, Tripier, Persil, Jay, Dupin surtout, soutinrent brillamment le débat. Un arrêt incident, frappé de pourvoi, détermina les accusés à quitter l'audience, et la Cour, sans l'assistance du jury, les condamna tous à cinq années d'emprisonnement et à des amendes variant de six à douze mille francs.

Sur opposition, l'affaire recommença le 29 juin; elle se poursuivit pendant trois jours; Dupin répliqua au nom de tous « avec cette franchise de contradiction, disait-il, dont la vivacité tenait toujours à l'impression profonde d'une intime conviction ». L'avocat s'abrita, en terminant, sous l'autorité des consultations signées de plus de trois cents avocats de tous les Barreaux de France, et particulièrement sur celle de Bonnet, ancien bâtonnier; elle était approuvée par six avocats, nommés membres du conseil de discipline par le Procureur général, et « proposés par lui pour donner l'exemple d'une exacte observation de toutes les bonnes règles, et pour ramener dans la route du devoir ceux qui seraient assez malheureux pour s'en écarter ».

Gévaudan, Odilon-Barrot, le général Pajol, Mérilhou,

Étienne, et un des éditeurs de journaux, Dunoyer, furent
acquittés ; les autres accusés condamnés à l'amende et à
la prison.

L'agitation s'était répandue, et le Gouvernement avait
cru à plusieurs reprises saisir des traces de conspiration.
L'une d'entre elles, dont les premières manifestations re-
montaient au mois d'août 1820, amena devant la Chambre
des Pairs, constituée en Haute Cour de justice, trente-
quatre accusés, pour la plupart officiers de tous grades ;
les plaidoiries des défenseurs occupèrent dix-neuf audiences : Barthe, Hennequin, Odilon-Barrot, Berville,
Philippe Dupin, Persil, Renouard, Parquin, Rigal, Chaix
d'Est-Ange, à ses débuts, se succédèrent à la barre et
furent assez heureux pour obtenir de nombreux acquittements ; six accusés seulement s'entendirent condamner à
quelques années de prison ; le résultat répondait médiocrement aux vœux du pouvoir et aux réquisitions sévères
du Procureur général.

Puis, tandis que se préparaient ou se déroulaient à
Colmar l'affaire de la conjuration de Belfort, à Strasbourg
et à Metz celle du colonel Caron et du lieutenant Roger,
à Toulon, celle du colonel Vallé, dans l'ouest, les conju-
rations de Saumur, la Cour d'assises de la Seine consacrait
ses audiences aux *sergents de la Rochelle*. Le ministère
public, représenté par Marchangy et de Broë, demandait
douze condamnations capitales : Mérilhou, Barthe, Berville, Boinvilliers, Chaix d'Est-Ange et leurs confrères
de la défense firent des efforts désespérés pour détourner
l'horreur d'une pareille tragédie. Un incident bizarre se
mêla à ces graves débats : Chaix d'Est-Ange, pour excuser
son client d'avoir porté un poignard, en dissimula un sous
sa robe, et, le brandissant tout à coup aux yeux de l'assis-

tance étonnée, il se moqua de la naïveté du pouvoir qui se laissait effrayer par de si risibles épouvantails (1); le ministère public s'indigna de ce procédé, et se réserva de le signaler au conseil de discipline; on s'en tint à la menace.

Le sanglant dénouement du drame prolongea l'émotion, qui se traduisit par des souscriptions en faveur des familles des condamnés, et les protestations enflammées de la presse, que de nouvelles poursuites ne purent réduire au silence.

Mais ce n'était pas seulement la presse quotidienne et militante qui était l'objet des rigueurs du Parquet. Au mois de décembre précédent, le chansonnier Béranger avait comparu devant la Cour d'assises de la Seine, entouré d'une énorme affluence où se coudoyaient, sympathiques à l'accusé, les prêtres et les comédiens, les magistrats et les hommes d'épée, les financiers et les pairs de France, les jeunes gens des écoles et du peuple. Malgré une solide plaidoirie de Barthe, remplaçant Dupin qui avait été tout d'abord chargé de l'affaire, Béranger fut condamné.

L'acharnement contre lui était si excessif qu'au cours même de sa détention il se vit l'objet d'une nouvelle poursuite : le ministère public lui faisait grief d'avoir reproduit les chansons incriminées et d'avoir publié le compte rendu des premiers débats. Cette fois, sur la plaidoirie de Dupin et de Berville, Béranger fut acquitté. Mais l'affaire avait attiré encore un énorme concours de curieux, et c'est en prévision de cette affluence que le président Jacquinot Godard crut devoir adresser au bâtonnier vingt billets d'entrée en le prévenant que les avo-

---

(1) E. Rousso, *Notice sur M. Boinvilliers.*

cats porteurs de ces billets pourraient seuls pénétrer dans
la salle d'audience. Billecoq protesta énergiquement
contre cette mesure qui, dit-on, ne fut pas observée.

Presque en même temps que Béranger, comparaissait
devant la Cour d'assises de la Seine Paul-Louis Courier,
le vigoureux écrivain dont les pages, acérées comme des
flèches, mais pleines de bon sens et de raison, firent autant de mal à la Restauration que les plus ardents discours tombant de la tribune législative. Ce jour-là encore
la foule avait envahi l'audience; on était avide d'assister
à la lutte entre le président et l'accusé, dans l'interrogatoire, entre l'avocat général de Broë et Berville, dans
la discussion. L'attente fut satisfaite et l'audience brillante; mais le résultat était certain: le jury « choisi, trié,
d'ailleurs de probité non suspecte », jugea que le « simple
discours de Paul-Louis, vigneron de la Chavonnière, aux
membres du conseil de la commune de Véretz (Indre-et-
Loire) à l'occasion d'une souscription proposée par Son
Excellence le ministre de l'Intérieur pour l'acquisition de
Chambord », outrageait la morale publique et religieuse;
il rapporta un verdict affirmatif contre le « vil pamphlé-
taire » que lui avait dénoncé le ministère public.

Paul-Louis avait vingt-quatre heures pour maudire ses
juges; il prolongea le temps de sa malédiction, publiant
lui-même le compte rendu de son procès; il ne résista
même pas à la tentation d'y donner un coup de griffe à
son défenseur, qui « parla, dit-il, avec beaucoup de facilité, de netteté dans l'expression, et de force parfois ».

La plaidoirie de Berville avait été publiée en même temps
qu'une nouvelle édition et à la suite de l'écrit condamné;
le conseil de discipline s'émut de cette publication; sans
doute, le droit pour l'avocat de faire imprimer ses plaidoyers n'a jamais été contesté, mais les anciens de

l'Ordre jugèrent regrettable la réunion dans une même brochure d'un pamphlet condamné et de la défense de l'avocat. Le conseil ne prononça pas de peine disciplinaire; il décida seulement « que le bâtonnier parlerait à M. Berville, sans reproches personnels, mais avec des observations, de la publication de son plaidoyer pour Paul-Louis Courier, ajouté au pamphlet écrit par ce dernier et livré au vendeur ».

Malgré sa vigoureuse intervention dans tous les procès politiques, l'Ordre des avocats se gardait bien de rompre en visière avec un gouvernement sur lequel il avait l'imprudence de compter pour adoucir les règles sévères qu'il subissait encore; aussi, malgré la présence, dans les rangs du Barreau, d'adversaires déclarés de la royauté légitime, les avocats donnèrent-ils des gages publics de leur adhésion au régime établi. Déjà, le 8 mars 1820, l'Ordre avait souscrit au monument expiatoire à élever aux mânes du duc de Berry.

Sous la même inspiration, le conseil accorda une pension à un accusé du tribunal révolutionnaire, Aved de Loizerolles, que le dévouement héroïque de son père, ancien avocat à Paris, avait sauvé de l'échafaud, et que le 9 Thermidor seul avait rendu à la liberté.

Le Barreau croyait alors volontiers aux bonnes dispositions du pouvoir; aussi pensa-t-il, dès le mois de décembre 1820, que le moment était venu de faire entendre une réclamation à laquelle il attachait, à bon droit, une sérieuse importance.

C'était grâce au legs généreux de Férey que la bibliothèque de l'Ordre s'était reconstituée. Pendant plusieurs années, elle se composa des seuls volumes de ce premier fonds. Mais l'Ordre ne tarda pas à essayer de rassembler ses an-

ciennes richesses dispersées : Delacroix-Frainville, bâtonnier, y consacrait ses efforts; le 7 septembre 1811, il était
autorisé à faire choisir dans le dépôt littéraire de l'Arsenal
les ouvrages qui pouvaient convenir à la bibliothèque des
avocats. L'autorisation ainsi donnée était presque vaine,
car la collection des livres ayant appartenu à l'ancien
Barreau avait été singulièrement appauvrie par les prélè-
vements qu'y avaient exercés les bibliothécaires de divers
établissements. On n'y trouva presque rien, et l'on dut se
contenter des volumes les plus lourds qu'on pût trouver,
afin de les céder au poids en échange d'ouvrages indis-
pensables de droit moderne.

L'Ordre savait, en outre, que ses archives et une autre
partie de ses livres se trouvaient dans la bibliothèque de
l'ancien Conseil des Cinq-Cents et dans celle de la Cour de
cassation ; en 1816, une commission fut chargée d'en
poursuivre la revendication.

Dupin, dans cette occasion, s'exprimait avec son énergie habituelle : « Nos livres n'ont jamais été mis à
l'encan ; ils existent en nature ; ils ont été abandonnés,
partie à la Cour de cassation, partie au Conseil d'État.
Sur le titre de chacun d'eux, on voit le cachet de l'Ordre ;
titulus perpetuo clamat... Espérons donc que, quelque
jour, les magistrats qui se servent de nos livres, reconnaissant qu'ils viennent de nous, s'écrieront : un de leurs confrères s'est dépouillé pour eux ; n'est si bel acquis que de
don ; rendons-leur ce qui leur appartient à si juste
titre (1). »

Mais ceux à qui ce discours s'adressait faisaient la sourde
oreille, lorsqu'en 1820, un ancien avocat, de Sèze, étant
premier président de la Cour de cassation, le moment parut

---

(1) Cresson, *Ann. des secr. de la Conf.*, 1881, p. 230.

bien choisi pour formuler une demande nouvelle ; le bâtonnier, Delahaye, écrivit en ce sens au magistrat ; il en
reçut une lettre polie, presque cordiale ; et ce fut tout.
« Personne, écrivait de Sèze, ne conserve plus que moi
de souvenir et d'attachement pour l'Ordre auquel j'ai
appartenu si longtemps, et dont je ne me séparerai jamais.
Mais vous verrez vous-même, mon ancien et noble collègue, les obstacles qui s'opposent au succès de vos désirs,
et qui contrarient aussi les miens. Je vous prie d'agréer
ici toutes mes excuses, tous mes respects et tous mes
hommages. »

L'insuccès était complet. Un autre objet plus grave devait bientôt attirer l'attention du Barreau : le régime institué par le décret de 1810 allait être réformé. L'Ordre
fondait de grandes espérances sur cette mesure, qu'il réclamait depuis longtemps ; elle lui réservait encore une
amère déception.

CHAPITRE IV

RESTAURATION (suite) (1822-1830)

Esprit d'opposition du Barreau. — Présentation pour le renouvellement du conseil. — Arrêté du Procureur général prescrivant une enquête. — Résistance de Billecoq. — Ordonnance du 20 novembre 1822. — Rapport de de Peyronnet. — Dispositions nouvelles. — Restriction du droit d'aller plaider hors du ressort. — Nouveau conseil. — Serment d'avocat prêté par Lacordaire. — Condamnations disciplinaires prononcées contre Barthe et Jay. — La Conférence. — Les secrétaires. — Discours des bâtonniers. — Inscription de Paillet. — Affaire Papavoine. — Affaires de presse : le *Constitutionnel*, le *Courrier français*, etc... — Fondation de la *Gazette des Tribunaux*. — Affaire des héritiers de la Chalotais. — Affaire de Lamennais. — Mémoire et consultation de Montlosier; arrêt de la cour. — Avocats célèbres. — Poursuites disciplinaires contre Avignon de Morlhac et Charles Comte. — Application de l'interdiction de plaider hors du ressort. — Mort de Bellart. — Thévenin bâtonnier. — Société des *Bonnes études*. — Incident Force. — Poursuite contre Amyot. — Affaire d'Isambert. — Dupin aîné. — Lettres sur *la profession d'avocat*. — Agitation politique. — Procès de Mignet. — Ministère de Martignac. — Tentatives de réforme de l'ordonnance de 1822. — Présence des avocats aux audiences à huis clos. — Affaire disciplinaire. — Tripier, bâtonnier. — Colin, bâtonnier ; son refus. — Louis bâtonnier. — Chaix d'Est-Ange dans l'affaire Cauchois-Lemaire. — Question du mariage des prêtres. — Plaintes contre Berryer fils et Claveau. — Arrêté du conseil déféré à la cour. — Comparution du conseil devant la cour. — Poursuite disciplinaire contre Pierre Grand. — Sentiments politiques du Barreau. — Décès de Billecoq. — Ministère de Polignac.

La Restauration, élevée sur les ruines accumulées par deux invasions successives et une rigoureuse occupation

du territoire, durait déjà depuis plusieurs années; acceptée
ou subie, comme une garantie au moins éphémère de tranquillité et de repos, elle avait imposé le silence par une
suite de mesures violentes, où la justice trouvait difficilement son compte. Mais l'esprit d'opposition n'était qu'assoupi; les protestations de la presse, la publication d'écrits
frondeurs, les conspirations et les complots en signalaient
le réveil.

Le Barreau de Paris était comme l'image de la société
politique française; il n'avait jamais professé qu'une sympathie médiocre pour l'Empire, bien qu'il lui dût une réorganisation, d'ailleurs concédée d'assez mauvaise grâce;
il avait souffert, comme tous, de ce régime de fer et de feu
qui avait laissé la France amoindrie et ruinée, et il s'était
tout d'abord franchement rallié à la monarchie traditionnelle. Mais les sévérités du pouvoir, les sentences des
conseils de guerre et des cours prévôtales, le triomphe,
dans les conseils du gouvernement, de l'esprit et des hommes de la Congrégation, avaient provoqué des protestations
ardentes dont les libéraux, ou ceux que l'on appelait « les
bonapartistes », n'avaient même pas le monopole. Les deux
Dupin, Mérilhou, Mauguin, Gairal, Persil, Parquin, Barthe
se faisaient les échos et les organes d'une vive résistance ;
les autres, comme Hennequin, Berryer, Bonnet, se ren-
fermaient dans une réserve significative.

Un grave incident ne tarda pas éclater : l'élection des
candidats au conseil provoqua un conflit entre le Barreau
et le Parquet général. Le décret de 1810 reconnaissait à
l'Ordre le droit de choisir au scrutin, chaque année, trente
avocats, parmi lesquels le procureur général désignait le
bâtonnier et quatorze membres du conseil. Depuis 1814,
la désignation portait presque invariablement sur les mêmes noms d'avocats, fort honorables d'ailleurs, mais de

sentiments royalistes très accentués; d'autres, plus jeunes mais suspects, comme Dupin aîné, Mérilhou, Mauguin, Persil, bien que parfois choisis par leurs confrères, étaient systématiquement écartés.

Au mois d'août 1822, l'Ordre se réunit pour arrêter les candidatures à soumettre au procureur général : le conseil en fonctions se composait de Billecoq, bâtonnier, de Delaville, Delacroix-Frainville, Archambault, Bonnet, Delahaye, Gairal, Pantin, Thévenin père, Tripier, Guéroult, Louis, Couture, Caubert et Hennequin. La plupart de ces noms ne figurèrent pas sur la liste nouvellement dressée par l'Ordre, et le procureur général alla se trouver dans l'impossibilité de les maintenir au conseil.

Mais par un arrêté qu'il prend, le 24 août 1822, et qu'approuve le Garde des sceaux de Peyronnet, le procureur général Bellart refuse de tenir compte des candidats qui lui sont proposés. Il invoque les manœuvres et les intrigues qui auraient été employées pour altérer la pureté des élections et ravir des suffrages à des membres de l'Ordre, éminemment respectables ; il s'élève contre l'exclusion d'anciens bâtonniers que toutes les convenances, leur âge (l'un était presque octogénaire), leur réputation sans tache, leurs excellentes opinions, l'honneur qu'ils avaient constamment fait à leur profession par leur conduite, leurs talents et les vertus qui caractérisent le véritable avocat désignaient à la conscience, au bon sens et à la droiture des électeurs; il prescrit en conséquence qu'une enquête administrative sera faite par deux conseillers à la cour, MM. Cossin et de Glos. Le bâtonnier et les membres du conseil sortants devaient rester en fonctions jusqu'à la fin de cette enquête et à l'exécution des mesures qu'elle nécessiterait.

L'arrêté ne fut pas exécuté; dès le début, de graves

difficultés s'étaient élevées ; au dehors même, la presse protestait contre la prétention du procureur général de se constituer juge des nominations de l'Ordre ; au Palais, le bâtonnier Billecoq se refusait énergiquement à déposer dans l'enquête en déclarant que, dans une affaire où plusieurs de ses confrères pouvaient se trouver, il ne devait ni être leur délateur, ni le paraître. En vain le procureur général insista-t-il auprès de Billecoq ; en vain lui écrivit-il la lettre la plus pressante, la résolution du bâtonnier était inébranlable ; et pourtant Bellart s'était efforcé de flatter l'Ordre des avocats. « L'Ordre des avocats, disait-il, n'est pas une agrégation fortuite de mercenaires ou d'ambitieux à qui tous les moyens sont bons pourvu qu'ils conquièrent de honteux salaires ou une plus honteuse renommée.

« C'est une corporation d'hommes distingués, les meilleurs des hommes, les plus dignes d'estime par leur dévoûment à la sociabilité pour laquelle ils ne doivent cesser de combattre ; religieux observateurs des lois, observateurs idolâtres de la moralité publique, pour qui la moralité ordinaire n'est pas assez, mais qui poussent son culte jusqu'à l'irréprochabilité. L'Ordre des avocats est une institution où la vertu devrait trouver son dernier refuge si elle était bannie du reste de la société.»

Ces phrases, pleines d'enflure, d'une sincérité douteuse et d'une incorrection certaine, ne changèrent rien à la détermination de Billecoq ; le Parquet et la Chancellerie se virent dans l'impossibilité de passer outre. On décida, en haut lieu, de vaincre la difficulté en la tournant ; peu après la rentrée des tribunaux, l'ordonnance du 20 novembre était rendue.

Le Garde des sceaux de Peyronnet avait à ce sujet adressé à Louis XVIII un long rapport, dont les termes ampoulés et trompeurs étaient de nature à réjouir le cœur du Barreau. « La profession d'avocat est si noble et si élevée, disait de Peyronnet, elle impose à ceux qui souhaitent de l'exercer avec distinction tant de sacrifices et de travaux ; elle est si utile à l'État par la lumière qu'elle répand dans les discussions qui préparent les arrêts de la justice, que je croirais manquer à l'un de mes devoirs les plus importants si je négligeais d'attirer sur elle les regards bienveillants de Votre Majesté.

« Cette profession a des prérogatives dont les esprits timides s'étonnent, mais dont l'expérience a depuis longtemps fait sentir la nécessité. L'indépendance du Barreau est chère à la justice autant qu'à lui-même. Sans le privilège qu'ont les avocats de discuter avec liberté les décisions mêmes que la justice prononce, ses erreurs se perpétueraient, se multiplieraient, ne seraient jamais réparées, ou plutôt un vain simulacre de justice prendrait la place de cette autorité bienfaisante qui n'a d'autre appui que la raison et la vérité. Sans le droit précieux d'accorder ou de refuser leur ministère, les avocats cesseraient bientôt d'inspirer la confiance et peut-être de la mériter. Ils exerceraient sans honneur une profession dégradée. La justice, toujours condamnée à douter de leur bonne foi, ne saurait jamais s'ils croient eux-mêmes à leurs récits ou à leurs doctrines, et serait privée de la garantie que leur offrent leur expérience et leur probité. Enfin, sans une organisation intérieure qui l'affranchisse du joug inutile d'une surveillance directe et habituelle, cet Ordre ne pourrait plus espérer de recevoir dans ses rangs les hommes supérieurs qui font sa gloire; et la justice, sur qui rejaillit l'éclat de leurs vertus et de leurs talents, perdrait à son tour ses plus sûrs appuis et ses meilleurs guides.

« Il y aurait peu de sagesse à craindre les dangers de ces privilèges. On a vu, sans doute, des avocats, oubliant la dignité de leur ministère, attaquer les lois en affectant de les expliquer et calomnier la justice sous le prétexte d'en dévoiler les méprises. On en a vu qu'un sentiment exagéré de l'indépendance de leur état accoutumait par degrés à n'en respecter ni les devoirs, ni les bienséances. Mais que prouveraient ces exemples, qu'on est contraint de chercher dans les derniers rangs du Barreau ? et faudrait-il, pour un petit nombre d'abus, abandonner ou corrompre une institution nécessaire ?

« Votre Majesté, qui recherche avec tant de soin les occasions d'honorer le savoir et les talents de l'esprit, ne partagera point les préventions que cette institution a quelquefois inspirées, et jugera bien plutôt qu'il convient de la consacrer et de l'affermir. »

Le rapport rappelait alors les critiques soulevées contre le décret de 1810, auquel le Barreau n'avait pu se soumettre que parce qu' « un besoin de subordination et de discipline rendait les diverses classes de la société plus dociles aux devoirs qu'on se hâtait de leur imposer ». Le Garde des sceaux s'indignait de constater que « la volonté des procureurs généraux ait été substituée, pour la composition du conseil de l'Ordre, à cette désignation si respectable et si naturelle qui, sous l'empire des vieux usages, résultait de l'ancienneté ». Il disait enfin avoir recueilli les observations, les vœux et les conseils d'hommes habiles, « de magistrats blanchis dans les exercices du Barreau, de jurisconsultes pleins de savoir et d'expérience en qui vivent encore toutes les traditions qui leur ont été transmises dans leur jeunesse, et qui sacrifieraient plutôt leur propre intérêt et leur propre gloire, que ceux de l'Ordre au milieu duquel leur honorable vie s'était écoulée »... « Ce règlement nouveau, écrivait en terminant de Peyronnet, est leur ouvrage plutôt que le mien. »

Cette préface pleine de promesses, le préambule même de l'ordonnance ne la démentait pas. « Voulant rendre, disait le roi, aux avocats exerçant dans nos tribunaux la plénitude du droit de discipline qui, sous les rois nos prédécesseurs, élevait au plus haut degré l'honneur de cette profession, et perpétuait dans son sein l'invariable tradition de ses prérogatives et de ses devoirs; voulant d'ailleurs attacher à la juridiction, que l'Ordre doit exercer sur chacun de ses membres, une autorité et une confiance fondées sur les déférences et sur le respect que l'expérience des anciens avocats leur donne le droit d'exiger de ceux qui sont entrés plus tard dans cette carrière..., Nous avons ordonné, etc... »

Mais les prescriptions nouvelles répondirent peu aux espérances que les documents préparatoires avaient permis de concevoir.

Le Titre premier maintenait le principe de la formation d'un tableau, comprenant les noms de tous les avocats inscrits dans l'ordre d'ancienneté ; en outre, il rétablissait les colonnes; seulement, la répartition des membres de l'Ordre entre ces colonnes devait être faite par les anciens bâtonniers et les membres du conseil en exercice, c'est-à-dire pour le Barreau de Paris, et après les incidents qui venaient de se produire, par les membres d'un conseil choisi par le Procureur général, conformé...' au décret de 1810, et dont les pouvoirs avaient été arbitrairement prorogés.

La place occupée en tête de la colonne avait une sérieuse importance puisque le conseil de discipline se composerait à l'avenir des anciens bâtonniers et des deux plus anciens avocats de chaque colonne (art. 7), alors que, suivant les vieux usages, que l'ordonnance prétendait respecter, les chefs de colonnes, députés de l'Ordre, étaient désignés par leurs confrères.

En laissant aux procureurs généraux et aux membres du conseil alors en exercice le soin de dresser les colonnes, la Chancellerie s'assurait la composition d'un conseil agréable. Mais il fallait prendre une autre précaution : l'inscription étant faite suivant le rang d'ancienneté, il aurait pu advenir que, par suite de décès ou de démission, on vît figurer en tête des colonnes des avocats mal notés, qui auraient été appelés, en raison de leur rang, à faire partie du conseil; aussi, pour éviter cet inconvénient, l'ordonnance proscrivait-elle (art. 4) que la répartition première pouvait être renouvelée tous les trois ans.

Le mode adopté pour la composition du conseil de discipline devait avoir pour résultat d'appeler à y siéger, non plus les avocats choisis par l'Ordre pour figurer en tête des colonnes, mais ceux que l'ancienneté seule y plaçait; de la sorte, le Barreau risquait d'avoir pour chef des avocats, honorables et vénérés sans doute, mais quelquefois très âgés, ne vivant plus de la vie active du Palais, et peu au courant de la situation et des intérêts de leurs confrères.

Le bâtonnier était élu par le conseil, et dans son sein, au lieu d'être désigné par le procureur général ; c'était, en apparence du moins, rendre au Barreau le choix de son chef suprême, mais les restrictions apportées à la liberté de nomination du conseil même diminuaient singulièrement la valeur d'une concession presque illusoire.

L'art. 5 de l'ordonnance exigeait pour l'inscription et le maintien au tableau l'exercice réel de la profession. Cette règle, qui en elle-même était sage, pouvait ouvrir la porte à de graves abus; en tout cas, elle était dictée à cette époque par le désir manifeste d'écarter du Barreau des avocats qui, dans le journalisme ou dans la vie politique, auraient fait de l'opposition au pouvoir. On comprend

qu'il peut être difficile de dire où commence et où finit
l'exercice réel de la profession (1); et combien d'avocats
souhaiteraient de l'exercer avec une activité moins discrète
qu'il ne leur est donné de le faire!

« Si nous ne parlons pas, en pensons-nous donc moins ? »
s'écriait l'auteur inconnu d'une protestation— en vers —
contre cette disposition de l'ordonnance.

Et il continuait :

> Quel tort vous faisons-nous, cancres et pauvres hères,
> Objet de la pitié, même de nos confrères,
> Ignorés du public, et ne lui coûtant rien ?
> Le bien que nous mangeons, au fait, est notre bien !
> L'or de l'iniquité ne vient pas nous séduire,
> Et chacun, Monseigneur, n'en pourrait autant dire.

Une circulaire ministérielle postérieure à l'ordonnance
— elle est de janvier 1823 — essaya de préciser le sens
de l'art. 5, en ordonnant aux procureurs généraux de dénoncer au conseil pour les faire exclure du tableau, « les
individus qui, pourvus du grade nécessaire et admis au
serment, voulaient, à l'aide d'un titre nu, et sans se livrer
habituellement aux exercices du Barreau, ou aux travaux
du cabinet, jouir de prérogatives qui ne peuvent appartenir
qu'aux hommes laborieux et véritablement dévoués à la
profession qu'ils ont embrassée ».

Les dispositions de l'ordonnance qui réglementaient les
attributions du conseil reconnaissaient, par là même et
une fois de plus, l'existence légale de l'Ordre; mais c'était
confier aux anciens une délicate mission que de les charger
de maintenir, outre les principes de modération, de désintéressement et de probité imposés au Barreau, les

---

(1) Voir à ce sujet une intéressante décision du conseil de discipline du
Barreau de Grenoble, en date du 17 février 1823, publiée dans Sirey, 1823
2,366.

sentiments de fidélité à la monarchie et aux institutions constitutionnelles.

Au milieu de ces prescriptions qu'advenait-il du principe qui proclamait l'Ordre maître de son tableau? L'ancien Barreau l'avait solennellement posé et toujours fait respecter: l'entrée au stage, puis ensuite l'inscription ne pouvaient être l'objet d'aucun recours, soit de l'avocat protestant contre un refus, soit du pouvoir s'élevant contre une admission désagréable ou, selon lui, mal fondée.

L'ordonnance de 1822 paraissait respecter l'antique règle en n'ouvrant pas le droit d'appel contre les décisions du conseil en ces matières; on verra plus tard les longs et solennels débats qu'a soulevés à plusieurs reprises cette délicate question.

Réglementant le pouvoir disciplinaire du conseil, l'ordonnance, dans l'énumération des peines édictées, supprimait la censure établie par le décret de 1810; peut-être n'était-il pas en effet très utile de maintenir cette peine purement morale, alors qu'existaient déjà l'avertissement et la réprimande. Mais les sentiments de protestation contre l'ordonnance de 1822 furent si vifs que l'on en recherchait avec un soin jaloux toutes les dispositions sujettes à la critique, et que l'on alla jusqu'à prétendre que, si la censure avait disparu, c'était simplement pour permettre d'arriver plus vite à faire prononcer l'interdiction.

La durée du stage, qu'un arrêt du Parlement de Paris de 1751 avait fixée à quatre ans, était maintenue à trois années, ainsi que l'avait décidé d'ailleurs le décret de 1810; seulement, apportant une sensible restriction aux droits des stagiaires, l'ordonnance nouvelle leur interdisait la plaidoirie et la consultation avant qu'ils eussent atteint leur vingt-deuxième année, à moins toutefois qu'ils ne pussent produire un certificat d'assiduité aux audiences, délivré par deux membres du conseil de discipline appartenant à leur colonne, et revêtu du visa du conseil.

Le Titre consacré, dans l'ordonnance, aux dispositions générales prescrivait d'abord l'obligation du serment; la formule, remaniée à chaque changement de régime, en était à la fois politique et professionnelle, puisqu'elle obligeait l'avocat à jurer fidélité au Roi et obéissance à la Charte, avant même de l'astreindre aux devoirs de sa charge.

Une disposition, empruntée au décret de 1810, restreignait la liberté de l'avocat d'aller plaider au dehors; elle aggravait même les difficultés que rencontrait l'exercice de la défense dans ce cas spécial : le décret impérial avait exigé seulement la permission du ministre; l'ordonnance du roi voulait l'avis du conseil, l'agrément du premier président de la Cour et l'autorisation du Garde des sceaux.

L'ancien Barreau n'avait pas connu ces entraves : un grand privilège, disait-on autrefois, attaché à la profession d'avocat, c'est cette liberté qu'il a de l'exercer quand il lui plaît, et où il lui plaît : il a le globe pour territoire; aussi ces restrictions, qui soumettaient à l'arbitraire de la Magistrature et de la Chancellerie le droit sacré de tout accusé de choisir celui en qui il a mis sa confiance pour défendre sa fortune, son honneur ou sa vie, devaient-elles soulever, tant qu'elles subsisteraient, d'ardentes réclamations. Elles furent la source de grands abus; c'est ainsi que Mérilhou s'était vu refuser l'autorisation d'aller assister l'infortuné général Berton, devant la Cour d'assises de la Vienne, où l'affaire avait été renvoyée pour cause de suspicion légitime. A la place de Mérilhou se présenta un jeune avocat, Drault, qui a donné, sur ses entrevues avec son client, des détails à peine croyables, et que n'expliqueraient pas les haines politiques les mieux justifiées. « On m'amenait le général, dit le défenseur racontant lui-même comment les choses se passaient, dans un petit espace entouré d'une cloison en bois servant de vestibule, si je puis m'exprimer ainsi, à une cave. Moi, j'étais dans un corridor qui en est séparé par un mur percé à une certaine élévation par une ouverture grillée. Il avait le geôlier et un gendarme de son côté, et le second gendarme se plaçait derrière moi. Le mur est épais d'environ deux pieds carrés; nous étions forcés d'être continuellement debout. L'endroit où était le général ne reçoit le jour que par la porte, et la portion du long corridor où je me tenais n'en reçoit que par les grillages. J'étais comme dans un cachot, tellement que j'ai été forcé de faire apporter de la lumière pour lire et dicter au général les conclusions qu'il a lues à l'audience. C'est avec la plus grande vérité qu'il a déclaré aux débats que c'était pour la première fois qu'il pouvait distinguer mon visage. Je ne pouvais recevoir les papiers du général qu'après examen de M. Maugin, procureur général. Il ne m'était pas permis de lui rien passer, même sauf examen préalable (1). »

La défense de plaider sans autorisation hors du ressort fut parfois atténuée par la bonne volonté de quelques magistrats qui essayaient de tempérer les rigueurs d'une règle qu'ils jugeaient abusive. « Ce n'est pas moi qui le veux, » dit souvent le premier président Séguier quand on s'adressait à lui pour solliciter son agrément.

Napoléon avait soumis à l'autorité judiciaire l'avocat qui, dans ses plaidoiries ou ses écrits, se permettrait d'attaquer les principes de la monarchie et les constitutions de l'Empire; Louis XVIII se garda bien d'abroger une pareille disposition, dont les effets ne répondirent peut-être

(1) Mollot, I, p. 518.

pas toujours aux désirs de son gouvernement; mais, par une mesure qui marquait bien les tendances de cette époque, il ajouta aux attaques déjà réprimées celles qui pourraient se produire contre la religion.

On comprend sans peine que l'ordonnance nouvelle, loin de répondre aux espérances que le Barreau avait souvent exprimées, ait, dès l'abord, soulevé d'assez vives réclamations : une requête était bientôt adressée au conseil pour protester contre l'esprit même de l'ordonnance; des brochures étaient publiées, l'une entre autres assez acerbe, sous ce titre : « Nos idées sur l'Ordre des avocats, par un licencié qui n'a pas encore prêté serment. » Aussi bien le Barreau perdait-il de ses prérogatives déjà limitées par le décret de 1810, et les sévérités tracassières du gouvernement de la Restauration allaient faire regretter la largeur relative des concessions de l'Empire.

Provoquée par l'incident qu'avait fait naître au Barreau de Paris le choix de la liste des candidats au conseil, en août 1822, l'ordonnance avait sur ce point surtout fait porter ses efforts; désormais, l'Ordre était entièrement exclu de la désignation de ses pairs. Les compensations étaient maigres; à peine consistaient-elles dans l'extension de la juridiction du conseil.

En somme, le Gouvernement s'empressait de retirer d'une main ce que, de mauvaise grâce, il avait donné de l'autre. Il ne tarda pas à s'apercevoir que le foyer d'opposition qu'il voulait éteindre allait se rallumer plus vif et plus dangereux que jamais.

Jaloux de ses prérogatives, et ne songeant qu'à défendre en toute indépendance la liberté des autres, le Barreau ne pouvait reculer devant des menaces, dont les louanges intéressées d'un rapport et les flatteries d'un préambule royal ne tempéraient pas la sévérité.

Le premier conseil de l'Ordre, nommé conformément aux règles nouvelles, comprenait comme anciens bâtonniers : Delacroix-Frainville, Archambault et Bonnet; parmi les chefs de colonne : Gicquel, Delvincourt, Gairal, Pantin, Tripier, Hennequin, Berryer père, qui espérait même parvenir au bâtonnat; mais il en fut écarté, raconte-t-il, parce que, de plus jeunes au tableau ayant été revêtus de cette dignité, l'usage s'opposait à une élection rétroactive. Le premier bâtonnier choisi par le conseil fut Billecoq.

A côté des noms des avocats entrant au conseil, il faut noter ceux de Mérilhou, de Barthe, de Mauguin, des deux Dupin, de Persil, et de Parquin, qui, par contre, s'en trouvaient exclus par le rang trop éloigné qu'ils occupaient dans la colonne où ils figuraient. L'ostracisme atteignait directement ceux que l'on voulait écarter.

C'est à ce moment que Lacordaire prêta le serment d'avocat. Collaborateur de M. Guillemin, il se présenta pour plaider, bien qu'il n'eût pas atteint sa vingt-deuxième année. « Si je suis cité au conseil de discipline, disait-il, eh bien ! ce sera l'occasion de faire un discours! »

« Sous une frêle et svelte enveloppe, le grand séducteur s'annonçait déjà; il avait les traits fins et réguliers, un front sculptural, des yeux noirs et étincelants. Ajoutez à cela un grand fonds de hardiesse et un grand air de timidité, contraste heureux et rare qui permet de tout dire sous le couvert d'une aimable candeur. Il enchanta ses juges par la couleur, la vie, la flamme de son langage, et M. Séguier s'écria: ce n'est pas Patru, c'est Bossuet! Plus tard, Lacordaire se plaisait à conter que Berryer lui avait dit un jour: « Vous avez l'étoffe d'un grand avocat (1). »

(1) Cruppi, *Lacordaire à l'audience.*

Lacordaire ne resta que dix-huit mois au Barreau ; il interrompit son stage pour se consacrer aux études religieuses ; un jour viendra où nous le retrouverons au Palais.

Pendant qu'à l'audience civile se déroulaient un certain nombre d'intéressants débats, entre autres celui du duc d'Orléans contre un des plus fidèles serviteurs de l'Empire, le duc de Bassano, à qui Mauguin réclamait la restitution d'actions du canal d'Orléans et que Dupin défendait, ou bien celui où le marquis de Forbin-Janson, assisté d'Hennequin, était poursuivi en paiement de dettes de jeu considérables, d'assez vifs incidents étaient soulevés qui touchaient aux intérêts et aux droits de l'Ordre tout entier.

Un jour, Barthe défendait un député, Koechlin, coupable d'avoir publié, en brochure, le compte rendu de l'affaire du colonel Caron, condamné à mort par un conseil de guerre et exécuté. L'atmosphère de l'audience était quelque peu surchauffée ; des collègues de l'accusé, la Fayette, le général Foy, de Kératry, Casimir Périer, avaient tenu à lui donner par leur présence un témoignage de leur sympathie personnelle. La plaidoirie fut ardente au point que l'avocat général de Broë prit, séance tenante, des réquisitions contre l'avocat, auquel il reprochait d'avoir dépassé toutes les bornes permises en faisant le procès au gouvernement du Roi. Barthe se défendit lui-même ; il mit dans ses observations beaucoup de calme et de simplicité : « Quand j'ai embrassé la carrière du Barreau, disait-il, j'ai cru devoir sacrifier tout à ce qui me paraissait bon et juste. Si j'avais su que dans ce cercle il pût m'être imposé des limites, je n'aurais pas suivi cette profession, ne pouvant l'exercer sans dignité et sans gloire. Quand je l'ai embrassée, j'ai cru qu'on devait y entrer ou en sortir par une bonne action... »

La Cour, après un long délibéré, prononça contre Barthe la peine d'un mois de suspension. « A l'égard de M. Barthe, avocat, l'arrêt considère qu'il a abusé, dans l'exercice de son ministère, du droit de défense, pour aggraver le délit de Koechlin, sa partie, en plaidant contre la preuve légale qui a fondé la condamnation de Caron, méconnaissant ainsi le respect de sa profession, qui prescrit le respect de la chose jugée, en présentant, dans la plaidoirie, les actes du pouvoir judiciaire sous un aspect contraire à son indépendance... »

Peu de jours après, un autre avocat, Jay, s'entendait condamner par la Cour, pour avoir, dans la biographie du conventionnel Boyer de Fonfrède, mêlé l'éloge de ses vertus privées au récit de son vote régicide.

Cité devant le conseil pour le même fait, il y fut frappé d'un an de suspension ; la peine était sévère, et les motifs de l'arrêté pris contre Jay ne la justifient pas.

Le conseil affirme qu'il est essentiellement de l'honneur et de l'intérêt de l'Ordre que ses membres donnent l'exemple d'un respect inaltérable pour les institutions constitutionnelles, les saines doctrines et la morale publique. Cette règle, si on l'eût toujours appliquée dans sa rigueur, aurait entraîné de singulières conséquences. Qu'y a-t-il, en effet, de plus changeant que les institutions constitutionnelles? et comment entourer chacune d'elles, les unes après les autres, d'un inaltérable respect?

Mais les considérations de fait sur lesquelles s'appuie l'arrêté pris contre Jay méritent d'être citées.

« M. Jay a rendu compte du crime le plus atroce et le plus funeste de la Révolution, avec un ton de froideur et d'insensibilité qui ne laisse rien apercevoir de la profonde

horreur dont tout vrai Français doit être pénétré ; loin de
manifester son indignation, il commence par attribuer à
Fonfrède un courage et des vertus dignes des plus beaux
temps des Républiques anciennes; il ajoute ensuite que
toutes les actions de la vie de Fonfrède furent la conséquence de ses principes; ces deux idées sont immédiatement suivies de la sèche déclaration qu'il vote la mort sans
sursis et sans appel; M. Jay couronne enfin cet étrange panégyrique en disant que la Convention crut devoir récompenser le vertueux Fonfrède, qu'il fut environné à juste titre
de l'estime de tous les bons citoyens, et que son nom pas-
sera à la postérité, qui admire partout les caractères généreux et patriotiques. En environnant d'éloges aussi pompeux, ajoute l'arrêté, l'aveu du plus grand des crimes, le
but manifeste du rédacteur a été sans doute, dans l'intérêt de la mémoire d'un homme qu'il a déclaré avoir été
son ami, d'en atténuer l'énormité et de diminuer l'indignation qu'il avait inspirée; en cela, M. Jay a outragé la
morale publique. Mais la morale publique est encore outragée dans cette pensée du rédacteur que le vote de Fonfrède n'avait pas été déterminé par le désir barbare de
verser le sang de l'infortuné Louis XVI, mais par la conviction intime que le sang était nécessaire pour cimenter
les fondements de la République française ; une pareille
maxime serait de nature à porter des hommes irréfléchis à
conclure que le désir de fonder une République suffirait
pour autoriser l'effusion du sang le plus précieux. »

Le conseil veut bien admettre cependant qu'il n'est pas
certain que M. Jay ait eu « la criminelle intention de justifier ou d'excuser le plus horrible des actes révolutionnaires », et il est prêt à suivre la Cour dans la voie de l'indulgence. Qui pourrait croire, dans ces conditions, que la
peine prononcée ait été, la radiation du tableau exceptée,

la plus sévère qui pût intervenir? Suspendre un avocat durant une année, lui interdire l'exercice de sa profession pendant un laps de temps assez prolongé pour qu'il puisse presque en être considéré comme e~~lu, lui infliger la peine sévère réservée à ceux qui manquent aux lois les plus élémentaires de la délicatesse ou de l'honneur —et cela parce que, dans la liberté de sa pensée et de ses appréciations historiques, il a simplement écrit la vie d'un membre de la Convention — on avouera que c'était excessif; le conseil, nommé selon les règles inaugurées par l'ordonnance, avait bien mérité de M. de Peyronnet!

L'ordonnance de 1822, en déclarant maintenir les usages observés dans le Barreau relativement aux droits et devoirs des avocats, consacrait par là même la Conférence. Réouverte en 1812, elle ne poursuivait pas le même but qu'avant la réorganisation de l'Ordre : en effet, le pouvoir disciplinaire ayant passé aux mains du conseil, la conférence de discipline n'avait plus sa raison d'être; la conférence de charité et la conférence d'étude, qui continuaient seules leurs travaux, ne tardèrent pas à se confondre. Les consultations gratuites et l'examen de questions juridiques, telle fut la mission de la Conférence, à laquelle d'abord prirent part six avocats inscrits, dont deux anciens et un membre du conseil, les stagiaires étant admis à y assister; en 1821, le nombre des anciens avocats fut porté à six. Les réunions se tenaient sous la présidence du bâtonnier, entouré de dix jeunes avocats portés au tableau, qui reçurent le titre de secrétaires de la conférence.

La consultation demandée par un indigent était préparée par un stagiaire, à qui toutes les pièces utiles avaient d'abord été confiées; puis, il soumettait ses conclusions à la Conférence qui, après discussion, les acceptait, les modifiait, ou les repoussait.

Le rôle des consultations étant épuisé, un des dix secrétaires, chacun étant chargé de ce soin pendant l'un des dix mois de l'année judiciaire, posait une question de droit, formulée à l'avance par le bâtonnier, et sur laquelle la discussion était ouverte.

On relève dans un registre, conservé aux archives de l'Ordre, les procès-verbaux des conférences de 1848 à 1823, et les noms des secrétaires de cette époque. Bien que ce point soit resté assez obscur, il est probable qu'ils étaient désignés par le bâtonnier, et à son gré, sans qu'un ordre d'ancienneté ou de mérite présidât à leur désignation. Au fur et à mesure des vacances qui se produisaient dans leurs rangs, des successeurs leur étaient choisis (1); c'est ainsi qu'en 1819-1820 Barthe, Marre, Courborieu et Faye remplacent Louault, Roger, Guichard et Bonnet fils ; en 1821-1822, Quénault, Philippe Dupin et Guérin remplacent Piet, Cadet-Gassicourt et Perrin ; Renouard figure pour la première fois sur la liste de l'année judiciaire 1822-1823.

Cette organisation fut observée, sans modification importante, jusqu'en 1831.

A la reprise des travaux de la conférence, l'usage s'établissait peu à peu, pour le bâtonnier, de prononcer un discours; c'est ainsi qu'Archambault, en 1818, Delahaye en 1820, Billecoq en 1821 et 1822 avaient disserté de questions intéressant le Barreau.

Dans sa harangue du 13 novembre 1821, Billecoq introduisit la coutume d'adresser un dernier adieu aux confrères disparus pendant le cours de l'année judiciaire; puis il salua ses prédécesseurs , Delamalle, Delacroix-

(1) V. Horbet, note dans l'*Ann. des anc. secrétaires*, ann. 1881, p. 253.

Frainville, « qui dans l'âge du repos déployait toute l'activité du milieu de la vie, » Bonnet, « dont les qualités brillantes et solides faisaient naître l'attachement, » Fournel, « l'historien de l'Ordre, » Archambault, « un homme antique, ce que l'Ordre avait produit de plus vertueux ».

A la fin de 1824, un jeune avocat de Soissons, qui s'était déjà signalé au modeste Barreau de sa ville natale, Paillet, prit la courageuse résolution d'agrandir le champ de son activité et de venir demander au Barreau de Paris une petite place à côté des maîtres qui l'illustraient; l'avenir a singulièrement justifié, pour le bon renom de l'Ordre, une détermination que l'on pouvait au début juger téméraire. Aussi bien un événement dramatique fournit-il à Paillet, et presque dès son arrivée, l'occasion, que d'autres attendent toujours sans la rencontrer jamais, d'attirer sur sa personne l'intérêt de la foule et l'attention sympathique du monde judiciaire. Papavoine a commis son horrible crime, resté malgré tout mystérieux. On attend impatiemment le jour de l'audience, et le public effrayé, non seulement réclame la sentence capitale, qui est inévitable, mais se demande quelle défense pourra être tentée. Paillet prouva qu'il y avait moyen d'essayer de sérieux efforts; il chercha, sans le trouver, le mobile du forfait et invoqua l'irresponsabilité du criminel: « J'entends une objection, s'écria-t-il: pourquoi frapper des enfants plutôt que de grandes personnes? Et moi je dis à la foudre : Pourquoi as-tu frappé tel édifice plutôt que tel autre ? » L'impression produite fut très vive; Berryer fils félicita chaudement le jeune défenseur, et le procureur général Bellart, qui avait assisté aux débats, lui adressa de précieux encouragements; le nouveau venu avait victorieusement débuté.

Cependant, au sein de l'Ordre, un sentiment de déception, qui avait succédé à des espérances, légitimes mais
imprudentes, accentuait chaque jour davantage l'esprit
d'opposition contre le pouvoir; il se manifestait, toujours
avec vivacité, quand les procès politiques et de nombreux
procès de presse se déroulaient à l'audience.

Mérilhou, en 1823, défendait *le Pilote* et *le Courrier
français* poursuivis pour avoir publié des articles jugés
de nature à troubler la paix publique. Dupin aîné se mul-
tipliait; deux affaires, où *le Constitutionnel* et *le Courrier*, une fois de plus, étaient impliqués simultanément,
attirèrent l'attention et la curiosité du monde judiciaire,
que la mort de Louis XVIII, l'avénement et le sacre du
nouveau roi n'avaient pas pour longtemps détournées.

C'étaient de véritables procès de tendance : trente-quatre
articles publiés du 2 mai au 25 juillet 1825 par *le Constitutionnel*, et dénoncés comme contenant des atteintes au
respect dû à la religion de l'État, étaient soumis aux tribunaux en vertu d'un réquisitoire rédigé par Bellart lui-
même : le procureur général relevait avec soin la
preuve des délits dont il poursuivait la répression. « Tels
sont, disait-il, après l'exposé des faits, les moyens perfides employés à présent par les journaux pour arriver à
leur but, qui est de détruire la religion catholique pour y
substituer le protestantisme, ou plutôt le néant de la religion. » Les rédacteurs du *Constitutionnel* et du *Courrier*
ne durent pas être peu surpris de s'entendre prêter
d'aussi noirs desseins de réforme religieuse !

L'audience s'ouvrit le 19 décembre; le prétoire était
envahi, non seulement par des jeunes gens, toujours
friands des débats où l'on doit dire un peu de mal du Gouvernement, mais par un auditoire d'élite où se trouvaient,

l'un à côté de l'autre, le gouverneur du duc de Bordeaux,
et un noble d'Angleterre, lord Holland; ce dernier prétendait que ce procès n'intéressait pas seulement *le Constitutionnel*, mais la France entière et toutes les sociétés
civilisées. L'avocat général de Broë soutint l'accusation
avec véhémence; et, s'adressant à la Cour, il l'adjurait de
défendre la religion, de repousser de vains prétextes et de
montrer que la magistrature française ne répudiait pas le
vénérable héritage de ses devanciers. Dupin suivit de Broë
sur le même terrain, et ne se fit pas faute de flatter les
magistrats devant lesquels il plaidait, en leur disant qu'ils
étaient la représentation de l'ancien Parlement de Paris,
doués d'une illustration égale et des mêmes lumières et,
faisant appel à leurs vieilles idées gallicanes, il fut à la
fois pressant et modéré, plein de bon sens et d'esprit, et
toujours éloquent.

Il protesta hautement de ses convictions religieuses :
« Plein de confiance dans la justice de ma cause, disait-il,
et dans l'impartialité de la Cour, vous reconnaîtrez constamment en moi l'homme religieux et le sujet fidèle. J'abjure
toute philosophie qui se sépare des idées religieuses; je ne
me contente pas non plus de professer un théisme vain,
qui n'avoue Dieu qu'en lui déniant le culte qui lui est dû.
Je ne rougis point de ma foi; c'est un catholique qui plaide
devant vous. Libre de toute association, secte, ligue ou
parti, je ne suis ni à Apollos, ni à Céphas. Je n'oublie pas
non plus que je suis Français, avocat en cette première
cour du royaume, pour y parler librement et en toute
conscience et vérité. »

« Magistrats, s'écriait-il avant de terminer, dans un
livre récent, à qui son caractère officiel a fait donner le
nom de manifeste, et qui porte pour titre *les Crimes de
la Presse*, on accuse votre insuffisance; on vous insulte;

on revendique pour d'autres le noble pouvoir que vous exercez. Ne craignez rien de ces menaces; on ne perd que le pouvoir dont on abuse, et quand vous aurez protégé les libertés publiques par un arrêt qui ira se joindre dans l'histoire à ceux de vos prédécesseurs, l'opinion publique reconnaissante vous défendra à son tour, et alors vous serez inexpugnables. Jugez donc d'après votre conscience, ne prenant conseil que de votre doctrine, de vos souvenirs historiques, de vos idées sur l'avenir de la France, de votre amour pour le prince et pour la patrie, du sentiment de votre gloire et de votre dignité... »

« Vous pourrez dire alors, ou, du moins, nous dirons de vous : si les libertés publiques n'ont pas péri en France; si la liberté de la presse a été protégée contre les procès de tendance ; si l'ultramontanisme a été contenu; si l'on a pu continuer d'opposer à ses entreprises l'antique barrière des libertés de l'Église gallicane; si le pouvoir royal se trouve ainsi préservé pour l'avenir des attaques et des empiètements qui l'ont jadis mis en péril ; si l'ordre public est maintenu et l'opinion publique rassurée, nous le devons à la Cour royale de Paris. »

Le succès fut énorme; à un moment, une foule d'avocats serraient de très près le défenseur. « Avocats, leur dit le premier Président Séguier, asseyez-vous que je puisse voir l'orateur. »

En reproduisant les débats dans leur entier, un grave recueil judiciaire (1) s'excuse de traiter une question qui n'est ni de droit, ni de justice; mais, dit-il, nombre d'abonnés nous pressent, et il n'y a plus moyen de résister. Il s'excuse de ne citer que des morceaux choisis de la dé-

(1) Recueil de J.-B. Siroy, 1826, 2, 78.

8

fense, où on aura peut-être de la peine à reconnaître soit
la vive éloquence de M. Dupin, soit les hautes pensées de
M. Mérilhou, qui défendait *le Courrier*; il ajoute : « leur
gloire n'a pas besoin de nos efforts; il nous suffira donc
de pouvoir dire au lecteur : que serait-ce si vous les aviez
entendus eux-mêmes! »

La cour rendit, le 3 et le 5 décembre, les deux arrêts que
l'opinion, surexcitée plus encore quelques jours auparavant par l'imposante manifestation qui avait accompagné
le cercueil du général Foy, attendait avec une fébrile impatience : les deux journaux étaient acquittés; la sentence enjoignait seulement aux rédacteurs et éditeurs d'être
plus circonspects. Un mouvement d'enthousiasme accueillit cette décision, que des applaudissements répétés ap-
prirent à la foule massée au dehors du Palais.

C'est à cette même époque qu'une entreprise fut créée pour
suivre tous ces grands débats, les répandre au dehors et,
dans la plus large mesure possible, faire survivre à l'heure
vite passée qui les a vues se produire les plus brillantes
manifestations de l'éloquence ou de la dialectique judiciaires : le premier numéro du journal *la Gazette des Tribunaux* paraissait à la rentrée, le 1er novembre 1825;
Dupin aîné, Cormenin, Mérilhou, Paillard de Villeneuve,
alors à ses débuts, et qui, jusqu'aux derniers jours d'une
vie bien remplie, devait rester fidèle à l'œuvre entreprise,
en dirigeaient la rédaction.

Parmi les premiers grands procès que le journal a sauvés d'un impitoyable oubli, il faut retenir la poursuite en
diffamation intentée contre le journal *l'Étoile* par les héritiers de la Chalotais, dans laquelle, à côté de Dupin aîné,
de Barthe, de Berryer et d'Hennequin, plaida Bernard de
Rennes, qui devait plus tard être momentanément procu-

reux général à la Cour de Paris, et qui sut conquérir, dans
ce solennel débat, « ses lettres de grande naturalisation
au Barreau de Paris ».

La *Gazette* publiait, quelques jours après, dans tous ses
développements, le compte rendu du procès de Lamennais,
cité, le 20 avril 1826, devant la sixième chambre du tribunal,
pour sa brochure sur les *Rapports de la religion avec l'État
civil en politique*. Berryer défendait le célèbre auteur de
l'Essai sur l'Indifférence en matière de Religion; une
amitié profonde unissait alors ces deux grands esprits, et
l'a.ocat trouva pour défendre le prêtre des accents comme
il en rencontra rarement de plus élevés et de plus éloquents;
sa plaidoirie en cette occasion passe pour l'un de ses chefs-
d'œuvre.

Que peuvent dire des juges en ces matières? « Une discussion théologique, s'écriait Berryer, une controverse sur
des points de doctrine et de discipline religieuses vont être
agitées dans l'enc   e de la police correctionnelle! Un
prêtre de l'Église c.....olique est amené à cette barre! Un
écrivain que l'Europe littéraire honore de ses suffrages,
dont la religion bénit les travaux, est poursuivi et confondu
avec les libellistes et les pamphlétaires! Est-ce donc que,
de nos jours, on veut mettre en oubli la majesté de la loi
chrétienne, et la vénération due à un ministère sacré, et
jusqu'au respect qu'inspira toujours la dignité du talent? »

« Je n'ai rien à ajouter à l'éloquente plaidoirie que
vous venez d'entendre, disait ensuite Lamennais en quelques mots auxquels l'histoire de sa vie a donné un piquant
intérêt. Je ne m'expliquerai point sur les discussions dog-
matiques qui ont servi de prétexte au procès; mais je dois
à ma conscience, je dois au caractère sacré dont je suis
revêtu, de déclarer au tribunal que je demeure inébranla-

blement attaché à l'autorité du chef de l'Église. Sa foi est ma foi; sa doctrine est ma doctrine ; jusqu'à mon dernier soupir, je continuerai à la professer et à la défendre. »

Le prêtre fut condamné à trente francs d'amende par un jugement qui prononçait en outre la saisie et la destruction de l'ouvrage.

Le 16 juillet 1826, le comte de Montlosier, ancien député de la noblesse d'Auvergne aux États généraux, dénonçait à la Cour royale de Paris un complot tendant à renverser la société, la religion et le trône. Après avoir pris l'avis d'un grand nombre de « jurisconsultes de la capitale réunis en plusieurs séances successives au nombre de quarante-cinq, de soixante, de quatre-vingts », il signalait l'existence de plusieurs affiliations ou réunions illicites de diverses espèces, connues sous le nom générique de congrégations. En ce qui concerne les Jésuites, il dénonçait l'existence flagrante d'un établissement jésuitique appelé le Mont-Rouge, situé dans la banlieue de Paris, en infraction des lois anciennes et nouvelles du royaume qui ont proscrit les ordres monastiques, et en particulier la société de Jésus. Enfin, il appelait l'attention sur la profession patente de doctrines ultramontaines et l'esprit d'envahissement du parti-prêtre.

Ce mémoire souleva une vive agitation, dans les rangs de ceux qui approuvaient cette manifestation, aussi bien que parmi ceux qui la considéraient comme un abominable scandale.

Un mémoire à consulter, signé de Dupin, Mérilhou, Berville, Coffinières et Duvaux (du Cher), était produit à l'appui de la plainte, et fut quelques jours plus tard suivi de la fameuse consultation au bas de laquelle se lisaient les signatures des maîtres du Barreau de Paris ; on y relève des noms qu'il faut retenir, notamment ceux de Dupin, Delacroix-Frainville, Berryer père, Persil, Parquin, Mérilhou, Mollot, Lavaux, Barthe, Dupin jeune, Target, Delanglo, Berville, Renouard, Chaix d'Estanges (*sic*).

Le 18 août, la Cour royale, statuant à huis clos et en assemblée générale sous la présidence de Séguier, se déclara incompétente ; elle proclamait dans son arrêt que la législation en vigueur s'opposait formellement au rétablissement de la compagnie dite de Jésus, en raison de l'incompatibilité reconnue entre les principes professés par ladite compagnie et l'indépendance de tous gouvernements, principes bien plus incompatibles encore avec la Charte constitutionnelle qui faisait le droit public des Français. Mais, ajoutait la Cour, c'est à la haute police du royaume qu'il appartient de supprimer et de dissoudre les congrégations, associations ou autres établissements de ce genre.

A chaque numéro, ou même dans chaque colonne, pour ainsi dire, de chaque numéro des journaux du temps, et particulièrement de *la Gazette des Tribunaux*, reparaissent les noms des mêmes avocats, maîtres du Barreau de Paris, qui, infatigables et courageux, luttaient à l'envi de labeur et de talent ; c'étaient, dans la longue et mémorable affaire des marchés passés par Ouvrard au début de la guerre d'Espagne, où toutes les juridictions furent saisies les unes après les autres, Berryer, Philippe Dupin, Barthe, Mauguin, Chaix d'Est-Ange ; puis, c'étaient dans des procès de tout genre : séparations de corps, questions d'état, nullités de testaments, Dupin aîné, Parquin, Persil, Mérilhou, Gairal, Tripier, Berville, et quelques jeunes gens, qui, inconnus de la foule, attendaient patiemment l'heure où la renommée, lente à venir pour les modestes, mais assurée aux laborieux, les accueillerait à leur tour.

Pendant le cours de l'année 1826, des sujets de genres divers, mais intéressants à bien des titres, préoccupèrent souvent et agitèrent parfois le Barreau parisien. Des affaires disciplinaires graves furent soulevées.

Un avocat, Avignon de Morlhac, avait été condamné par le conseil de discipline à la peine d'une année d'interdiction pour publication de mémoires injurieux envers la magistrature. Sur appel de l'avocat, la cour exerça pour la première fois, paraît-il, la juridiction spéciale que lui conférait l'art. 24 de l'ordonnance de 1822. Conformément aux conclusions de l'avocat général de Broë, elle maintint l'interdiction prononcée.

Un autre membre du Barreau de Paris, Charles Comte, ancien rédacteur d'un journal, *le Censeur Européen*, avait, en cette qualité, plusieurs années auparavant, subi deux condamnations correctionnelles à trois mois d'emprisonnement pour les délits le calomnie contre le roi et de provocation à la désobéissance aux lois. Après un séjour en Suisse, où il avait laissé de bons souvenirs, il formula une demande d'admission au stage. Le rapporteur concluait favorablement sous cette seule réserve que l'avocat serait invité à se montrer plus circonspect à l'avenir. La discussion se prolongea pendant plusieurs séances ; on passa au vote : sept membres votèrent l'admission, douze la refusèrent ; c'était le rejet de la demande de Comte. L'arrêté se fondait sur ce motif que publier des écrits où se trouvaient des calomnies contre le roi et sa famille ce n'est pas un délit purement politique ; que provoquer à la désobéissance aux lois est chose grave, et qu'en somme ces deux infractions constatées par des décisions de justice

sont incompatibles avec l'observation du serment et de la
discipline du Barreau. Cette sentence, rendue le 15 juin 1826,
et que motivait le seul désir d'être agréable au gouvernement, souleva, quand elle parut, des protestations justifiées.
On faisait observer que, tout en admettant la gravité des
griefs établis contre Comte, le long temps écoulé depuis les
faits qui lui étaient reprochés et le caractère honorable du
candidat auraient dû faire prononcer l'admission sollicitée. L'opinion politique de Comte était, en réalité, la véritable cause de son exclusion (1).

Les entraves, apportées par l'ordonnance de 1822 au
droit que le Barreau a toujours réclamé d'aller plaider hors
du ressort, soulevèrent quelques incidents, qui n'eurent
d'ailleurs d'autre résultat que de confirmer la rigueur de
la règle. Un stagiaire de Paris se présentant devant le tribunal
de Versailles s'y vit refuser la parole sous le prétexte que,
soumis à la surveillance de son conseil de discipline, il y
échapperait en s'éloignant du Barreau où il était inscrit ;
un autre, chargé de soutenir devant la cour de Rennes les
intérêts de son père appelant d'un jugement de Saint-
Brieuc, s'était muni d'un avis favorable du bâtonnier et
du conseil, qui le lui avaient accordé avec empressement ;
mais le Garde des sceaux refusa son autorisation ; il prétendit que, seuls, les avocats inscrits au tableau étaient
admis à plaider devant les cours, et que les stagiaires,
ne faisant pas, à proprement parler, partie du tableau, ne
pouvaient jouir de ce droit. Et cependant ne voyait-on pas
chaque jour les avocats stagiaires se présenter aux audiences de la Cour de Paris ?

Pendant les vacances judiciaires de 1826, un incident
particulier révéla une fois de plus le mauvais vouloir de

(1) Mollot, II, pp. 93 et s.

la Chancellerie au regard du Barreau de Paris : un procès
de presse devant être jugé à Rouen, l'avocat parisien,
chargé d'y plaider, se mit en campagne pour accomplir les
formalités réglementaires; mais le conseil était dispersé et
le premier président absent; en vain, le défenseur s'adres-
sa-t-il au président de la chambre des vacations, qui dé-
livra un certificat constatant à la fois l'impossibilité matérielle de prendre l'avis du conseil et l'agrément de la
Cour à la requête présentée; le Garde des sceaux fut inflexible : il s'abrita derrière la lettre de l'ordonnance, exi-
gea impérieusement l'avis du conseil qu'il savait ne pouvoir être réuni, et prit, semble-t-il, un malin plaisir à refuser, par l'interprétation byzantine d'un texte, l'autorisation qui lui était demandée.

Le procureur général Bellart était mort dans les premiers jours de juillet; le Palais avait suivi avec un
sympathique intérêt les phases de la grave maladie qui
l'emporta, et presque chaque jour *la Gazette des Tri-*
bunaux publiait des bulletins de santé qui enregistraient
fidèlement les détails les plus techniques.

Après la rentrée des cours et tribunaux, Thévenin fut
nommé bâtonnier à la place de Pantin, et la vie judiciaire
reprit peu à peu son activité : la conférence des jeunes
avocats s'ouvrit le 2 décembre par un discours du bâtonnier nouveau; il traita *du Souvenir* en des termes qui
rappelaient à chaque instant « la douce et paternelle éloquence du bon Rollin ». A la même occasion, Renouard
et Lafargue retracèrent la vie de deux confrères décédés
dans l'année : Legouix et Jourdan.

En même temps, recommençaient les travaux des conférences particulières où, « non content de se livrer, loin
des plaisirs de la dissipation, aux études spéciales et déjà

si étendues de sa brillante profession, le jeune légiste comprenait que sa tâche s'était agrandie en même temps que sa carrière, qu'il ne devait désormais rester étranger à aucune connaissance, puisque désormais toutes les questions se trouvaient de son domaine, et tous les chemins ouverts à son ambition (1) ».

C'était bien une conférence particulière, et des plus sérieuses, que celle qui s'était fondée sous le nom de *Société des Bonnes Études*. Créée en 1823, elle avait d'abord tenu ses séances rue Saint-Jacques, puis s'était transportée rue Saint-Augustin. L'esprit qui régnait au sein de cette conférence et qui présidait au recrutement de ses membres était d'une fâcheuse étroitesse et très dévoué aux efforts de la réaction. La contre-révolution y triomphait, au moins dans les idées que l'on y professait, et dans l'enseignement officieux qui s'y donnait. Hennequin, qui faisait un cours de droit civil, n'alla-t-il pas jusqu'à dire un jour que l'émigration était un devoir? La réouverture des leçons donnait lieu à une séance solennelle où se portait une foule choisie. Au cours de l'année, d'autres séances, annoncées à l'avance, et pour lesquelles des invitations spéciales étaient lancées, réunissaient des pairs de France, des députés, des magistrats, et l'on y vit même le duc de Doudeauville et le duc de Rivière, gouverneur de l'héritier présomptif.

En mai 1826, Hennequin parla solennellement aux *Bonnes Études* de la séparation de corps, et combattit vivement le divorce et les conséquences désastreuses dont, selon lui, il avait été fatalement le signal ; au passage, il adressait de sages conseils aux jeunes stagiaires qui entouraient sa chaire. « L'exercice de la profession d'avo-

(1) *Gaz. Trib.*, 26 novembre 1826.

cat, disait-il un jour, n'est pas un jeu de l'esprit ; l'avocat ne se présente pas devant les tribunaux pour remplir
un rôle, mais pour exprimer une conviction, et, s'il se
constitue le défenseur de la morale publique, il faut que
sa vie se trouve d'accord avec ses doctrines. En un mot,
l'avocat doit être l'homme de ses discours, et, quand il
retrace les devoirs de l'amitié ou ceux de la famille, il
faut que ses amis, son père, son épouse, ses enfants puissent l'entendre. »

Berryer fils, dont les sentiments sincèrement royalistes
ne se sont jamais démentis, mais qui resta toujours « l'a-
mant passionné de la liberté (1) », fit à la société des
Bonnes Études un cours de droit constitutionnel, dans
lequel, pour « royaliser » la jeunesse, il enseigna qu'il
n'y avait de sécurité en France que dans la reconnaissance d'un principe qui fût à la fois la sanction de la liberté
et la source du pouvoir (1) ».

Malgré tout, la résistance de la majorité des membres
du Barreau aux idées rétrogrades et aux actes de répression ne faiblissait pas ; elle se manifestait discrète, respectueuse, mais ferme et résolue. Quelques poursuites,
quelques tracasseries, l'intervention même d'un conseil
de discipline désigné, selon les formes imaginées à des-
sein par l'ordonnance de 1822, ne parvenaient pas à
étouffer les mécontentements et les plaintes.

C'était le temps où le président d'une chambre du tribunal civil, devant l'insistance d'un avocat nommé Force,
qui tenait à plaider tous les moyens indiqués dans la procédure, allait jusqu'à dire à l'audiencier : Faites taire cet
avocat ; mettez cet avocat à la porte ! — et l'huissier s'ap-

_____

(1) Jules Favre, dans le procès des Treize.

prochant mettait la main au collet de la robe de Force.

A l'audience de la cour d'appel, chambre correctionnelle, comparaissait, le 26 décembre 1826, un certain Touquet, que les juges de première instance avaient condamné à neuf mois d'emprisonnement et 100 fr. d'amende pour offense à la religion de l'État : dans un petit volume in-32 intitulé *l'Évangile*, il avait négligé le surnaturel, et particulièrement la naissance miraculeuse de Jésus-Christ. Barthe défendait le prévenu. Entre les deux audiences, celle du tribunal et celle de la cour, Touquet répandit dans le Barreau un mémoire à consulter, auquel seul, avait adhéré un jeune avocat du nom d'Amyot. Non content de demander à la cour de confirmer la sentence rendue contre l'auteur du livre, l'avocat général de Broë releva d'office l'intervention d'Amyot, en déférant à la cour la consultation qu'il avait signée. « Cet écrit, dit-il, contient contre la religion de l'État les assertions les plus répréhensibles. On y prêche ouvertement ce déisme que Bossuet a démontré n'être qu'un athéisme déguisé. C'est un nouveau délit contre lequel la loi de 1819 offre des moyens de répression, et nous impose le devoir d'appliquer des mesures de discipline. Nous regrettons de les provoquer contre un avocat appartenant à un Barreau qui compte tant de membres honorables, » et de Broë requérait qu'il plût à la cour ordonner la suppression de la consultation de Me Amyot, et sa suspension pendant un an.

La cour ne suivit pas l'avocat général jusqu'au bout; mais, après avoir ordonné la suppression requise, elle laissa au ministère public le soin de poursuivre ainsi qu'il aviserait devant le conseil de discipline.

Le procureur général dénonça Amyot au conseil qui, sur le rapport de Gairal, rendit un pieux arrêté que l'on croirait rédigé par le plus orthodoxe des conciles œcuméniques.

« M. Amyot, y lit-on, a entrepris de critiquer le délit commis par le sieur Touquet, en supprimant de l'Évangile qu'il a publié tous les passages relatifs aux miracles et à la divinité de Jésus-Christ. Pour arriver à cette justification, il n'a pas craint de poser en principe : 1° que la dénégation des dogmes fondamentaux, et notamment ceux de la divinité de Jésus-Christ, ne peut être condamnée, d'après les lois; 2° que la Charte permet de professer le pur déisme et de n'admettre aucune religion révélée; 3° que le dogme de la révélation, comme rejeté par la loi naturelle, ne doit pas être mis au nombre des vérités légales; 4° que des mystères incompréhensibles sont superflus et que l'auteur même de notre religion les a jugés inutiles lorsqu'il a dit : Aimez Dieu de tout votre cœur et votre prochain comme vous-même; c'est là toute la loi et les prophètes; c'est là aussi tout ce qu'enseigne la loi naturelle; 5° que la loi naturelle est, elle-même, une religion, un culte, qu'elle peut revendiquer ce titre comme un droit acquis, que la Charte est venue reconnaître et sanctionner, comme elle a encouragé la religion des Théophilanthropes. L'impiété de ces propositions, ajoutait le conseil, n'est pas seulement un outrage à la religion de l'État; elle tend à l'anéantir dans son essence, et, par cela même, à faire tomber les lois du royaume dans l'avilissement et le mépris; en se livrant à de pareils écarts, M. Amyot a, tout à la fois, oublié son serment et violé les sages dispositions des lois; toutefois, en répondant aux sévères observations du conseil, il a fait preuve d'un repentir amer et d'une grande docilité d'esprit; il est d'ailleurs d'un âge à faire espérer que l'étude et l'expérience ne tarderont pas à lui faire adopter des principes contraires à ceux que son

irréflexion lui a fait hasarder ; » le conseil, en conséquence, condamnait le jeune avocat à trois mois de suspension, et décidait que son nom serait inscrit au dernier
rang de sa colonne.

Le 14 septembre 1826, *la Gazette des Tribunaux* avait
publié un article signé Isambert, avocat à la Cour de cassation, et traitant des arrestations arbitraires sur la voie
publique. L'auteur, constatant que les arrestations se
multipliaient de la part des plus infimes agents de la
police, conseillait la résistance, une arrestation opérée
dans ces circonstances étant absolument illégale; « il ne
manque à chacun, disait l'article en concluant, pour faire
respecter ses droits que de le vouloir. » Le Parquet releva
le délit de provocation à la désobéissance aux lois et aux
agents de l'autorité et déféra au tribunal de police correctionnelle Isambert, avocat aux conseils du Roi et à la Cour
de cassation, et les rédacteurs en chef de *la Gazette des
Tribunaux* qui, la première, avait inséré l'article, du *Journal du Commerce* et de *l'Echo du soir*, qui l'avaient reproduit. La salle d'audience était comble, le 5 décembre
1826, quand l'affaire fut appelée à la 6e chambre, et le débat prit aussitôt une ampleur imprévue. Isambert était
assisté de Chauveau-Lagarde, président de son Ordre,
d'Odilon-Barrot, Macarel et Taillandier, ses confrères ;
Dupin aîné et Barthe prirent place au banc de la défense. Le substitut, ayant, dans un réquisitoire d'une
extrême violence, requis contre Isambert l'application
d'une peine de quatre mois de prison, et de deux mois
contre les rédacteurs des journaux, Dupin va plaider; le
président lui fait observer que le tribunal doit lever
son audience à 4 heures et demie. « Un officier ministériel, interrompt Dupin, ne peut rester ainsi huit

jours sous le coup d'une réquisition; » et il commence :

« Aux procès de tendance, s'écrie-t-il, qui naguère ont menacé la liberté de la presse, succèdent les procès qui tendent à compromettre la liberté individuelle. La police veut conquérir l'arbitraire; et pour l'obtenir, avec tous les honneurs de la guerre, c'est à la justice elle-même, c'est à vous qu'elle ose demander une autorité absolue, une puissance illimitée d'arrestation sur la personne des citoyens. Ainsi, magistrats, vous concéderiez aux derniers agents de la police un droit que vous-mêmes n'avez pas : le pouvoir discrétionnaire d'enlever un citoyen domicilié à sa famille et à ses affaires hors des cas prévus par la loi, et sans observer les formes qu'eL > prescrit.

« Nos droits publics, tour à tour méconnus, seront-ils donc ainsi perpétuellement remis en question ? La liberté ne pourra-t-elle jamais se reposer dans le sein de la loi ?

« Un jurisconsulte, non par soif d'une vaine célébrité, mais usant du droit et exerçant le devoir de sa profession, a contesté ce prétendu droit d'arrestation arbitraire, et le voilà soudain mis au rang des prévenus!

« Ainsi, il ne nous suffit plus de défendre nos concitoyens; désormais, il faut songer à nous défendre nous-mêmes. Ce n'est pas à quelques brebis écartées, c'est aux gardiens du troupeau qu'on s'attaque; mais, dans ce danger, c'est encore les faibles que l'avocat aura protégés, puisque c'est pour eux qu'il s'est personnellement exposé.

« Que le Barreau s'afflige de cette nouvelle accusation, je le comprends; mais qu'il se garde d'en rougir ! Honneur à ceux qui souffrent pour la justice et l'humanité... »

Et l'avocat continue pressant, spirituel, examinant les textes, discutant les faits, raillant la police. Sa plaidoirie, terminée à une audience ultérieure, fut suivie de celles de

Vervoort, de Charles Ledru, de Barthe, qui, setournant à un moment vers le principal prévenu, s'écriait :

« De toutes les puissances la plus grande sans doute est celle d'une conscience qui peut se dire : j'ai sauvé la vie d'un homme ! Isambert, que d'existences vous avez protégées ! On dirait qu'à mesure que sa persévérance à bien faire l'exposait aux coups d'une injuste persécution, la Providence lui donnait pour la dédommager de nouvelles occasions de servir l'humanité : l'affaire des déportés de la Martinique, de ces malheureux qui, dans leur reconnaissance, lui écrivaient : après Dieu, nous vous devons la vie, suffirait pour la gloire d'un homme. »

Ici le président intervint : « Il me semble, Me Barthe, que cela ne tient pas à votre cause. »

Mais Dupin se levant avec vivacité : « La cause d'Isambert, s'exclame-t-il, est celle de tout le Barreau ; et quand il s'agit d'un pareil prévenu, nous nous écrions tous, non pas seulement innocence à Isambert, mais honneur à Isambert !... » et de vifs applaudissements éclatent dans l'auditoire.

Le 23 décembre, un jugement était rendu qui déclarait les prévenus coupables de provocations à la rébellion et à la désobéissance à la loi, et condamnait Isambert à cent francs d'amende, et chacun des rédacteurs en chef des journaux à trente francs de la même peine.

Cette décision, si indulgente qu'elle fût, au moins dans sa conclusion pénale, devait être déférée à la Cour ; en même temps, un mouvement extraordinaire se produisait au sein du Barreau de Paris et de tous les Barreaux de France ; à Paris, sept consultations différentes étaient rédigées en faveur d'Isambert, par Hennequin, Odilon-Barrot, Legraverend, dont l'autorité en matière criminelle était acceptée de tous, Berville, etc..., et signées d'un nombre considérable d'avocats, parmi lesquels figuraient les plus estimés. De province, les Barreaux de Bourges, Marseille, Limoges, Metz, Rouen, Agen, Nîmes, Orléans, Nancy, Dijon, les Andelys, Amiens, etc..., envoyaient des adhésions chaleureusement motivées, et c'est en bonne posture qu'escorté de la sorte Isambert comparut devant la Cour, le 13 mars suivant, pour y soutenir son appel.

Séguier présidait; Dupin ne fut non moins pressant ni moins substantiel que devant les premiers juges. « Un citoyen timide, disait-il en commençant, sans éducation ou sans principes, condamné à cent francs d'amende, après une si rude accusation, eût terminé sa querelle avec le pouvoir en payant la somme imposée ; mais Isambert a cru qu'il se devait à lui-même et à l'honneur de sa profession de ne point acquiescer à une condamnation, si légère qu'elle fût.

Et il terminait : « En vérité, Messieurs, au-dessus de l'honneur de défendre une si belle cause, je n'en vois qu'un seul ; il vous est réservé : c'est celui de la bien juger... à la manière de vos aïeux. »

L'avocat général de Broë conclut à la confirmation du jugement, mais la Cour déchargeait, le 27 mars, les prévenus des condamnations prononcées contre eux. La sentence était d'une significative brièveté; après avoir proclamé, en quelques mots, que la doctrine exposée dans les journaux était erronée, la Cour ajoutait simplement que l'exposition de cette doctrine ne constituait pas l'intention de provoquer à la rébellion et à la désobéissance aux lois, et que, par suite, l'insertion de l'article ne constituait pas la publicité.

La carrière de Dupin aîné au Barreau de Paris touchait à son apogée; il figurait dans presque toutes les grandes affaires, et trouvait encore le temps de consacrer des heu-

res d'étude à la profession qui devait réserver à son nom
le plus pur éclat. Dans des *Lettres sur la profession d'a-
vocat*, qu'il publiait de temps à autre dans la *Gazette des
Tribunaux*, il traitait en maître les questions les plus
diverses intéressant le Barreau, tantôt combattant, fidèle
à sa devise : *Libre défense des accusés*, le projet de loi qui
assujettissait au droit de timbre tout écrit de cinq
feuilles et au-dessous, sans en excepter les mémoires
d'avocat, et qui imposait l'obligation d'un dépôt préalable;
tantôt donnant au jeune Barreau de salutaires conseils
relatifs à la forme même des plaidoiries, tantôt enfin examinant et discutant une modeste question de costume :
les avocats doivent-ils porter le chaperon noir dans les
audiences ordinaires, et réserver le chaperon fourré aux
audiences ou aux cérémonies solennelles? Dans l'une de
ces lettres, qui parut à la fin de 1827, Dupin s'attaque
vivement à l'ordonnance de 1822, salue d'un regret
le décret de 1810 qui, en laissant au Barreau le seul droit
de présenter des candidats au poste de bâtonnier ou aux
fonctions de membre du Conseil, lui permettait du moins
de désigner des candidats tels que le procureur général
était bien obligé de nommer des gens qui convinssent à
l'immense majorité de l'Ordre. « Le décret de 1810, disait
la lettre, cessa de paraître bon le jour où l'on s'aperçut
qu'il laissait quelque issue à la liberté des suffrages. »

S'expliquant ensuite sur le choix des bâtonniers, Dupin,
qui ne veut pas soulever de questions personnelles, proclame que tous, depuis 1822, ont été excellents; mais il
affirme que « douze cents avocats avaient l'idée fixe qu'ils
choisiraient aussi bien eux-mêmes qu'un conseil de
dix-huit, dont la majorité compacte peut n'être que de
dix ».

Il regrette aussi que la charge de bâtonnier, au lieu

9

d'alterner tous les ans d'une tête sur une autre, suivant des précédents dont le souvenir devrait être aussi cher aux « Mathusalem de l'Ordre » qu'aux plus jeunes, reposât deux ans de suite sur la même tête.

Le Conseil s'était inspiré du désir de Dupin en ne rééisant pas Pantin, et en appelant Thévenin à lui succéder; mais dès l'année suivante, il maintenait Thévenin à son poste, au lieu de faire choix de Tripier, que la voix du Barreau tout entier semblait désigner, et qui, bien qu'il se fût retiré de la plaidoirie, n'avait pas laissé de « supérieur dans la dialectique appliquée aux affaires du Palais ».

Pendant ce temps, de graves événements politiques s'accomplissaient ; une agitation très vive avait précédé les élections de novembre 1827; elle s'était manifestée notamment aux obsèques de Manuel. Son cercueil, ramené de Maisons-Laffitte où il était décédé, ne devait pas entrer dans Paris pour gagner le cimetière du Père-Lachaise ; mais une foule énorme fit au défunt un imposant cortège, s'efforçant malgré la police de dételer le corbillard pour le traîner. Au cimetière, des discours furent prononcés, au milieu d'un silence recueilli, par plusieurs orateurs, parmi lesquels se trouvait un conseiller à la Cour d'appel, M. de Schonen. Un jeune écrivain, encore obscur mais que les circonstances n'allaient pas tarder à mettre en lumière, Mignet, avait publié le récit des obsèques sous ce titre : *Relation historique des funérailles de M. Manuel, ancien député de la Vendée.* Poursuivi, avec l'imprimeur, pour outrage envers les autorités légalement établies et envers la Chambre des députés, et pour provocation à la rébellion, Mignet comparut devant le tribunal de police correctionnelle. Mauguin, qui l'assistait, donna d'abord lecture des lettres

par lesquelles Lafayette, Laffitte et Manuel jeune déclaraient avoir collaboré à la brochure incriminée ; puis un
incident piquant se produisit : un avoué se présenta comme
mandataire du conseiller de Schonen et déposa au
nom de son client des conclusions qui tendaient à ce
qu'il fût déclaré intervenant et solidaire. « M. de Schonen, ajouta l'avoué, ne m'a pas donné mission de rien
ajouter à ces conclusions. Il aurait désiré se présenter
lui-même à votre barre ; mais il est retenu ailleurs par
ses fonctions : il préside en ce moment la chambre des
appels correctionnels de la Cour royale. » Le tribunal se
borna à donner acte des lectures faites et des conclusions
prises ; Mauguin et Renouard plaidèrent, mais le compte
rendu des débats fut interdit, et le jugement ne fut pas
publié. Les prévenus avaient d'ailleurs été acquittés, par
une sentence qui allait jusqu'à décider que traiter l'Administration de misérablement susceptible et odieusement
tracassière, ce n'était que l'exercice de la faculté accordée
à tous les citoyens d'attaquer et de censurer les actes
des ministres.

Malgré les efforts du Gouvernement, les électeurs en-
voyèrent à la Chambre une majorité d'opposition ; le
ministère de Villèle tomba, et l'avénement de M. de
Martignac permit d'espérer la fin de ces temps sévères,
où la réaction et les Jésuites n'avaient guère trouvé de
sérieuse résistance que dans les rangs de la Magistrature
ou du Barreau.

Presque aussitôt le Barreau de Paris entreprit de
faire rapporter ou réformer largement l'ordonnance
de 1822, et de recouvrer quelques-unes de ses anciennes libertés : le 20 janvier 1828 une première réunion
avait arrêté les points principaux sur lesquels porterait

l'effort des réclamations à formuler; les avocats qui n'avaient pas assisté à la conférence seraient invités plus tard à apposer leurs signatures au bas de la pétition qu'une députation devait remettre au Garde des sceaux.

Le mouvement, qui s'était ainsi dessiné, se prolongea pendant plusieurs mois, et ce n'est qu'à la fin de 1828 qu'il prit une forme concrète et définitive par l'envoi au ministre de la Justice, Portalis, d'un mémoire qui résumait les vœux du Barreau de Paris (1). Ce mémoire appelait l'attention du Gouvernement particulièrement sur quatre points : il demandait pour les avocats l'élection directe de leur conseil, la faculté de plaider hors du ressort, l'abrogation des dispositions qui donnaient le droit d'appel au ministère public en matière disciplinaire, et la suppression des restrictions relatives aux avocats stagiaires. Cent vingt-trois signatures figuraient au bas de la pétition; presque tous les noms connus alors s'y retrouvent.

Delacroix-Frainville, doyen de l'Ordre, et Tripier, qui peu de mois auparavant venait d'être appelé au bâtonnat, avaient motivé leur adhésion. Ils soumettaient au Garde des sceaux leurs vues personnelles sur le mode de composer le conseil. Selon eux, la division de l'Ordre en sept colonnes devait être maintenue; chacune d'elles serait dressée par rang d'ancienneté, de manière que les sept plus anciens avocats portés au tableau fussent les premiers inscrits sur les listes des sept colonnes; les sept portés ensuite sur le tableau seraient les seconds inscrits sur les listes des colonnes, et ainsi de suite jusqu'à l'épuisement du tableau. Chaque colonne nommerait deux députés qui ne pourraient être choisis que dans le premier

(1) *Gaz. des Tribunaux*, 4 décembre 1828.

tiers de la colonne. Ces quatorze députés, réunis aux anciens bâtonniers, membres perpétuels et de droit, formeraient le Conseil. Les députés seraient élus pour trois ans ; à l'expiration de ce temps, chaque colonne se réunirait pour procéder à une nouvelle nomination et les membres sortants pourraient être réélus. Le Conseil nommerait le bâtonnier.

Cette organisation, quelque peu bizantine, ne valait certainement pas l'élection directe demandée par la pétition, et réclamée presque comme un droit par les avocats à la Cour royale, alors que les avocats de cassation, les avoués, les notaires, les commissaires-priseurs, « les boulangers et les loueurs de voitures » jouissaient du privilège de choisir leurs délégués.

Mais la démarche faite et la pétition adressée devaient rester sans résultat ; des préoccupations politiques d'une exceptionnelle gravité n'allaient pas tarder à absorber les pensées du Gouvernement, et lui faire négliger les vœux légitimes qui lui étaient soumis.

Une autre manifestation s'était produite au sein du Barreau de Paris, relative à un point spécial de ses prérogatives, celle d'assister en robe aux débats qui se déroulent à huis clos. La question s'était posée en octobre 1827, lors de l'affaire Contrafatto. Un arrêt fut rendu ce jour-là qui, conformément aux conclusions du ministère public, autorisait le président de la Cour d'assises à faire retirer l'auditoire et le Barreau, à l'exception des avocats de la cause. En réponse aux protestations qui s'élevaient et dont un avocat, Caille, se faisait l'organe respectueux, le président ajouta : « Gendarmes, faites sortir les avocats. La pudeur publique exige que les débats d'une pareille affaire aient lieu à huis clos. Si l'on admettait toutes les personnes en robe, il y aurait bientôt trois cents personnes. Tout le monde mettrait des robes. » La salle fut évacuée, mais quelques heures après une protestation, rédigée par Caille, était adressée au bâtonnier Thévenin et au conseil de l'Ordre (1), avec invitation aux membres du Barreau d'y apposer leurs signatures.

Saisi de la question, le Conseil considéra que la Charte, qui autorisait les tribunaux à prononcer le huis clos dans certains cas, n'avait pas créé d'exception en faveur des avocats, et décida qu'il n'y avait lieu de délibérer.

Il semble toutefois que la réclamation ait produit en pratique l'effet qu'elle se proposait : au mois de mars 1828, une affaire de mœurs se déroulant devant la chambre des appels correctionnels, le huis clos fut prononcé, mais le bâtonnier, qui se trouvait à l'audience, ayant demandé si la Cour exceptait de la mesure les avocats présents, le président dit : « le Barreau peut rester ; cette exception ne concerne toutefois que les avocats en robe. »

La *Gazette des Tribunaux* ayant enregistré ces paroles avec une visible satisfaction, un incident se produisit, quelques jours après, à cette même audience de la chambre des appels correctionnels, où se débattait une affaire d'excitation à la débauche. Le substitut s'éleva contre la prétention du journal de faire croire que la Cour avait reconnu le privilège pour les avocats d'assister aux audiences à huis clos. Si la Cour avait laissé les membres du Barreau assister aux débats, c'était par pure tolérance; aussi le ministère public requérait-il que les avocats, eux-mêmes, fussent invités à quitter la salle. La Cour fit droit à ces réquisitions, et la question ne paraît plus s'être posée.

Au mois de juillet 1828, le Conseil traduisit devant lui

(1) *Gaz. des Trib.*, 9 novembre 1827.

un avocat accusé d'avoir, en présentant la défense de son client, porté atteinte à la religion de l'État, à la morale publique, à l'honnêteté publique et à la dignité de la Magistrature. Déjà réprimandé à l'audience par le tribunal, l'avocat avait fait imprimer et mettre en vente sa plaidoirie.

Le Conseil se saisit d'office de l'affaire. Son arrêté constata « avec douleur » que l'on trouvait dans le plaidoyer, livré à l'impression malgré la censure prononcée, une amère et poignante dérision des choses, des personnes et de la religion de l'État, des outrages à la morale publique et à l'honnêteté publique et des irrévérences envers la Magistrature. Il ajoutait toutefois, à titre d'atténuation, que l'exaltation visible des idées de l'avocat avait pu troubler son jugement au point de ne plus lui permettre de discerner les justes bornes dans lesquelles il devait se renfermer; il manifestait l'espoir que le contact journalier avec les membres de l'Ordre, et les exemples, que le coupable y devait recevoir, le ramèneraient au sentiment des devoirs dont il avait eu le malheur de s'écarter, et il prononçait enfin une suspension d'une année. Cette décision sévère portait une véritable atteinte à l'indépendance de la parole que les avocats ont toujours énergiquement revendiquée; elle rendait plus urgente la réforme que sollicitait avec instance la grande majorité du Barreau, mais dont il devait pendant plusieurs années encore attendre la réalisation.

A la rentrée de novembre 1828, le conseil de l'Ordre appela Tripier au bâtonnat. Par la date ancienne de son inscription, Tripier figurait toujours en tête de sa colonne, et faisait par là même partie du Conseil. Le vote unanime qui en fit le chef du Barreau fut bien accueilli. Il n'y resta que quelques semaines ; une ordonnance du 28 décembre suivant le nommait conseiller à la Cour royale. Tripier ne pouvait passer pour un orateur entraînant, mais il a laissé un durable souvenir. Son talent simple et solide, sa parole d'une logique inébranlable, la fermeté de sa pensée contrastaient vivement avec la forme toujours recherchée et souvent prétentieuse qui était fort à la mode à cette époque; ce n'est pas dans un plaidoyer de Tripier que l'on aurait rencontré l'air de bravoure ou le couplet majestueux; rien n'était sacrifié aux grâces extérieures, mais la force de son raisonnement et la clarté de ses déductions faisaient impression sur l'esprit du juge, convaincu sans avoir été charmé. L'emploi de Tripier avait été des plus honorables, et lorsque, en 1823, il déclara renoncer à la vie militante du Palais, sa retraite relative fut accompagnée de regrets aussi vifs que s'il eût dit au Barreau un définitif adieu; le jour où il plaida pour la dernière fois, Berryer se fit l'interprète bien inspiré des sentiments de tous. « Dans cette cause difficile et chargée de détails minutieux, la dernière que ce grand avocat aura plaidée devant vous, il a précisé les questions que vous devez juger, avec cette netteté de vue, cette élocution pénétrante, cette puissance de dialectique, caractères distinctifs d'un talent que nul n'a surpassé. Si dans nos luttes judiciaires il a pu rencontrer parfois des adversaires heureux, toujours il sut se montrer notre modèle et notre maître; c'est un hommage qu'on ne cessera point de lui rendre; et, dans ce moment où le Barreau gémit de la résolution qu'il a prise de ne plus se faire entendre, il me semble qu'après avoir joui de ses exemples, je remplis un devoir quand je cède au besoin de saluer cette longue renommée qui va se conserver au milieu de nous, cette haute et glorieuse réputation qui demeurera attachée à son nom. »

Avant de prendre possession de son poste, Tripier avait adressé à la conférence des avocats quelques paroles d'encouragement et d'adieu, et, le 16 janvier, le Conseil choisit pour bâtonnier Colin, le plus ancien avocat du tableau. Colin refusa ; sa démission ayant été régulièrement acceptée, le Conseil désigna Louis, qui se trouvait inscrit immédiatement après Colin. C'était l'usage, depuis l'ordonnance de Peyronnet, lorsque la vacance du bâtonnat se produisait pendant l'exercice d'un bâtonnier en fonctions, d'appeler le plus ancien avocat à le remplacer. De la sorte, le Barreau voyait parfois à sa tête, non pas l'avocat le plus célèbre, le plus brillant ou le plus occupé, mais souvent un ancien fort respectable, très au courant par son expérience même des traditions de l'Ordre, et généralement qualifié pour en assurer le respect.

Mais à côté des anciens les nouveaux commençaient à se faire la place que promettait l'éclat de leurs débuts ; parmi eux, et au premier rang, Chaix d'Est-Ange.

En défendant Cauchois Lemaire, poursuivi, en janvier 1826, sous l'inculpation notamment d'outrages à la personne du Roi, dans une brochure intitulée : *Sur la crise actuelle; lettre à S. A. R. Mgr le duc d'Orléans*, Chaix avait produit une très vive impression. Caractérisant la situation faite en haut lieu au duc d'Orléans : « Les princes, chez nous, avait-il dit, auront l'honneur d'être parents du Roi ; mais ils ne seront pas citoyens ; on leur donnera de l'or et des palais, mais ils resteront esclaves ; ils seront princes enfin, puisqu'il le faut, mais princes fainéants, ayant une position indéfinissable, ayant des titres et des prérogatives, mais sans droits, sans honneurs, plus malheureux mille fois que le plus humble de leurs serviteurs, et vivant au milieu d'un pays libre comme au fond d'un cloître où l'on voudrait éteindre leur vie.

Ah! s'il doit en être ainsi, Prince, combien j'ai pitié de vos grandeurs! Qu'est devenu ce temps où, proscrit et fugitif, cachant votre grandeur sous un nom emprunté, vous viviez loin de la France du produit de vos leçons! Fier alors d'une humble mais libre fortune, vous regrettiez sans doute la patrie absente. Eh bien! la patrie vous est rendue, et avec elle votre fortune, vos titres, vos honneurs. Mais la liberté, noble compagne de vos misères, la liberté vous est enviée. Esclave désormais de votre rang, la politique d'un ministre doit dicter vos paroles, l'étiquette de la Cour doit régler vos actions, et sous vos cordons, sous votre manteau doré paraît la chaîne pesante qui vous retient. » On compr...d! les réflexions que dut inspirer une pareille apostrophe, lancée à pleine voix dans le prétoire de la sixième Chambre remplie, ce jour-là, d'un auditoire choisi. La condamnation fut sévère : quinze mois d'emprisonnement et une forte amende ; mais le monde du dehors et la presse saluèrent le nom de Chaix d'Est-Ange. « M. Chaix d'Est-Ange, disait *le Globe*, a un genre original au Palais, une élégance tout académique avec une diction naïve fortement accentuée, une tendresse et une flexibilité d'organe qui agit sur les nerfs des auditeurs lors même que leur esprit résiste aux arguments de l'orateur. C'est une éloquence insinuante et aimable; des traits amers, des réflexions hardies, audacieuses même, s'y rencontrent, mais toujours contenues et jetées comme en parenthèse. Habituellement, l'orateur caresse ses juges; on l'écoute comme un adolescent qu'on aime. J'ignore si l'âge et l'expérience donneront de la force à ce talent si plein de charme, mais tel qu'il est déjà il se distingue à côté des plus vieilles célébrités du Barreau. Puissent cette grâce et cette improvisation brillante s'appuyer sur de fortes études ! nous aurions dans quelques années un orateur de plus. »

Le Barreau de Paris rencontra, à peu près à la même époque, l'occasion de s'intéresser à une difficulté qui, touchant directement aux choses religieuses, ravivait des querelles mal assoupies. Déjà, lors du procès intenté à Senancourt, l'auteur d'*Obermann*, pour son *Histoire des traditions civiles et religieuses*, dans laquelle il qualifiait Jésus-Christ de jeune sage et de respectable moraliste, le Palais avait applaudi à l'acquittement prononcé après une plaidoirie de Berville, toute pleine de considérations élevées.

La question de la régularité du mariage des prêtres, posée par un sieur Dumonteil, donna lieu à une manifestation caractéristique. Dumonteil, résolu à contracter mariage, s'était vu refuser le ministère d'un notaire auquel il demandait de signifier à ses parents des actes respectueux; par lettre insérée dans la *Gazette des Tribunaux* (n° du 23 février 1826), il avait sollicité des avocats du Barreau de Paris une consultation tendant à savoir si les lois lui permettaient de se marier et si, par conséquent, tout officier ministériel était obligé de lui prêter son concours. La consultation parut signée de Mermilliod, avec les adhésions d'Odilon-Barrot, Isambert, Mérilhou, Barthe, Boinvilliers, etc... Un avocat du Barreau de Nîmes, Crémieux, avait de loin pris part au débat, et Berryer, dans une leçon qu'il fit aux *Bonnes Études*, traita le sujet. L'affaire fut portée à l'audience, et le tribunal, après plaidoirie de Mermilliod et de Duverne, contre lequel même des réquisitions furent prises par l'avocat du Roi en raison de la publication de son discours, décida qu'il n'y avait lieu d'enjoindre à un notaire de signifier les actes respectueux. La Cour jugea dans le même sens, et la question sembla résolue; elle ne devait pas tarder à renaître.

Une affaire, toute banale, qui devait venir devant la Cour

d'assises, souleva, au mois de mars 1829, un sérieux conflit
entre la Magistrature et le Barreau de Paris. Un certain Warren, accusé d'homicide, avait manifesté l'intention de confier
sa défense à Berryer; mais, celui-ci ayant décliné la mission,
l'accusé, au jour de l'audience, se présenta sans défenseur.
Invité par la Cour à expliquer les motifs de l'abstention de
son avocat, Warren raconta que Berryer avait émis, sur
une question d'honoraires, des prétentions exagérées, auxquelles il n'avait pu être donné satisfaction; il ajouta qu'un
autre membre du Barreau de Paris, Claveau, s'était offert à
présenter la défense. Pas plus que Berryer d'ailleurs, Claveau n'était présent à la barre. Mais prévenu de l'incident,
il donna séance tenante des explications qui paraissaient
satisfaisantes; malgré tout, et bien que le ministère public
n'eût pas pris sur ce point de réquisitions précises, la
Cour rendit, le 24 mars 1829, un arrêt qui, après avoir
prononcé la remise de la cause, constatait que les diverses
allégations et les pièces produites par l'accusé seraient de
nature à inculper l'honneur et la délicatesse des deux avocats, et, sans rien préjuger, ordonnait que les lettres,
pièces et documents seraient envoyés au Conseil de discipline de l'Ordre des avocats, à telles fins que de raison.

L'émotion fut grande au Palais, et le Conseil était officieusement saisi de l'affaire avant d'avoir reçu notification
officielle de l'arrêt. Il apporta à l'examen de l'incident le
soin le plus minutieux; il y consacra plusieurs séances et
entendit des témoins. Enfin, le 15 avril 1829, il rendait un
arrêté fortement motivé (1) qui, après l'énonciation des
différents griefs invoqués contre Berryer fils et Claveau,
les réduisait à leur juste importance; il décidait que Berryer, loin de mériter aucun reproche, n'avait cédé dans

(1) *Gaz. des Trib.*, 25 avril 1829.

l'affaire qu'à l'impulsion de sa conscience et n'avait fait usage que du plus incontestable de ses droits; quant à Claveau, il ne pouvait, dans les circonstances relevées, être l'objet d'aucun reproche.

Mais avant même de trancher ces questions personnelles, le Conseil, et c'était le point capital de sa sentence, s'était fortement élevé contre la forme dans laquelle la question lui avait été posée ; il déclarait que c'était « avec le sentiment d'une profonde douleur qu'il avait vu le mode adopté pour le saisir des reproches adressés aux deux avocats inculpés; que, dans l'usage constamment suivi par la Cour et par les Tribunaux, les renvois, en pareille matière, s'étaient toujours faits par l'intermédiaire du Procureur général et du Procureur du Roi ». La décision ajoutait qu'« en s'éloignant de cet usage, et en rendant publiquement un arrêt même sans rien préjuger, on imprimait d'avance aux avocats inculpés une prévention dont la justification la plus complète dans le sein du Conseil n'effaçait pas toujours les traces ».

Dès le lendemain du jour où il était rendu, le Procureur général déférait à la Cour royale ces deux passages de l'arrêté du Conseil de discipline.

Le 5 mai, la Cour jugeait, sans avoir entendu ou provoqué aucune explication, en ce qui concernait le premier passage, qu'il n'appartenait pas au Conseil de censurer la forme suivant laquelle il avait été saisi par la Cour d'assises, et, en ce qui concernait le second passage, que les termes en étaient aussi contraires aux convenances qu'au respect dû aux magistrats, respect dont l'Ordre des avocats était tenu de donner l'exemple aux justiciables.

Les termes mêmes de cet arrêt n'étaient pas précisément faits pour calmer le conflit; aussi le 2 juin suivant, le Conseil, répondant aux sentiments et aux intentions unanimes de l'Ordre, résolut-il de former opposition à un arrêt qui avait été rendu par défaut; il chargea une commission de rédiger la requête qui serait présentée à la Cour.

La Cour ayant consenti à entendre le Conseil, celui-ci décida de se rendre en corps à l'audience, et arrêta les termes mêmes du discours qu'y devait prononcer le bâtonnier Louis.

C'est le 21 juillet 1829 que, devant toutes les chambres réunies de la Cour royale, le Conseil de l'Ordre des avocats au grand complet, ayant à sa tête le bâtonnier et le doyen Delacroix-Frainville, comparut en costume d'audience solennelle, le chaperon fourré à l'épaule.

Louis donna lecture du discours convenu (1) : « C'est avec le sentiment d'une respectueuse confiance, disait-il, que le Conseil de discipline de l'Ordre des avocats vient soumettre à la Cour les motifs de l'opposition qu'il forme par ces présentes à l'arrêt rendu le 5 mai 1829. »

L'orateur examinait ensuite les règles posées par l'ordonnance de 1822, qui attribuent aux conseils de discipline le droit de réprimer, d'office ou sur les plaintes qui lui seraient adressées, les infractions commises par les membres du Barreau. La Cour d'assises, en rendant un arrêt qui renvoyait deux avocats devant le Conseil, a pris une mesure qui ne pouvait se concilier avec les dispositions de l'ordonnance et avec les usages et les traditions du Palais.

« Dans ces conditions, disait le bâtonnier en terminant, le Conseil a pensé que, dépositaire des intérêts les plus chers de l'Ordre, il n'était pas maître de consacrer par son silence la méthode adoptée par la Cour d'assises pour saisir sa juridiction. Il a pensé que des avocats qui n'é-

(1) Gaz. des Trib., 23 juillet 1829.

taient point aux débats ne pouvaient être ainsi placés par
un arrêt en état public de prévention, et il a su concilier
toutes les convenances en mettant l'expression *de sa douleur* à la place de l'expression *de ses devoirs*. Que si, dans
l'accomplissement de ce que le Conseil a considéré comme
un devoir rigoureux, il s'est glissé des expressions qui
soient de nature à jeter le plus léger doute sur les sentiments de respect pour la Cour dont les avocats sont pro-
fondement pénétrés, le Conseil déclare hautement qu'il
les désavoue. » Louis, au nom de l'Ordre, persistait dans
ses conclusions d'opposition.

Delacroix-Frainville prit la parole ensuite pour rétablir
dans l'esprit de la Cour « la conviction des sentiments
d'inaltérable dévouement et de vénération dont le Barreau
et le Conseil étaient animés pour elle, comme aussi des
regrets et de l'affliction que leur inspiraient les circonstances présentes ».

Mais, le premier président Séguier ayant demandé à
Delacroix-Frainville communication du texte même des
paroles qu'il venait de prononcer, Dupin, se levant avec
impétuosité, déclara que ce discours n'avait aucun caractère officiel, comme n'ayant été ni délibéré avec le Conseil,
ni même communiqué. « Le Conseil, ajouta-t-il, en rete-
nant la protestation des sentiments de vénération et de
dévouement exprimés par M. Delacroix-Frainville, n'entend pas abandonner la question de principe, ni faiblir
sur les moyens de droit, mais persiste à demander au
contraire que la Cour statue quant au fond. »

Le jour même, la Cour rendit son arrêt; tout en reconnaissant que la requête d'opposition était rédigée dans les
termes du respect pour la Cour, dont l'Ordre des avocats
donne l'exemple aux justiciables, la sentence disait que
cette requête n'en renfermait pas moins une doctrine er-

ronée: c'était illégalement que le Conseil s'était attribué le droit de censurer la forme suivant laquelle il avait été saisi par la Cour d'assises, forme régulière et d'ailleurs motivée par la publicité de l'inculpation.

L'opposition était rejetée et la Cour ordonnait que son arrêt serait annexé au registre des délibérations du Conseil.

Cette sentence produisit une pénible impression dans l'Ordre tout entier. Ce ne fut pas le seul objet des regrets du Barreau: on s'accorda pour critiquer assez vivement le discours du bâtonnier Louis, qu'on considérait comme empreint d'une regrettable timidité; sans doute, il fallait à tout prix rechercher la convenance des expressions employées, mais cette convenance dans la forme n'aurait pas dû exclure plus de fermeté dans le fond.

Le bâtonnier, au nom de l'Ordre, et conformément à une délibération du Conseil, s'était pourvu en cassation. Le rapporteur à la Chambre des requêtes, de Malleville, examina toutes les questions délicates que soulevait le pourvoi, et il semblait disposé à les résoudre en faveur de l'Ordre des avocats. La Cour accueillit cependant une fin de non-recevoir qui avait été proposée, et décida qu'il s'agissait, dans l'espèce, d'une décision disciplinaire, qui ne saurait être rangée dans la classe des jugements et arrêts susceptibles d'un recours en cassation.

L'incident était clos, mais il révélait les dissentiments discrets que la diversité des opinions et des espérances faisait naître entre la Magistrature et le Barreau. Celui-ci, semble-t-il, se préparait déjà la place qui lui était réservée dans les événements politiques que certains symptômes significatifs permettaient de prévoir.

Et cependant le Conseil, que l'on accusait de mollesse dans sa défense devant la Cour, avait montré une extrême rigueur dans la poursuite qu'il exerça alors contre un avocat, Pierre Grand, coupable d'avoir exprimé des opinions auxquelles en d'autre temps on aurait applaudi.

Un ancien membre de la Convention nationale, Laignelot, était mort, et, à ses obsèques, Pierre Grand avait prononcé un discours, à titre absolument privé et en son nom personnel. Dans cette allocution, tout en parlant des vertus et du caractère du défunt, il s'était bien gardé de faire la moindre allusion à son vote lors du procès de Louis XVI. Malgré cette réserve, deux journaux, *la Quotidienne* et *la Gazette de France*, s'étaient indignés; sur cette dénonciation le Conseil avait évoqué l'affaire et prescrit une poursuite. Au Palais, on estimait qu'elle serait sans conséquence; et, si Grand ne bénéficiait pas d'une ordonnance de non-lieu, au moins espérait-on que le Conseil se déclarerait incompétent, les paroles incriminées ayant été prononcées dans des circonstances absolument étrangères à l'exercice de la profession d'avocat. Ce sentiment, Berville l'avait exprimé publiquement dans une lettre adressée à son jeune confrère et publiée dans la *Gazette des Tribunaux* (1). « Nos conseils de discipline, écrivait-il, tribunaux de famille et d'ordre intérieur, ont inspection sur les fautes de l'avocat, non sur les erreurs de l'homme ou du citoyen. Ils s'enquièrent non si vous êtes bon père, bon époux, électeur judicieux, sage appréciateur des convenances politiques et des événements de l'histoire, mais si vous êtes conseil probe et désintéressé, défenseur loyal et véridique, enfin avocat fidèle aux devoirs spéciaux du Barreau. »

Thévenin, ancien bâtonnier, était chargé du rapport sur l'affaire, et, le 20 août, un arrêté était rendu qui pro-

(1) 11 août 1829.

nonçait contre l'avocat la peine d'un an de suspension.

« Il est nécessairement dans les attributions du Conseil de discipline, lit-on dans cet arrêté, d'examiner si, dans la manière dont M. Grand a fait l'éloge funèbre du sieur Laignelot, il n'a pas appliqué cet éloge aux actes publics de cet ex-conventionnel, et s'il n'a pas violé ainsi les principes d'honneur, de délicatesse et de fidélité à la monarchie qui sont les devoirs les plus essentiels de la profession d'avocat, et auxquels il est lié par son serment. »

« C'est une erreur de croire, poursuivait l'arrêté sur la question de compétence, que la discipline de l'Ordre des avocats ne puisse s'exercer que sur les actes inhérents à la profession. L'Ordre des avocats est une agrégation de jurisconsultes unis par les liens de l'honneur, consacrée sous la protection des lois et des magistrats à la défense des citoyens, qui ne peut admettre et conserver dans son sein que ceux qui, non seulement respectent les lois, mais aussi qui n'offrent dans leur conduite publique rien qui puisse déshonorer leur noble profession. Dès lors, si un avocat, par des actes publics, manifeste des doctrines de nature à porter atteinte aux principes fondamentaux de l'ordre social, il devient soumis à la juridiction de ses confrères; il en est de même si, par des actes déshonorants devenus publics et notoires, un avocat était tombé dans un état de dégradation et d'avilissement. »

En fait, le conseil constatait que le discours, prononcé sur la tombe de Laignelot, contenait bien plus l'apologie de sa vie publique que celle de sa vie privée, et que Pierre Grand ne pouvait ignorer la conduite de Laignelot dans sa vie publique, et son vote lors du procès que termina « l'horrible catastrophe du 21 janvier 1793 ».

Lors de la comparution de Grand, le bâtonnier Louis,

qui, dans une boutade un peu grasse, avait soutenu publiquement la compétence du Conseil, aurait reproché à l'avocat inculpé une autre allocution prononcée par lui sur la tombe de Barras. « Le Conseil, aurait-il dit, a été vivement affligé de vous voir, dans l'espace de six mois, faire l'éloge de deux régicides. »

La nouvelle de cette décision sévère provoqua dans le Palais une émotion irritée, qui se répandit au dehors ; on ne pouvait admettre que les paroles reprochées à Grand fussent de nature à porter atteinte aux principes fondamentaux de l'ordre social, ou qu'il eût commis un acte déshonorant. Dans le monde, qui ne s'occupait que de façon intermittente des avocats et de leurs affaires intérieures, ce fut un véritable étonnement, et l'on recherchait les noms des membres du Barreau qui composaient le Conseil de discipline ; pour satisfaire à cette curiosité, la *Gazette des Tribunaux* les publia ; c'étaient Louis, bâtonnier ; Delacroix-Frainville, Archambault, Gairal, Pantin, Thévenin père, anciens bâtonniers ; Hénault de Tourneville, Savy, Berryer père, Caillau, Delvincourt, Couture, Persil, Caubert, Colin, Colmet d'Aage, Frémy, Gaudry, Hennequin, Dupin aîné.

La décision n'avait pas dû d'ailleurs être rendue sans une vive opposition, car, Philippe Dupin ayant rédigé une consultation qui contestait au Conseil le droit de connaître des faits étrangers à la profession, Dupin aîné la recueillit et la publia dans son ouvrage sur *la Profession d'avocat* (1).

A titre de protestation, un grand nombre d'avocats qui avaient souscrit à un banquet, organisé, comme d'usage, pour la fin de l'année judiciaire, s'empressèrent de faire

(1) Tome I, p. 573.

rayer leurs noms ; cette résolution « aussi noble que spontanée » a obligé de contremander le dîner, qui n'eut pas lieu.

Pierre Grand saisit la Cour d'un appel contre la sentence du Conseil. Mais le bruit qui s'était fait autour de lui, s'il lui avait valu de nombreuses marques de sympathie venues de toutes parts, l'avait aussi désigné aux fanatiques qui le poursuivaient de menaces de mort. L'avocat, dédaigneux tout d'abord de pareilles manifestations, se vit, à la fin, obligé de déposer une plainte contre les anonymes qui s'en étaient rendu coupables.

Quelques lignes de l'une de ces lettres montrent bien jusqu'où pouvait aller la folie de certaines violences politiques. « Vil scélérat, tu as cru sans doute relever ton incapacité, en donnant des éloges à la mémoire d'un tigre africain qui a déshonoré l'espèce humaine en versant le sang des victimes... Tu dois rendre grâce à ce monsieur, qui t'a accompagné chez toi, car, sans cet accident, tu aurais suivi de près l'infâme François Laignelot, assassin de son roi. Mais ce qui est différé n'est pas perdu ; je te préviens que, dans quelques jours, on te trouvera couché à ta porte... »

Ces menaces ne furent pas mises à exécution; mais peut-être est-il regrettable que le Conseil de discipline n'ait pas compris qu'au lieu de désigner à la haine d'exaltés un membre du Barreau, il devait plutôt, dans les circonstances où l'on se trouvait, le protéger et le défendre.

L'agitation causée par la rigueur du Conseil devait se prolonger et, au souffle des idées libérales, l'esprit d'opposition au Gouvernement de Charles X s'accentuait chaque jour.

Dupin aîné, à la Cour royale, et Odilon-Barrot, à la Cour de cassation, s'étaient très nettemment déclarés les adversaires du pouvoir, que combattaient, avec plus de modération, mais tout aussi résolus, Bonnet, Hennequin et Berville. De leur côté, Mauguin, Mérilhou et Barthe professent des opinions plus avancées, et, si Berryer fils demeure l'ami sincère et dévoué des Bourbons, on le trouve toujours prêt à défendre même contre eux la liberté.

Derrière cette phalange d'avant-garde paraissent les jeunes d'alors, Chaix d'Est-Ange, dont la réputation se confirme rapidement, Philippe Dupin, Paillet, Marie, Bethmont ; de beaux jours étaient réservés à l'éloquence judiciaire.

Quelques semaines avant l'affaire de Pierre Grand, l'ancien bâtonnier Billecoq était mort. Sans s'être jamais placé aux premiers rangs du Barreau, il y avait occupé une place des plus honorables, due à la solidité de connaissances littéraires qui s'étaient développées pendant le silence auquel l'avait condamné la période révolutionnaire, au soin scrupuleux qu'il apportait à l'examen et à la défense de ses causes, et à son inattaquable probité.

De caractère et d'opinion modérés, Billecoq n'avait jamais appartenu à l'opposition ; il ne manqua pas cependant, quand il le crut bon, de prêter l'appui de son autorité à plusieurs victimes de la réaction politique. Il laisse, disait Dupin aîné, dans la courte notice nécrologique qu'il lui a consacrée, « très peu de fortune, une nombreuse famille et une réputation honorable ».

Les obsèques de Billecoq risquèrent de provoquer une querelle. Le bâtonnier Louis avait préparé les quelques paroles d'adieu qu'il devait lire sur la tombe, mais le Conseil de discipline, après une longue délibération, arrêta qu'il ne serait pas prononcé de discours : ce genre d'hommages, pensait le Conseil, — mû par un sentiment de réserve dont l'exagération est évidente, — avait quelque chose de profane, de mondain et de contraire au but tout chrétien de la cérémonie funèbre. L'interdiction signifiée au bâtonnier par ses collègues ne fut pas respectée par tous les membres du Barreau ; et, à la prière d'un grand nombre de ses confrères, sans souci d'une décision qui ne les concernait pas, Renouard, au nom des jeunes, adressa à la mémoire de Billecoq l'hommage des sincères regrets que l'Ordre tout entier avait ressentis.

Peu de jours après la mort de Billecoq, de graves événements s'étaient produits qui devaient avoir sur l'histoire du pays des conséquences inattendues ; bien que, depuis quelque temps, le ciel politique se fût assombri, une véritable stupeur accueillit, le 9 août 1829, la nouvelle de la disgrâce de M. de Martignac et de la nomination de M. de Polignac au ministère des Affaires étrangères. Comme le disait Royer-Collard, « Charles X restait toujours le comte d'Artois de 1789, » et la Révolution était faite.

CHAPITRE V

LA RÉVOLUTION DE 1830

Rentrée de M. de Belleyme au Palais. — Affaire du *Journal des Débats* et de Bertin aîné. — Réception du 1er janvier par le roi et la duchesse d'Angoulême. — Affaires de presse. — Dupin aîné bâtonnier. — Discours de rentrée de la conférence. — Nouvelles lettres sur la *Profession d'avocat*. — Poursuite disciplinaire contre Grand. — Discussions à la conférence. — Remaniement des colonnes. — Adresse des 221. — Ordonnances royales. — Protestation des journaux. — Attitude du Barreau. — Lutte dans la rue. — Audience du tribunal de commerce. — Affaire du *Courrier français*. — Envahissement du Palais. — Gouvernement provisoire. — Suspension du cours de la justice. — Réunion du Barreau. — Louis-Philippe Ier roi des Français. — Réception au Palais Royal. — Dupin aîné procureur général à la Cour de cassation. — Ordonnance du 27 août 1830. — Mauguin bâtonnier. — Élection du Conseil de discipline. — Nomination des secrétaires de la conférence. — Procès des ministres de Charles X.

L'aventure périlleuse dans laquelle se jetait le roi souleva de nombreuses protestations ; la sourde opposition contre l'esprit réactionnaire qui dominait en haut lieu, se donna libre carrière, et trouva rapidement de l'écho dans les couloirs même du Palais. On y salua l'arrivée de M. de Belleyme qui s'était démis de ses fonctions de préfet de police et avait été nommé président du tribunal : et l'on y accueillit avec une incrédulité persistante et justifiée le bruit qui s'était répandu de la nomination de Berryer au poste laissé vacant par la retraite de M. de Belleyme.

La presse s'était presque unanimement associée au mouvement contre le ministère nouveau ; l'un des organes les plus modérés de l'opposition constitutionnelle, *le Journal des Débats*, avait, dès le 10 août, inséré un article de quelques lignes qui causa une sensation profonde.

« Ainsi le voilà encore une fois brisé, disait le journal, ce lien d'amour et de confiance qui unissait le peuple au monarque ! Voilà encore une fois la cour avec ses vieilles rancunes, l'émigration avec ses principes, le sacerdoce avec sa haine de la liberté, qui viennent se placer entre la France et son Roi... Malheureuse France ! Malheureux Roi ! » Traduit en police correctionnelle, sous la double prévention d'offense contre la personne du Roi, d'attaque contre la dignité royale et contre l'autorité constitutionnelle du Roi, Bertin aîné, rédacteur en chef gérant du *Journal des Débats*, avait chargé Dupin de sa défense. L'affaire vint à l'audience de la 6e Chambre, le 26 août 1829. Les portes de la salle étaient assiégées bien avant l'heure, et une violente bagarre se produisit lorsque la foule eut accès dans le prétoire. Le duc de Chartres était assis près du tribunal ; plusieurs dames occupaient des sièges installés dans le parquet ; Charles Dupin, Guizot, Cousin, Villemain, etc., se tenaient dans l'auditoire.

Dans sa plaidoirie, presque uniquement remplie de considérations politiques, Dupin fit, avec sa verve habituelle, le procès du nouveau ministère, et sa chaude parole recueillit, à maintes reprises, l'assentiment de ceux qui se poussaient pour l'entendre. Le jugement rendu condamnait Bertin à six mois de prison et 500 fr. d'amende.

Le condamné porta l'affaire devant la Cour, où il comparut le 24 décembre, à l'audience présidée par Séguier. Pendant tout le cours de la plaidoirie de Dupin, le public approuva visiblement les affirmations du défenseur, sans

que le président pensât à intervenir ; mais l'attention
devint plus profonde lorsque le prévenu reçut l'autorisation de prendre lui-même la parole. Bertin comptait dans
son passé des souvenirs qui ne laissaient aucun doute sur
la sincérité de ses sentiments d'attachement fidèle à la
royauté légitime ; il avait accompagné Louis XVIII en
exil, où il dirigea le *Moniteur de Gand*.

Dans les quelques mots qu'il prononça il rappela que,
pour ses convictions, il avait souffert les saisies, les fuites
obligées, les exils, la prison, les déportations prononcées
contre lui par la République et par l'Empire. « Je demeure
convaincu, disait-il en terminant, que mes équitables juges,
qui ont entendu mon éloquent et savant défenseur, ne
trouvent pas le délit dont l'affligeante supposition m'a-
mène au pied de leur tribunal. Le sentiment même de cet
article, s'il est vivement exprimé, est la preuve de ma
loyauté, comme de mon innocence.

« Je ne sais si ceux qui se croient sans doute plus
dévoués que moi au petit-fils de Henri IV rendent un
grand service à la Couronne en amenant devant une cour
de justice des cheveux blanchis au service de cette Couronne ; je ne sais s'il est bien utile que des journalistes,
qui ont subi les peines de la prison pour la royauté, les
subissent encore au nom de cette même royauté ; mais
enfin si, par impossible, mon défenseur n'était pas parvenu à vous faire partager ses convictions et la mienne, je
me flatte que, d'après le peu de mots que je viens
d'avoir l'honneur de vous adresser, aucun de vous, aucun
de ceux qui m'entendent ne pourront croire qu'arrivé au
terme prochain d'une pénible carrière j'ai sciemment
voulu offenser, outrager, insulter celui qui fut toujours
l'objet de mon respect, de mon amour, j'allais presque
dire de mon culte. »

Avant que l'émotion soulevée par ces belles paroles d'un vieillard se fût calmée, le premier président avait annoncé que la Cour allait en délibérer sur-le-champ, et, trois heures après, elle rapportait un arrêt qui considérait que, si les expressions de l'article incriminé étaient inconvenantes et contraires à la modération qu'on doit apporter dans la discussion des actes du Gouvernement, elles ne constituaient pas les délits d'offense à la personne du Roi et d'attaque à la dignité royale; Bertin était acquitté.

L'enthousiasme, à l'audition de cette sentence, éclata sans réserve; dans la salle d'audience, dans les couloirs, dans tout le Palais, des bravos retentirent qu'accompagnaient quelques cris de « Vive le Roi » !

Au dehors, l'impression produite fut considérable; l'opinion publique applaudit à l'indépendance des magistrats; mais, dans les sphères gouvernementales, il se répandit une profonde irritation, qui n'osait pourtant pas se manifester au grand jour. Toutefois, aux réceptions du premier janvier, Charles X répondant à Séguier qui conduisait la députation de la Cour, dit : « Magistrats de la Cour royale, n'oubliez jamais les importants devoirs que vous avez à remplir. Prouvez, pour le bonheur véritable de mes sujets, que vous cherchez à vous rendre dignes des marques de confiance que vous avez reçues de votre Roi. »

La duchesse d'Angoulême accueillit plus froidement encore les magistrats, auxquels elle affecta de ne répondre que par un geste impérieux. Ces divers incidents provoquèrent pendant plusieurs jours des commentaires peu sympathiques à M. de Polignac.

Le *Journal des Débats* n'avait pas le monopole des rigueurs du Parquet; dans la défense des autres feuilles citées en justice le Barreau combattit vaillamment : Mérilhou, Barthe et Bernard (de Rennes) défendirent *le Courrier français* inculpé d'avoir reproduit et approuvé le règlement d'une association bretonne qui, composée « d'habitants de l'un et de l'autre sexe des cinq départements de l'ancienne province de Bretagne, et, considérant qu'une poignée de brouillons politiques menaçait d'essayer l'audacieux projet de renverser les bases des garanties constitutionnelles consacrées par la Charte », avait décidé de refuser l'impôt. Plus tard, dans les premiers mois de 1830, Renouard assista Dubois, gérant du *Globe*, où collaboraient Jouffroy, de Rémusat, Duvergier de Hauranne et Vitet; Mauguin plaida pour Sautelet, gérant du *National*. « Voyez ces écrivains accusés, s'écriait-il en terminant, comme ils vous abordent, comme ils se défendent, comme ils persistent dans leur foi politique ! L'opinion les soutient contre vos rigueurs; mal nouveau, mal profond pour la société quand la peine a cessé de flétrir, quand le banc de l'accusé n'humilie plus, quand il grandit, quand il honore. A une autorité plus élevée que la vôtre il appartient de trouver le remède. Au lieu de condamner, joignez vos vœux aux nôtres; adressons-nous ensemble au Dieu de la patrie; demandons-lui qu'il éclaire, qu'il protège la France ! » et des applaudissements vite réprimés, mais enthousiastes, éclataient dans l'auditoire, où l'on remarquait parmi la foule Cousin, Villemain, Béranger, etc.

A la rentrée de 1829, Dupin aîné avait été nommé bâtonnier de l'Ordre des avocats. En l'installant dans ses nouvelles fonctions, et avant de lui donner l'accolade, Louis, bâtonnier sortant, lui avait dit, comme s'il eût craint d'associer le Conseil à la défense du *Journal des Débats* :

« Les opinions politiques n'ont eu aucune influence sur notre choix. En réunissant sur vous nos suffrages, nous n'avons voulu que vous rendre la justice qui vous est due et vous donner une marque éclatante d'estime, de confiance et d'amitié. » Dupin répondit qu'il acceptait sa nomination dans les mêmes sentiments de confraternité, et qu'aucun événement de sa vie ne lui avait jamais fait autant de plaisir que le témoignage, si précieux pour lui, qu'il recevait de l'estime et de l'affection de ses confrères, comme récompense de ses travaux et de son attachement à la profession.

Au cours de son bâtonnat, Dupin eut, à plusieurs reprises, l'occasion d'exprimer sa pensée sur l'Ordre qui lui rendait en honneurs ce qu'il lui avait apporté d'éclat.

Peu de jours après son installation, il présidait la séance d'ouverture de la conférence. Entouré des membres du Conseil, ayant à leur tête le doyen Delacroix-Frainville et Louis, bâtonnier sortant, il prononça un discours qu'à l'impression il fit précéder de cette épigraphe : « Tout droit blessé trouvera parmi nous des défenseurs. » Il entretint ses auditeurs, qui ne lui marchandèrent pas leurs chaleureuses approbations, des études qu'exige la profession d'avocat et des devoirs qu'elle impose. Le sujet n'était pas nouveau; Dupin sut le rajeunir par l'ampleur de son érudition et la hauteur de ses vues. En terminant il adressa l'adieu confraternel aux avocats décédés dans l'année, et particulièrement à Billecocq.

Quelque temps après, il donna une seconde édition de son ouvrage sur *la Profession d'avocat;* il voulait, disait-il, « après trente années d'exercice, laisser ce monument de son amour pour elle, de son affection pour les anciens dont l'exemple l'avait soutenu, pour les contemporains dont les talents et les succès avaient stimulé ses efforts, et pour les plus jeunes dont la naissante émulation lui avait paru mériter qu'il leur rendît les encouragements qu'il avait reçus. »

Dans les premiers temps du bâtonnat de Dupin, Pierre Grand comparut devant la Cour royale, toutes chambres réunies, pour y soutenir son appel contre l'arrêté du Conseil de discipline qui l'avait frappé d'une suspension d'une année. Berville et Philippe Dupin assistaient le jeune avocat, qui produisait, à l'appui de sa défense, des consultations signées d'un grand nombre de ses confrères des Barreaux de Paris, de Bourges et de Rennes. Au bas de celle de Paris se trouvent soixante-douze noms; il est intéressant de relever ceux de Dupin jeune, Mauguin, Parquin, Mérilhou, Lavaux, Barthe, Renouard, Delangle, Chaix d'Est-Ange, Baroche, Paillet, Paillard de Villeneuve, Boinvilliers, Marie, etc. Par un louable scrupule, on s'était abstenu de demander l'adhésion des membres du Conseil ; quelques-uns l'eussent donnée sans hésitation. Plusieurs avocats à la Cour de cassation s'étaient joints à leurs confrères de la Cour royale, et parmi leurs signatures on remarque celles d'Isambert, de Dalloz, d'Odilon-Barrot.

Après les observations présentées par Grand et une vive plaidoirie de Berville, la Cour, sur les réquisitions du procureur général Jacquinot Pampelume, qui soutint que, si l'avocat avait le droit de prononcer des discours en public, il en répondait à ses confrères, reconnut la compétence du Conseil de discipline pour juger le fait incriminé, et, au fond, confirma sa sentence.

Le Conseil, saisi ensuite de la question de savoir si la suspension devait commencer à courir du jour de sa sentence, ou seulement du jour de l'arrêt qui l'avait confirmée, se décida, à l'unanimité, sur la proposition de Dupin, en faveur de la première date.

L'incident était clos, mais il laissa dans l'esprit de quelques-uns une vive irritation, et dans la pensée de tous de sincères regrets.

La conférence des avocats, qui poursuivait, sous la présidence de Dupin, le cours de ses paisibles travaux, mit, en janvier 1830, à l'ordre du jour de ses séances une question qui donna à la discussion une singulière vivacité. Il s'agissait de savoir si, un curé ayant refusé ses prières et le service religieux à un défunt, le maire avait le droit de faire ouvrir les portes de l'église pour y introduire le corps. La salle des conférences était remplie plus que de coutume, et l'animation des discours se poursuivait presque dans les couloirs. La lutte oratoire se prolongea pendant plusieurs séances, mettant aux prises de nombreux orateurs. Le bruit se répandit, même dans le public, de cette discussion, et avant que la conférence eût statué la presse s'en était emparée. La *Gazette de France*, entre autres, avait attaqué violemment Dupin. « Il eût été plus raisonnable, disait-elle, que M. le bâtonnier Dupin fît juger les chiens et les chats de sa maison par les jeunes légistes qu'il rassemble autour de lui, que de jeter au milieu d'eux un problème qui ne pouvait donner lieu à aucune argumentation. Faites des conférences sur le Code civil. » — « Faites de la politique, répliquait la *Gazette des Tribunaux* (1); défendez votre ministère agonisant, et n'attaquez pas, presque dans l'exercice intime de leur état, des jeunes gens qui travaillent à s'instruire... Les ultramontains peuvent bien empêcher qu'on n'enseigne le droit canoni-

(1) 7 février 1830.

que, et qu'on ne rétablisse la Sorbonne ; ils peuvent désirer l'ignorance de ces études si propres à jeter la lumière
sur leurs usurpations. Mais ils ne peuvent anéantir la
science... Les avocats de notre époque sauront leur Code
de procédure et leur Code civil ; mais ils ne concentreront
pas leurs études dans les règles de la saisie immobilière
et les hauteurs du mur mitoyen ! Ils sauront aussi le droit
naturel, le droit national et constitutionnel, le droit criminel, le droit des gens, le droit ecclésiastique ; ils seront
en mesure de défendre non seulement le champ et le pré,
mais la vie et l'honneur de leurs concitoyens, la réputation
des vivants aussi bien que celle des morts, les droits privés et aussi les droits publics, par exemple les droits
électoraux, la liberté de la presse et la juste indépendance
du jury. Prêts à défendre les ecclésiastiques qui seraient
injustement attaqués par des laïques, ils se tiendront
également prêts à défendre ceux-ci contre les attaques
indiscrètes de ceux-là, et l'ordre civil tout entier contre
les envahissements illégaux du pouvoir spirituel. »

La conférence trancha affirmativement la question qui
lui était soumise ; Couturier, Belleval, Hennequin surtout
avaient contesté les droits du maire de faire ouvrir les
portes d'une église, contre le gré du curé ; Lévêque, Vervoort, Philippe Dupin, etc., avaient défendu la thèse oppo-
sée. Le bâtonnier résuma la discussion. « Si j'étais consulté, dit-il en terminant, je dirais au curé : vous êtes
chrétien ; ayez tolérance et charité ; ne refusez pas vos
prières pour qui en a besoin ; ne voulez-vous prier que
pour les saints ? Priez pour vos ennemis ; imitez Jésus-
Christ, qui priait pour ses bourreaux. Je dirais au maire :
Consultez les circonstances ; voyez le pasteur ; dites-lui
que c'est le public chrétien qui frappe à la porte du temple et qui demande qu'on ouvre. » Lorsque la décision fut

prise à une imposante majorité, le bâtonnier ajouta pour rappeler l'éclat de la lutte : « Il n'y a ni vainqueurs ni vaincus, ni perdants ni gagnants ; il y a de l'honneur qui nous appartient en commun, et dont nous devons être fiers. »

Dans le courant du mois d'avril 1830, le Conseil, sur l'invitation de la Cour royale, et conformément aux prescriptions de l'ordonnance de 1822, procéda au remaniement des colonnes. Ce travail eut pour effet de faire entrer Parquin au Conseil ; sa place y était marquée depuis longtemps.

Mais l'histoire va se précipiter. A l'ouverture de la session législative, Charles X avait prononcé la phrase fameuse : « Pairs de France, députés des départements, je ne doute pas de votre amour pour opérer le bien que je veux faire. » On sait l'accueil que la Chambre des députés fit à ces paroles ; en vain, la cour paraissait se bercer d'illusions qu'au fond du cœur elle ne conservait pas ; en vain, on remarqua la présence au jeu du Roi de plusieurs membres de la commission de l'adresse, parmi lesquels Dupin aîné, à qui le monarque réserva un accueil de bienveillance apparente, l'opposition s'accentuait.

A la Chambre, Dupin prenait une part active à la discussion : « On nous demande, au nom des ministres actuels, disait-il, ce que nous répondrons s'ils ne nous présentent que de bonnes lois, et ce que dira le peuple français si nous les rejetons. La France dira comme nous : *timeo Danaos et dona ferentes*. Oui, les ministres vinssent-ils à nous les mains pleines de présents, ils resteraient pour nous *Danaos*. »

L'adresse des 221 avait été votée, la Chambre dissoute, et après les élections nouvelles l'opposition s'était trouvée renforcée d'une cinquantaine de voix. Au *Moniteur* du 26 juillet parurent les fatales ordonnances.

La presse, informée par le numéro du *Moniteur*, que chaque journal recevait, éleva, la première, une énergique protestation. Des rédacteurs du *National*, du *Constitutionnel* et des *Débats* se rendirent tout d'abord chez Dupin, qui leur déclara qu'à ses yeux ces ordonnances étaient illégales. « Si j'étais journaliste, ajoutait-il, je résisterais par tous les moyens de fait et de droit, et j'ajoute que, dans mon opinion, tout journal qui se soumettrait à demander l'autorisation exigée ne mériterait pas de conserver en France un seul lecteur (1). » Mérilhou, Barthe et Odilon-Barrot adhérèrent sans hésiter à l'avis ainsi exprimé par leur confrère.

Le Barreau de Paris tout entier prit une large part au mouvement; il ne se contenta pas de manifester platoniquement les sympathies effectives que la révolution lui inspirait; on verra des avocats dans la rue, armés de fusils, de pistolets et de sabres, faisant ici le coup de feu, et, plus loin, s'efforçant de calmer les déplorables excès que l'insurrection provoqua.

La presse recueillit, avec ceux des plus chaleureux adhérents au mouvement insurrectionnel, les noms d'un grand nombre d'avocats, parmi lesquels Boinvilliers, Renouard, Pierre Grand, dont la suspension durait toujours, Chaix d'Est-Ange, de Sacy, Tripier fils, Lavaux, Barthe, Mérilhou, Delangle... Si la victoire n'eût pas répondu aux efforts et aux espérances des combattants, c'étaient autant de coupables que la réaction aurait sacrifiés.

Dès le 26 juillet, la lutte est engagée; la générale retentit et la fusillade éclate. Au Palais de la Bourse, où siège le tribunal de commerce, l'audience est ouverte à l'heure ordinaire; l'huissier fait l'appel des causes; une seule est

(1) Tommy-Martin, *Eloge de Dupin aîné*, p. 33.

11

retenue : celle des gérants du *Courrier français* contre leur imprimeur, Gautier-Laguionie, qui refuse ses presses en se fondant sur l'une des ordonnances du 25 juillet. Mérilhou plaide ; il soutient que la *soi-disant* ordonnance invoquée ne peut abroger la loi. « Que dans la solitude de son cabinet, dit-il, M. Gautier-Laguionie se fasse, sur le renversement des lois, telle théorie qu'il lui plaira, personne n'a rien à y redire ; mais ce n'est pas avec des théories qu'on détruit l'autorité des contrats. Une poignée de factieux, élevée aux sommités de l'ordre social, a osé fouler la Charte aux pieds ; ces insensés ne tarderont pas à recevoir le châtiment dû à leur crime. Une fantaisie illégitime, un caprice inconcevable a germé dans je ne sais quelle tête, et c'est ce caprice, cette fantaisie qui a produit les monstrueuses ordonnances à l'aide desquelles on a essayé d'anéantir la liberté de la presse, d'annuler les opérations électorales de la France et de créer une nouvelle Chambre des députés, en violation de la constitution établie. Il n'y a pas en France un seul tribunal qui veuille prêter à cette folle audace l'appui de son autorité.»

L'imprimeur répond qu'il n'a pas à discuter la légalité des ordonnances ; il n'a refusé ses presses que parce que le préfet de police l'a menacé de faire briser tous ses caractères s'il imprimait *le Courrier français.*

Le Tribunal se retire pour délibérer ; pendant ce temps, la canonnade redouble et le tocsin sonne. A la reprise de l'audience, le président Ganneron lit le jugement. L'ordonnance du 25 juillet, dit-il, contraire à la Charte, ne saurait être obligatoire, ni pour la personne sacrée et inviolable du Roi, ni pour les citoyens aux droits desquels elle porte atteinte ; aux termes mêmes de la Charte, les ordonnances ne pouvant être faites que pour l'exécution et la conservation des lois, et l'ordonnance précitée, au contraire, aurait pour effet la violation des dispositions de la loi du 28 juillet 1828. Gautier-Laguionie est condamné à imprimer le journal, et l'exécution provisoire du jugement est ordonnée.

Cette sentence fut accueillie avec un tel enthousiasme que, pour en bien faire apprécier la portée, on en résolut l'affichage.

Pendant ce temps, le Palais était envahi ; mais au milieu de cette foule, où tous les mauvais instincts pouvaient si facilement se donner libre carrière, personne ne songea à toucher aux greffes, aux dépôts d'archives, aux bibliothèques ; sur la porte de celle des avocats, on avait inscrit : *Bibliothèque des avocats, défense d'office*, et le flot tumultueux s'y arrêta.

L'insurrection était victorieuse ; Charles X ayant repris le chemin de l'exil, et les ministres, coupables inspirateurs de ses résolutions, ayant disparu, le Gouvernement provisoire songea à réorganiser. Parmi les avocats, Mauguin fut appelé à siéger dans la commission municipale, Bernard (de Rennes) devint procureur général près la Cour de Paris, et Barthe procureur du Roi au tribunal de première instance.

Le cours de la justice avait été forcément suspendu ; le samedi 31 juillet, Séguier ouvrit son audience, et, personne n'ayant répondu à l'appel : « Il faut que la justice marche, dit-il ; la justice est indépendante de la politique ; c'est rendre un service réel à un Gouvernement et à la société entière que de continuer à administrer la justice. Ainsi, lundi, quoi qu'il arrive, on appellera les causes du rôle. »

Ce jour-là, il y avait foule au Palais, mais peu d'avocats avaient revêtu leur robe, qu'ils s'empressèrent de retirer, leurs confrères leur ayant fait remarquer qu'il était impossible de plaider avant la reconstitution de la Cour, ni avant de savoir au nom de quel Gouvernement la justice allait être désormais rendue.

A la 1re Chambre, que présidait Séguier, avocats et avoués se pressaient dans la foule, mais en habits de ville ou en uniformes de gardes nationaux ; à une observation du président, plusieurs voix répondirent qu'on ne pouvait plaider devant la Cour tant qu'on ne saurait pas au nom de qui elle entendait rendre la justice. L'audience fut levée et l'incident bruyamment commenté dans les groupes ; les avocats réunis dans leur bibliothèque, sans que personne eût pris l'initiative de les y convoquer, décidèrent de s'abstenir de paraître à la barre jusqu'à ce que la situation fût éclaircie.

Le Barreau maintint cette résolution pendant plusieurs jours. Une première assemblée se tint le 5 août, où l'on devait arrêter le parti à prendre ; mais on se contenta de décider la convocation d'une réunion générale pour le lendemain matin.

Le 6 août, à dix heures et demie, la salle des conférences offrait l'aspect le plus animé, et, bien avant l'ouverture de la séance, les conversations allaient leur train. Gairal présidait, assisté d'Hennequin et de Parquin.

Le président indique l'objet de la réunion et Hennequin prend la parole. Il félicite le Barreau de s'être abstenu de plaider tant qu'on ne savait pas en quel nom la justice devait être rendue, mais il croit le moment venu de ne pas persister dans cette attitude. La Magistrature, en effet, ne peut pas être soumise aux oscillations des pouvoirs qui se succèdent ; la renouveler à chaque changement, ce serait priver le peuple de son premier besoin. « Jusqu'à ce jour, continua-t-il, on a dû s'abstenir ; mais aujourd'hui que M. le duc d'Orléans a été investi par le Roi.....

Voix nombreuses : « Non! non ! par le peuple ! »

Hennequin reprend : « Si j'avais fini ma phrase, vous m'auriez mieux compris. Aujourd'hui, dis-je, que le duc d'Orléans a été nommé par le Roi, lorsque déjà le fait l'avait suffisamment investi du pouvoir provisoire, tout est réglé : on sait au moins au nom de qui sera rendue la justice. »

Parquin partage le même sentiment : le lieutenant général a invité la Cour à recevoir le nouveau procureur général Bernard (de Rennes); d'autre part, il a arrêté les termes de la formule exécutoire des décisions de justice; n'y a-t-il pas dans ces faits une sorte d'investiture et de reconnaissance du droit de la Cour ?

Berville combat l'opinion de ses deux confrères. A l'heure où il parle, il n'existe pas de pouvoir judiciaire en France. « Quel fait s'est opéré par la révolution du 27 juillet ? se demande-t-il, la monarchie a été renversée; l'institution de la Magistrature est tombée avec elle. En effet, elle en était l'émanation; elle en recevait la vie. Elle était inamovible comme le Roi lui-même, dont la puissance s'est évanouie en présence de la volonté nationale... On a prétendu que l'institution de la Magistrature résultait implicitement de plusieurs faits, d'une ordonnance relative à la formule des arrêts; mais c'est là affaire de greffe, et rien de plus. Des magistrats ont été délégués pour recevoir des serments et procéder à une installation; mais la délégation pour recevoir un serment n'a rien de commun avec une institution de magistrats... La révolution n'a laissé, de tous les pouvoirs qui existaient, qu'un corps mort, à qui la vie ne peut être rendue par des mesures détournées et ambiguës. » Berville estime donc que le Barreau doit continuer à s'abstenir.

La discussion se poursuit, et après les discours de plusieurs orateurs, elle s'achève par quelques mots de Renouard, qui pense, lui aussi, que les avocats ne peuvent plaider avant que la Magistrature ait reçu une nouvelle investiture.

Gairal résume le débat, et pose la question en ces termes: « Les avocats doivent-ils continuer de plaider devant la Magistrature, telle qu'elle est constituée, et sans attendre son organisation provisoire ou définitive? » Le vote était commencé, et vingt-sept avocats seulement s'étaient prononcés pour l'affirmative quand une voix demande si la décision sera obligatoire pour tout le Barreau; un membre répond qu'il faut décider que, malgré l'opinion de la majorité, il sera permis à ceux qui voudront se déshonorer de le faire. Cette insinuation soulève quelque tumulte; Gairal l'apaise en ajoutant à la formule soumise au vote de la réunion ces mots : « en l'état actuel des choses; » et l'épreuve est recommencée. Vingt-sept avocats encore se lèvent pour l'affirmative, et plus de trois cents se prononcent en sens contraire.

« Il est décidé, dit Gairal, que nous ne nous présenterons pas avant l'organisation des tribunaux. »

De vifs commentaires accueillent la nouvelle de cette résolution, contre laquelle s'élèvent les avoués qui au contraire ont décidé de reprendre leurs fonctions: « Notre responsabilité vis-à-vis de nos clients, disent-ils, ne nous permet pas d'agir selon nos vœux. »

Le 9 août, le lieutenant général du royaume prêtait serment en qualité de roi des Français.

Sans assemblée ni décision nouvelle, le 10 août, le Barreau reprit le cours de ses travaux.

Le lendemain, une députation, composée d'une centaine d'avocats en robe, se rendit, spontanément et sans convocation officielle, au Palais Royal, pour être reçue par

LA RÉVOLUTION DE 1830

Louis-Philippe. Dupin aîné et quelques anciens se placent à la tête de leurs confrères; des allocutions sont échangées. Le bâtonnier offre les respects et les hommages d'un Ordre où le duc d'Orléans a trouvé des amis, des conseils et des défenseurs. Le Roi remercie et ajoute : « Membre de mon conseil privé depuis plusieurs années, assistant à toutes les délibérations de ce conseil, votre bâtonnier a connu toutes mes affaires et tous mes sentiments; il sait (et votre vénérable doyen, M. Delacroix-Frainville, que je vois avec grand plaisir à mes côtés, le sait aussi) à quel point je chéris la liberté, quel respect je professe pour les lois, combien je suis dévoué à la patrie...» La réception étant terminée, les avocats se sont retirés « l'âme pénétrée de reconnaissance et d'admiration (1) ».

Peu après, appelé au poste de procureur général près la Cour de cassation, Dupin aîné quittait le Barreau. Dans le cours de sa longue carrière, sous la simarre du magistrat, les palmes vertes de l'académicien, ou l'habit brodé du sénateur impérial, l'ancien bâtonnier a dû parfois regretter le temps où la modeste robe noire de l'avocat lui laissait la fougue de sa parole et l'entière indépendance de son esprit.

Pour le placer et le maintenir au premier rang, ses confrères ne lui eussent jamais demandé ni une profession de foi, ni un serment; en restant avec eux, il se serait épargné les soumissions successives et les fidélités éphémères, dont le fâcheux souvenir restera lié à l'histoire de sa vie.

La monarchie de Juillet devait au Barreau un don de joyeux avènement; elle ne se fit pas prier pour le lui offrir. Prêtant l'oreille aux réclamations et aux protestations légitimes soulevées par le régime institué en 1810 et

(1) *Gaz. Trib.*, 12 août 1830.

en 1822, le pouvoir rendit l'ordonnance du 27 août 1830.

Cette ordonnance était l'œuvre personnelle de Dupin; le projet en avait été, dans son entier, écrit de sa main; le Garde des sceaux et le Roi l'adoptèrent sans y apporter aucune modification.

Dupin constatait, dans les *considérants* qu'il soumettait à l'approbation du pouvoir, que de justes et nombreuses récriminations s'étaient élevées depuis longtemps contre les dispositions réglementaires qui régissent l'exercice de la profession d'avocat; qu'une organisation définitive exigeait nécessairement quelques délais, mais qu'il importait de faire cesser au plus tôt, par des dispositions provisoires, les abus les plus graves et les plus universellement sentis. L'Ordre recouvrait le droit d'élire directement son conseil de discipline et son bâtonnier. A Paris, le nombre des membres du conseil était porté de 15 à 21.

En outre, tout avocat inscrit au tableau était admis à plaider devant toutes les Cours royales et tous les tribunaux du royaume, sans avoir besoin de recourir à une autorisation préalable.

Le Barreau avait toujours vivement protesté contre cette disposition rigoureuse de l'ordonnance de Louis XVIII, et, peu de temps auparavant, Berville s'était encore vu refuser la permission d'aller plaider à Lille pour l'éditeur de *l'Echo du Nord*; on lui avait répondu que le Barreau de Lille comptait d'assez bons avocats pour défendre l'accusé. Il fut toutefois autorisé à se présenter comme ami; mais, ayant plaidé à ce titre, il fut cité devant le Conseil qui, après avoir entendu ses explications, le renvoya de la plainte (1).

L'ordonnance du 27 août promettait, en terminant, dans

(1) Cresson, t. I, p. 234.

le plus court délai possible, la révision définitive des lois et règlements concernant l'exercice de la profession d'avocat.

Le progrès réalisé par l'ordonnance nouvelle était considérable; en un jour, on allait presque pouvoir oublier tous les mauvais souvenirs des vingt dernières années.

A peine rentré en possession de ses libertés, le Barreau de Paris se hâta d'en user : le 30 août, il se réunit dans le local de la 4ᵉ chambre et procéda d'abord à la nomination du bâtonnier. Delacroix-Frainville présidait le scrutin ; avant de l'ouvrir, il remercia le nouveau monarque de s'être empressé de mettre un terme aux déplorables abus qui, si longtemps, avaient pris la place des anciens privilèges du Barreau, et entravé le libre exercice de la profession. « Nous n'avions rien de moins à attendre de son amour pour la justice, ajouta-t-il, et des nobles sentiments) qu'il a exprimés dernièrement devant ceux d'entre nous qui ont été admis à l'honneur de lui présenter les hommages de l'Ordre. Il a pris l'engagement de ne régner que par la justice, de faire respecter toutes les libertés, toutes les institutions ; il nous a engagés à concourir, de tous nos efforts, à la stricte exécution des lois, à leur sincère application. C'est assez dire que l'exécution des lois ne sera plus éludée par de misérables sophismes et de coupables subtilités. »

Un incident fut soulevé au moment où Renouard, nommé conseiller d'État, s'avança pour déposer son vote ; quelques voix prétendirent qu'il y avait incompatibilité entre les deux situations et qu'il n'avait pas le droit de voter. La difficulté fut renvoyée aux délibérations du Conseil. Deux cent vingt-quatre avocats prirent part au scrutin ; Mauguin recueillit 143 suffrages et fut proclamé bâtonnier ; Persil eut 26 voix, Couture 20, Delacroix-Frainville 14, et Parquin 10.

L'Ordre récompensait, dans la personne de Mauguin, la sincérité des convictions, la persévérance et le courage civique, plutôt que l'éclat du talent et le bruit des réputations extérieures.

Dans une seconde séance, qui eut lieu le même jour, le Barreau procéda à la nomination du conseil de discipline, où figurèrent, par ordre de suffrages obtenus, Parquin, Philippe Dupin, Delacroix-Frainville, Persil, Louis, Lavaux, Delangle, Crousse, Conflans, Thévenin père, Archambault, Coffinières, Mollot, Gairal, Marie, Chaix d'Est-Ange, Rigal, Leroi, Colmet d'Aage et Hennequin.

Treize membres nouveaux étaient ainsi désignés qui tous méritaient l'honneur que l'Ordre leur conférait. Mais la politique s'était quelque peu mêlée à l'élection : c'est ainsi que Berryer n'avait réuni que 30 voix, et allait être, pour quelques années, éloigné du conseil ; Hennequin n'arrivait que le dernier sur la liste; par contre, Thévenin père, Archambault et Gairal avaient été maintenus.

Jusqu'à 1830, les secrétaires de la conférence des avocats qui se réunissait, chaque semaine, sous la présidence du bâtonnier, étaient choisis par le chef de l'Ordre, qui les désignait à son gré. A la rentrée de 1830, une note insérée dans la *Gazette des Tribunaux* (1) informait le jeune Barreau que M. Mauguin, bâtonnier, s'était démis, en faveur du principe d'élection, de son droit de nommer les secrétaires; en conséquence, les avocats inscrits au tableau, qui suivaient habituellement les exercices de la conférence, et les avocats stagiaires étaient invités à se rendre à la bibliothèque de l'Ordre pour procéder à l'élection de dix secrétaires.

Le vote eut lieu le 30 novembre; parmi les noms des

(1) 27 novembre 1830.

élus, il importe de retenir ceux de Ledru-Rollin, de Bethmont et de Valette, qui allait bientôt quitter le Barreau militant pour une suppléance à la Faculté de Droit.

Le régime, sorti vainqueur des journées de Juillet, voulait, de très bonne foi, rendre à la France la jouissance de libertés que les excès de la Révolution, le despotisme impérial et les inspirations rétrogrades de la Restauration lui avaient ravies; il semblait donc que l'ère des procès politiques était close, et que désormais le Barreau allait reprendre plus paisible le cours de ses travaux accoutumés. Il n'en fut rien; les poursuites pour délits d'opinion ou de presse continuèrent à encombrer le prétoire, et l'Ordre des avocats eut souvent encore l'occasion d'élever la voix pour rappeler devant les magistrats de tout rang les principes véritablement libéraux, dont le Gouvernement parlait souvent, mais qu'il appliquait déjà avec une évidente discrétion.

La fin de l'année de 1830 allait voir commencer devant la Cour des Pairs le procès de quatre des ministres de Charles X, signataires des ordonnances de Juillet : MM. de Polignac, de Peyronnet, de Chantelauze et de Guernon-Ranville ; MM. d'Haussez de Montbel et Capelle avaient réussi à s'enfuir. Dépouillés de leur grandeur, les accusés n'ont plus ni pouvoir à exercer, ni faveurs à répandre; les représailles de la politique et les rigueurs de la loi les menacent; c'est bien l'heure pour le Barreau de concourir à l'œuvre de défense. Les avocats, chargés de cette mission redoutable, s'en acquitteront avec honneur.

C'était Hennequin, dans le procès le seul représentant du Barreau de Paris, qui défendait de Polignac. Les autres accusés s'étaient adressés, soit à des avocats des Barreaux de province, comme Sauzet, jeune avocat de Lyon, qui plaidait pour de Chantelauze, comme de Martignac, du Barreau de Bordeaux, qui était chargé de la défense de de Peyronnet, soit même à un avocat au Conseil du Roi, Crémieux, qui venait de quitter Nîmes, où il avait laissé de durables souvenirs et avait acheté la charge d'Odilon-Barrot; Crémieux devait plaider pour de Guernon-Ranville.

Les débats s'ouvrirent devant la Chambre des Pairs le mercredi 15 décembre 1830. La force armée avait de bonne heure occupé les abords du Palais où s'entassait la foule — celle qui, avec la certitude de ne rien voir ni entendre du drame qui la passionne, s'écrase néanmoins aux endroits où il se déroule.

Dix places dans une tribune étaient réservées à l'Ordre des avocats, et, chaque jour, le bâtonnier devait recevoir les billets qui en permettaient l'accès. Le 16 décembre, on y remarqua parmi les premiers arrivés le vieux Delacroix-Frainville et Parquin.

L'audience commença à dix heures passées; l'entrée des accusés fit sensation et, peu après, leurs défenseurs ayant pénétré dans la salle, chacun d'eux vint s'asseoir devant son client; de Martignac portait l'habit noir et le grand cordon de la Légion d'honneur; sous la robe de Crémieux on apercevait l'uniforme du garde national.

Une question de tenue et d'étiquette s'était posée : on s'était demandé si les avocats devaient plaider couverts ou tête nue. Sans doute, cette fois encore, l'Ordre ne tenait pas outre mesure à cette forme surannée, « pour le seul plaisir, comme l'écrivait un de ses membres, de garder sur la tête la ridicule coiffure dont la tyrannie de l'usage l'obligeait à s'affubler (1) »; mais la vieille formule : *Couvrez-vous,*

_____

(1) *Gaz. Trib.*, 15 décembre 1830.

avocats, signifiait : *parlez en toute liberté*. C'était de la part
du magistrat une déclaration d'impartialité, pour l'avocat
une marque d'indépendance; le Barreau ne devait pas y
renoncer, et si, en d'autres temps, à la Cour des Pairs
même, on avait pu lui contester un droit, assurément respectable malgré la manière un peu puérile d'en affirmer
l'existence, ce jour-là, il ne fut pas soulevé d'incident;
et chaque avocat garda la liberté d'agir comme il lui con-
viendrait.

Les interrogatoires et les dépositions des quarante-huit
témoins occupèrent plusieurs audiences, sans provoquer
de discussion sérieuse entre l'accusation et la défense;
puis, la parole fut donnée au ministère public. Il était
représenté, dans la cause, par trois commissaires choisis dans la Chambre des députés, et chargés par elle de
soutenir l'accusation; c'étaient Bérenger, Madier de
Montjau et Persil. Celui-ci, membre du Barreau de Paris,
s'y était acquis la réputation d'un avocat consommé; jurisconsulte distingué, il discutait avec une vigueur peu
commune, et la force même de sa discussion faisait oublier
les négligences de la forme, un peu trop simple pour le
goût d'alors. Ce fut lui qui prononça le réquisitoire. Il
s'y montra sévère, et, sans prononcer le mot de peine capitale, il la requit très nettement contre les quatre accusés :
« On nous dira, s'écria-t-il en terminant, que la magna-
nimité de notre révolution demande un généreux pardon,
qu'il faut imiter les vainqueurs de Juillet et tendre,
comme eux, la main aux hommes abattus. Gardez-vous,
Messieurs, de prêter l'oreille à d'aussi perfides insinuations;
vous confondriez la vengeance avec la justice. Les combattants ont pu se montrer généreux et renoncer à se venger après la victoire; ils n'ont fait que leur devoir; vous,
au contraire, en refusant de condamner ceux que tant de

crimes publics signalent, vous refuseriez justice ; vous imprimeriez à notre révolution une tache ineffaçable — l'impunité. »

Il est difficile de s'imaginer aujourd'hui l'effet que produisirent ces paroles, quand elles retentirent dans l'atmosphère échauffée d'une grave audience. Mais lorsque plus de soixante années se sont écoulées, et que le temps a fait son œuvre de pacification et de justice, de pareilles violences stupéfient, parce qu'elles dépassent manifestement la mesure. Les commissaires du Gouvernement auraient dû penser qu'ils se seraient vus eux-mêmes l'objet de ces réquisitions impitoyables si le hasard de la lutte, au lieu de les placer parmi les vainqueurs triomphants, les avaient jetés dans les rangs des vaincus désarmés.

Mᵉ de Martignac plaida le premier ; il produisit une impression profonde, que traduisirent des marques d'assentiment, bientôt réprimées par le baron Pasquier. Son plaidoyer restera certainement comme un des beaux monuments de l'éloquence judiciaire de l'époque (1).

Au passage, l'avocat salua son camarade de Peyronnet.

« Nés dans la même ville, dans la même année, dit-il, nous avons vu s'écouler au milieu des plaisirs et des peines, notre enfance, notre jeunesse et bientôt notre âge mûr. Au collège, au Barreau, dans la Magistrature, dans les Chambres, partout nous nous sommes retrouvés ; et aujourd'hui, après avoir passé au travers des grandeurs humaines, nous nous retrouvons encore, moi, comme autrefois, prêtant à un accusé le secours de ma parole, et lui, captif, poursuivi, obligé de défendre sa vie et sa mémoire menacées. Cette longue confraternité, que tant d'événements avaient respectée, les tristes dissentiments

---

(1) Pinard, le Barreau de Paris.

des discordes politiques l'interrompirent un moment. Cette enceinte où nous sommes a vu nos débats, quelquefois empreints d'amertume ; mais de ces souvenirs, celui de l'ancienne amitié s'est retrouvé seul au donjon de Vincennes. »

La discussion de M. de Martignac fut des plus sévères ; il souleva des moyens préjudiciels, dont la hardiesse se dissimulait derrière d'ingénieux artifices de langage ; il combattit pied à pied les différents chefs d'accusation, et allait laisser l'auditoire convaincu par la puissance de sa dialectique quand, dans sa péroraison, il l'enthousiasma par l'élévation de ses pensées :

« Serait-ce par la mort de ses adversaires, s'écria-t-il, que la révolution de 1830 voudrait aussi achever sa tâche ?... Serait-ce pour prouver sa force ?... Serait-ce pour satisfaire sa vengeance ?... Serait-ce pour assurer le triomphe du peuple vainqueur et pour consolider son ouvrage que le supplice d'un homme pourrait être réclamé ?... Ce sang, que vous verseriez aujourd'hui au nom de la sûreté publique, pensez-vous qu'il serait le dernier ? En politique comme en religion, le martyre produit le fanatisme, et le fanatisme produit à son tour le martyre. Sans doute, les efforts seraient vains et des tentatives insensées viendraient se briser contre une force et une volonté invincibles. Mais n'est-ce rien que d'avoir à punir sans cesse, à soutenir les rigueurs par des rigueurs nouvelles ? N'est-ce rien que d'accoutumer les yeux à l'appareil des supplices, et le cœur aux tourments des victimes et aux gémissements des familles ? Tels seraient les inévitables résultats d'un arrêt de mort. Le coup que vous frapperiez ouvrirait un abîme, et quatre têtes ne le combleraient pas ! »

Des applaudissements, d'abord mal contenus, éclatèrent

de toutes parts ; l'audience fut levée au milieu de l'émotion générale.

Le lendemain, Hennequin devait défendre de Peyronnet. Mais avant qu'il ne prît la parole, M. de Peyronnet la demanda. « J'ai remis ma défense, dit-il, à un homme qui s'attache par le malheur, comme d'autres par la fortune, et en qui les sentiments généreux l'emporteraient sur son talent même si quelque chose pouvait l'emporter sur son talent. Ce sera lui qui vous parlera de mes droits et de mes actions politiques. » Sans entrer dans les détails de l'accusation elle-même, l'ancien ministre s'attacha donc surtout à raconter sa vie passée, et à rendre compte, devant ses juges, de certaines circonstances de sa vie politique et de certains faits de sa vie privée ; et il le fit avec une complète franchise qui lui attira les sympathies de ses auditeurs.

Hennequin resta inférieur à lui-même et à la juste réputation qu'il s'était acquise ; soit que les paroles de son client l'eussent déconcerté, soit que le poids énorme du fardeau l'ait écrasé, sa discussion, incertaine et inquiète, se déroula sans éclat et sans vie ; le représentant du Barreau de Paris se laissa surpasser par ses confrères des Barreaux du dehors.

Sauzet, particulièrement, remporta un éclatant succès d'audience. Le renom qui l'entourait dans sa ville natale l'avait précédé à Paris, et, depuis quelque temps déjà, les avocats que leurs affaires appelaient à Lyon en revenaient vivement frappés du talent et de la vigueur du jeune adversaire qu'ils avaient rencontré à la barre.

Sauzet justifia largement l'attente du public choisi qui se pressait pour l'écouter et qui avait marqué par des signes trop visibles son impatience d'entendre finir la plaidoirie d'Hennequin. Jamais auditoire ne fut remué plus profondément, jamais sensation plus universelle et plus spon-

tanée; l'enthousiasme se manifesta bruyamment. A peine
les derniers mots étaient-ils prononcés que les tribunes
retentissent d'applaudissements, auxquels le baron Pasquier ne tente pas de s'opposer ; on s'empresse autour de
Sauzet ; Dupin aîné se précipite vers lui et lui donne l'accolade (1).

La séance fut suspendue un instant, mais l'émotion
n'était pas encore calmée lorsqu'à la reprise Crémieux
se leva : « J'écoute encore, et il faut que je parle, s'écria-
t-il, rendant ainsi à son jeune confrère un hommage délicat et mérité ; il faut que j'appelle votre attention sur
d'autres infortunes ; mon âme est encore émue par les
impressions que vous avez partagées, et je dois chercher
à en exciter en vous de nouvelles. »

La suite du discours ne répondit pas à ce que le début
avait fait espérer. Peut-être, dans la tâche qu'il avait entreprise, Crémieux se trouvait-il gêné par ses sentiments
personnels, si différents de ceux de l'accusé qu'il défendait ;
peut-être se trouvait-il mal à l'aise pour exposer ou expliquer des principes, des doctrines, des actes qu'il avait
ardemment combattus. Toujours est-il qu'après être entré
dans des développements qui laissèrent bientôt l'auditoire
inattentif et distrait, il arrivait à la fin de sa discussion,
lorsque tout d'un coup sa voix s'affaiblit, la pâleur envahit son visage, ses traits s'altèrent, et il tombe lourdement
sur son siège.

Cet incident produisit une pénible impression, mais les
débats étaient presque terminés, et le jugement ne se fit
pas longtemps attendre. On sait que les quatre ministres
déchus s'entendirent déclarer coupables du crime de trahi-
son, et condamner à la détention perpétuelle, au lieu de la

(1) Gaz. Trib., 21 décembre 1830.

déportation que la Cour des Pairs voulait prononcer, mais qui ne pouvait être exécutée — aucun lieu n'existant hors du territoire continental de la France où les condamnés pussent être transportés et détenus. L'arrêt ajoutait, pour M. de Polignac seul, la peine de la mort civile.

La haute Cour avait accompli son œuvre, qui provoqua pendant quelques jours des récriminations et des colères ; n'allait-on pas jusqu'à trouver la sentence trop douce ? et beaucoup ne réclamaient-ils pas, avec le réquisitoire du ministère public, la peine capitale contre ceux que de graves journaux appelaient les « sieurs » de Polignac, de Chantelauze, de Guernon-Ranville et de Peyronnet ? Ce qui prouve que décidément la politique et la justice n'ont rien à voir ensemble : les excitations et les ardeurs de l'une ne s'harmonisent pas avec l'impassible sérénité de l'autre.

La Révolution de 1830 était accomplie ; « révolution d'avocats ! » a-t-on écrit ; et l'on a eu raison si l'on a voulu dire que les avocats l'avaient accueillie avec enthousiasme et s'y étaient jetés avec transports ; ne leur était-il pas permis d'espérer enfin le triomphe de la liberté, toujours chère au Barreau, — qui l'aime pour chacun, et s'efforce de la faire respecter par tous ?

CHAPITRE VI

MONARCHIE DE JUILLET. — 1830-1834

Au lendemain de la Révolution, les rangs du Barreau s'étaient éclaircis ; quelques-uns de ses membres les plus connus l'avaient quitté, pour remplir, à l'exemple de Dupin aîné, différents emplois au service du pays : Barthe et Berville entraient dans la magistrature ; Mérilhou, d'abord secrétaire général au ministère de la Justice, puis ministre de l'Instruction publique, devenait garde des Sceaux ; Persil, au mois de septembre, était nommé procureur général près la Cour de Paris, où il remplaçait Bernard (de Rennes), le premier chef du Parquet désigné après la Révolution de 1830.

Les places laissées ainsi vacantes au Palais ne devaient
pas tarder à être prises. Le bâtonnier Mauguin n'aban-
donnait pas la barre, mais la vie politique et les travaux
de la Chambre le disputaient au Barreau. Sur cette scène
nouvelle il était jugé avec sévérité. Il allait y perdre le
fruit des facultés les plus éminentes, par un légitime mais
indiscret contentement de lui-même ; il éloignait la confiance avec ce qui ordinairement la captive. La mobilité
de ses impressions passait pour du scepticisme ; la bienveillance naturelle de son regard était altérée par une
finesse qui en détruisait l'effet ; la grâce de ses manières
se faisait aisément remarquer, mais n'attirait pas, et il y
avoit, dans l'aménité de son langage, quelque chose de
protecteur dont on se sentait blessé. Avec assez de talent
pour faire beaucoup d'envieux, il n'avait pas assez de
caractère pour se créer des ennemis (1).

Au Palais, Delangle restait l'orateur sobre, nerveux et
d'une inflexible dialectique que l'on appréciait fort; l'autorité de Paillet grandissait chaque jour; Philippe Dupin,
qu'on affectait parfois d'appeler le « frère de M. Dupin »,
offrait le type de l'avocat accompli ; Berryer, soldat glorieux d'une cause vaincue, n'en était pas moins, par
sa domination et sa puissance, le prince des orateurs;
Chaix d'Est-Ange, de la passion même et de l'impétuosité faisait jaillir le charme; puis, c'étaient Marie et
Baroche, devançant de peu Bethmont, Liouville et
Jules Favre.

Était-ce pour se trouver en si séduisante compagnie que
Lacordaire sollicita, le 24 novembre 1830, son admission
au Barreau en rappelant le temps de stage qu'il y avait

(1) L. Blanc, *Histoire de dix ans*, II, p. 112.

subi peu d'années auparavant ? « Monsieur le bâtonnier, écrivait-il à Mauguin, il y a huit ans je commençai
mon stage au Barreau de Paris ; je l'interrompis au bout
de dix-huit mois pour me consacrer à des études religieuses qui me permirent plus tard d'entrer dans la hiérarchie catholique ; et je suis prêtre aujourd'hui. Or, des
événements immenses ont changé la position de l'Église
dans le monde ; elle a besoin de rompre tous les liens qui
l'enchaînent à l'État et d'en contracter avec les peuples.
C'est pourquoi, dévoué plus que jamais à son service, à
ses lois, à son culte, je crois utile de me rapprocher de
mes concitoyens en poursuivant ma carrière dans le
Barreau. J'ai l'honneur de vous en prévenir, Monsieur le
Bâtonnier, quoique je ne puisse prévoir aucun obstacle de
la part des règlements de l'Ordre. »

La question posée était des plus délicates, et le Conseil
médita longuement la réponse qu'il y devait faire. Le
5 janvier 1831, Delacroix-Frainville, chargé d'examiner
la demande, avait commencé son rapport, qu'il continua
à une séance suivante, et l'arrêté ne fut pris que deux
mois plus tard. Les précédents militaient en faveur de la
requête : Saint-Yves n'avait-il pas brillé à la fois à la
barre et à l'autel? Le pape Clément IV n'avait-il pas été
avocat au Parlement sous le nom de Guy Foulques ? Au
surplus, aucun texte, et notamment celui de l'ordonnance de 1822, ne prescrivait l'incompatibilité. Mais on
fit observer que les ecclésiastiques touchaient un traite-
ment de l'État, et que l'exercice de leur ministère ne leur
permettait pas de consacrer à la profession d'avocat,
et particulièrement au stage, le temps et l'assiduité imposés
par les règlements. Le 15 mars 1831, le Conseil, à la
majorité de 12 voix contre 5, proclamait l'incompatibilité
la plus absolue entre le caractère de prêtre et la profes-

sion d'avocat, et repoussait la demande d'admission de Lacordaire.

Cette décision fut peut-être déterminée par une circonstance particulière, indépendante de l'état ecclésiastique de Lacordaire : le 18 décembre 1830, il avait fondé, avec de Montalembert et Decoux, « l'Agence Générale pour la défense de la liberté religieuse » ; cette association se posait comme une sorte d'assurance mutuelle contre tous les actes qui attentaient à cette liberté, sur un point quelconque de la France. Ses membres s'engageaient à poursuivre le redressement de ces actes attentatoires devant l'opinion publique, devant les Chambres et devant tous les tribunaux, depuis la justice de paix jusqu'au Conseil d'État ; Lacordaire était chargé du Nord et de l'Est (1).

La sentence du Conseil n'alla pas sans soulever quelques protestations ; un journal judiciaire imprimait à la fin d'un article virulent :

« M. Lacordaire a compris que, de nos jours, le sacerdoce ne devait pas s'isoler du reste de la société, qu'en vivant avec les hommes il parviendrait peut-être à raviver la foi presque éteinte ; voilà pourquoi il avait demandé à être admis dans l'Ordre des avocats. Cette bonne pensée du prêtre catholique, qui veut rester citoyen et qui tente de ramener le christianisme à ses vertus primitives, n'a point été entendue.

« Les vieilles répugnances du XVIII° siècle, encore empreintes dans quelques esprits, l'ont emporté sur des considérations plus libérales et plus élevées. Nous aurions compris la résistance à la prétention de M. Lacordaire, partant du haut clergé ; mais qu'elle vienne, après juillet

(1) Cresson, I, p. 79.

1830, du Conseil de l'Ordre des avocats, voilà ce qui nous paraît inexplicable (1). »

Peu après qu'il eût manifesté le désir de reprendre la robe d'avocat, et alors que le Conseil n'avait pas encore statué sur sa demande, Lacordaire paraissait à l'audience comme prévenu. Lamennais et lui avaient été cités devant la Cour d'assises pour y répondre de deux articles publiés dans le journal l'*Avenir*, le premier de Lacordaire, adressé aux évêques de France, le second, dû à Lamennais, et traitant de l'oppression des catholiques. L'audience s'ouvrit le 31 janvier 1831 en présence d'une foule distinguée, qui ne laissa un peu d'espace dans le prétoire que lorsque, sur l'ordre du président, les huissiers et les gardes l'eurent repoussée. « Je suis fâché, Madame, dit Lamennais à une jeune femme très empressée, que vous n'ayiez pas de place, mais je ne puis vous offrir la mienne. » Berville, qui venait de quitter le Barreau pour un poste de premier avocat général à la Cour royale, soutint l'accusation avec son talent ordinaire, fait de finesse et de modération; un jeune avocat d'Angers, Janvier, défendit Lamennais, et Lacordaire plaida pour lui-même. Les deux prévenus furent acquittés.

C'est au même moment que revint la question du mariage civil des prêtres; et, pendant près de deux mois, elle donna lieu, au sein du Barreau, à de vives controverses. Le sieur Dumonteil, qui était engagé dans les ordres, avait déjà, en 1828, intenté devant le tribunal de la Seine et à la Cour une action pour être autorisé à contracter mariage; il avait produit, à l'appui de sa demande, une consultation de Mermilliod, revêtue des signatures d'Odilon-Barrot, Mérilhou, Isambert, Boinvilliers, etc...

_____

(1) *Gaz. Trib.*, 18 juin 1831.

Mais sa tentative ne fut pas couronnée de succès (1). A la suite des événements politiques de juillet 1830, et en vertu de la Charte nouvelle, qui enlevait au catholicisme le caractère de religion de l'État pour le maintenir seulement comme religion des Français, Dumonteil crut le moment venu de renouveler son instance. Mermilliod l'assista à l'audience du 26 mars, tandis que Menjot de Dammartin, ancien magistrat de la Restauration, qui occupait le siège du ministère public lors des premiers débats, s'opposait à la recevabilité de l'action. Conformément aux conclusions de l'avocat du Roi, Dumonteil fut autorisé à contracter mariage.

Ses parents, dont l'opposition avait été écartée, portèrent la question devant la Cour, où le débat s'ouvrit, le 30 avril, en audience solennelle, sous la présidence de Séguier, qui se trouva d'ailleurs empêché, par un deuil de famille, de siéger jusqu'à la fin.

Les mêmes avocats se retrouvèrent à la barre. Menjot de Dammartin, au cours de la discussion, opposa à une consultation donnée en 1828 par Mérilhou, en faveur du mariage, les termes d'une circulaire de Mérilhou, devenu ministre de la Justice, écrite pour empêcher qu'on ne célébrât, sans la décision des tribunaux, le mariage des ecclésiastiques. « Un tel changement de langage de la part du Garde des sceaux, disait l'avocat, n'a pu être que le résultat de longues méditations. » Après la plaidoirie de Mermilliod, et les conclusions du procureur général Persil, qui s'était prononcé pour la confirmation de la sentence du tribunal, les magistrats se trouvèrent divisés en nombre égal et la Cour dut rendre un arrêt de partage ; toute la discussion allait recommencer.

(1) V. page 189.

C'est en décembre 1831, seulement, qu'elle reprit ; Séguier put alors y présider. Chacune des parties produisait
à l'appui de sa thèse des consultations signées des maîtres
du Barreau, et tandis que les père et mère de Dumonteil,
opposés au mariage, invoquaient le secours de Gairal,
Gaudry, Bérard-Desglajeux et Pardessus, le prêtre avait
obtenu l'adhésion de Crémieux, Dalloz, Odilon-Barrot,
Parquin, Delangle, Chaix d'Est-Ange, Bethmont, etc...
La discussion fut aussi élevée qu'aux premières audiences,
mais l'arrêt, rendu le 14 janvier 1832, après une délibération qu'on a prétendu avoir été fort orageuse, trompa
les espérances de beaucoup en faisant défense à l'officier
de l'état civil de procéder au mariage.

La *Gazette des Tribunaux* annonçait, non sans malice,
que « M. l'archevêque de Paris prenait un bien vif intérêt à la solution de l'affaire, car on avait remarqué que
son valet de chambre assistait au prononcé de l'arrêt ».

Dumonteil forma devant la Cour de cassation un pourvoi, qu'en 1833 la Chambre des requêtes rejeta, contrairement aux conclusions du procureur général Dupin. La
question semblait définitivement tranchée.

Cependant, la conférence des avocats poursuivait ses
travaux selon le mode adopté après l'ordonnance de
1822 (1) ; en 1828, un arrêté avait réduit à quatre le nombre des avocats appelés à délibérer sur les consultations
gratuites, qu'ils rédigeaient sous la direction du bâtonnier; les secrétaires de la conférence pouvaient prendre
part à la délibération; mais les stagiaires n'étaient plus
admis qu'à la discussion des questions de droit et de législation.

(1) V. page 108.

Jusqu'à la Révolution de 1830, les secrétaires de la conférence étaient désignés par le bâtonnier seul, et choisis par rang d'ancienneté. Sur l'initiative de Mauguin, ils furent soumis à un scrutin, auquel était appelé le Barreau tout entier (1).

Cette organisation du secrétariat de la conférence devait durer jusqu'en 1852; en 1835, le nombre des secrétaires élus fut porté de dix à douze.

A partir de 1831, à la fin de chaque année judiciaire, le vote du Barreau désignait, outre les secrétaires, six avocats stagiaires parmi lesquels le Conseil en choisissait deux qu'il chargeait de prononcer les discours à la première séance de rentrée. Ces orateurs ne furent pas toujours pris parmi les secrétaires.

Les élections du bâtonnier et du conseil de l'Ordre soulevèrent en août 1831 une certaine agitation. Des réunions préparatoires furent tenues successivement chez quelques avocats, où, bien que le nombre des assistants fût restreint, et que, parmi eux, on ne trouvât guère de membres ni du jeune ni de l'ancien Barreau, mais plutôt des représentants du Barreau intermédiaire ou du « moyen âge », la discussion avait été assez vive.

On s'était particulièrement demandé si l'on devait procéder à l'examen de la personne même des candidats. La crainte de soulever des rancunes et le danger d'accuser des absents furent objectés; mais on répondit qu'il y avait trop de loyauté dans l'Ordre pour que la calomnie se mêlât à la discussion et excitât des haines.

Ce mode de discuter ayant été adopté, les candidatures au bâtonnat furent examinées les premières. A Mauguin, bâtonnier sortant, on opposait Parquin. D'abord, quelques-uns tenaient pour le principe de la non-réélection du

(1) V. page 170.

bâtonnier, et puis la politique n'avait par tardé à s'introduire dans la discussion; l'attitude de Mauguin à la Chambre fut approuvée par les uns, blâmée par les autres;
toutefois, dans une réunion particulière, il obtint la majorité des suffrages.

Au vote définitif, la lutte fut des plus chaudes : Mauguin,
au premier tour de scrutin, réunit 84 voix contre 82
données à Parquin ; il l'emporta au second tour par 111 voix
contre 85.

Parquin, Delacroix-Frainville, Philippe Dupin, Delangle, Marie, Paillet, Hennequin, Boinvilliers, etc... figuraient parmi les membres du Conseil. Odilon-Barrot et
Chai.:-d'Est-Ange avaient recueilli une soixantaine de suffrages.

Un incident vint justement à cette heure élever un nouveau conflit entre les pouvoirs disciplinaires du Conseil
et ceux de la Cour d'assises : un avocat, Rittiez, assistait
devant le jury un accusé de cris séditieux; au cours de
l'interrogatoire, le défenseur était intervenu à plusieurs
reprises, et une altercation s'était produite entre lui et le
Président, qui fit dresser procès-verbal.

Le verdict du jury étant rendu, le greffier donna lecture de ce procès-verbal qui relevait trois interruptions à
la charge de Rittiez. Celui-ci et un de ses confrères, Chau-
vin, qui l'assistait, prétendirent qu'il n'y avait pas eu interruption dans le sens exact du mot, ni même comme
l'entend le Code d'instruction criminelle, le défenseur
s'étant borné à présenter quelques observations qu'il
croyait utiles à son client.

Toutefois, sur les réquisitions de l'avocat général, la
Cour rendit un arrêt qui prononçait contre Rittiez la peine
de la suspension jusqu'au 1er novembre.

Le Conseil se saisit de la question ; sur le rapport de Gairal, il estima que la Cour d'assises était incompétente pour prononcer une peine disciplinaire, et autorisa Rittiez à se pourvoir en cassation, aux frais de l'Ordre. Marie était chargé de s'entendre avec Gairal pour la rédaction d'une consultation à l'appui du pourvoi, qui fut rejeté.

Le 29 décembre 1831, Delacroix-Frainville mourait; c'est dans sa bibliothèque qu'il expira: « Je veux, disait-il de sa voix éteinte, mourir au champ d'honneur, au milieu de mes amis. » Delacroix-Frainville était le doyen du Barreau de Paris ; reçu avocat au Parlement en 1774, il avait fourni longue et brillante carriere. Bâtonnier peu après la reconstitution de l'Ordre, il resta, pendant cinq années de suite, de 1811 à 1815, investi de ces hautes fonctions. Son jugement était sûr, sa parole entraînante et sa discussion très serrée ; dans les dernières années, et quoique vigoureux encore, il avait renoncé à la barre pour ne plus se livrer qu'à la consultation.

Dans le cours des années 1831 et 1832, une suite de graves débats, qui appelèrent successivement à la barre les maîtres de la parole, se déroulèrent devant toutes les jurdictions. La Cour d'assises eut à juger plusieurs complots politiques : l'affaire de la Société des amis du Peuple, qui amenait devant le jury, avec l'étudiant Sambuc, dix-sept accusés, au nombre desquels figuraient Godefroy Cavaignac, âgé de 30 ans, « rentier, capitaine en second de la 2ᵉ batterie de l'artillerie de la garde nationale, » et Ulysse Trélat, âgé de 35 ans, médecin. Au banc de la défense s'asseyaient, entre autres, Bethmont, Boinvilliers, Paillet, Marie, Michel (de Bourges), qui débutait à Paris. Plocque, alors étudiant en droit, fut admis à prendre la

parole comme ami et collègue des étudiants accusés. Le
général de Lafayette était cité comme témoin ; à l'appel
de son nom, des applaudissements éclatèrent bruyants
dans l'auditoire.

L'affaire se prolongea pendant de nombreuses audiences ; quelques incidents en interrompirent la monotonie.
Une discussion s'éleva notamment sur la question de
savoir si les accusés n'avaient pas choisi pour lieu de
réunion une arche du pont des Arts. « C'est là du mélo-
drame, répondait Godefroy Cavaignac ; nous avons d'ailleurs fait vérifier la hauteur de l'eau au jour indiqué, et
il est constant que la moitié de l'arche dont on parle était
couverte par l'eau. »

Les accusés bénéficièrent d'un acquittement général.

Puis, vinrent le complot dit des Suisses, et celui des
Tours de Notre-Dame, où plaida Charles Ledru, qui provoqua par sa vivacité un arrêt de la Cour lui enjoignant
de se renfermer dans les faits de la cause.

Quelques mois plus tard, ce fut l'affaire dite de la rue
des Prouvaires. Le ministère public prétendait qu'un
complot avait été formé, qui avait pour but de réunir sur
des points différents 6 à 7.000 hommes et de les faire
marcher sur les Tuileries ; les instigateurs du complot
tenaient leurs conciliabules au restaurant des Prouvaires,
où plusieurs furent arrêtés au milieu d'une sanglante
bagarre.

Après de longs débats, assez obscurs, Hennequin, qui
plaidait pour l'un des accusés, se chargea de répliquer au
nom de tous.

De nombreuses condamnations furent prononcées, appli-
quant depuis la peine de la déportation jusqu'à celle de
l'emprisonnement.

Le 23 octobre, la Cour d'assises eut à juger le procès du

cloître Saint-Merri ; une barricade avait été construite rue
Saint-Martin, au coin de la rue Aubry-le-Boucher, et la
justice citait devant le jury ceux qui s'étaient livrés à cet
essai d'insurrection, où le Parquet voyait un attentat dans
le but de détruire ou de changer le Gouvernement.

Marie défendait Jeanne, l'un des principaux accusés ; il
le fit avec une grande élévation, et un accent de modération dont on s'était deshabitué dans l'ardeur des luttes
de chaque jour.

« Les sociétés, disait-il, sont formées d'intelligences qui
marchent successivement à l'émancipation politique ; c'est
le progrès ; c'est la civilisation. Un siècle ne devine pas
le siècle qui le suivra, et, s'il apparaît alors un de ces
hommes placés en avant des époques, il parle, on ne le
comprend pas ; il agit, on le persécute ; il agit encore, on
le tue ; le temps marche, et les générations, étonnées,
élèvent des statues à ce précurseur séditieux. La justice
humaine doit trembler, lorsque, jetant les yeux sur le
passé, elle voit chaque projet social appuyé sur le tom-
beau d'un martyr. »

Un grand crime avait soulevé dans le pays une profonde émotion : le fils d'un juge de paix de Vouziers,
Frédéric Benoit, âgé de 19 ans, était accusé d'avoir assassiné sa mère et l'un de ses amis. Après l'assassinat de
la dame Benoit, et sur les indications mêmes de son fils,
une poursuite avait été dirigée contre un sieur Labauve,
qui, passant devant le jury après plusieurs mois de
détention, n'avait été acquitté que par six voix contre
six.

La stupeur fut grande quand la justice, mieux informée,
mit Frédéric en état d'arrestation ; et la salle de la Cour
d'assises de la Seine, le Parquet de Paris ayant évoqué

l'affaire, était tumultueuse lorsque les débats s'ouvrirent le 11 juin 1832.

Auprès de l'accusé que défendait Crémieux, alors avocat à la Cour de cassation, prirent place son père et son frère, magistrats à Vouziers, ses deux beaux-frères, dont l'un portait la croix de la Légion d'honneur gagnée sur le champ de bataille de Wagram.

En face, au banc de la partie civile, siégeait Chaix d'Est-Ange, chargé des intérêts de celui qui, inculpé à tort, n'avait dû le salut qu'au partage des suffrages de ses juges.

L'interrogatoire et les dépositions se poursuivirent durant trois longues audiences, sans qu'il se produisît d'incident notable. Mais l'avocat de la partie civile a la parole ; sans exorde, Chaix entreprend le récit des deux crimes reprochés à Benoit ; il est rapide, élevé, éloquent ; aucun doute ne subsiste dans son esprit, et il fait passer sa conviction dans la conscience de ses auditeurs ; tout à coup, l'avocat raconte, dans l'admirable langage dont il avait le secret, la scène de l'assassinat de Mᵐᵉ Benoit.

« Benoit est là, s'écrie-t-il, près du cabinet où sa mère expire... il ne l'a pas vue encore... On le presse d'entrer... A quoi bon, elle est bien morte, répond-il froidement. Ah ! il savait bien, lui, que le coup de la mort avait été donné d'une main sûre ! Il n'ose voir le cadavre de sa mère... il tremble qu'une étincelle de sa vie ne reste encore, et que la voix de la victime ait assez de force pour dire : anathème ! malédiction au parricide ! » A ces mots, l'accusé, depuis un instant secoué par de violentes convulsions, se renverse sur son banc en poussant de sourdes clameurs, où l'on perçoit ces mots : « ma mère, moi, moi... c'est moi ! ! » Le vieux père se jette dans les bras de son fils : « Non, non, ce n'est pas lui ! » s'exclame-t-il dans une protestation désespérée, et les gendarmes emportent le misérable en proie à une violente crise nerveuse. Était-ce un aveu arraché à l'accusé par la sévère éloquence de l'avocat ? Était-ce la suprème protestation d'un innocent, qui se voyait perdu sans retour ? A-t-il dit, comme quelques-uns croient l'avoir entendu : c'est moi que l'on accuse ! Toujours est-il que le jury, entraîné et convaincu, rapporta, malgré les adjurations de Crémieux, un verdict sans pitié, et que la sentence capitale, prononcée par la Cour, reçut son exécution.

En même temps, l'affaire du testament du prince de Condé était en instance devant la Cour. Dans la matinée du 27 août 1830, le duc de Bourbon, prince de Condé, avait été trouvé accroché à l'espagnolette d'une des fenêtres de sa chambre à coucher, dans son château de Saint-Leu. Y avait-il eu crime ? y avait-il eu suicide ? L'une et l'autre de ces deux opinions rencontrèrent des défenseurs passionnés ; mais le problème est resté insoluble. Quoi qu'il en fût, après une instruction, ouverte en présence du procureur général près la Cour de Paris, du président et du grand référendaire de la chambre des Pairs, et terminée par un arrêt de la Cour, il fut jugé que la preuve d'un crime n'était pas rapportée ; il n'y avait donc pas lieu de poursuivre devant la juridiction répressive.

Aux termes de son testament olographe, le défunt avait institué pour son légataire universel son petit-neveu et filleul, le duc d'Aumale, et, entre autres legs particuliers, il en avait fait un très important en faveur de la baronne de Feuchères.

Les princes de Rohan, héritiers légitimes du duc, demandèrent la nullité du testament en soutenant qu'il n'était pas en entier écrit de la main du testateur et qu'il avait été obtenu par suggestion et captation ; l'action était introduite, à la fois, contre le duc d'Aumale et contre Mᵐᵉ de Feuchères.

De mémorables débats s'engagèrent, dans lesquels se présentèrent Hennequin et Mermilliod pour MM. de Rohan, Philippe Dupin pour le duc d'Aumale, et Lavaux pour Mᵐᵉ de Feuchères.

Les plaidoiries commencèrent devant la 1ʳᵉ chambre du tribunal de la Seine, présidée par M. de Belleyme, au milieu d'un concours empressé d'auditeurs, le 9 décembre 1831, et se poursuivirent pendant une quinzaine d'audiences.

Hennequin, aussi mesuré que le permettaient l'ardeur d'une lutte gigantesque et la grandeur des intérêts en cause, s'efforce d'abord d'écarter l'hypothèse du suicide. « On ne croit plus, s'écrie-t-il dès les premiers mots, que le dernier des Condé ait voulu clore par un suicide l'histoire triomphale de sa maison, et, je crois pouvoir le dire avec assurance, le plus beau nom de l'histoire restera pur d'une si flétrissante accusation. »

Puis, dans une discussion méthodique et serrée, il essaie d'établir, malgré les interruptions de Lavaux, la pertinence des faits de captation ; il dépeint les faiblesses de l'infortuné duc, les craintes que son entourage lui inspirait, ses intentions et ses préparatifs de fuite ; mais Mᵐᵉ de Feuchères est là qui veille ; son empire est impitoyable. Le prince confiait un jour ses chagrins à son dentiste, qui lui conseillait de rompre un lien qu'il ne pouvait plus porter. « Croyez-vous, répondit-il, que cela est facile... je l'ai tenté plusieurs fois, mais toujours sans succès. Avez-vous vu quelquefois une mouche effleurer une toile d'araignée ? pour peu que sa patte la touche, elle y reste ; et l'animal vorace lui jette un fil qui l'en-

13

lace, et la met à sa disposition ; eh bien, me voilà ! ! »

Des applaudissements accueillirent la plaidoirie d'Hen-nequin, à qui Lavaux répondit au nom de Mme de Feu-chères. Ce jour-là, le prétoire était encore plus envahi qu'aux premières audiences ; la foule des curieux formait une queue qui se prolongeait jusque dans la salle des Pas-Perdus.

Pour Lavaux, le suicide est certain. « La vue du cadavre, l'absence de toute trace de violence, l'état des vêtements, l'ordre parfait qui régnait dans la chambre, l'impossibilité d'y pénétrer du dehors et du dedans du palais ne laissè-rent aucun doute dans l'esprit de ses serviteurs. Tout le monde fut convaincu que le prince n'avait pu résister aux émotions profondes qu'on avait remarquées en lui lors des événements de Juillet... »

Lavaux expose les motifs réels de l'affection du duc de Bourbon pour la baronne de Feuchères, et s'attache à justifier, dans une ardente discussion, les raisons qui expliquent les libéralités dont sa cliente a été l'objet.

Philippe Dupin plaida pour le duc d'Aumale ; son plai-doyer, dit un journal du temps, fut un des plus éloquents dont puisse s'honorer le Barreau français. L'impression produite à l'audience ne se retrouve pas entièrement à la lecture de la plaidoirie imprimée ; c'est que « rien ne peut exprimer le feu, le mouvement de celui qui parle ; il y a, dans le plaidoyer de Philippe Dupin, des signes plutôt que des idées. On devine plus qu'on ne sent l'effet qu'il a dû produire. Il n'y a que les grands avocats qui inspirent de tels regrets et qui laissent de telles lacunes (1). »

Le défenseur du jeune duc d'Aumale se livra toutefois à une vive argumentation où il ne craignit pas d'attaquer

(1) O. Pinard, 1, p. 409.

avec véhémence les adversaires qu'il rencontrait devant lui.
« Vous, s'écrie-t-il, en s'adressant à eux-mêmes, vous, les
vengeurs du duc de Bourbon ! Non, non, MM. de Rohan ! Ah !
si elles étaient réelles ces faiblesses que vous livrez avec tant
d'éclat et de scandale à l'immense publicité de ces débats,
la piété que vous affectez pour une mémoire auguste
aurait dû les ensevelir dans le silence et l'oubli. Au lieu
de renouveler le crime de Cham, et de mettre à jour des
infirmités destinées au secret de la vie privée, une main
pieuse eût dû les couvrir d'un voile impénétrable. Vous,
les vengeurs du duc de Bourbon ! Ah ! vous avez parlé de
venger sa mémoire quand l'intérêt vous l'a prescrit ; vous
l'outragez aujourd'hui, cette mémoire, parce que votre
intérêt vous le commande ! Votre intérêt ! voilà votre loi,
votre guide ; voilà la cause de ce procès. »

Des répliques, qui durèrent plusieurs audiences, et où
toute la discussion fut reprise, prolongèrent le débat jusqu'aux derniers jours de janvier 1832. Le jugement prononcé
le 23 février repoussait les prétentions de MM. de Rohan ;
le duc d'Aumale et Mme de Feuchères avaient gagné leur
procès.

L'affaire ayant été portée devant la Cour, les appelants ne
se présentèrent pas à la barre, et un arrêt confirmatif fut
rendu en décembre 1832, après quelques brèves observations de Philippe Dupin et de Lavaux.

Des tentatives d'insurrection et de complot, quelques-
unes très sérieuses, se multiplièrent à cette époque sur
différents points du territoire ; la personne du Roi était
victime d'attentats ; le parti légitimiste se remuait ; la Vendée était troublée. En ces occasions, le pouvoir avait fort
à faire pour se défendre. Il prenait d'énergiques mesures,
telles que la proclamation de l'état de siège à Paris ; il

recherchait, sans succès tout d'abord, la duchesse de Berri ; les personnages suspects étaient surveillés, arrêtés, poursuivis.

Croyant découvrir en lui un conspirateur dangereux, le Gouvernement fit procéder à l'arrestation brutale de Berryer. L'avocat se trouvait à Saintes au mois de juin 1832, et se disposait à partir pour les eaux d'Aix en Savoie, quand, après une surveillance exercée autour de lui, il fut appréhendé, mais, sur des ordres supérieurs, bientôt remis en liberté.

Quelques jours après, il était arrêté de nouveau à Angoulême, et écroué à la prison de Nantes. Chateaubriand, le duc de Fitz-James et M. Hyde de Neuville étaient incarcérés à leur tour ; ils bénéficièrent peu après d'une ordonnance de non-lieu.

Berryer était soupçonné d'avoir entrepris son voyage, uniquement pour se ménager une entrevue secrète avec la duchesse de Berri ; et, de différentes circonstances de fait, le ministère public tirait contre lui une accusation de complicité d'attentat.

La Cour de Rennes, saisie de la poursuite, avait renvoyé l'accusé devant la Cour d'assises de la Loire-Inférieure ; mais, à la suite d'un arrêt de cassation rendu conformément aux conclusions de Dupin, et motivé sur des considérations de sûreté publique, l'affaire fut appelée devant les assises de Blois.

Au cours de sa captivité à Nantes, Berryer avait reçu de toutes parts des marques de chaleureuse sympathie, auxquelles se joignit officiellement le Conseil de l'Ordre des avocats de Paris ; aussi, lorsque, le 16 octobre 1832, il fut amené devant le jury de Loir-et-Cher, jamais accusé n'avait été autant que lui accompagné de témoignages de respectueuse déférence. L'affluence était considérable.

Les dames, en grand nombre, se mêlaient à la foule ; le palais de justice était pris d'assaut.

Berryer, accompagné de gendarmes, était assisté de trois avocats du Barreau de Blois : Fontaine, Flayol et Delmas.

Les débats durèrent deux jours ; l'acte d'accusation reprochait à Berryer d'avoir, de son autorité privée, chargé un officier d'enlever le ministère et les Tuileries ; il insistait sur une entrevue que l'avocat se serait ménagée dans un village resté inconnu avec la duchesse de Berri. Berryer reconnut être allé en Vendée, et, guidé par un ami sûr, avoir eu l'honneur de saluer Son Altesse Royale.

Au président qui lui demandait de répéter sommairement la conversation qu'il avait eue avec la Duchesse, l'accusé répondit vivement : « Je puis vous assurer qu'il m'a fallu, dès le premier interrogatoire, et dans tout le cours de ce procès, que je puis appeler odieux, beaucoup de force, de courage et de résignation pour comprendre que je devais avoir assez de foi dans la justice de mon pays, pour être convaincu que le jour des explications arriverait. Mais il est un point que je ne puis franchir : rendre compte d'une telle conversation ! Me montrer, qui ? moi ! en opposition de système, d'idées, de volontés, avec une personne dont les malheurs, le courage, la grandeur sont tels que les malheurs, le courage et la grandeur de Mᵐᵉ la Duchesse de Berri ! C'est ce que je ne puis faire ! C'est ce que je ne puis dire ! Quel que soit le péril qui me menace à raison de mon silence... je ne le dirai pas... » Et les yeux de Berryer se remplirent de larmes.

La déposition du lieutenant-colonel Tournier, au sujet des tentatives dont il avait été l'objet, resta assez vague, et les débats prirent une tournure telle que l'avocat général, en quelques mots rapides et très dignes, abandonna l'accusation. A ceux qui applaudissaient à cette déclara-

tion : « Pas d'applaudissements, Messieurs, répondit-il ;
qui fait son devoir n'en demande pas ! »

Les défenseurs renoncèrent à la parole ; le président déclara qu'il était inutile de faire un résumé qui, dans une
semblable affaire, ne pourrait que retarder un résultat aussi
équitable que désiré, et, après une courte délibération, le
jury rapporta un verdict d'acquittement. Berryer, remis en
liberté, se vit l'objet d'une ovation enthousiaste.

Mais la duchesse de Berri, trahie par Deutz, est arrêtée,
le 7 novembre, à Nantes, dans la mystérieuse retraite
qu'elle avait trouvée auprès de Mᵐᵉ du Guiny. Chateaubriand écrivit de Genève, où il se trouvait, à la princesse pour lui demander une grâce, dernière ambition de
sa vie, disait-il, celle d'être choisi par elle au nombre de
ses défenseurs. Sa lettre fut envoyée, par lui-même, au
Garde des sceaux pour qu'il la fit parvenir à la prison-
nière ; elle fut en outre communiquée aux journaux.

D'autre part, Chateaubriand publia un *Mémoire sur la
captivité de la duchesse de Berri.*

Cette courageuse attitude provoqua des manifestations
flatteuses et des poursuites, qui ne l'étaient pas moins.

Dans ces seuls mots, dits et répétés par Chateaubriand :
« Madame, votre fils est mon Roi, » le Parquet découvrit
un nombre redoutable de délits : excitation à la haine et
au mépris du Gouvernement, attaque, offense, provocation...., et l'affaire vint à la Cour d'assises le 27 février
1833. Les journaux du temps parlent de l'affluence inouïe,
qui, de toutes parts, assiégeait les avenues de l'audience.
« Pairs, députés, magistrats, fonctionnaires publics arri-
vent dès le matin avec leurs familles; la fleur de la légitimité, en un mot, et tout ce que le noble faubourg a de plus
hauts personnages, de plus gracieuses et jolies dames occupent l'auditoire. Ici, Mᵐᵉ Delphine Gay ; non loin, MM. Ar-

thur de Labourdonnaye, Lézardières, anciens députés, MM. de Dreux-Brézé, de Conny, Bertin aîné, Jaubert, d'Arlincourt, Roux, Laborie ; nous remarquons également M. Carrel » (1).

L'auditoire, ainsi composé, était nerveux ; le procureur général Persil, qualifiant de pamphlet le mémoire qu'il poursuivait, s'entendit interrompre, malgré les efforts du président, par de violents murmures.

Chateaubriand devait présenter lui-même sa défense, et Berryer plaidait pour les journaux incriminés.

L'accusé ne prononça que quelques mots ; puis Berryer : « Aux accents de cette voix que vous venez d'entendre, dit-il, je me suis senti importuné de n'être pas chargé de la défense de M. de Chateaubriand ; je respecte la majesté de son talent, la grandeur de sa position, son noble caractère, les services éminents qu'il a rendus à la patrie, son caractère et la dignité dont il est environné dans cette enceinte.

« Je comprends qu'il ne lui appartenait pas de discuter mot à mot, phrase à phrase, un écrit plein de génie que, dans son amour brûlant pour la patrie, il a jeté au milieu de la France ; que sa cause est belle ! plaidée devant un jury français, qui comprendra ce caractère qu'on accuse parce qu'on l'a méconnu, et qui rendra justice à des sentiments qu'on poursuit, parce qu'on les redoute ! Mais telle n'est pas ma tâche ; je plaide devant vous pour quatre journaux... » La cause de Chateaubriand n'en tint pas moins la plus large place dans la harangue de Berryer, qu'accueillirent des éclats d'enthousiasme, vivement réprimés.

Ils irritèrent le procureur général Persil au point que,

(1) *Gaz. Trib.*, 28 février 1833.

dans sa réplique, s'adressant au principal accusé, il s'oublia jusqu'à prononcer cette phrase: « Vous venez faire ici de la popularité; mais vous vous garderiez bien de vous montrer au peuple, car il vous mettrait en morceaux. » A ces mots, Berryer s'est replié sur lui-même, et, bondissant à la barre: « L'ai-je bien entendu ? s'écrie-t-il au milieu d'un silence anxieux ? Quoi ! je suis dans le palais de Saint Louis; nous avons, prétendez-vous, marché de siècle en siècle vers la justice et la liberté; et, aujourd'hui, quand des hommes de conviction et d'honneur sont devant vous, vous magistrat, vous vous levez et leur dites : descendez dans la rue, il y a des meurtriers pour vous répondre !... »

Un acquittement, qui ne surprit personne, Persil moins que d'autres, termina cette grande journée.

La duchesse de Berri était captive à la citadelle de Blaye; la constatation de sa grossesse, la déclaration qu'elle fit d'un mariage secret, contribuèrent à étouffer le mouvement légitimiste bien plus que les arrestations et les poursuites ordonnées par le pouvoir; une tranquillité relative se produisit de ce côté.

La Cour d'assises, avec les procès politiques qu'elle jugeait presque chaque jour ou les grands crimes qui s'y déroulaient dans leurs sinistres détails, n'avait pas le monopole des débats intéressants. A la fin de 1832, la juridiction consulaire fut saisie d'une affaire mémorable. On aurait pu croire, le 19 décembre 1832, que les juges commerciaux allaient être appelés à se prononcer sur la bruyante querelle littéraire qui divisait les romantiques et les classiques; le romantisme était, en effet, ce jour-là fortement représenté à l'audience par un grand nombre de personnages agités, auxquels les injonctions réitérées des audienciers ne parvenaient pas à imposer silence. Victor

Hugo avait donné à la Comédie-Française son drame : *le Roi s'amuse*; mais, par ordre supérieur, et sous prétexte d'outrages aux bonnes mœurs, un arrêté d'interdiction fut pris, après les premières représentations, par le ministre du Commerce et des Travaux publics. Le poète alors actionna la Comédie en dommages-intérêts ; le procès évidemment visait plus haut que la personnalité des défendeurs.

Odilon-Barrot soutint la demande; il parlait, disait-il, au nom de la liberté de la pensée, de la liberté des représentations théâtrales, de la résistance à la censure et à des actes arbitraires. L'avocat, réduisant ensuite sa cause à ses proportions les plus modestes, plaida qu'un contrat était intervenu entre son client et la Comédie-Française, et en demanda l'exécution pure et simple.

Léon Duval ne prononça que quelques mots en faveur de la Comédie; il déclara qu'elle avait le vif désir de voir M. Victor Hugo gagner son procès, en raison d'abord de l'intérêt qu'elle éprouvait pour la liberté des théâtres, et aussi pour rentrer dans les dépenses que lui avait occasionnées la mise en scène du drame.

L'auditoire était de plus en plus bruyant. Déjà, au cours de la plaidoirie d'Odilon-Barrot, des applaudissements avaient éclaté auxquels répondaient sur-le-champ de violentes rumeurs. A un moment, Léon Duval rappelait très simplement les orages que *le Roi s'amuse* avait déchaînés au théâtre, lorsqu'un orage semblable éclata en pleine audience, malgré les efforts impuissants du président et des huissiers pour apaiser le tumulte. La menace d'une remise à quinzaine put seule ramener un silence relatif.

Victor Hugo prononça un discours resté célèbre: « C'est le procès d'un citoyen contre le Gouvernement, s'écria-t-il ! Au fond de cette affaire, il y a une pièce défendue par ordre; or, une pièce défendue par ordre, c'est la censure,

et la Charte abolit la censure; une pièce défendue par
ordre, c'est la confiscation, et la Charte abolit la confiscation. » Il termina par ces mots : « Il n'y a eu dans ce
siècle qu'un grand homme, Napoléon, et une grande chose,
la liberté; nous n'avons plus le grand homme; tâchons
d'avoir la grande chose. »

Des applaudissements tapageurs éclatent, et c'est à
grand'peine que Chaix d'Est-Ange, qui, après avoir hésité
à se charger de l'affaire, se présentait pour le ministre
intervenant, put commencer sa plaidoirie. Le public lui
rend sa tâche particulièrement difficile; à un passage,
parlant de Victor Hugo, Chaix dit : « M. Victor Hugo est
dominé d'une idée fixe : il croit que l'ordre qui défend sa
pièce vaut au moins les ordonnances de Juillet : il croit
que, contre cet ordre, ce n'est pas trop d'une révolution,
comme il y a deux ans contre les ordonnances; » à ces
mots, les murmures éclatent plus bruyants et plus ironi-
ques. « Qui donc ici m'interrompt, s'écrie l'avocat? Quels
sont les impatients amis de la liberté qui veulent étouffer
la discussion? Quels sont... » Il est immédiatement vengé,
et la foule, mobile dans ses manifestations, applaudit fré-
nétiquement l'orateur.

« A côté de toutes les libertés, dit-il en terminant, et
non sans un visible désir de reconnaître les beautés du
drame interdit — n'avons-nous pas la liberté de la presse,
qui, toutes, les garantit et les justifie? Que M. Victor Hugo
en appelle donc à elle de la représentation qui lui manque,
et que tout le monde — tout le monde, Monsieur, a blâmée
— et à la lecture, et si vous avez fait une œuvre de génie,
une pièce en effet si morale et si belle; si tout le monde,
en effet, a eu tort de rougir en la voyant; eh bien! ras-
surez-vous : il y a dans les mœurs publiques, il y a dans
l'approbation universelle quelque chose de plus fort que

toutes les défenses, de plus puissant que tous les ministres, et votre chef-d'œuvre sortira vainqueur de cette épreuve, comme *le Cid* malgré le despotisme de Richelieu, comme *le Tartuffe* sous la protection de Louis XIV, comme *Figaro* triomphant, aux applaudissements de la Cour, des ordres de Louis XVI. »

Le tribunal se déclara incompétent, et le procès en resta là ; il a depuis été jugé en dernier ressort, et définitivement gagné par le poète.

Ces grands débats, qui se déroulaient ainsi devant toutes les juridictions, et agitaient les questions les plus diverses et les plus passionnantes, jetèrent sur le Barreau de ce temps un lustre incomparable ; les époques troublées fournissent ordinairement à l'Ordre des avocats l'occasion de se dévouer et de combattre ; fidèle à ses vieilles traditions de devoir et d'honneur, il accepta vaillamment la lutte.

Hennequin et Berryer, au lendemain du triomphe remporté par la monarchie de Juillet et de l'évanouissement de leurs espérances, n'avaient renié ni une de leurs opinions ni un de leurs amis ; tous les deux, l'un avec la modération de son talent et de son caractère, l'autre avec le feu de sa mâle éloquence, étaient presque chaque jour sur la brèche, s'efforçant d'arracher au ministère public les vaincus qu'il poursuivait ; Parquin, Marie, Philippe Dupin et Odilon-Barrot, tous luttaient à l'envi d'ardeur et de savoir, et applaudissaient, avec les sentiments d'une cordiale confraternité, aux premiers grands succès oratoires de Chaix d'Est-Ange.

Le 30 août 1832, Dupin aîné était reçu à l'Académie française. Dupin ne figurait plus depuis deux ans au Bar-

reau de Paris; mais c'était pourtant à l'avocat surtout
qu'étaient allés les suffrages de l'illustre compagnie; il
n'y avait pas à s'y méprendre, et le nouvel académicien
le comprenait bien quand il plaçait au premier rang, parmi
les titres divers qui lui avaient été conférés, son élection
comme bâtonnier des avocats, après trente ans d'exercice
de sa profession.

Le Barreau était toujours régi par l'ordonnance de 1822,
modifiée sur quelques points par celle du 27 août 1830.
Celle-ci n'avait fait que parer au plus pressé et promettait
la révision définitive des lois et règlements concernant
la profession d'avocat.

Mais la Chancellerie, détournée par des préoccupations
plus impérieuses, avait oublié sa promesse; le Conseil de
discipline du Barreau de Paris voulut accélérer la mesure
attendue, et décida de faciliter la tâche du ministère en
lui présentant un projet tout préparé.

Une commission, composée de six membres, choisit pour
rapporteurs Duvergier et Mollot, qui préparèrent l'ordonnance nouvelle.

Leur travail fut mûrement examiné, discuté pendant plusieurs séances du Conseil et, après avoir été approuvé,
transmis officiellement au Garde des sceaux. Celui-ci, —
c'était Barthe, et on l'avait cru très soucieux des intérêts
de ses anciens confrères, — s'empressa de l'envoyer au
Procureur général, en l'invitant à en soumettre les dispositions aux chambres réunies de la Cour; c'était préparer
à la proposition l'insuccès qui lui était réservé; le temps
passa, en effet, et jamais plus il ne fut, officiellement du
moins, question de réaliser la promesse solennellement
faite en 1830.

Le projet, arrêté par le Conseil, ne conserve donc

qu'une valeur toute documentaire; il révèle en tout cas ce que les avocats d'alors pensaient de leur propre organisation, de leurs devoirs et de leurs droits.

Les premiers articles de l'arrêté préparé (1) interdisaient de prendre le titre, ou d'exercer les fonctions d'avocat à quiconque n'avait pas été admis au stage et inscrit sur un tableau; ils accordaient aux avocats inscrits au tableau d'une cour le droit de plaider devant toutes les juridictions; les avocats inscrits sur le tableau d'un tribunal ne devaient plaider que devant tous les tribunaux du royaume et la Cour d'assises de leur département. Le projet proclamait la liberté de la défense et la liberté de la communication du défenseur avec son client, sans aucune des entraves vexatoires dont quelques avocats avaient souffert; il édictait certaines incompatibilités; il modifiait la formule du serment, en lui conservant toutefois son caractère politique, le licencié en droit devant jurer fidélité au Roi des Français, obéissance à la Charte constitutionnelle et aux lois du royaume.

Le règlement s'occupait ensuite du stage, du tableau, du Conseil, dont il arrêtait la composition et la compétence, du bâtonnier et des droits qui lui étaient reservés, enfin de la discipline à laquelle l'avocat devait être soumis.

De toutes les réformes, souhaitées par l'Ordre des avocats, la plus importante, qui ait trouvé place dans le projet élaboré par le Conseil de Paris, concernait la juridiction disciplinaire; le Barreau demandait avec instance que l'indépendance de cette juridiction fût proclamée; sans doute, l'avocat, poursuivi et condamné par ses pairs, conservait son droit d'appel devant la Cour, mais ce droit était refusé au ministère public. Il en devait être

(1) Mollot, t. I, p. 512.

ainsi du moins pour tous les actes de l'avocat relevant de sa vie professionnelle; il restait soumis pour les actes de sa vie civile aux lois qui régissaient tous les citoyens, et pour les actes de sa profession, exercée à l'audience, au jugement des magistrats devant lesquels il se présentait.

L'acceptation, par les pouvoirs compétents, du projet adopté par le Conseil aurait constitué un sérieux progrès, mais le Barreau désespéra bientôt d'en voir la réalisation prochaine.

Aussi bien, à ce moment, une série de querelles altéra l'harmonie de ses rapports avec la magistrature parisienne.

Le 9 août 1832, un avocat, qui, au milieu de confrères plus brillants et plus illustres, s'était créé au Barreau une place enviable, Parquin, fut nommé bâtonnier par 140 suffrages sur 196 votants. Un des bulletins trouvés dans l'urne, dû manifestement à l'un des plus chauds partisans de la candidature qui triomphait, était orné de ces mots :

Nous devons le nommer à l'unanimité;
De l'ordre entier naguère il a bien mérité.

Dans quelles circonstances, ainsi rappelées en un distique lamentable, Parquin avait-il donc bien mérité de son Ordre ?

Le premier Président Séguier occupait, depuis 1811, à la tête de la Cour de Paris, le poste élevé dans lequel il avait succédé à Treilhard. Nommé dès l'âge de trente-quatre ans, il devait mourir sur son siège en 1848 seulement, et voir ainsi passer sous ses yeux les régimes les plus divers.

Bien que longtemps dévoué à l'Empire, il accepta avec enthousiasme la Restauration, et ne commença à la combattre que lorsque déjà de sourdes rumeurs en faisaient prévoir la chute; il n'eut donc pas la peine de se rallier à la monarchie de Juillet ; on aurait presque cru qu'il l'avait inventée. Sous Louis XVIII, il présidait les audiences où les condamnations les plus sévères étaient prononcées contre la presse; à la fin du règne de Charles X, il acquittait Bertin aîné. C'est à l'occasion de cette poursuite qu'il aurait répondu à de Peyronnet, faisant appel à son dévouement : « La Cour rend des arrêts et non pas des services ! »

Esprit particulièrement intelligent et vif, il ne conservait pas toujours sur son siège la sérénité grave que comportait l'exercice de sa magistrature; sa nature primesautière passait rapidement d'une largeur d'idées irréfléchie à une bouderie inexpliquée.

Il aimait, dit-on, les avocats, mais il les brusquait par des boutades où ne se retrouvaient plus sa malice native et sa joyeuse humeur.

Un jour, il se plaindra que, dans une demande de remise de cause, on l'ait appelé « votre Seigneurie », sans doute pour tenter de fléchir sa rigueur accoutumée : « Ici, je ne m'appelle point Votre Seigneurie ; je ne prends ce titre qu'à la Cour et à la Chambre des Pairs. » Une autre fois, il s'irritera de l'absence d'un avocat, dont l'affaire devait être plaidée. « Un avocat doit toujours être à son poste; si je connaissais le nom de celui dont il s'agit, je le ferais exclure. » Il gourmandera Cœuret de Saint-Georges, l'un des membres les plus estimables et les plus consciencieux du Barreau, en lui reprochant, publiquement et en termes fort vifs, « de ne pas savoir son affaire, de ne pas être clair du tout ».

Par contre, à Marie, qui appuyait une demande de renvoi sollicitée par un confrère, il répondra : « Vous plaiderez pour deux; nous savons tous que vous avez assez de talent et de conscience pour ne nous dire que des faits exacts. »

S'il morigène les stagiaires qui, au jour de leur serment, ne se présentent pas dans une tenue suffisamment irréprochable à son gré, il ne manque pas de saluer au passage un nom connu, et cherche l'occasion de faire un compliment; s'il se plaint des délais qu'on sollicite de lui, c'est pour souhaiter que les avocats trop occupés transmettent leurs dossiers superflus aux débutants en quête d'un emploi nécessaire.

Séguier avait beaucoup d'esprit, et comme on ne prête qu'aux riches, on répétait à la ville ses bons mots de l'audience ; on en citait même auxquels il ne manquait que d'avoir été prononcés(1).

Juge impartial et intègre, il était d'ailleurs assez infatué de sa valeur et de son savoir : « Je n'aperçois pas M. Giequel? disait-il un jour où celui-ci ne répondait pas à l'appel d'une cause; les avocats n'en font jamais d'autres. »

« M. le premier Président, répondit Giequel, qui, sur ces entrefaites, accourait essoufflé, j'étais à la Cour de cassation, occupé à entendre défendre l'un de vos arrêts. — C'est inutile, répliqua Séguier, nos arrêts se défendent d'eux-mêmes.

— « Ce qui n'empêche, termina Giequel, que le vôtre vient d'être cassé. »

« Je vois encore, a-t-on dit du premier Président (2), ce petit vieillard alerte, blotti c'. comme tapi sur son banc, ramassé dans les plis de sa robe, le mortier sur les yeux, l'air à la fois spirituel et chagrin, le regard inquiet, semblant guetter plutôt qu'attendre les plaidoiries. Il les écoutait d'abord avec une sorte d'impatience résignée, puis

(1) O. Pinard, I, p. 349.
(2) Rousse, *Préface aux discours et plaidoyers de Chaix d'Est-Ange.*

bientôt il s'y mêlait par un entrain involontaire. Son front,
ses yeux s'animaient, et sa familiarité turbulente débordait en bons mots et en saillies. Tantôt, il approuvait
l'avocat ; et, pour le lui faire bien voir, il parlait avec lui,
il le questionnait, il le devinait, il allait en avant, il le
rappelait en arrière ; il l'escortait, il l'accompagnait du
chuchotement de sa voix discordante. Tantôt l'orateur lui
semblait lourd et diffus, la cause mauvaise, le plaideur
déloyal. Alors c'était une guerre à outrance ; il prenait
l'avocat, il le poussait, il le talonnait, il l'éperonnait de ses
malices criardes, il le gourmandait avec aigreur, lui, son
client et son procès, jusqu'à ce qu'il l'eût réduit à se fâcher
ou à se taire. Jamais on ne vit un auditeur plus gênant
dans sa bienveillance, ni plus insupportable dans son humeur. »

Aucun avocat, quels que fussent son rang, sa réputation, son talent, n'était à l'abri des algarades du premier
Président.

C'était à la fin de juillet que s'était produit le léger
incident auquel il était fait allusion dans le bulletin de
vote de l'avocat-poète.

Parquin venait de plaider comme appelant une affaire
de peu d'intérêt ; après quelques mots de son adversaire,
la Cour, sous la présidence de Séguier, qui paraissait occupé de toute autre chose que du débat, avait confirmé le
jugement du Tribunal. Parquin témoignant son regret de
n'avoir pu donner en réplique une explication importante :
« Tenez, Me Parquin, dit Séguier, convenez-en, vous étiez
trop fort pour cette cause ; elle n'était pas digne de vous.
— M. le premier Président, répartit l'avocat, quand on
me charge d'une cause, je ne regarde pas si elle est forte
ou faible ; ce serait de ma part une présomption déplacée.
J'examine si elle est juste ou non, et c'est parce que j'étais

14

convaincu de l'extrême bonté de celle-ci que j'avais consenti à m'en charger... Je regrette d'apprendre que tout
le monde ne pense pas de la même manière, et qu'à cette
audience il ne faut pas plaider de petites causes parce
qu'elles y sont trop souvent négligées et sacrifiées. »

Quelques mois plus tard, Hennequin se vit à son tour,
et dans une circonstance mémorable, l'objet des observations malveillantes de Séguier.

La duchesse de Berry venait d'être écrouée au château de
Blaye, et l'avocat légitimiste, fort, disait-il, d'une confiance
qui devait rester l'éternel honneur de sa vie, avait, à la demande de M\ue de Kersabiec, courageusement consenti à se
charger d'une défense qui n'était pas sans péril. Le jour
même où les journaux publiaient la lettre d'acceptation
d'Hennequin, il était absent de Paris, et l'un de ses confrères demandant en son nom une remise devant la chambre que présidait Séguier : « Il a tort d'être absent, dit
« avec véhémence le magistrat; il devrait être ici plutôt
« que d'écrire à la duchesse de Berry des lettres qu'un
« avocat qui a prêté serment ne devrait pas écrire. »
Hennequin soumit l'incident au Conseil.

Ce n'était pas seulement à l'audience que le premier
Président épanchait son humeur aigrie ; dans les couloirs
du Palais, il avait eu un jour une altercation assez vive
avec Parquin qui, retenu par le service de la garde nationale, ne s'était pas présenté à l'appel des causes.

Les rapports étaient donc assez tendus entre Séguier et
le Barreau, lorsque la conférence des avocats reprit ses
travaux le 26 novembre 1832.

Mauguin, le bâtonnier de 1830 et de 1831, s'était toujours abstenu de prononcer le discours de rentrée ; ce
silence avait paru regrettable ; aussi le Barreau approuva-
t-il Parquin de renouer une vieille et saine tradition qui,

sans doute, n'avait pas toujours été scrupuleusement respectée, mais à laquelle l'Ordre, en souvenir des harangues
de Delamalle et de Dupin aîné, attachait un véritable prix.

A cette séance du 26 novembre 1832, une autre innova-
tion fut introduite : deux jeunes avocats devaient prononcer des discours sur un sujet déterminé ; de Baillehache
et de Goulard, les premiers, eurent l'honneur d'être désignés pour porter la parole à la rentrée des conférences.

Mais l'événement de la journée fut le discours de Parquin ; après les remerciements obligés, le bâtonnier
proclame que la charge qui lui a été conférée, et dont il
est fier, comporte aussi de grands devoirs : il s'efforcera
de les remplir.

Parmi ceux-ci, il place au premier rang l'obligation de
réclamer qu'aux dispositions provisoires de l'ordonnance
du 27 août 1830 succède une réglementation définitive en
harmonie avec les convenances et la dignité du Barreau
français.

« Dorénavant, dit Parquin, notre caractère d'avocat
nous suivra partout, et nous serons admis à plaider
devant toutes les cours, sur la simple exhibition de notre
diplôme, sans être tenus de subir, à l'exemple de nos plus
illustres confrères Barthe, Mérilhou, Berville, les boutades
fantasques d'un premier Président ou l'impérieux refus
d'un garde des sceaux. »

Des rires approbateurs accueillent ce passage.

« Un autre objet, non moins précieux et non moins
grave, déclare plus loin l'orateur, sera de veiller assidu-
ment au maintien des libertés et des prérogatives de
l'Ordre. Je voudrais pouvoir garder le silence sur ce chapitre délicat ; mais le faire serait faiblesse. Ces libertés,
ces prérogatives de l'Ordre, elles ne sont pas toujours
assez respectées. A côté de magistrats vraiment dignes

de ce nom, possédant au plus haut degré le sentiment des
exigences austères de leur état, qui écoutent en silence,
qui délibèrent gravement, siègent, — en fort petit nombre,
il est vrai, mais malheureusement ce n'est pas dans les
rangs inférieurs qu'on les rencontre, — d'autres magistrats qui, doués apparemment d'une merveilleuse facilité
de comprendre, arrêtent court une défense à peine ébau-
chée, la privent de ses développements nécessaires, ou
bien heurtent l'orateur par des interpellations âpres et
brusques, mutilent, au gré de leur pétulante impatience,
une plaidoirie sage et mesurée. La grande affaire pour
eux est de juger beaucoup... »

Les allusions étaient transparentes; elles s'accentuèrent
encore davantage lorsque le bâtonnier, après s'être permis
de relever les devoirs incombant à la Magistrature dans
l'exercice de sa haute fonction, et faisant un retour sur le
Barreau, entreprit d'énumérer les obligations auxquelles
il ne devait pas se soustraire envers l'autorité et les magistrats, « envers nos clients, poursuivit-il, à qui nous avons
promis chaleur de zèle, délicatesse, désintéressement et
que nous devons assister dans toutes leurs infortunes,
sans craindre d'encourir auprès des cœurs généreux et
des âmes élevées l'inconcevable reproche, publiquement
adressé naguère à l'un des ornements du Barreau, qui
avait sollicité l'honneur de défendre une noble et malheureuse cliente, comme si la défense d'un accusé dans les
fers n'était pas de droit, comme si, en accomplissant le
plus saint de nos devoirs, nous pourrions être taxés jamais
de forfaiture à nos serments. »

En rappelant ainsi les attaques récentes dont Hennequin
avait été l'objet, et sur lesquelles le Conseil délibérait
encore, le bâtonnier souleva de vifs applaudissements.
Les avocats qui l'écoutaient, quoique peu sensibles, en

majorité, aux regrets laissés par la royauté disparue, pensaient, à juste titre, que le malheur crée d'imprescriptibles
droits, parmi lesquels figure au premier rang celui d'être
défendu librement, sans arrière-pensée et sans faiblesse.

Le discours de Parquin produisit un effet considérable ;
le Barreau approuva d'une voix unanime les principes
qu'il posait et les considérations fondamentales qui s'y
trouvaient formulées ; la Magistrature fut mécontente ;
elle dissimula toutefois son ressentiment ; Séguier fit
contre mauvaise fortune bon visage, et, à quelques jours
de là, adressa à Parquin une invitation à dîner. Le bâtonnier, dans une entrevue qu'il se ménagea à l'hôtel même
? premier Président, lui représenta que, si la politesse
ait été faite à l'Ordre dans la personne de son bâtonnier,
il devait en référer au Conseil ; Séguier répondit que,
dans ces conditions, l'invitation devait être considérée
comme non avenue. Au cours de cet entretien, le magistrat avait constamment montré pour Parquin les égards
dus au bâtonnier de l'Ordre, qui, de son côté, s'était
attaché à observer le respect auquel avait droit le chef de
la Cour.

En ce même temps, le Conseil se prononça sur les paroles prononcées à l'audience par Séguier au sujet d'Hennequin, et reproduites dans les journaux. Il déclara dans sa
décision que le fait reproché à l'avocat ne pouvait appeler
sur lui aucun blâme ; que c'était, en effet, non seulement
un droit, mais un devoir de la profession de défendre les
accusés quels qu'ils fussent ; mais il considéra que l'allocution de Parquin, à l'ouverture de la conférence, devait
être regardée comme une manifestation non équivoque
de l'opinion du Barreau et satisfaire Hennequin ; par suite,
le Conseil décida qu'il n'y avait pas lieu de suivre.

La Cour et le Parquet, qui connurent certainement cet

arrêté, ne bougèrent pas, et, pour le moment, les choses en restèrent là.

La lutte entre le Barreau et Séguier n'était qu'assoupie ; au mois d'avril 1833, elle reprit avec plus d'aigreur et de gravité. Marie jouissait parmi ses confrères de l'estime générale ; personne ne contestait la grandeur de son talent ni l'étendue de ses connaissances (1). Le 15 avril 1833, il défendait devant la Cour d'assises le député Cabet, accusé, à la suite de la publication d'un ouvrage intitulé : *la Révolution de 1830 expliquée et éclairée par les Révolutions de 1789, 1792, 1799, 1804, et par la Restauration*, d'attaque contre la dignité royale, d'offense envers la personne du roi, et d'excitation à la haine et au mépris du gouvernement.

Après une fort belle plaidoirie de son défenseur, Cabet fut acquitté ; mais, pendant qu'il triomphait à la Cour d'assises, Marie était, en son absence, vivement admonesté par le premier Président.

L'avocat avait fait demander le renvoi d'une affaire qu'il devait plaider devant Séguier ; celui-ci s'y refusa : « Non, dit-il avec véhémence à l'avoué qui insistait, c'est pour la Cour d'assises que M° Marie nous a quittés ; votre client vaut bien Cabet, et nous valons bien la Cour d'assises. »

— « Mais, Monsieur le Président, répliqua l'avoué Perrin, le client ne doit pas souffrir de l'absence de l'avocat, et la Cour sait que M° Marie est toujours prêt et qu'il plaide rarement aux assises. »

« Il est déplorable, répondit Séguier, que les avocats s'occupent d'affaires politiques ; ils feraient mieux de se consacrer aux affaires civiles ; c'est là leur affaire ! »

(1) Bonnet, *Souvenirs*.

Le premier Président finit par céder, mais il le fit de bien mauvaise grâce, et en aggravant encore ses insinuations désobligeantes :

— « C'est pour vous, Me Perrin, dit-il à l'avoué, pour vous seul, car nous savons tous votre manière franche et loyale de penser, et votre attachement à l'ordre public. »

Séguier était d'ailleurs dans un de ses plus mauvais jours. Avant la fin de cette même audience, et la Cour ayant entendu une affaire qui devait entraîner plus de frais que ne le comportaient les intérêts en jeu : « Il est scandaleux, dit-il, après le prononcé de l'arrêt, qu'une telle affaire ait été portée devant la Cour ; avocats et avoués eussent dû s'abstenir. L'avoué de Joigny, qui a donné le conseil d'interjeter appel, est un malhonnête homme. »

Marie porta plainte devant le Conseil, qui se réunit sur-le-champ en séance extraordinaire, et prit, à l'unanimité des membres présents, une énergique délibération, à laquelle, le lendemain, les absents, Philippe Dupin, Mauguin et Lavaux, donnèrent leur adhésion formelle.

Le Conseil proclame que M. le premier président Séguier a méconnu les droits et les devoirs de la profession d'avocat, puisque la loi, d'accord avec l'humanité, prescrit à tous les membres du Barreau de prêter le secours de la défense à tous les accusés, sans exception. L'intérêt général de la société réclame contre la désertion des causes politiques enseignée par le premier Président.

L'arrêté poursuit : « Considérant que les paroles adressées à l'avoué, Me Perrin, constituent, par l'opposition qu'elles établissent entre les personnes, une injure grave pour Me Marie ;

« Que cette injure est d'autant plus inexcusable que l'avocat, qui en était l'objet, se trouvait absent de l'audience ;

« Que si la considération dont M° Marie est investi à juste titre n'en peut recevoir aucune altération, il n'importe pas moins que l'Ordre des avocats s'élève avec force contre l'atteinte portée à l'honneur et à l'indépendance du Barreau dans la personne de l'un de ses membres ;

« Considérant d'ailleurs que ce n'est pas la première fois qu'il est arrivé à M. le premier Président d'attaquer la liberté de la défense et la dignité de l'Ordre », le Conseil décide qu' « au nom de l'Ordre des avocats, il proteste contre la profession des principes attentatoires aux droits du Barreau, et contre les expressions injurieuses pour M° Marie que s'est permises M. le premier Président Séguier. »

Copie de cette délibération fut adressée à Séguier lui-même. Cette fois encore, il fit la sourde oreille.

A quelques mois de là, une manifestation plus bruyante l'obligea à écouter et à entendre.

Au mois d'août 1833, Parquin achevait la première année de son bâtonnat.

Dans son discours de rentrée du mois de novembre précédent, il s'était très nettement expliqué sur la question de rééligibilité du bâtonnier sortant : « Le bâtonnat est un grand honneur sans doute, avait-il dit ; mais aussi c'est une sorte de dictature, et, selon moi, une dictature ne doit jamais être prolongée. D'ailleurs, veut-on n'en considérer que le point de vue honorifique: l'Ordre des avocats est si riche en talents et en vertus, j'aperçois, à mes côtés, tant de confrères dignes, sous mille rapports, de cette éclatante distinction qu'il importe de ne pas reporter trop loin l'époque où ils seront appelés à en jouir. Vous daignerez donc permettre qu'avec mes remerciements, objet principal de cette allocution, qui en ont été le commencement et qui en seront la fin, je consigne ici la déclaration

expresse que, dans ma pensée, le bâtonnat ne doit être
déféré que pour un an, que je ne l'ai accepté que pour un
an. »

C'était, en termes formels, décliner toute candidature
pour l'avenir ; mais les incidents auxquels Parquin avait
été mêlé, son attitude énergique déterminèrent le Barreau
à passer outre. Le 12 août 1833, à l'élection du bâtonnier,
la presque unanimité des voix se reportait sur son nom.

« Vos bienveillants suffrages, dit Parquin à ses confrères quand il apprit ce résultat, me placent dans une
situation fort délicate. Malgré ma profession de foi de
l'année dernière, malgré les vives instances qui se font
auprès de vous depuis un mois pour obtenir que vous me
donniez un successeur, vous me conférez encore, que
dis-je ? vous m'imposez le bâtonnat. Dois-je accepter ? le
puis-je ? » Ici il est interrompu de toutes parts : oui !
oui !... « Je sens, en effet, reprend le bâtonnier, quelque
chose qui me dit que, quand un Ordre tel que le vôtre
insiste pour déférer un pareil honneur, le refus serait
inconvenant et que vous auriez le droit d'en être blessés.
Je cède donc... »

Des applaudissements vigoureux accueillirent ces mots
et Parquin reprit le bâtonnat.

A la rentrée de novembre, le procureur général Persil
prononça devant la Cour le discours traditionnel ; on
l'attendait avec une certaine curiosité ; on se demandait
s'il ferait allusion, et en quels termes, au conflit du Barreau et du premier Président. Les paroles du magistrat
furent très significatives, et telles que le Barreau y applaudit de tout cœur.

« Mes chers confrères, dit Persil s'adressant aux avocats, je vous le dis avec un véritable orgueil, le Barreau
de Paris, auquel je suis fier d'appartenir de cœur, s'est

montré cette année ce qu'il fut toujours, fidèle à ses serments, dévoué à l'ordre, habile à allier le savoir, la fermeté, l'énergie au respect des lois et à la soumission envers
les pouvoirs établis... Grâce à votre sagesse, le Barreau
est resté ce qu'il doit être... le sujet le plus soumis de la
loi et des applications qu'en fait la justice. »

Peu de jours après, le bâtonnier présidait à la réouverture de la conférence ; Parquin, dont le caractère était
décidément grincheux, n'avait rien entendu des paroles
du Procureur général ; et son discours est demeuré
célèbre.

Dès le début, et après les remerciements d'usage, il
aborde le sujet qui fait l'objet des préoccupations de tous;
le style est vif, le ton acerbe.

« L'union, dit le bâtonnier, est plus que jamais nécessaire aux avocats. Quelque favorables que soient pour le
Barreau les dispositions d'un grand nombre de magistrats,
aux intentions éclairées desquels je me plais à rendre un
public hommage, nous n'avons pas moins beaucoup à
craindre de la fâcheuse humeur de certains esprits qui
nous sont ouvertement hostiles, qui apprendraient notre
affranchissement avec peine, qui feront tout au monde
pour le retarder ou l'empêcher. » Parquin proteste en termes énergiques de son respect pour la Magistrature, qu'il
a toujours signalée comme le but le plus honorable de
l'ambition de l'avocat.

« C'est précisément, ajoute-t-il, parce que la Magistrature tient à mes yeux du sacerdoce, que je voudrais que le
juge, qui en est le prêtre, fût constamment à la hauteur
de sa sainte mission; et quand, au lieu de ce calme, de
cette gravité, de cet esprit de recueillement et de médita-
tion, qui peuvent seuls faire comprendre les procès et
rendre bonne justice, je rencontre l'irréflexion, l'emporte-

ment, les interruptions, les sarcasmes, les distractions insultantes et les allocutions amères, alors il n'est pas possible de ne pas ressentir un vif mécontentement, de ne pas déplorer cet intolérable oubli des bienséances, cette abjuration inouïe des devoirs, j'ai presque dit de la pudeur du magistrat... »

Le bâtonnier rappelle l'affaire Marie et la décision prise par le Conseil : « Une décision mémorable, dont la place est déjà retenue dans les annales du Barreau français, alla jusque sur son siège saisir l'offenseur et lui infligea un blâme sévère; et cette décision, ce blâme, ils ont été acceptés en silence. Et le procureur général, portant, il y a peu de jours, la parole à la rentrée des chambres, n'a pas trouvé un seul mot pour nous reprendre; il n'a vu, il n'a remarqué, en tout ce que nous avons fait, que des éloges à nous donner. Quel signe plus évident de notre crédit, de notre autorité, de notre droit! Fasse le ciel, mais j'en doute encore, que la sévère leçon que nous avons donnée porte ses fruits, et que l'Ordre ne soit pas poussé, par de nouvelles offenses, à la nécessité de prendre d'autres et de plus rigoureuses mesures! »

Puis, Parquin se plaint avec amertume du retard presque systématique apporté par la Cour dans l'examen du projet de règlement qui lui a été transmis par la Chancellerie. Il ne doute pas que cet examen ne soit fait rapidement, et que les délibérations de la commission ne donnent toute satisfaction aux désirs légitimes et aux revendications justifiées du Barreau.

« Que si pourtant je me trompais, s'écrie-t-il dans la langue légèrement pompeuse de l'époque, si tant de promesses positives étaient trahies; si l'ordonnance que nous sollicitons, et qui doit briser nos chaînes, était destinée à les river, la même voix qui n'a pas hésité à se porter garant de la sincérité des paroles du pouvoir serait la première à l'accuser d'une odieuse déception. Pour donner même plus de poids à mes reproches, je déposerais ce titre de bâtonnier que, vaincu par la touchante unanimité de vos suffrages, j'ai pu accepter de nouveau lorsque je me flattais de terminer heureusement ce travail commencé, mais que je ne croirais plus pouvoir garder sans honte du moment où serait consommée l'œuvre de notre humiliation. Écartons, écartons de sinistres présages... ! »

Cette fois, la Cour et le Parquet s'émurent. Le Bulletin du *Journal de Paris* annonçait, dès le 30 novembre, que quelques passages du discours prononcé par M. Parquin, en sa qualité de bâtonnier de l'Ordre des avocats, ayant paru offensants pour la Magistrature, le Procureur général, après avoir pris les instructions du garde des Sceaux, avait commencé des poursuites.

Le bâtonnier reçut, en effet, citation à comparaître devant les chambres assemblées de la Cour jugeant disciplinairement.

Le Palais s'anima, et la salle des Pas-Perdus prit son aspect des jours agités : en ces moments-là, les groupes sont plus nombreux et plus compacts; au lieu de quelques avocats, échangeant, au cours de leur promenade, de graves considérations sur leurs affaires, ou s'égayant, dans un éclat de rire, de propos plus plaisants et plus libres, on en voit dix, vingt, plus encore, serrés autour d'un orateur qui discourt ou de deux confrères qui discutent.

Les petits clercs d'avoué, porteurs de placets et coureurs d'audience, s'arrêtent ébahis.

Le bourdonnement que renvoient les voûtes sonores est ininterrompu; il tourne presque au tapage, et, de temps à autre, une exclamation plus vive ou des mots plus accentués en entrecoupent la bruyante rumeur.

On s'entretenait, avant tout, à ce moment, du discours de Parquin, dont l'allure, malgré les applaudissements qui l'avaient accueilli, était jugée, par beaucoup, trop vive et trop frondeuse; on jasait de l'invitation à dîner que le bâtonnier avait reçue du garde des sceaux presqu'à la même heure que la lettre lui annonçant les poursuites dont il était l'objet. Parquin avait désiré savoir si celle-ci annulait la première, et, sur l'annonce que Séguier et Persil figuraient au nombre des convives du ministre, le bâtonnier s'abstint.

A la nouvelle de la citation envoyée par le Parquet, le Conseil s'était réuni; il paraît qu'il était loin d'approuver tous les passages relevés dans le discours incriminé ; mais il considérait l'assignation donnée directement devant la Cour comme une mise en suspicion de sa propre juridiction disciplinaire, et, se préoccupant avant tout de la question de principe, il décida à l'unanimité qu'aucune disposition législative ne conférait à la Cour le droit de statuer sur des faits qui se seraient passés hors de son audience, et que M. Parquin, dans l'intérêt de l'Ordre, devait décliner la compétence de la Cour. Mauguin, Hennequin et Philippe Dupin étaient désignés pour assister le bâtonnier dans les suites que comporterait cette affaire. Fort de l'assentiment de ses confrères, soutenu d'ailleurs par les sympathies qu'on lui exprimait de toutes parts, et auxquelles s'associaient publiquement un grand nombre de Barreaux de France, notamment ceux de Rouen, de Marseille, de Dijon, de Nancy, de Caen, Parquin comparut le 5 décembre devant la Cour, toutes chambres réunies, présidée par M. Lepoitevin, Séguier s'étant tout naturellement abstenu. Mauguin soutint l'incompétence de la Cour; les fautes professionnelles commises par les avocats, plaida-t-il en substance, doivent être soumises au Conseil de discipline qui peut seul statuer en premier ressort; il n'y a d'exception à cette règle que pour les infractions relevées à l'audience même; mais, en ce qui concerne celles dont l'avocat se serait rendu coupable hors de l'audience, la règle posée subsiste dans toute sa force.

La Cour rendit sur-le-champ un arrêt qui rejetait l'exception invoquée, et se déclara compétente; elle considéra, entre autres motifs, qu'elle ne pouvait être réduite à attendre d'un corps placé sous sa surveillance la répression des actes d'irrévérence dont elle aurait été l'objet.

Cette sentence rendue, Parquin et ses conseils, refusant de s'expliquer sur le fond, quittèrent l'audience, et, le lendemain 6 décembre, le conseil décidait de se pourvoir en cassation; peu d'instants après, le bâtonnier se transporta au greffe de la Cour suprême, où il signait son pourvoi.

Mais la Cour royale avait déjà statué, et, par un second arrêt rendu le même jour que le premier, elle avait prononcé contre Parquin la peine de l'avertissement.

La querelle allait entrer dans une phase toute différente; le soir du jour où il avait été frappé d'une peine, le bâtonnier se rencontrait à table avec le premier Président chez M. Debelleyme; l'intervention amicale et un peu brusque du procureur général Dupin amena une réconciliation publique. Mais Parquin tint à faire connaître qu'en ne repoussant pas les avances dont il était l'objet, il avait agi en son nom personnel, et absolument réservé la question de principe dont la Cour de cassation était saisie, et où se trouvaient engagés les droits les plus respectables du Barreau.

Pour bien accentuer que, jusqu'à ce qu'il ait été statué sur ce pourvoi, l'état de lutte persistait, les membres du Conseil décidèrent de s'abstenir, le 1er janvier 1834, de la visite traditionnelle au premier Président et au Procureur général.

Le 6 février suivant, le mémoire rédigé par Mauguin, et qui devait être soumis à la Cour de cassation, était approuvé par le Conseil de l'Ordre, qui en votait l'impression et la distribution à tous les Barreaux de France : en outre, il était convenu que tous les membres du Conseil se rendraient à l'audience pour assister aux débats.

L'affaire vint devant la Chambre des requêtes ; le procureur général Dupin occupait son siège ce jour-là ; il prononça un réquisitoire bourré d'érudition et de recherches, où le fond était relevé d'une forme originale. L'orateur ne craignait pas, en ces occasions, de recourir à tous les précédents pour éclairer ses décisions ; il examinait tous les textes, commentait tous les arrêts, et se laissait aller, même devant la Cour de cassation, où la discussion est généralement dépouillée de toute prétention oratoire, à des mouvements d'une véritable éloquence.

Dans l'affaire Parquin, son esprit se reporte constamment vers son ancienne profession ; il parle avec chaleur des heureux souvenirs et de l'inaltérable affection qui l'attachent au Barreau.

« A la première annonce du pourvoi, dit-il, je doutai si je devais m'en charger ; je craignais de me laisser entraîner à quelque préoccupation involontaire, et de ne pouvoir traiter la question avec cette indépendance du cœur qui influe si puissamment sur la liberté de l'esprit. »

Il la discute avec une parfaite lucidité ; il recherche si le texte du décret de 1808, invoqué par la Cour pour proclamer sa compétence, peut être étendu aux avocats, alors qu'il ne parle que des officiers ministériels. En tout cas, ce décret n'était qu'un règlement provisoire, rendu quand l'Ordre des avocats n'avait pas reçu sa constitution définitive ; c'est au décret de 1810 qu'il faut remonter ; or, qu'a-t-il fait ? il a créé et rétabli l'Ordre des avocats ; il a institué une juridiction nouvelle ; il l'a dotée d'une compétence spéciale ; il a créé des peines inconnues en 1808 ; il a permis l'appel qui était défendu. Il exige ainsi deux degrés de juridiction au lieu d'un ; d'où le Procureur général conclut que les Conseils de discipline formeront toujours le premier degré, lors même que le pouvoir disciplinaire appartiendrait à un Tribunal.

La Cour, en se décl. rant compétente, a donc violé la loi, et Dupin est d'avis qu'il faut admettre le pourvoi de Parquin.

Mais, avant de terminer, il s'élève avec vigueur contre le considérant de l'arrêt qui prétend qu'il serait contraire à la dignité de la Cour de laisser recourir d'abord aux Conseils de discipline.

« Eh quoi ! s'écrie-t-il, les Cours seraient humiliées de demander satisfaction à un Conseil de discipline !

« Pour moi, je dis au contraire : honneur à toutes les juridictions ! Le Roi, quand il plaide, demande justice à un juge de paix aussi bien qu'à une Cour royale ; les souverains offensés demandent réparation en police correctionnelle, et les Chambres législatives elles-mêmes ont, en pareil cas, l'alternative de cette juridiction, et ne croient point en cela déroger à leur dignité. quelque distance qu'il y ait d'elles à un petit tribunal composé de trois juges.

« Il ne s'agit point ici de susceptibilités aristocratiques entre les corps comme parmi les gens du monde ; il s'agit de degrés légaux de juridiction. Il suffit à la suprématie des cours qu'elles soient juges d'appel, et en dernier ressort ; c'est là ce qui constitue leur souveraineté.

« D'ailleurs, est-ce rendre justice à la composition du

Conseil de discipline de Paris que d'on parler avec ce dédain ? Vingt et un membres élus, par un Ordre nombreux, parmi les plus dignes ! Quel tribunal de première instance, quelle chambre de Cour royale offrirait une réunion plus imposante de lumières, et présenterait plus de garanties d'un bon et loyal jugement ?

« La considération publique n'a-t-elle pas, dans tous les temps, placé sur la même ligne les chefs du Barreau et ceux de la Magistrature ? et, pour ne pas prendre nos exemples dans cette enceinte même, n'avons-nous pas vu MM. Ferey, Poirier, Delacroix-Frainville honorés de leurs concitoyens, en possession de leur confiance, et vénérés à l'égal de ces patriarches de la haute Magistrature, Henrion de Pansey, Lepoitevin et Barbé-Marbois ? »

La Chambre des requêtes ayant rendu arrêt d'admission, le Barrreau conçut, pendant quelques mois, le légitime espoir du succès ; c'était une illusion que la Chambre civile dissipa le 22 juillet 1834 ; malgré une nouvelle intervention du Procureur général, aussi élevée et aussi pressante que la première, elle proclama la compétence de la Cour royale : le pourvoi était donc rejeté.

La Cour de cassation basait son arrêt sur l'omission par le Conseil de l'Ordre de se saisir de l'incident Parquin : elle y voyait un refus implicite d'exercer sa juridiction disciplinaire.

Le retard qu'il apporte dans l'exercice de sa fonction peut-il dépouiller un tribunal de la compétence que la loi lui confère ? et faire passer cette compétence à une autre juridiction ? c'est plus que douteux, et, comme on l'a dit aussitôt que l'arrêt du 22 juillet a été rendu, « ce serait alors le prix de la course et de l'agilité ».

Dès le jour même, Parquin donnait sa démission de bâtonnier, et, le lendemain, dans une séance extraordi-

nairp, présidée par le doyen Archambault, le Conseil,
touché du reproche, qui lui était adressé par la Cour suprême, d'avoir négligé l'accomplissement de ses devoirs,
rédigea une protestation qu'il décida de soumettre à tous
les membres de l'Ordre. Elle fut rapidement revêtue de
plus de cent signatures.

Cette protestation se bornait à rapprocher les dates;
c'est le 28 novembre, disait-elle, que le bâtonnier avait
prononcé son discours ; c'est le 29 que les journaux l'a-
vaient publié; le Conseil devait se réunir le 5 décembre;
mais, dès le 30 novembre, l'activité de M. le Procureur
général provoquait l'indication du jour et de l'heure
où le bâtonnier allait comparaître devant la Cour ; comment alors se saisir de la poursuite ?

En faisant soutenir à la barre de la Cour l'incompétence
de cette juridiction, le Conseil, loin de déserter celle qui
lui était propre, la revendiquait avec calme et avec force.

« Les faits sont rétablis, dit en terminant la délibération. Il a suffi de raconter pour réfuter. Les faits et les
dates ont une puissance que rien ne peut détruire. Dans
cet état de choses, les membres du Conseil de discipline
ont, à l'unanimité, protesté contre l'imputation qui leur
est faite dans l'arrêt de la section civile de la Cour de
cassation ; et, forts de la conscience qu'ils n'ont point
trahi leurs devoirs, ils soumettent le présent exposé à
l'appréciation de leurs confrères, leurs pairs et leurs
juges naturels. »

Archambault écrivit à Parquin pour lui donner acte de
sa démission, et lui dire que le Conseil, en l'acceptant,
appréciait le sentiment de délicatesse qui avait dicté sa
détermination.

A la demande d'un grand nombre d'avocats, l'Ordre fut
convoqué pour le 4 août, afin de procéder à l'élection que

la démission de Parquin rendait nécessaire. Il fut réélu par 178 suffrages sur 201 votants ; le bâtonnier accueillit avec émotion et gratitude la nouvelle marque de sympathie que lui donnaient ses confrères, et reprit ses fonctions pour le temps qui restait à courir jusqu'à la fin de l'année judiciaire.

L'union confraternelle qui avait rapproché tous les membres du Barreau au milieu des circonstances critiques qu'il traversait fut scellée, le 7 août, dans un banquet, où l'on dîna fort mal, et auquel prirent part quelques magistrats, Dupin aîné en tête. A son entrée dans la salle Parquin lui donna l'accolade, et, à l'heure des toasts, le Procureur général s'écria : « Nous sommes tous ici avocats ; je bois à ce sentiment de confraternité qui charme les jeunes, qui rajeunit les vieux ; à la santé de notre vénérable doyen. »

On récita même des vers ; Bonnet chanta plusieurs couplets, plus pénétrés d'excellentes intentions que de charme poétique ; il dit, notamment, en faisant allusion à la prochaine nomination du chef de l'Ordre :

Au choix que nous avons à faire
Apportons un mûr examen ;
Que notre bâton tutélaire
Passe dans une bonne main ;
Nous ne donnerons pas, j'espère,
A moins que nous ne soyons fous,
Un bâton à notre confrère
Pour qu'il en reçoive des coups.

Par la force même des choses, le dissentiment qui avait divisé le Barreau de Paris et les magistrats de la Cour royale était apaisé — pour un temps.

CHAPITRE VII

En même temps que Parquin, d'autres avocats étaient
poursuivis, pour fautes contre la discipline, à la suite de
violents débats de la Cour d'assises, où une accusation de
complot contre la sûreté de l'État avait amené vingt-sept
accusés, membres de la Société des *Droits de l'homme et
du citoyen,* au nombre desquels figuraient le capitaine
Kersosi, Raspail, Caylus, Dubois-Fresnay.

Le procès commença au milieu d'une vive agitation,
le 11 décembre 1833 ; l'auditoire, où l'on remarquait un
certain nombre d'élèves de l'École polytechnique, était
contenu par un développement considérable de force
armée. Parmi les défenseurs siégaient Dupont, Pinart,

Delangle, Michel (de Bourges), Bethmont, etc... Pendant de longues journées, le procès se poursuivit, souvent troublé par de nombreux incidents, les principaux accusés refusant de répondre aux questions du président, ou bien engageant avec lui des colloques animés, et discutant avec véhémence contre les témoins.

A l'audience du 13 décembre, Pinart ayant qualifié l'acte d'accusation d'acte de faussaire, une vive altercation s'éleva entre la défense d'une part, le président et l'avocat général de l'autre. Procès-verbal ayant été dressé, tous les avocats, Michel de Bourges et Bethmont en tête, demandèrent à y figurer avec leur confrère.

« Je dois aussi, s'écria Bethmont, être compris dans le réquisitoire ! »

L'incident fut joint au fond.

A l'audience du 22 décembre, après un verdict négatif du jury sur toutes les questions qui lui étaient soumises, les accusés furent acquittés, et le débat s'ouvrit sur les réquisitions prises par le ministère public contre Pinart, Michel de Bourges et Dupont.

L'avocat général reprocha particulièrement à Dupont d'avoir, dans sa plaidoirie, dépassé les bornes de la décence, d'avoir traité l'accusation d'immorale et appliqué à la magistrature le mot de Marat : «Je vous rappelle à la pudeur;» et il requit contre Dupont la peine de la radiation, sous toutes réserves de poursuites extraordinaires; contre Pinart et Michel de Bourges, il se contentait de la peine de la suspension temporaire.

Delangle défendit Pinart en quelques paroles très dignes; puis, parlant de Michel de Bourges, il ajouta : « Qu'il me soit permis de dire un mot pour un confrère qui ne m'en avait pas chargé: voici un avocat d'un Barreau étranger, qui vient, avec un désintéressement qu'on ne saurait trop admirer, défendre un homme de son pays; lui fera-t-on un crime d'une expression trop énergique employée par lui dans une pareille circonstance? En vérité, on pourrait dire qu'il y a ici une sorte de rancune, et que, n'ayant pu atteindre les accusés, on a voulu atteindre les avocats. »

A peine Delangle avait-il terminé que Michel (de Bourges), plaidant pour lui-même :

« Messieurs, je sue en commençant, s'écrie-t-il avec force, mais ce n'est pas de honte; je sue de colère et d'indignation; vous pouvez me condamner; l'avocat du Roi ne fera jamais de moi ni un accusé ni un coupable. Je respecte la Magistrature; sans elle, l'état social serait impuissant et stérile; la Magistrature est la loi vivante; mais il y a quelque chose que je respecte encore plus, la vérité, que tout homme doit chérir, et que, comme avocat, j'ai mission de respecter... J'attends avec calme votre décision; mais songez que le jour de la justice arrivera pour les gens du Roi, pour nous, et pour vous aussi, Messieurs, si vous remplissez votre devoir comme j'ai fait le mien. »

Il faut avoir vu Michel suant, comme il avait eu l'audace de le dire; il faut avoir vu, en même temps, la Cour et l'auditoire tout entier frappés de stupeur à ce mot, tout le public debout, les jurés et les accusés immobiles, cloués à leurs bancs, et lui, le geste menaçant, trivial, dominateur, pâle de colère, mais retenu dans ses emportements et ne disant pas ce qu'il voulait dire (1).

La Cour prononça la peine de la suspension d'un an contre Dupont, de six mois contre Michel (de Bourges) et Pinart.

Une lettre, signée de Landrin, Syrot, Ledru-Rollin,

(1) O. Pinard, II, 267.

Trinité et Rebel, demanda au Bâtonnier de convoquer extraordinairement le Conseil pour examiner la situation faite à l'Ordre des avocats par la condamnation de leurs trois confrères.

Le Conseil renvoya la question à l'étude d'une commission composée de Mauguin, Hennequin, Philippe Dupin, Delangle et Lavaux, et, à la même heure, Dupont, Michel et Pinart signaient leur pourvoi en cassation.

Malgré la plaidoirie, à l'exorde insinuant, que prononça Crémieux, la Cour rejeta ce pourvoi le 25 janvier suivant, et le Conseil, mettant forcément fin à l'incident, se dessaisit de la question.

La réélection de Parquin au bâtonnat avait eu simplement le caractère d'une manifestation de sympathie de l'Ordre en faveur d'un chef parvenu au terme de son mandat, et, le 14 août, le Barreau se réunissait de nouveau pour lui donner un successeur.

La lutte fut extrêmement vive ; Philippe Dupin ne l'emporta qu'au troisième tour, par 108 voix contre 107 données à Mauguin.

Le nombre de suffrages réunis par Mauguin, qui pourtant avait déjà, deux années de suite, exercé le bâtonnat, prouvait la volonté du Barreau de le remercier de son active intervention dans le conflit avec Séguier ; en outre, Philippe Dupin n'était alors âgé que de 39 ans ; et puis, la politique s'était quelque peu mêlée de l'affaire.

Quoiqu'il en fût, le nouveau bâtonnier était à la hauteur de la situation qui lui était conférée. Après avoir, au début, « plaidé les restes de son frère », il s'était lui-même créé un emploi enviable. Il n'avait ni la séduction de Chaix d'Est-Ange, ni la puissance de Berryer, ni la saveur de Dupin aîné, ni le pathétique de Barthe, ni l'é-

motion de Bethmont, ni la finesse de Paillet, mais, inférieur
dans le détail si on le comparait aux grands maîtres, dans
l'ensemble, il n'avait pas d'égal (1).

En installant Philippe Dupin, Parquin fit allusion aux
événements dont il avait été le héros. « Qu'il me soit permis de dire, ajoutait il aux remerciements adressés à
l'Ordre, que celles de mes paroles qui ont eu un long retentissement (et qu'il eût été plus sage de laisser inaperçues)
avaient du moins été inspirées par le sentiment le plus
pur des convenances et de la dignité de l'Ordre. Mais ne
revenons plus sur le passé : le réquisitoire, l'arrêt, la peine
disciplinaire, tout a disparu, tout s'est évanoui comme un
songe léger, devant l'imposante unanimité de vos suffrages, et l'honneur inaccoutumé de ma troisième réélection. »

Il exprime ensuite le regret de n'avoir pu obtenir l'exécution des engagements solennels contractés, au mois
d'août 1830, envers les avocats : rétablissement de leurs
antiques franchises, charte tant de fois promise au Barreau : « Le bien qu'il n'a pas été en mon pouvoir de faire,
s'écrie-t-il, qu'un autre, plus heureux, l'accomplisse ! »

A la rentrée de la conférence, le 22 novembre 1834, le
jour où Philippe Dupin devait prononcer son premier discours du bâtonnat, Dupin aîné, revêtu de la robe d'avocat,
se mêla à la foule qui envahissait la salle de la bibliothèque. A ceux qui, s'empressant autour de lui, insistaient
pour qu'il prît place à côté de son frère : « Messieurs, répondit-il, c'est ma robe de dessous ; mais dont je ferai toujours volontiers ma robe de dessus. »

Un mois après, Gairal étant décédé, l'Ordre procéda à

(1) O. Pinard, I, p. 400.

la nomination d'un membre du Conseil ; Thévenin et de Vatimesnil ayant obtenu un nombre égal de suffrages, Thévenin, plus ancien que son concurrent, fut proclamé élu ; c'était la seconde fois que de Vatimesnil était, dans les mêmes conditions, écarté du Conseil; déjà deux ans auparavant, il avait dû céder le pas à Couture.

A la fin de 1833, le Barreau s'émut d'un bruit répandu sur les projets du Ministère de frapper les avocats de l'impôt de la patente ; jusque-là l'Ordre avait soutenu que, dans l'exercice de la profession d'avocat, il n'existait pas, à vrai dire, de matière imposable, les honoraires reçus ne représentant qu'une libre offrande, dont la quotité est toujours faculta- tive et l'exigence à jamais interdite.

Le Conseil chargea, le 18 février 1844, une commission d'examiner la question, dont s'empara à son tour la presse judiciaire.

Berryer père publia, à ce sujet, une lettre, insérée dans la *Gazette des Tribunaux* (1), où il rappelait d'intéressants souvenirs personnels. Il racontait qu'en 1795, alors que la profession d'avocat était désertée, le Procureur de la Commune de Paris avait voulu lui réclamer le paiement d'une patente. Il reçut même citation devant le tribunal d'arrondissement, qui siégeait dans les bâtiments des Petits Pères, place des Victoires.

« Par une singulière coïncidence, ajouta Berryer, M. Guillotin, médecin célèbre, fut assigné aux mêmes fins, en même temps que moi. Il vint me consulter sur le parti que nous allions prendre; ma décision de résister à l'attaque du Procureur fut bientôt prise, mais je ne pus pas m'empêcher de faire observer à M. Guillotin qu'il y

(1) 28 février 1844.

avait, entre la cause des avocats et celle des médecins, une différence notable, en ce que la loi donnait aux médecins une action contre leurs malades, et que même elle leur accordait un privilège pour les honoraires de la dernière maladie.

« J'insistai, en conséquence, pour que la discussion ne fût engagée à l'égard des médecins qu'après le jugement de la cause des avocats. M. Guillotin ne put et ne voulut pas suivre cet ordre du débat ; il plaida le premier, et en personne, pour la décharge des médecins ; il échoua, et c'est depuis que les membres de cette respectable profession sont soumis à la patente.

« Je plaidai à mon tour dans l'intérêt du Barreau : j'insistai fortement sur ce que, dans la défense et dans sa rétribution, tout était facultatif, sur ce que la loi n'y conférait aucun droit et n'y imposait aucune obligation ; en telle sorte que nulle matière imposable (ni travail mécanique ou spéculatif, ni salaire exigible) n'offrait de prise à la perception. Ces motifs de dégrèvement exceptionnel furent accueillis : le Barreau fut affranchi de la patente. »

Après des hésitations, qu'expliqueraient suffisamment les difficultés de tout genre soulevées par son projet, le Gouvernement le maintint, mais la Chambre des députés le repoussa.

Le bâtonnier, Philippe Dupin, dans son discours de rentrée du 22 novembre, fit allusion aux mesures fiscales proposées contre le Barreau : « Au cours de cette année, dit-il, une tribulation a menacé notre Ordre, mais ne l'a pas atteint. Des hommes, habiles surtout à rapetisser tout ce qu'ils touchent, avaient formé le projet de vous soumettre au joug de la patente, qui blesse si profondément les principes de notre profession, et dont les législateurs de 1793 eux-mêmes avaient reconnu la convenance et la nécessité de nous affranchir. Heureusement le projet n'a pas reçu son exécution. S'il était repris, nous aurions à le combattre. Mais, quoi qu'il advienne, j'ai cru de mon devoir de protester à l'avance, au nom de l'Ordre, contre une mesure si profondément subversive des idées généreuses qui font la base de nos devoirs et la règle de nos rapports. »

L'échec qu'elle avait subi ne désarma pas l'administration des finances, qui revint à la charge l'année suivante.

Le Conseil nomma une nouvelle commission pour examiner la difficulté; elle était composée du bâtonnier, d'Hennequin, de Gaudry, de Mauguin et d'Odilon-Barrot, et désigna Marie comme rapporteur. Son travail fut imprimé et distribué aux Barreaux de France, parmi lesquels plusieurs joignirent leurs protestations à celles des avocats parisiens.

« La patente, disait Marie, est contraire au principe fondamental d'une profession qui ne donne à l'avocat aucun produit appréciable, puisqu'elle préfère, comme elle l'a toujours fait, à l'action judiciaire en paiement de ses honoraires, l'ingratitude et le refus du client. »

A la Chambre, la commission du budget n'en persista pas moins dans ses intentions premières, mais, après une discussion et un vote inspirés par Dupin aîné, et auxquels refusèrent de prendre part les avocats députés, Hennequin, Berryer, Mauguin, Odilon-Barrot, etc..., le projet fut une fois encore écarté.

A la même époque, une question beaucoup plus attachante et plus relevée préoccupait le Barreau de Paris et tous les Barreaux de France; ce n'était plus de leurs intérêts matériels qu'il s'agissait, mais de leurs droits les plus respectables et de leurs devoirs les plus étroits.

Des émeutes, qui avaient éclaté en 1832 et 1833 sur

différents points du territoire, à Saint-Etienne, à Marseille, à Grenoble, à Arbois, à Châlon-sur-Saône, et l'insurrection de Lyon, en avril 1834, firent croire à l'organisation d'un vaste complot contre le gouvernement de Juillet. La police opéra d'innombrables arrestations, et la Chambre des Pairs, constituée en Haute Cour de justice, fut saisie du procès. Les débats se poursuivirent pendant de longues audiences, troublés par les incidents les plus violents et l'extrême animation des accusés et du ministère public; la rue elle-même était surexcitée, et l'on pouvait d'heure en heure s'attendre à une redoutable explosion.

Avant même l'ouverture de la première séance, une difficulté des plus sérieuses agita le Barreau, qui se préoccupa de l'attitude à prendre devant la Haute Cour, et des devoirs à remplir, aussi bien vis-à-vis de cette magistrature d'exception, que des accusés traduits à sa barre.

Un certain nombre de ceux-ci avaient, en effet, choisi pour défenseurs des amis politiques, et désigné ainsi des personnes étrangères à la profession d'avocat.

Le baron Pasquier, président de la Cour des Pairs, craignant les troubles qui pourraient résulter de la présence aux débats d'hommes accoutumés aux luttes ardentes de cette époque, refusa aux accusés les concours qu'ils avaient sollicités, et s'adressa au bâtonnier de Paris pour obtenir de lui une liste d'avocats, sur laquelle seraient choisis des défenseurs d'office.

Philippe Dupin répondit qu'il ne pouvait donner cette liste, mais qu'il se ferait un devoir de signaler au Président de la Haute Cour les avocats qui se présenteraient pour remplir cette mission.

Le Président passa outre, et procéda de lui-même aux désignations; chacun des défenseurs fut avisé du nom de l'accusé qu'il était chargé d'assister.

Les avocats devaient-ils se soumettre aux injonctions du président Pasquier? En se substituant aux amis demandés avec insistance par les accusés eux-mêmes, en s'imposant à des personnes qui ne les avaient pas choisis, ne risquaient-ils pas de porter atteinte au droit sacré de la défense? Sans doute, et dans une cause politique plus que dans toute autre, l'avocat nommé d'office ne doit pas se soustraire à l'accomplissement d'une obligation professionnelle, mais, avant de la remplir, encore faut-il qu'il s'assure que l'accusé l'agrée comme conseil; il ne peut ni refuser par timidité, ni s'imposer par contrainte.

Dans la situation que leur créait le choix du Président, les avocats décidèrent d'en référer à leurs clients obligatoires, et, en cas de refus, de considérer ce refus comme le motif légitime d'excuse ou d'empêchement permettant au défenseur, en vertu de l'ordonnance de 1882, de décliner la mission qui lui était confiée. On ne tarda pas à être fixé sur les résolutions des accusés; au nombre de 42, ils écrivirent à leurs avocats pour leur déclarer que, quelque considération que devaient inspirer leur zèle et leurs lumières, ils n'en pouvaient accepter le secours; qu'ils refusaient, en conséquence, toute espèce de communication, et qu'ils ne donneraient aucun renseignement, ni sur les faits généraux du procès, ni sur leur situation particulière.

« Après une déclaration si formelle, ajoutait la lettre, votre déférence aux ordres de M. Pasquier ne serait plus à nos yeux qu'un acte volontaire d'hostilité de votre part; et, loin de remplir le vœu de la loi, qui veut que tout accusé soit défendu, vous deviendriez un obstacle destiné à empêcher que nous puissions l'être... Il vous reste maintenant à juger vous-mêmes si votre dignité, celle de l'Ordre auquel vous appartenez, peuvent vous permettre de vous imposer aux accusés malgré eux, et de vous rendre ainsi complices d'une iniquité judiciaire sans exemple, et des passions d'un ennemi sans pudeur. »

Le Gouvernement crut alors devoir intervenir, et provoqua l'ordonnance royale du 30 mars 1835. Considérant que les règlements sur la discipline du Barreau n'avaient pas prévu l'exercice de la profession d'avocat devant la Chambre des Pairs, cette ordonnance admettait à s'y présenter tout avocat inscrit devant une cour ou un tribunal du royaume, et, dans son article 3, elle donnait à la Haute Cour et à son président, à l'égard des avocats, tous les pouvoirs disciplinaires qui appartenaient aux cours d'assises. C'était dans cette disposition dernière que se trouvait le danger.

Investir la Cour des Pairs, vis-à-vis des avocats, du pouvoir de prononcer contre eux toutes les peines disciplinaires, depuis les plus légères jusqu'à celle qui, en ordonnant leur radiation, les prive de l'exercice de leur profession, c'était évidemment les forcer à accepter, malgré eux et malgré les accusés, la mission qu'on leur imposait; la Haute Cour, en effet, n'aurait pas considéré le refus des clients comme une excuse ou un empêchement valables pour les avocats.

Le Barreau ne connut cette ordonnance que par la publication qu'en fit le *Moniteur*; elle provoqua une vive agitation au Palais, où elle était sévèrement critiquée.

Le Conseil, saisi par une lettre des avocats nommés d'office auprès de la Haute Cour, se réunit en séance extraordinaire, et prit, le 6 avril 1835, une grave décision, dont les termes furent arrêtés par une commission composée du bâtonnier, de Parquin et d'Odilon-Barrot.

Dans cette résolution, à laquelle il ne donna que la forme d'un simple avis (1), le Conseil établit d'abord que

(1) V. *Gaz. des Trib.*, 8 avril 1835.

les avocats ne peuvent être contraints d'exercer leur ministère devant des juridictions exceptionnelles ; mais que, d'autre part, un accusé ne doit pas rester sans défenseur.

L'avocat, dans ces conditions, a le devoir moral, sinon l'obligation légale, d'accepter la mission qui lui est déférée ; c'est ce qu'ont fait les membres du Barreau de Paris, désignés par le président de la Cour des Pairs, lorsqu'ils ont écrit à leurs clients pour se mettre à leur disposition.

« Toutefois, poursuit le Conseil, un incident grave est venu compliquer une position simple et honorable. Les accusés ont repoussé les services qui leur étaient offerts. Ils ont fait plus ; ils ont déclaré qu'ils se refusaient à toute communication personnelle, et à toute remise de pièces ; ils ont ajouté qu'ils regarderaient une défense présentée contre leur gré comme un acte opposé à leurs véritables intérêts, dont ils doivent rester les seuls juges.

« Dès lors, il devenait impossible aux défenseurs de s'imposer à ceux qui ne les acceptaient pas, sans blesser les règles de la défense et sans manquer, tout à la fois, à ce qu'ils devaient à leur dignité personnelle et à ce que commandait la position des accusés. Nulle puissance humaine ne pouvait raisonnablement les contraindre à une défense qui trouvait de tels obstacles. Le devoir moral des avocats était accompli. »

La résolution établit ensuite que l'ordonnance du 30 mars n'a rien changé à ces principes. Sans doute, elle pouvait réglementer les devoirs des avocats auprès des juridictions auxquelles ils sont attachés, mais il ne lui était pas permis de les forcer à exercer leur ministère devant une juridiction autre que celle qu'ils ont acceptée, et surtout devant une juridiction exceptionnelle.

Le Conseil estime donc que le parti le plus convenable à prendre par les avocats est de s'assurer des dispositions des accusés, à la défense desquels ils ont été appelés, et, en cas de refus, d'écrire à M. le président de la Cour des Pairs qu'ils se seraient empressés d'accepter la mission qui leur a été déférée, mais que la résolution des accusés leur fait un devoir de s'abstenir.

L'avis fut signé du bâtonnier et de tous les membres du Conseil, le doyen Archambault en tête; on y trouve les noms d'Hennequin, de Berryer fils, de Delangle, de Marie, de Chaix d'Est-Ange, de Paillet, etc...

Cette manifestation courageuse, et d'ailleurs justifiée par le respect des règles fondamentales de la profession, trouva de l'écho dans les départements.

Le Conseil de discipline du Barreau de Rouen se réunissait le même jour que celui de Paris, sous la présidence de Senard, alors bâtonnier, et prenait une énergique délibération qui déclarait inconstitutionnelle l'ordonnance du 30 mars. « Le ministère de l'avocat est essentiellement libre, disait l'arrêté de Rouen; il est impossible de reconnaître à une simple ordonnance le droit de disposer de sa personne et de son temps, de l'enlever à l'exercice ordinaire de sa profession, et de le contraindre même à faire violence à ses convictions personnelles pour la défense qui lui serait déléguée... Pour interpréter la loi comme l'a fait l'ordonnance du 30 mars, il faudrait aller jusqu'à dire que, par ordonnance royale, le Barreau pourrait être rangé sous la discipline des tribunaux militaires. »

Le bâtonnier était invité à transmettre cette délibération au bâtonnier de Paris, et à lui déclarer que le Barreau de Rouen était prêt à s'associer à toutes les mesures que l'Ordre des avocats de Paris croirait devoir prendre à l'égard de l'ordonnance du 30 mars.

Les Barreaux de Nancy, de Nantes, quelques autres encore, se réunirent et formulèrent des protestations sem-

blables, empreintes d'énergiques sentime 's do confraternité et de sympathie.

Cependant le Gouvernement s'émut d'un mouvement
dont il ne pouvait méconnaître le caractère et la force;
et, le 9 avril, Philippe Dupin, en sa qualité de bâtonnier,
reçut par ministère d'huissier signification d'un réquisitoire et d'une ordonnance, en vertu desquels il était cité à
comparaître le 13 avril suivant devant les chambres réunies de la Cour, pour voir prononcer l'annulation de l'arrêté du Conseil.

A la suite d'un voyage rapide effectué à la Chancellerie
par le procureur général de Rouen, la même mesure était
prise contre Senard.

La lutte était donc engagée entre le ministère et les
Barreaux de France, à la veille d'un formidable procès,
qui allait révéler l'excitation des partis d'opposition, et à
l'heure même où la personne du Roi devenait le point de
mire des conspirateurs.

La presse politique et la presse judiciaire engagèrent
une véhémente polémique, dans laquelle les Barreaux
étaient attaqués sans justice, ou défendus sans réserve
dans des termes presque lyriques. « Honneur, mille fois
honneur, imprimait la *Gazette des Tribunaux* (1), aux
Conseils de discipline des Barreaux de Paris et de Rouen !
ils ont bien mérité, non seulement de leurs confrères mais
aussi de leurs concitoyens ! non seulement de leur Ordre,
mais encore de leur pays ! »

Les avocats, nommés d'office par Pasquier, se confor-
mèrent bien volontiers à l'avis de leur Conseil de discipline et décidèrent d'abord de prévenir le président de la
Cour des Pairs que, les accusés persistant à refuser leur

(1) N° du 10 avril 1855.

ministère, ils se considéraient comme dégagés de leur obligation morale, et qu'ils s'abstiendraient. Ils résolurent ensuite de remercier publiquement le Conseil de discipline; une lettre en ce sens fut rédigée, au bas de laquelle se trouvent, entre autres, les signatures d'Auguste Marie, Cœuret St-Georges, Mermilliod, de Goulard, Lacan, de Belleval, Romiguières.

Au jour indiqué par la citation qu'il avait reçue, le bâtonnier, précédant le Conseil de l'Ordre, tout entier, se présenta devant les chambres de la Cour. L'audience était présidée, en l'absence de Séguier, excusé comme malade, par le président Dehérain.

Le procureur général, Martin (du Nord), développa très brièvement les conclusions de son réquisitoire, et, tout en consentant à admettre que la pensée du Conseil de discipline n'avait pas été de provoquer à la désobéissance contre un acte du Gouvernement, il conclut en disant qu'il avait excédé ses pouvoirs et dépassé ses attributions.

Philippe Dupin prit la parole:

« En venant comme bâtonnier, dit-il avec énergie au début de sa plaidoirie, défendre devant la Cour un acte du Conseil de discipline que j'ai l'honneur de présider, j'accomplis un devoir des fonctions que m'ont déférées les suffrages de mes confrères. Toutefois, j'éprouve le besoin de le dire sans plus attendre : ce n'est pas le tribut obligé d'une parole officielle et de position que j'ai à vous offrir; c'est l'expression d'une opinion personnelle bien arrêtée et d'une conviction profonde; je le ferai sans recherche, et sans ostentation de parole, avec la franchise, l'abandon, la simplicité que semble comporter cette réunion d'intérieur. Je parlerai avec la liberté que réclame une opinion consciencieuse, mais avec la mesure qu'im-

posent les convenances ; je m'efforcerai de réunir deux
choses que je n'ai jamais séparées — le respect pour la
Cour mais aussi le respect pour la vérité. Permettez-moi
donc de m'adresser à vos consciences avec la confiance de
les trouver libres de toutes convictions arrêtées, de toute
opinion émise, de tout engagement pris, de toutes démarches hostiles, et, par conséquent, avec l'espoir de faire
pénétrer dans vos esprits les convictions qui m'animent.»

L'avocat, après un court examen des faits, entreprend
la discussion même; il la poursuit avec vigueur, s'efforçant d'établir que la résolution du Conseil n'est pas même attaquable. Ce n'est ni un règlement, ni un arrêté, ni
une décision; c'est un simple avis qui n'oblige personne;
c'est une décision doctrinale, une consultation qui, entre
plusieurs partis à prendre, indique le plus convenable.

Ph. Dupin plaida ensuite l'illégalité de l'ordonnance et,
après de brèves répliques, la Cour ouvrit sa délibération,
qui dura plus de trois heures; à sept heures du soir, elle
rendait un arrêt qui refusait aux Conseils de discipline
le droit de délibérer sur la force d'une ordonnance royale,
et déclarait nulle et non avenue la résolution incriminée.

Le 28 avril, un arrêté du Conseil invitait le bâtonnier
à se pourvoir en cassation.

Senard, poursuivi, de son côté, devant la Cour de Rouen
s'y livra à une discussion merveilleuse de logique et d'é-
nergie; mais la Cour, par un arrêt du 4 mai, se prononça
dans le même sens que celle de Paris.

Un pourvoi fut également porté devant la Cour de cassation. Ces affaires s'endormirent d'un profond sommeil
dans les cartons du greffe; peu à peu, les événements,
qui avaient provoqué le conflit, furent oubliés, et personne n'avait intérêt à en réveiller la vivacité et les souvenirs; aussi, en 1841 seulement, après que la Cour su-

prême se fût prononcée contre le pourvoi du Barreau de Rouen, Marie, alors bâtonnier, s'empressa-t-il de signer le désistement du Barreau de Paris.

C'est le 5 mai 1835 qu'avait commencé devant la Cour des Pairs le formidable procès de l'insurrection d'avril; dès quatre heures du matin, une cohue bruyante se bousculait à la porte de la petite tribune réservée au public.

Guizot, Thiers et Duchatel assistent à l'audience, au milieu d'une foule de personnages connus.

Cent vingt et un accusés comparaissent devant la Haute Cour; Albert, Lagrange et Caussidière figurent parmi ceux qui sont poursuivis pour avoir pris part à l'insurrection lyonnaise; Godefroy Cavaignac, Guinard et Marrast sont au nombre des accusés de Paris. Au banc de la défense, prennent place seulement sept ou huit avocats en robe; les autres, en grand nombre, se tiennent dans une salle voisine, et viennent de temps à autre voir ce qui se passe dans la salle.

Le chancelier Pasquier préside; le procureur général, Martin (du Nord), assisté du procureur du Roi de Lyon et de trois avocats généraux, représente le ministère public.

A peine l'audience est-elle ouverte que les incidents tumultueux commencent.

Invités à faire connaître leur identité, certains accusés y ajoutent les noms de leurs défenseurs choisis en dehors du Barreau.

Beaume, Albert, Hugon, Lagrange, Tourrès désignent successivement Audry de Puyraveau, Trélat, le général Tarayre, Carnot, Pierre Leroux; un certain Ravachol, qui fut d'ailleurs acquitté, a fait choix de Raspail; un autre demande M. de Cormenin, et l'abbé Noir M. de Lamennais.

D'autres inculpés, en grand nombre, refusent absolument de répondre, même pour donner leurs noms, tant qu'ils seront privés, disent-ils, d'exercer leur droit sacré d'être défendus.

A la seconde audience, quatre avocats seulement se présentent, et une scène des plus violentes éclate; tous les accusés protestent à la fois ; le président s'agite, prononce des paroles qu'on n'entend pas, donne des ordres qu'on ne peut exécuter; un accusé, fatigué, ou cédant aux supplications éplorées des gardes qui l'entourent, se décide-t-il à se taire ou à s'asseoir, vingt autres se lèvent et crient plus fort.

Le greffier, malgré des efforts de voix prodigieux, ne peut lire trois mots de suite de l'acte d'accusation ; le procureur général essaie d'intervenir ; le vacarme redouble.

Dans une éclaircie, Pasquier peut enfin ordonner qu'il en sera délibéré, et les Pairs se retirent; après de nouveaux tapages, la Haute Cour prononça un arrêt qui autorisait le président à faire expulser ceux des accusés qui, par leur violence, rendraient impossible la continuation des débats; et, sur-le-champ, tous, ayant protesté de nouveau par une immense clameur au milieu de laquelle on les entendait réclamer leurs défenseurs, sont emmenés hors de la salle, et, le silence s'étant rétabli, le greffier commence sa lecture; aucun avocat n'y assiste.

Le procès continua pendant de nombreuses semaines, souvent troublé par quelque scène de vivacité; chaque jour, un groupe d'accusés était ramené à l'audience pour entendre les dépositions qui les concernaient; mais, la plupart du temps, ils ne cédaient qu'à la force, et c'est gesticulant, protestant, ou même portés par trois ou quatre gardes, qu'ils étaient introduits dans la salle.

Les débats furent, à un moment, longuement interrompus par la mise en accusation des défenseurs mêmes réclamés par les accusés.

La Tribune du 11 juin 1835 avait publié une lettre de ces avocats improvisés à leurs clients. Cette lettre était conçue dans des termes d'une virulente éloquence : « On vous a refusé des défenseurs, disait-elle, et vous avez refusé les juges. On a éloigné de vous vos femmes, vos enfants, vos amis, et votre énergie a grandi dans la solitude. On a posé des baïonnettes sur vos poitrines, et vos poitrines se sont raidies sous la pointe des baïonnettes. On a voulu mutiler la défense, et vous n'avez pas voulu être défendus. On a essayé, d'une voix honteuse, de vous accuser à la face du pays, et vous, d'une voix haute et fière, vous avez accusé vos accusateurs. On vous a arraché par la violence de la présence de vos juges, et vous avez, en partant, fait trembler vos juges sur leurs sièges par la mâle énergie de votre langage. En un mot, dans cette circonstance comme toujours, vous vous êtes oubliés entièrement vous-mêmes, pour ne vous ressouvenir que des principes d'éternelle justice que vous êtes appelés à faire triompher. Honneur à vous !... Persévérez, citoyens !... » Et parmi les signatures on lit les noms d'Armand Carrel, Michel de Bourges, Auguste Comte, Trélat, Raspail, Jean Reynaud, Blanqui, Carnot, de Lamennais, Etienne Arago, Cormenin, Barbès, etc...

Les auteurs de la lettre furent cités devant la Chambre des Pairs pour le 29 mai ; au cours des nouveaux débats qui s'ouvrirent à cette occasion, Michel de Bourges et Trélat déclarèrent que, seuls, ils avaient rédigé et fait publier la pièce poursuivie, que, seuls, par conséquent, ils devaient en être responsables.

« La lettre dénoncée à la Chambre des Pairs par le ministère public, écrivirent-ils au Président, est de l'un de nous, M. Michel (de Bourges); elle a été publiée par un autre, M. Trélat; les signatures apposées au bas de cette lettre ne sont que fictives... Nous avons pris sur nous de faire imprimer à la suite de nos noms les noms de nos collègues, qui, nous en étions sûrs, ne nous désavoueraient pas. Aujourd'hui que cette lettre donne lieu à des poursuites, il était de notre devoir de faire connaître la vérité. C'est donc sur nous seuls que doit reposer la responsabilité morale et légale de l'écrit incriminé. »

A la suite de cette déclaration, la Haute Cour rendit un arrêt qui renvoyait purement et simplement le plus grand nombre des prévenus, et n'en retenait que seize, parmi lesquels, au premier rang, Michel et Trélat.

Le débat s'engagea alors sur l'application de la peine; après une ardente improvisation de Trélat, Michel de Bourges prit la parole pour lui-même.

Il déploya dans cette circonstance toutes les ressources de son ardente parole; parfois peut-être fût-il plus éloquent; jamais il ne se montra plus habile. Il ne voulait pas flatter ses juges; il devait encore moins les braver; sa discussion se poursuivit à la fois rude et souple; les Pairs en étaient comme étourdis (1).

« Vous tous qui m'écoutez, leur avait-il dit, je vous déclare mes ennemis politiques; mais il n'en est pas un ici pour lequel j'aie la plus légère haine. Je crois même, à l'heure qu'il est, d'après ce que j'ai vu ces trois jours, que vous valez mieux que votre institution; je le crois fermement! »

En terminant, il s'efforce d'émouvoir les Pairs sur « le spectacle de la présence d'un avocat qui, depuis 1830, à soutenu de son faible talent cent cinquante accusés, obligé

(1) O. Pinard, II, p. 272.

de venir lui-même se défendre devant la première Cour du royaume, pour avoir immolé un instant son propre intérêt à celui d'un grand principe social ».

« Dans cette position d'esprit, continue-t-il, je ne puis m'occuper du résultat matériel. Je ne puis pas descendre aux conséquences de votre décision. Si l'amende m'atteint, mon Dieu! que m'importent quelques débris de ma fortune! Quant à la prison, je me souviens du mot de cet autre républicain qui sut mourir à Utique : J'aime mieux être en prison que de siéger à côté de toi, César! — car, je vous le dis en mon âme et conscience : j'ai fait mon devoir. »

Le 5 juin, la Haute Cour prononça de sévères condamnations : Trélat était frappé de trois années de prison et de 10.000 fr. d'amende ; Michel de Bourges d'un mois de prison et de 10.000 fr. d'amende, etc...

Dans l'affaire principale, qui reprit ensuite, les avocats eux-mêmes s'attiraient les sévérités disciplinaires de la Cour : Plocque, alors tout jeune, encourut la peine de la réprimande pour « avoir attaqué la constitution de la Cour et l'autorité de ses arrêts ».

A l'une des audiences parut Jules Favre. Avocat au Barreau de Lyon, il avait été chargé d'assister quelques-uns de ses compatriotes.

Il a vingt-six ans. « Sa taille est haute ; sa pose digne ; déjà, tout en lui dénote un homme grave. Des cheveux noirs, rejetés en arrière, un peu en désordre, encadrent, avec un collier de barbe, une figure aux traits irréguliers, mais énergique, presque étrange, qui porte la trace de méditations précoces, et d'une ardeur contenue. Le front est large et ouvert. D'épais sourcils assombrissent les yeux et leur donnent une apparence trompeuse de dureté. La lèvre inférieure, proéminente, imprime un cachet de

dédain à cette physionomie dont il semble que le masque
s'étudie à rester impassible (1). »

Désigné par le libre choix de ses clients, Jules Favre,
malgré les protestations que son attitude peut soulever de
la part des autres accusés et de certains de ses confrères,
ne crut pas devoir déserter le procès; il y prit une part
active. Dès le début, il insista pour qu'il fût sursis à la continuation des débats tant que tous les accusés ne seraient
pas présents à l'audience. « Comment, en l'absence des
auteurs principaux, les complices pourront-ils se défendre ?... Accepter cet interrogatoire, ce serait, de la part
des accusés, une bassesse à laquelle ceux pour qui je parle
ne se résigneraient pas... Vous penserez donc que nous
sommes en droit de nous dire : rendez-nous nos accusés!
Placés entre la double nécessité de prolonger leurs souffrances, ou de se prêter à un système qui répugne à leurs
sentiments, les accusés que je défends préfèrent le sacrifice
de leur liberté et de leur fortune à celui de leur honneur;
c'est le seul héritage dont ils ne veulent à aucun prix
priver leurs enfants. »

Pendant les interrogatoires et les dépositions, Favre
intervenait sans se lasser pour faire préciser un point
resté obscur ou rectifier une erreur évidente. Il plaida
aux audiences des 17, 18 et 22 juillet. Ses plaidoyers, pour
les différents accusés qu'il défendait, sont d'une vigoureuse
énergie; déjà, on y trouve cette pureté de forme impeccable, cette grandeur de style qui charmeront toujours
dans les œuvres du merveilleux orateur.

« Vous comprendrez, Messieurs, que mes clients traînés
à Paris, je sois accouru, non pour les couvrir de mes
paroles et de ma protection, mais pour les revendiquer

(1) Daguilhon-Pujol, *Éloge de Jules Favre.*

au nom des principes les plus sacrés de l'humanité violée
en leur personne, et pour m'écrier à votre barre : Pairs
de France, ne touchez pas un cheveu de ces têtes, car elles
ont déjà subi le baptême d'une injuste persécution. »

Il s'élève contre les paroles du procureur général, traitant de rebelles les accusés qui ont refusé de prendre part
aux débats.

« J'ai d'autant plus le droit de les venger de ces attaques que j'ai énergiquement combattu leur résistance;
mais plus mes efforts ont été persévérants et inefficaces,
plus j'ai acquis la conviction du courage et de la moralité
de leur résolution.

« Des rebelles, Messieurs, mais à quelle loi? Dans quelle
loi trouverait-on une disposition qui puisse contraindre
des accusés à ne pas protester contre une décision par
l'éloquence muette de leur indignation? La loi, Messieurs
les Pairs, elle n'accable pas l'homme abattu ; elle n'offre
pas dans l'accusé un holocauste à la justice ; elle le prend
au contraire sous sa protection ; elle est pour lui paternelle ; c'est bien le moins qu'elle lui laisse la liberté de se
taire quand elle lui arrache celle de parler suivant son
cœur et sa conscience... »

Puis l'avocat « entrant dans les viscères du procès, »
en discute pied à pied toutes les circonstances ; il raconte,
il examine, il accuse à son tour.

« Carrier, dit-il, en défendant plus spécialement un de
ses clients, s'est déclaré républicain ; et j'ai entendu avec
surprise M. l'avocat général se faire une arme de cette
déclaration pour l'accabler. A propos de quoi donc l'accusation vient-elle ici parler d'opinions ?... Est-ce qu'on
veut établir des tables de proscription pour tous ceux
qui ne professent pas une adoration parfaite pour tous les
principes professés par le Gouvernement? Ah ! si le minis-

tère public a entrepris une pareille tâche, la vôtre, Messieurs les Pairs, sera agrandie à l'infini ; il faudra vous armer d'une longue patience; vous aurez bien des accusés à juger; et bien des gens, jusqu'au défenseur qui porte ici la parole devant vous, réclameront leur part dans cette accusation.

« Je suis républicain, s'écrie-t-il devant les juges étonnés et silencieux ! L'opinion est notre patrimoine ; elle nous appartient, et M. l'avocat général n'a pas le droit de la sonder ; il n'a pas le droit de nous ouvrir la conscience pour écrire sur ses lambeaux les pages de ses réquisitoires... »

Après Jules Favre, la Cour entendit seulement quelques autres plaidoiries, la plupart des accusés restant définitivement sans défenseurs. Chaix d'Est-Ange, désigné d'office, pour un des inculpés qui avait accepté son concours, ne plaida pas, l'accusation ayant été abandonnée à l'égard de son client.

Le procès se termina le 13 août 1835; il avait duré près de trois mois et demi. L'arrêt prononçait quelques acquittements, et, par contre, de nombreuses et sévères condamnations: huit accusés, parmi lesquels Beaume et Albert, étaient frappés de la déportation ; Lagrange, de vingt années de détention ; Caussidière, de dix années de la même peine, etc... Cavaignac s'était évadé avec une vingtaine de détenus.

La Haute Cour n'avait pas rendu sa sentence que déjà elle était de nouveau convoquée pour juger un grand crime.

Le 28 juillet 1835, Louis-Philippe passait une revue le long des boulevards. Accompagné des ducs d'Orléans, de Nemours et du prince de Joinville, escorté d'un nombreux état-major, il arrivait au boulevard du Temple, quand tout à coup une formidable détonation retentit, et vingt personnes tombent frappées à mort, autour du Roi, ou parmi la foule amassée; le maréchal Mortier, atteint de plusieurs balles, est parmi les victimes ; les blessés sont sans nombre.

C'est d'une mansarde que les coups étaient partis ; on s'y précipite, et l'on y découvre vingt-cinq canons de fusils de munition, rangés en tuyaux d'orgue, et maintenus à la culasse par deux barres de fer ; cette machine infernale, appuyée au rebord de la fenêtre, était braquée sur l'endroit où devaient passer le Roi et son cortège.

Un individu, disant se nommer Gérard, que l'on avait surpris au moment où il cherchait à fuir de la maison, était appréhendé sur-le-champ, et, le jour même, la police procédait à d'autres arrestations.

Parmi les personnes arrêtées, par simple mesure générale, disait-on, se trouvaient Armand Carrel, rédacteur du *National*, Eugène Raspail et Viennot, directeur du *Corsaire*.

Dès le lendemain, à la Cour des Pairs, l'instruction commençait, sous la direction du président Pasquier.

Cependant, au milieu de ces graves événements, qui mettaient en rumeur les partis politiques, un drame poignant s'était déroulé devant la Cour d'assises de la Seine.

L'affaire du lieutenant Emile de la Roncière avait commencé le 29 juillet.

Passionnante comme le roman le mieux conduit, remplie d'émouvants détails et de péripéties inattendues, dominée, malgré toutes les recherches, par un impénétrable secret, elle laissa dans les meilleurs esprits les plus cruelles incertitudes.

La vieille salle de la Cour d'assises était plus envahie

que jamais ; on s'étouffait dans les couloirs ; on s'écrasait aux portes. Des pairs et des députés, des magistrats et des diplomates, des femmes de l'aristocratie et des avocats en grand nombre se poussaient pour entendre la famille de Morell, partie civile, demander justice contre le jeune de la Roncière, qu'assistait son vieux père, accablé d'angoisses, mais ne voulant pas désespérer. « Allons, mon fils, ne crains rien, dit-il à l'accusé pénétrant dans la salle, tu es innocent ; sois homme ! »

Tout expliquait cette affluence bruyante ; au dehors, pendant de longues semaines, on avait discuté avec véhémence ; le malheureux officier était défendu par les uns avec une ardeur et une conviction, qu'on ne retrouvait que chez d'autres, qui le condamnaient sans pitié.

De quel crime était-il donc accusé ?

Le général de Morell commandait à Saumur l'école de cavalerie, à laquelle le lieutenant de la Roncière était détaché comme élève. Dans la nuit du 23 au 24 septembre 1834, vers deux heures du matin, la fille du général reposait dans sa chambre, lorsqu'elle fut réveillée par le bruit d'un carreau brisé ; un homme se jetait sur elle et l'accablait de coups et de violences en s'écriant qu'il voulait se venger. Les appels de la victime ayant effrayé le malfaiteur, celui-ci se sauvait par la fenêtre restée ouverte. « Tiens ferme ! » criait-il à un complice qui l'assistait dans sa criminelle entreprise.

Emile de la Roncière était-il coupable de cet attentat ? Matériellement, c'était presque impossible ; comment aurait-il pu pénétrer dans cette chambre, située au second étage ? Se serait-il servi d'une énorme échelle de bois, que personne n'avait pu découvrir dans la petite ville ? Aurait-il employé une échelle de corde, dont on ne trouvait aucun vestige ? Comment se serait-il livré à une escalade qui, d'après les architectes consultés, n'avait laissé aucune trace ? Aurait-il osé commettre une pareille tentative par une nuit radieuse d'un brillant clair de lune, où, vingt fois, il pouvait être surpris ? et pourtant, si l'accusé niait avec énergie à l'audience, il avait à peu près fait des aveux écrits qui n'étaient pas oubliés.

En outre, Marie de Morell accusait formellement son agresseur, et, sur ce point, ses déclarations étaient invariables ; mais, les médecins l'affirmaient, elle n'avait plus sa lucidité d'esprit qui entre minuit et deux heures du matin, et, pour l'entendre dans sa déposition, la Cour d'assises allait tenir, de nuit, une audience spéciale.

Enfin, M. et Mme de Morell et leur fille s'étaient vu assaillir de lettres anonymes ; seulement, les experts attestaient qu'elles étaient de la main même de Mlle de Morell.

Tout cela débordait de mystère, et les efforts des avocats, écoutant, interrogeant, discutant, au milieu d'un auditoire anxieux et passionné, tendaient en vain à jeter la lumière dans cette obscurité insondable. Les avocats, c'étaient Odilon-Barrot et Berryer pour la famille de Morell, Chaix d'Est-Ange pour de la Roncière.

Les plaidoiries couronnèrent dignement les inoubliables débats, qui s'étaient continués au milieu d'une agitation croissante pendant six longues et chaudes audiences.

Odilon-Barrot reprit le procès dans tous ses détails ; il dit les origines et les causes du crime dont il demandait réparation ; il écarta par une lumineuse discussion tout ce qui, dès l'abord, semblait invraisemblable ; il accumula les preuves que, dans son rôle d'accusateur, il devait à la justice.

« Messieurs, s'écria-t-il en terminant, le plus malheureux jour de ma vie serait celui où ma voix contribuerait en quoi que ce soit à faire condamner un innocent. Mais ici, je le déclare, ma conviction est entière. Je suis placé

dans cette alternative, ou de condamner la jeune Marie de
Morell, ou de condamner l'accusé. Comme homme, comme
père de famille, obéissant à ce qu'il y a en moi de conscience et de raison, je ne balance pas. »

Chaix d'Est-Ange a la parole ; il a senti le poids
de la mission sacrée qu'il doit remplir ; il entend
les clameurs de l'opinion et du monde ; lui-même,
il s'y est mêlé ; aussi commence-t-il par une exorde où il
se confesse. « Les préventions fatales, dit-il, qui s'élèvent
toujours au récit d'un crime atroce, et devant lesquelles
tant d'innocents ont péri, ces préventions qui ont si furieu-
sement assailli la Roncière, je sais, Messieurs, que je n'ai
pas le droit de les blâmer.

« Personne, en effet, ne les a partagées, personne ne les
a ressenties plus vivement que moi. Lorsqu'un père au
désespoir est venu pour me confier la défense de son fils,
je me suis laissé emporter à des paroles, que je regrette
amèrement aujourd'hui, et qu'il me pardonnera, je l'espère ! Quoi, disais-je, défendre votre fils, non, non ! Je
trouve ce qu'il a fait exécrable ; mon plus ardent désir, et
je parlais avec colère, eût été d'être choisi par les parties civiles. Le plus beau jour de ma vie aurait été celui
où j'aurais fait condamner votre fils. Hélas ! voilà ce que j'ai
dit.

« Inconvenante et cruelle parole ! Cependant, Messieurs
les jurés, après une heure d'explication, j'ai fini par comprendre que mon droit n'allait point jusqu'à repousser un
accusé sans vouloir l'entendre avant de le juger.

« Ce devoir, je l'ai rempli ; et, après avoir tout entendu,
tout examiné, tout pesé, j'en viens remplir un autre devant vous.

« Je viens défendre un homme injustement poursuivi par
une puissante famille, injustement condamné par des pré-

ventions aveugles. Et vous maintenant, Messieurs, que l'a-
trocité du crime ne vous entraîne pas ; que la longueur de ces
débats ne fatigue pas votre attention, que les préventions
publiques, qui vous entourent dans le monde, ne montent
pas avec vous sur ce siège. Jugez-moi sans faveur et sans
haine. Voilà ce que je vous demande, ou plutôt, ce que je
suis sûr d'obtenir de votre justice. » Et le défenseur pénètre dans la discussion ; il prend l'accusation corps à
corps, montre que le passé de son client n'est pas aussi
noir que ses ennemis l'ont prétendu ; il s'attache fermement
à toutes les invraisemblances relevées, établies par l'instruction elle-même et confirmées par les débats : pour pénétrer dans la chambre de Mlle de Morell, il eût fallu, ou
bien une échelle de trente-cinq pieds et trois hommes pour
la manœuvrer dans les rues de Saumur, ou bien une
échelle de corde ; mais où l'aurait-on attachée ? les boulons
de fer qui sont dans la mansarde de l'étage supérieur sont
intacts ; la gouttière n'a pas été faussée ; pas une ardoise
n'est brisée ; c'est une accumulation d'impossibilités matérielles, que confirment des impossibilités morales, autrement puissantes et persuasives.

Il ne reste donc que le témoignage de Mlle de Morell,
malade et hallucinée : « Ce n'est pas sur la foi d'un tel
témoin, termine Chaix d'Est-Ange, ce n'est pas sur la seule
parole de Mlle de Morell, que vous pourrez déclarer M. de
La Roncière coupable d'avoir commis un crime qui en
ferait le plus misérable des hommes ; d'avoir commis
sans intérêt, contre toutes les vraisemblances, contre toutes
les possibilités, le plus lâche, le plus infâme, le plus
atroce des attentats ! »

La discussion élevée et puissante de l'avocat fait une
violente impression sur l'auditoire qui s'écrasait dans la
salle, et pourtant les impressions hostiles contre l'infor-

tuné La Roncière étaient telles qu'à plusieurs reprises des murmures avaient éclaté.

Berryer réplique; il semble qu'il improvise, mais le grand orateur trouve de tels accents que le public, qui tout à l'heure protestait avec cruauté, éclate alors en bravos impitoyables.

« Deux pères, dit-il, vieillis avec distinction, avec gloire au milieu de nos armées, deux pères dont l'un ou l'autre, grand Dieu ! doit sortir de cette enceinte flétri dans la personne de son enfant, voilà le spectacle qui s'offre à vos regards. Ah ! Messieurs, du côté où je suis assis, il y a du moins cette différence consolante et grave dans la cause, que l'autre père est malheureux par la faute de son fils, tandis que le père que je défends se rappelle avec regret, mais encore avec joie au fond de son cœur, la pureté de la vie de Marie de Morell, de cette vie si pleine d'espérance. Là est la différence des deux pères, ou plutôt la différence des enfants! »

Il faut que Chaix d'Est-Ange réponde; ses forces sont épuisées; il est seul pour lutter contre les voix entraînantes de ses adversaires. Dans un magnifique et solennel effort, il résume les protestations suprêmes et les cris d'innocence de l'accusé.

Jamais l'avocat n'a été plus beau; il discute, à la fois, avec autant de vigueur qu'Odilon-Barrot et autant de grandeur que Berryer; il se demande pourquoi Marie de Morell, violentée, outragée, n'a pas crié sur l'heure.

« Et miss Allen, la gouvernante !... Oh ! vous le savez, miss Allen a le sommeil dur. De tous ces bruits, de ces horribles bruits aucun n'a pu la réveiller. Cette scène, compliquée de tant d'incidents, mêlée de tant de discours, elle s'est accomplie là, à quelques pas d'elle, presque dans sa chambre, la porte, ouverte d'abord, mal jointe ensuite,

et mal fermée; rien n'a pu la réveiller. Rien! Je me
trompe; quand tout est fini, elle s'éveille. Grand Dieu!
Marie l'appelle à son secours! Courez, courez! mais
quoi! la porte est fermée, cette porte, qui ne l'est jamais!
puis deux voix se font entendre... Deux voix! oh!
pauvre Marie! on l'outrage! on la tue! Courez, frappez
du pied, criez, criez au secours, criez donc, miss
Allen!... Elle n'a pas crié!!

« C'est une noble et sainte mission que la nôtre, s'écrie
Chaix d'Est-Ange dans un dernier appel, quand un homme
est innocent, quand il est abandonné par les siens, renié
par ses amis, maudit par tout le monde, de se placer près
de lui et de le défendre, comme le prêtre qui s'attache au
patient, et qui, à travers les clameurs du peuple, l'accompagne jusque sur l'échafaud et le renvoie absous devant
Dieu! Eh bien! moi, je m'attache à cet homme innocent;
au milieu des préventions et des murmures, j'élève la
voix pour lui et le renvoie absous devant les hommes! »

Encore quelques incidents, et le jury se retire; à l'étonnement de tous, mais à la satisfaction de beaucoup, il
rapporte, après plus de six heures de délibération, un
verdict de culpabilité: La Roncière est condamné à dix
années de réclusion.

Chaix d'Est-Ange, frappé de stupeur à l'audition de la
sentence, était sorti précipitamment de la salle; mais, le
lendemain, il offrait de nouveau son concours à de La
Roncière; et, par une mesure tout à fait exceptionnelle et
flatteuse, il fut admis à soutenir son pourvoi devant la
Cour de cassation. Il s'y présenta à l'audience du 20 août,
discuta avec une nouvelle énergie les moyens de droit
qu'il avait relevés; mais la Cour, sur les conclusions de
Dupin, repoussa le recours de la Roncière. Ç'en était fini
de cette dramatique affaire, qui a laissé chez beaucoup des

doutes sérieux et de poignantes hésitations. Ce jour-là, la liste, déjà trop longue, des erreurs de la justice humaine, ne se serait-elle pas étendue encore ?

Les débats judiciaires, qui concentraient sur le Palais de justice ou le Luxembourg l'attention captivée du grand public, allaient bientôt pouvoir être reproduits dans une nouvelle feuille quotidienne : le 1er décembre 1835, *le Droit* était fondé sous la direction de Lerminier. *Le Droit* annonçait l'intention de publier, outre le compte rendu des procès, des études historiques et philosophiques, des travaux de législation comparée. Le but poursuivi était louable entre tous, puisque le journal ne se proposait rien moins que de demander «au développement successif d'une science vivante le bonheur de l'homme et des sociétés ».

En août 1835, Philippe Dupin arrivait au terme de sa première année de bâtonnat. Quelques jours avant les élections, il avait appelé le Conseil à voter, au nom de l'Ordre, une adresse au Roi, à l'occasion de l'attentat du 28 juillet.

Le 11 août, il était réélu sans concurrent.

Le même jour, l'Ordre procédait à la nomination du Conseil. Peu de temps auparavant, une pétition avait circulé dans le Barreau qui, pour la première fois, demandait qu'une portion déterminée des membres sortants ne fût pas rééligible, les anciens bâtonniers étant d'ailleurs toujours exceptés. Les pétitionnaires insistaient sur deux motifs : d'abord, beaucoup d'avocats, dignes d'entrer au Conseil, s'en trouvaient écartés par le petit nombre de places devenant vacantes chaque année; en second lieu, les membres qui n'étaient pas réélus pouvaient voir, souvent à tort, dans le fait de leur exclusion une manifesta tion pénible.

Le Conseil n'accueillit pas la requête, et les élections se passèrent comme de coutume.

Philippe Dupin prononça son discours d'ouverture de la Conférence le 28 novembre 1835.

Faisant allusion au conflit soulevé par la défense des accusés d'avril : « Si le devoir de l'avocat, dit-il, est d'invoquer le maintien des lois qui protègent les droits des autres citoyens, il ne doit pas laisser passer sans réclamation les atteintes portées aux droits et à l'indépendance de son ministère.

« Il le doit d'autant moins que ces droits et cette indépendance sont le patrimoine de ses clients, qu'ils appartiennent au public et non à lui. Ce devoir, votre Conseil et votre bâtonnier l'ont accompli, non pas avec une susceptibilité ombrageuse, mais avec la conscience du droit, le calme de la raison et la modération qui sied à la vérité. Vos suffrages leur ont prouvé qu'ils avaient obtenu votre approbation. Cette approbation leur suffit et fait la plus douce récompense de leurs efforts... »

Le bâtonnier avait d'autant plus de raison de revendiquer ainsi publiquement les droits de l'Ordre et de défendre son attitude que, quelques semaines auparavant, un magistrat, le procureur général près la Cour d'Aix, s'était permis, dans son discours d'installation, de diriger contre le Barreau de Paris des insinuations au moins intempestives et déplacées.

« Pourquoi faut-il, disait le magistrat, que le premier Barreau de France, qui a fait, dans le courant de cette année, une opposition à laquelle on a cherché à donner tant de retentissement, ait pu croire qu'un Gouvernement libéral puisse jamais attenter à son indépendance ? En se laissant entraîner à un tel sentiment de méfiance et d'hostilité, ne devait-il pas craindre qu'on en vînt aussi à rechercher s'il s'était toujours montré lui-même aussi ombrageux, aussi jaloux de son indépendance? Sans ignorer ce que peut sur les caractères les plus fermes, les plus honorables, l'empire des circonstances, ce n'est pas nous qui avons oublié que le plus illustre de nos compatriotes, notre meilleur ami, fut écarté du Barreau de Paris, sans réclamation, sans résistance de la part d'une réunion de doctes, de courageux jurisconsultes. Manuel ne put jamais obtenir sa transcription sur le tableau des avocats de la capitale. S'il fut trop fier pour se plaindre, personne ne fut assez fort pour oser proférer alors une seule plainte en sa faveur. »

Les avocats, visés par le magistrat, n'étaient pas à la barre de la Cour d'Aix pour entendre les paroles qu'il prononçait et se défendre au besoin; peut-être auraient-ils eu le droit de s'étonner qu'on les attaquât ainsi, dans un discours qui avait justement pour sujet : le respect dû aux bienséances publiques? Peut-être le Barreau de Paris, « le premier Barreau de France, » aurait-il pu se demander ce que faisait le souvenir de Manuel en cette affaire? En tout cas, il laissa passer l'attaque sans y prendre garde; les avocats de Paris ne croyaient pas relever à un titre quelconque de la censure du procureur d'Aix.

L'heure était certainement mal choisie pour ces injustes récriminations; les ardeurs des luttes politiques mettaient chaque jour à l'épreuve le dévouement et la valeur du Barreau. Sans s'inquiéter des opinions ou des actes de celui qui les appelait, les avocats répondaient à l'appel; ils ne refusaient leur concours que lorsque ce concours était refusé par ceux-là mêmes qui auraient eu intérêt à l'accepter. De grands procès criminels élevaient à une singulière hauteur les débats de la Cour d'assises; Chaix

d'Est-Ange, à bout de forces et désespéré, après l'affaire
La Roncière, se reprenait le lendemain, plus fort et mieux
trempé; Berryer remportait les plus beaux triomphes;
Marie et Odilon-Barrot, Hennequin et Delangle, Parquin,
Bethmont, Paillet ne quittaient pas la barre, et Philippe
Dupin, le bâtonnier, répondait à des réclamations contre
l'insuffisance de certains défenseurs de Cour d'assises :
« Que ceci soit bien entendu pour tous, et retentisse, s'il
est possible, jusqu'au fond des prisons. Il n'est pas un
accusé qui ne puisse avoir, d'office et gratuitement, un
avocat honorable pour sa défense. Le Barreau peut et doit
refuser un concours volontaire et intéressé à ce qui n'aurait ni ses sympathies, ni ses convictions; il ne refusera
jamais un généreux secours à l'infortune, ni son obéissance à un principe qui est, à la fois, d'ordre public et
d'humanité (1). »

(1) *Gaz. Trib.*, 12 décembre 1835. *Lettre du Bâtonnier.*

CHAPITRE VIII

MONARCHIE DE JUILLET (SUITE). 1837-1844.

L'instruction, ouverte devant la Cour des Pairs, à la suite de l'attentat Fieschi, s'acheva dans le courant de novembre; Fieschi, d'abord arrêté sous le faux nom de Gérard, et quatre complices étaient mis en accusation.

Chaix d'Est-Ange et Parquin étaient désignés d'office pour défendre Fieschi ; Paillet pour défendre un certain Boireau.

A la lettre du Président qui l'informait de cette mission,

Parquin avait répondu : « La loi, d'accord avec l'humanité, ne veut pas que, même les plus grands coupables, soient abandonnés devant leurs juges; j'accomplirai mon pénible devoir; j'assisterai Fieschi dans l'instruction et aux débats; mais, le jour de l'audience arrivé, je ne puis pas promettre que ma voix trouvera quelques paroles pour sa défense. »

Cette réponse d'un ancien bâtonnier, qui avait si nettement, en plusieurs circonstances, proclamé les devoirs du Barreau, en même temps que ses droits, causa quelque surprise et jeta un certain émoi au Palais. Mais tout s'expliqua bientôt; Fieschi, ayant eu connaissance de la lettre de son défenseur avant qu'elle fût publiée, l'avait assuré qu'elle répondait exactement à ses intentions et à ses désirs. Il ne se faisait aucune illusion sur le sort qu'il méritait :

« Si le grand Cicéron ou le grand Homère, écrivait-il à Parquin, venait défendre ma cause, il lui serait impossible de me faire acquitter, puisque moi-même j'ai avoué mon cruel attentat, et je n'espère rien... Loin que la lettre que vous avez écrite à M. le Président de la Cour des Pairs me fasse regretter de vous avoir choisi, comme elle n'exprime que des sentiments qui sont les miens, et qu'elle vous honore à mes yeux, je vous prie de vouloir bien continuer à m'assister de vos conseils...(1). »

Les débats s'ouvrirent le 30 janvier 1836, sous la présidence de Pasquier; le procureur général Martin (du Nord) et l'avocat général Franck Carré siégeaient au Parquet; un avocat corse, du nom de Patorni, s'était associé pour la défense de Fieschi à son défenseur d'office.

Le procès se déroula au milieu d'interrogatoires et de

(1) Gaz. Trib., 3 décembre 1835.

témoignages remplis d'intérêt, mais qui ne soulevèrent aucun incident notable.

Le 10 février, le procureur général prononça son réquisitoire; Patorni plaida pour Fieschi, non sans provoquer fréquemment les interruptions du Président et les murmures de l'auditoire.

Il parla de tout, et de quelques autres choses encore; de la science gouvernementale de certains hommes, « plus habiles à dresser le plan d'un bal splendide et d'une fête à la Lucullus que d'éventer des conspirations »; il attaqua M. Thiers, « ministre fort économe des deniers de l'Etat »... Chaix d'Est-Ange dut intervenir pour déclarer que, Parquin et lui, n'avaient aucune observation à faire à leur confrère : « Nous sommes étrangers à son travail; nous n'en réclamons pas l'honneur, et c'est à lui-même que nous avons laissé l'appréciation de ce qu'il lui convenait de dire en faveur de notre client. » Patorni continua sa plaidoirie, s'efforçant de prouver que Fieschi était fou; mais il le fit en des termes tels que celui-ci, l'interrompant, lui enjoignit de se taire et de laisser la parole à ses avocats d'office.

Le lendemain, Patorni, calmé, acheva sa discussion, à laquelle Chaix d'Est-Ange déclara n'avoir rien à ajouter. La Cour entendit Dupont, Marie, Paillet, Paul Fabre, défenseur de Boscher. Paillet plaida merveilleusement; le succès d'orateur qu'il remporta devant un auditoire choisi grandit singulièrement sa réputation au dehors (1).

A la dernière audience, Chaix d'Est-Ange adressa à la Cour, sur l'insistance de son client, un dernier et chaleureux appe'. Il veut, à cette heure suprême, montrer Fieschi tel qu'il est, avec ses vices et ses vertus, avec son cou-

(1) Bonnet, *Souvenirs*, p. 290.

rage et ses faiblesses, avec le bien et le mal qu'il porte en lui-même.

« Des voix éloquentes, dit le défenseur en achevant sa courte harangue, des voix que j'estime et que j'aime, se sont élevées contre nous. On veut, dit l'une, présenter Fieschi à notre admiration; on veut lui tresser des couronnes. Apparemment, dit l'autre, vous voulez que sa marche vers l'échafaud soit une marche triomphale!... Autrefois, sans doute, les sacrificateurs pouvaient orner de bandeaux et de fleurs les victimes humaines qu'on envoyait à la mort; car ces victimes étaient innocentes, et leurs têtes, avant de tomber, pouvaient porter des couronnes; Fieschi, au contraire, est coupable, coupable d'un horrible crime, et personne ici, que je sache, ne songe à lui décerner des ovations, à semer sa route de fleurs. Et si, en effet, quelque génie, puissant et sage, ne vient écarter vos présages, si, en effet l'échafaud, dont vous lui parlez déjà, se prépare pour lui, l'échafaud pour lui ne sera jamais un triomphe. Mais que justice du moins lui soit rendue! Si le mal est puni, que le bien aussi soit proclamé. Si vous avez le droit de lui parler de son crime, et même, hélas! de son supplice, que j'aie le droit à mon tour de lui rappeler des actions généreuses, et de jeter quelque baume sur cette horrible plaie. Qu'il ne marche pas à cette mort couvert seulement de malédiction et d'outrages, ne voyant plus autour de lui que ses victimes, et désespérant alors de la bonté de Dieu, comme il a désespéré une fois de la pitié des hommes. »

Fieschi, Pépin et Morey furent condamnés à mort et exécutés peu de jours après; Boireau était frappé de vingt années de détention, et Bescher acquitté.

Quelques mois plus tard, le 25 juin, Louis-Philippe était

l'objet d'un nouvel attentat. Un certain Alibaud, commis en soieries, tirait sur la voiture du Roi un coup de canne-fusil, sans que personne fût atteint. Comme il l'avait fait précédemment en semblable circonstance, le Conseil de l'Ordre vota et fit remettre au Roi une adresse de félicitations.

La Chambre des Pairs, immédiatement constituée en Haute Cour de justice, condamnait, le 9 juillet, Alibaud à la peine de mort; Charles Ledru avait défendu l'accusé, qui subit son châtiment dès le lendemain.

Le 8 août, l'Ordre des avocats nommait Delangle bâtonnier en remplacement de Philippe Dupin ; trois tours de scrutin avaient été nécessaires ; au troisième tour, Delangle recueillit 102 suffrages, contre 60 donnés à Teste. Delangle était né à Varzy, comme les Dupin; en quelques années, cette bourgade du Nivernais avait fourni trois bâtonniers au Barreau de Paris.

Peu après, l'Ordre désignait les membres du Conseil, où siégeait encore le doyen Archambault, que l'on voyait, aux jours des séances, arriver au Palais, costumé comme jadis : ailes de pigeon, queue poudrée, culotte courte, bas de soie coquettement tendus, grande boucle d'argent à la chaussure (1).

Un des membres de ce Conseil, et non des moins illustres Berryer, avait maille à partir avec le Parquet : depuis l'attentat Fieschi, la police voyait partout des conspirateurs et des assassins ; un jour du mois de juin 1836, elle avait saisi, au vestiaire du Jardin turc, une canne à pomme d'or et à poignard appartenant à Berryer, qui, de ce chef, était cité devant la 6e Chambre du tribunal cor-

(1) Thureau, *Discours prononcé au banquet de sa soixantaine.*

rectionnel. Il n'y comparut pas. L'avocat du Roi prit contre lui des réquisitions sévères ; le prévenu ayant participé à la rédaction de la loi de 1834 sur les armes prohibées devait, moins que personne, disait-il, y contrevenir. Le tribunal eut le bon esprit de ne pas suivre dans l'excès de son zèle l'organe du ministère public : il condamna Berryer à un franc d'amende et ordonna la confiscation de la canne.

Autrement grave était la poursuite dirigée contre Dupont ; au cours d'une affaire de faux qu'il plaidait aux assises, plusieurs paroles, assez vives, avaient été échangées entre l'avocat général, d'une part, l'accusé et le défenseur, de l'autre. D'après le compte rendu de la *Gazette des Tribunaux*, Dupont aurait répondu au Président : « Vous n'entendez rien en comptabilité ; » à propos de son adversaire, il aurait dit : « Voyons les connaissances profondes de M. l'avocat général en comptabilité ! Ce sera curieux ; » enfin, au Président, qui voulait lui imposer silence, il aurait répliqué : « C'est une inconcevable tyrannie ; vous n'êtes pas le maître d'empêcher une observation qui doit rectifier un fait important ; ce serait aussi un scandale. »

A l'audience qui suivit celle où cet incident se serait produit, le Président protesta : il prétendit n'avoir pas entendu les paroles mises par la *Gazette* dans la bouche de l'avocat, sinon il ne les aurait pas tolérées. Dupont répondit qu'il ne connaissait pas les paroles qu'on lui prêtait, ni même le journal qui les contenait.

Il semblait que tout était terminé quand, le lendemain, l'incident recommença avec plus de vivacité : à l'ouverture de l'audience, le Président voulut faire subir au défenseur un véritable interrogatoire ; celui-ci protesta ; en fait, il déclara que les expressions employées n'avaient pas la portéequ'on voulait leur donner, ou avaient été proférées de façon à ne pas parvenir aux oreilles de la Cour.

Procès-verbal fut dressé qui relatait les explications fournies. « M. Dupont, mentionnait-il, a déclaré qu'il protestait contre toute intention qu'on lui supposerait d'avoir voulu offenser la Cour, comme aussi il protestait, tant en son nom qu'en celui de son Ordre, contre l'enquête et l'espèce d'interrogatoire qu'on lui avait fait subir au sujet d'un article de journal qui lui était étranger. »

Il semblait que ce procès-verbal dût donner toute satisfaction aux intéressés, aussi la surprise fut-elle grande au Palais lorsqu'on y apprit que la *Gazette des Tribunaux* avait reçu citation à comparaître devant la Cour d'assises pour publication d'un compte-rendu inexact et de mauvaise foi, et que, ce même jour, Dupont devait y être poursuivi disciplinairement.

Le gérant du journal se présenta devant la Cour assisté de Chaix d'Est-Ange et Dupont assisté de Marie.

Après un premier arrêt qui repoussait une demande de disjonction, l'affaire commença au milieu d'un nombreux concours d'avocats. La Cour entendit sur les propos attribués à Dupont des témoins qui confirmèrent en partie les explications données.

L'avocat général abandonna la poursuite contre la *Gazette*, mais requit contre l'avocat l'application d'une peine disciplinaire. Marie défendit vigoureusement son confrère : « Dupont se présente seul devant vous, dit-il, en relevant l'indulgence du ministère public vis-à-vis du journal poursuivi—seul! je me trompe; il se présente avec l'amitié et le dévouement de son défenseur, et, il faut bien que ses ennemis politiques l'entendent, avec l'estime que tout le Barreau lui a vouée pour son talent et son honorable caractère. »

Marie s'élève contre l'importance donnée au récit d'un journal, contesté d'ailleurs par son client et les témoins: « Il arrivait, dans l'ancien Barreau, que, dans la chaleur de la défense, un avocat pouvait dépasser les bornes, qu'il pouvait faire entendre quelques paroles imprudentes, que des expressions offensantes même venaient à soulever la Cour contre lui. Les magistrats l'appelaient alors devant eux, lui demandaient des explications, et, si, dans sa franchise, il venait désavouer les paroles imprudentes, échappées à la chaleur de l'improvisation, oh! alors les magistrats l'accueillaient paternellement, le relevaient de la main, et tout était oublié. Voyez aujourd'hui ce qui se passe! Voilà qu'on cherche péniblement, dans un long débat, à prouver contre un membre honorable du Barreau des injures que personne n'a entendues; voilà qu'on cherche péniblement à le constituer coupable d'outrages que personne n'a entendus, et cela, sur la foi d'un journaliste, et cela, sur la déposition d'un journaliste qui défend son œuvre, qui lutte pour l'honneur de sa profession. Voilà enfin que tous les efforts tendent à élever le journaliste, et à abaisser l'avocat. » De longs applaudissements éclatent à ces mots, et le Président donne l'ordre d'amener devant la Cour ceux qui se permettront de troubler le silence.

Marie discute les dépositions des témoins et, après une péroraison où perçait l'émotion de l'orateur, cède la parole à Chaix d'Est-Ange. En présence de la situation faite au gérant du journal par l'abandon de la prévention, il ne prononce que quelques mots; il tient toutefois à ne pas séparer l'un de l'autre les deux coïnculpés : « Non, non, dit-il, nous ne voulons pas de l'acquittement que nous jette le ministère public. Nous ne voulons pas sortir de l'audience triomphant et joyeux, en laissant à vos pieds un confrère, un ami frappé par une injuste condamnation, par une condamnation dont on aurait voulu nous faire complices. »

Chaix, pour écarter du débat les phrases insérées par la *Gazette*, discute la foi que l'on doit ajouter aux reproductions de la sténographie :

« La sténographie, hélas! que de fois, nous autres, avocats, avons-nous eu à gémir des honneurs qu'elle voulait nous décerner! la sténographie!... espèce d'orthopédie de nos phrases boiteuses, qui tantôt les redresse, et tantôt les mutile, les défigure, impuissante qu'elle est souvent à se comprendre elle-même! Savez-vous bien ce que c'est que le sténographe? Voyez-le, là, misérable victime de la parole humaine, l'oreille dressée pour tout entendre, l'œil levé pour tout voir, la main brûlant le papier pour tout écrire. Voyez-le, harassé, haletant, dans cette lutte, pour suivre le galop de la parole, traduire ce qu'il entend en caractères indéchiffrables, qu'il comprend à peine lui-même. Il faut qu'il entende toutes les paroles de l'avocat, celles de l'accusé, celles du ministère public, qu'il voie tout, les moindres détails, la physionomie des débats, les incidents d'audience... Il veut s'arrêter... non, non, marche! marche!!... et le débat le presse, et les paroles se heurtent, s'entrechoquent autour de lui.... et vous ne croyez pas aux inexactitudes, aux erreurs! et voilà l'homme dont vous accepterez le témoignage pour en faire la base d'une condamnation! et vous condamnerez quand lui-même il vous dit qu'il doute, quand vous le voyez hésiter sur les résultats de son art, de cet art menteur qu'un de nos plus spirituels sténographes a nommé : l'art de ne pas prendre les paroles d'un orateur... et voilà le témoignage que vous invoquez! voilà les preuves que vous opposez à Dupont, quand nous-même, nous, sténographe, nous vous disons que nous avons pu nous tromper !... Une condamnation serait pour Dupont une injustice; ce serait pour nous un remords ! »

La Cour rendit un arrêt qui, tenant pour établis les propos relevés par le Parquet, et les considérant comme irrespectueux et offensants envers les magistrats, prononçait contre Dupont la peine de l'interdiction pendant une année. Une sourde rumeur de protestation accueillit cette sentence sévère, et la *Gazette des Tribunaux* (1), en rendant compte de l'audience, déclara regretter profondément l'acquittement dont elle avait bénéficié, et qu'elle n'eût jamais consenti à payer si cher.

Dupont se pourvut en cassation, et soumit son pourvoi au Conseil de l'Ordre.

Le Conseil examina la question, dans sa séance du 30 novembre. A la demande de Delangle, il rechercha si la marche suivie dans le développement de ces incidents successifs ne portait pas de graves atteintes à la liberté de la défense et à l'indépendance de la profession. Philippe Dupin fut chargé du rapport, à la suite duquel un arrêté intervint dans la séance du 21 novembre.

Le Conseil était frappé du silence observé par la Cour et le Parquet le jour où les paroles reprochées à Dupont auraient été prononcées; ce jour-là, aucun procès-verbal n'avait été dressé; comment revenir après coup, dans une audience ultérieure, sur des propos fugitifs et non constatés ?

L'arrêté relate ensuite les incidents tels que la *Gazette des Tribunaux* les avait reproduits, la citation donnée au journal, les réserves faites par le ministère public contre Dupont, la demande de disjonction des deux affaires, l'arrêt

(1) 7 octobre 1830.

qui le repoussait, les dépositions des témoins, enfin la suspension prononcée.

« Une année de suspension, dit le Conseil ! c'est-à-dire une clientèle dispersée, une carrière arrêtée, un tort immense dans les résultats présents, et incalculable dans les résultats futurs. »

Cependant l'avocat condamné s'est pourvu en cassation; les moyens qu'il a invoqués à l'appui de son recours paraissent des plus sérieux; et l'arrêté décide que « pour marquer l'importance que l'Ordre attache à la solution des questions soulevées par le pourvoi de M. Dupont, M. le bâtonnier, M. le doyen de l'Ordre et M. le rapporteur assisteront M. Dupont aux audiences de la Cour de cassation. »

Jules Favre et Ledru-Rollin rédigèrent une consultation en faveur de leur confrère (1), et, le 24 décembre 1838, le pourvoi fut soumis à la Cour suprême. Dupont, en robe, avait pris place à la barre, assisté, selon la décision du Conseil, d'Archambault, doyen, de Delangle, bâtonnier, de Philippe Dupin, rapporteur, et de plusieurs autres membres du Conseil.

Scribe plaida, et, faisant allusion à la présence de Dupin aîné, procureur général, qui allait donner ses conclusions, il dit, en terminant : « Bientôt une voix qui fut si longtemps chère au Barreau va se faire entendre; puisse-t-elle nous être favorable! et, cette fois encore, nous venir en aide! »

« Un Ordre aussi nombreux, commença Dupin, aussi éclairé que l'Ordre des avocats ne s'émeut pas pour un intérêt particulier; il sait trop bien que la considération dont il jouit n'est pas attachée à l'impunité de ceux de ses membres qui auraient tenu une conduite répréhensible ; et la juste sévérité du Conseil de discipline n'a jamais

(1) Jules Favre, *Plaidoyers politiques et judiciaires*, I, p. 120.

épargné la répression aux fautes qui lui étaient déférées.
Si donc une question disciplinaire éveille parfois la sollicitude de l'Ordre entier, il faut se dire que c'est parce
qu'elle lui paraît, sinon dans le fond, au moins dans la
forme, blesser ses prérogatives et compromettre son indépendance. »

Dupin examine successivement les différents moyens
invoqués à l'appui du pourvoi, et, très nettement, « en
son âme et conscience » conclut à la cassation sur
deux de ces moyens. La délibération commencée à trois
heures fut remise au lendemain; l'auditoire n'avait pas de
doute sur l'issue de l'affaire ; le Barreau déjà criait
victoire.

Le lendemain, la bonne impression de la veille persiste;
des gens bien informés savent que la majorité est d'avis
de la cassation. On cite tel magistrat qui, en chambre du
conseil, a fait valoir en ce sens d'irrésistibles arguments
et entraîné l'opinion de ses collègues. L'illusion et la joie
furent de courte durée. Contrairement aux conclusions
du procureur général, le pourvoi de Dupont était rejeté.

A partir de ce moment, et durant quelques années, le
Barreau de Paris n'a, pour ainsi dire, d'autre histoire que
celle des grands procès où il a lutté ; les orateurs, qui alors
illustraient la barre, Berryer, Chaix d'Est-Ange, Philippe
Dupin, Paillet, Crémieux, qui venait de céder sa charge
d'avocat au Conseil du Roi, Bethmont, à qui étaient réservées de brillantes destinées, etc..., compteront leurs
affaires par les triomphes mêmes qu'ils remporteront.

Le souvenir a été conservé d'une cause criminelle, assez
banale en elle-même, mais d'un puissant intérêt par les
émotions qu'elle rappelle.

Dans le courant de 1835, un gros propriétaire de l'Eure,

nommé Dehors, était poursuivi devant la Cour d'assises d'Evreux pour crime de complicité d'incendie, et condamné aux travaux forcés à perpétuité; un vice de forme ayant été relevé dans la direction des débats, l'arrêt fut cassé et l'accusé renvoyé devant la Cour d'assises de Rouen. Berryer assistait Dehors; malgré les efforts de son défenseur, l'accusé s'entendit encore condamner. Deuxième pourvoi soutenu par Dalloz; deuxième cassation basée sur une faute du président. Cité aux assises de la Seine, Dehors y comparut le 15 juin 1836. La salle d'audience présentait un aspect particulier. Cent vingt témoins venus du département de l'Eure, et revêtus de leur costume des grands jours, occupaient les places qui leur étaient réservées.

Berryer, assisté de Bagot, avocat à Evreux, est au banc de la défense; auprès de lui viennent s'asseoir la femme et la fille de l'accusé.

Le débat s'engage, mais, au cours des dépositions, un juré pose une question d'où il résulterait qu'il a eu connaissance de quelques détails de l'affaire, et la Cour la renvoie à une autre session. Le malheureux Dehors rentre dans sa prison, où, depuis de longs mois, il subissait de mortelles angoisses. Le 12 juillet, il paraît de nouveau devant le jury. Après des interrogatoires et des dépositions animées, Berryer se lève pour répondre à la partie civile.

« Non, Messieurs, dit-il dès le début de sa chaleureuse défense, il ne faut pas désespérer de la justice des hommes; et c'est parce que j'en suis profondément convaincu que je me présente ici avec confiance, malgré les deux décisions funestes qui ont frappé l'homme qui est devant vous.

« Oui, deux fois le jury a déclaré Dehors coupable, et ces deux décisions consciencieuses, je le crois, n'ont pas pu ébranler la conviction profonde que j'ai acquise de l'innocence entière de Dehors, conviction fortifiée encore, s'il était possible, par ces nouveaux débats. »

L'avocat apporte aux jurés une discussion froide et sévère; c'est à leur raison plus qu'à leur cœur qu'il s'adresse. Il combat l'une après l'autre les charges réunies contre son client; il les écarte vigoureusement. La Providence a veillé sur l'infortuné; il a été condamné deux fois, mais deux fois la sentence a été annulée.

« En vain, s'écrie Berryer, dans un mouvement oratoire resté célèbre, en vain a-t-on choisi, pour présider ces débats, le magistrat le plus habile et le plus expérimenté; la nullité y est. En vain a-t-on placé près de lui ce greffier si profondément versé dans la connaissance de la procédure criminelle. Greffier! votre plume trébuche; la nullité y est! En vain deux fois, vous avez frappé cet homme; deux fois la Cour suprême a brisé votre arrêt. Eh quoi! ne comprenez-vous pas que la Providence ne veut pas que cette tête tombe! »

Le plaidoyer s'acheva au milieu d'acclamations unanimes, et de vifs applaudissements accueillirent la sentence d'acquittement rendue par le jury.

On raconte que Berryer reçut quelques jours après la visite de son client, accompagné de sa jeune fille. Dehors voulait témoigner sa reconnaissance à son défenseur en lui remettant une liasse de billets de banque; celui-ci les offrit sur le champ à titre de dot à l'enfant qui les refusait, mais qui dut céder devant une impérieuse injonction.

Peu après, une importante affaire de faux testament et de faux billets d'une valeur de 500.000 francs mettait en présence Paillet et Lavaux, avocats des parties civiles constituées dans le débat, Philippe Dupin, Léon Duval et Dupont, assis au banc de la défense. La discussion orale fut des plus brillantes; l'auditoire en suivait le

développement avec une attention qu'il manifestait par
des mouvements d'adhésion et d'enthousiasme.

Puis, vint l'affaire d'Aimé Sirey, fils d'un ancien avocat
à la Cour de cassation, qui comparaissait devant la Cour
d'assises sous l'accusation d'homicide commis en duel sur
la personne d'un de ses alliés, un sieur Durepaire. Des
querelles de famille les avaient mis en présence; le duel
eut lieu au sabre; après onze minutes de combat, Sirey
était blessé d'un coup de pointe; au même instant, il atteignait Durepaire d'une blessure à l'abdomen, et la mort
s'ensuivit. On incriminait la loyauté de Sirey, qui avait
profité de l'hésitation causée par sa propre blessure pour
fondre sur son adversaire et le toucher mortellement.

A l'audience, Chaix d'Est-Ange assistait la veuve de la
victime, qui se portait partie civile, et Crémieux défendait
l'accusé.

Chaix d'Est-Ange prononça une de ses plus vivantes
plaidoiries, reprenant tous les précédents d'une querelle
qui devait tragiquement finir, racontant le combat dans
ses détails émouvants, et demandant justice, non seulement
au nom des intérêts particuliers qu'il défendait, mais au
nom de la société elle-même. « Si j'avais, dit-il, à remplir
un ministère plus noble encore que celui de défendre cette
veuve et cet enfant, si je pouvais vous parler au nom de
la société qui gémit de ces fureurs, qui voit avec horreur
ses meilleurs citoyens, les existences les plus illustres mises
en danger par ces cruels combats; si je pouvais, animé de
ces sentiments d'un ordre si élevé, vous parler au nom de
la société je vous dirais : Ah! ne donnez pas, messieurs
les Jurés, en cette circonstance, un exemple dangereux
d'impunité... Ne jetez pas à ces fureurs coupables de nouveaux encouragements! Donnez des consolations aux

victimes, et de salutaires avertissements à l'avenir! »

« Honneur et respect, s'écrie Crémieux en bondissant de son banc de défenseur, respect et pitié aux pleurs d'une épouse, à la douleur d'une veuve qui vient demander justice contre celui qu'elle appelle le meurtrier de son mari! Honneur et respect, respect et pitié à la douleur d'une jeune mère qui, tenant à la main sa fille, comme elle couverte de deuil, vient demander justice contre celui qu'elle appelle le meurtrier du père de son enfant! » Et l'impétueux avocat jette au jury une vive discussion, pleine de force et d'adjurations, où les considérations élevées succèdent à l'examen technique des circonstances; il retrace les discussions intimes qui ont provoqué le combat, montre les torts réciproques, établit la régularité de la rencontre, et il termine :

« Assez, assez d'injures, assez d'outrages! Cet homme que vous accusez d'assassinat, il a voulu mettre sa vie à l'enjeu, contre un coup de pistolet, à bout portant; il s'est battu au sabre sans connaître le sabre; il avait comme Durepaire une femme, un enfant; le deuil serait sur eux comme il est là, s'il eût succombé, et vous savez qu'il a failli périr dans la lutte. Cet homme, que vous accusez d'une spéculation, brûlait du noble désir de venger son père; cet homme enfin, qui a eu le malheur de tuer son parent, il l'a tué loyalement... (se retournant vers Mme Durepaire). Ah! Madame, pardon, mille fois pardon; il l'a tué, pardon! grâce pour lui! Vous êtes bien malheureuses, vous et cette enfant, objet de tant d'amour et de tant d'intérêt, mais lui ne peut pas être heureux. A vous, au contraire, arriveront toutes les consolations : vous ne retrouverez pas, sans doute, l'époux qui vous est ravi, mais vous avez une fille, et, soyez-en sûre, Dieu le voudra, votre fille sera heureuse; et le bonheur d'une fille, c'est le bonheur d'une mère ! » Aimé Sirey fut acquitté.

Une grosse échauffourée politique préoccupa à ce moment le pays. Le 30 octobre 1836, le fils de la duchesse de Saint-Leu, Louis-Napoléon Bonaparte, accompagné du commandant Parquin, en uniforme d'officier général, et du colonel Vaudrey, qu'escortaient des officiers et des soldats de son régiment d'artillerie, tentait de soulever un mouvement séditieux à Strasbourg. La tentative échoua promptement, et les meneurs furent bientôt arrêtés.

La Cour d'assises du Bas-Rhin les fit paraître à sa barre le 6 janvier 1837, mais le principal des accusés manquait. Par des raisons de haute politique, le Gouvernement avait décidé de soustraire le prince Louis à l'action de la justice ; le 9 novembre, il était enlevé de sa prison de Strasbourg, conduit en poste à Paris, et de là à Lorient, où il s'embarquait pour New-York.

Un élément de grand intérêt avait donc disparu du procès lorsque les débats commencèrent ; sept accusés, parmi lesquels Vaudrey, Laity, Parquin, la dame veuve Gordon, venaient répondre d'un attentat commis dans le but de changer la forme du Gouvernement. Au nombre des défenseurs figuraient Ferdinand Barrot et l'ancien bâtonnier Parquin, qui assistait son frère.

Quand l'heure des plaidoiries eut sonné, Parquin se levant commence au milieu d'un profond silence. « Je suis venu accomplir un pieux devoir... Je suis venu, dans cette cause grave et solennelle, prêter le secours de ma voix au compagnon, à l'ami de mon enfance, à mon frère, à ce Charles qui, par une honorable émulation, s'était chargé de couvrir d'éclat, dans la carrière des armes, un nom que je m'efforçais de ne pas porter sans quelque estime au Barreau. »

L'avocat demande avec force un acquittement général.

« Après la mutilation, après l'échec qu'une grande mesure politique a fait subir à l'instruction, je le déclare hautement, ce qui vous reste à faire, sans descendre dans aucun détail, c'est de les acquitter tous. Vous pressentez que je veux vous entretenir de la mesure prise au sujet du prince Louis.

« L'autorité, dans une haute pensée gouvernementale, n'a pas cru devoir permettre que le prince, l'âme du complot, fût compris dans les poursuites dirigées contre les autres conjurés; elle l'a retiré de prison; elle l'a envoyé au delà des mers. Si de cette mesure, que l'acte d'accusation signale comme un trait de clémence destiné à prendre place dans les plus belles pages de l'histoire contemporaine, il m'est demandé ce que je pense, je répondrai : comme trait de clémence, avant le procès, et même avant toute instruction, la mesure ne serait nullement dans mes sympathies. La justice doit d'abord avoir son cours; la clémence ne peut venir qu'après. »

La demande instante de Parquin, auquel n'avaient pas manqué de se joindre ses confrères de la défense, fut entendue. S'inspirant des sentiments de l'opinion publique, que des manifestations éclatant jusque dans la salle d'audience avaient attestés, le jury ne crut pas pouvoir condamner les comparses, quand l'acteur principal, celui qui espérait tirer le plus sérieux profit du succès espéré, naviguait en toute liberté vers le nouveau monde.

Quelques jours avant les débats de l'affaire de Strasbourg, Louis-Philippe était l'objet d'un nouvel attentat : un jeune homme, de vieille famille bourgeoise, Meunier, avait tiré sur le Roi presque à bout portant un coup de pistolet. Bien que le crime fût flagrant et que le coupable eût été immédiatement arrêté, l'instruction, confiée à la Chambre des Pairs, se prolongea pendant plusieurs mois;

des complices de Meunier avaient été découverts, qui comparurent avec lui devant la Haute Cour, à la fin d'avril 1837. Delangle, Ledru-Rollin et Chaix d'Est-Ange plaidèrent.

Delangle, qui défendait Meunier, paraissait un peu embarrassé par la difficulté de la mission qui lui avait été imposée d'office; il s'efforça de provoquer quelque pitié en faveur de son client; Ledru-Rollin apporta dans sa discussion la fougue et l'ardeur qui étaient déjà le propre de son talent emphatique et sonore; Chaix d'Est-Ange resta digne de lui-même. Les efforts de Ledru et de Chaix aboutirent à un succès presque inespéré, et leurs clients furent acquittés; Meunier était condamné à la peine capitale; le Roi ayant usé de son droit de grâce, la sentence ne fut pas exécutée.

Ce n'était pas seulement à la Chambre des Pairs, réunie avec le cérémonial que comportait cette haute juridiction, qu'étaient réservés les procès provoqués par les dissensions ou les passions de la lutte politique; presque à chaque session, le jury criminel statuait sur des délits de presse; les organes de l'opposition, légitimiste ou libérale, étaient constamment en querelle avec le Parquet qui, sous ce régime comme sous quelques autres, semblait croire que la prison et l'amende réussissent à comprimer l'expression de la pensée et à en paralyser la légitime expression.

La Quotidienne, la Gazette de France, le Courrier Français, le Siècle étaient punis, par les poursuites dont ils étaient l'objet, de l'ardeur de leur polémique; Berryer, Philippe Dupin, Odilon-Barrot se multipliaient, avec des fortunes diverses; les gérants des journaux incriminés étaient, selon les sentiments et les préférences des jurés que le sort leur assignait, condamnés à des peines sévères ou acquittés aux applaudissements d'un auditoire sympathique.

De défenseur qu'il était, Berryer, une fois encore, faillit devenir accusé à son tour ; le Gouvernement l'impliqua, avec de Genoude, de Nettement et d'autres, dans une poursuite de complot, intentée contre le parti légitimiste; le cabinet de l'avocat ne fut pas respecté; le Parquet y pratiqua une minutieuse perquisition, qu'il continua à la maison de campagne de Berryer, à Augerville, où toutes les chambres, même celles qu'occupaient des amis et des visiteurs, furent fouillées avec le soin le plus zélé. Tout cela n'aboutit d'ailleurs qu'à une ordonnance de non-lieu, rendue à la fin de décembre 1837.

A la même époque, une nouvelle instruction pour attentat contre la vie du Roi était ouverte, qui se termina par le renvoi en Cour d'assises de plusieurs accusés, parmi lesquels un certain Huber et une demoiselle Laure Grouvelle, que défendit Jules Favre. Emmanuel Arago, Teste, Leblond, Ferdinand Barrot assistaient les autres inculpés.

Jules Favre prononça pour sa cliente une de ses plus chaudes plaidoiries.

Le Procureur général avait reproché à Mlle Grouvelle sa pitié pour les conspirateurs condamnés à mort et exécutés, particulièrement pour Pépin et Morey dont elle avait fait ensevelir les cadavres. « Elle accomplit ce devoir, dit l'avocat, avec cette simplicité de cœur qu'elle a, toute sa vie, mise à de pareils actes, et ce sont ces actes que le ministère public a eu le triste courage d'incriminer! Je n'en aurais pas parlé s'il n'avait lui-même évoqué ces ombres sanglantes pour les faire planer sur ce procès, et

provoquer une condamnation. Oh! je l'avoue, en entendant
ces étranges reproches sortir de la bouche de l'organe de
la loi, en l'entendant attaquer la pitié de Mlle Grouvelle
pour des hommes morts, et qu'elle croit innocents, je me
suis involontairement rappelé ces sévères paroles de l'an-
naliste de Rome, écrites pour un autre âge, mais qui con-
viennent si bien au réquisitoire auquel je réponds : les
femmes elles-mêmes n'étaient point à l'abri de leurs per-
sécutions; ne pouvant les accuser d'envahir l'État, ils faisaient un procès criminel à leurs larmes. J'en suis fâché,
monsieur le Procureur général, mais ces lignes ont été
écrites pour des officiers de justice, qui poursuivaient des
condamnations sous le règne de Tibère et de son ministre
Séjan...

« Qu'a fait Mlle Grouvelle? Elle a reçu de la main du
bourreau des restes informes et mutilés. Et vous vous
indignez! Qu'êtes-vous donc? représentants de la justice
humaine, ne savez-vous donc pas que votre puissance expire
avec la mort. Quand votre glaive s'est abaissé, il n'y a plus
de coupable; l'homme s'est affranchi de vous par le trépas;
il n'y a plus que des débris qui appartiennent à notre
piété, et au-dessus, une mémoire, qui est du domaine de
l'histoire, de l'histoire qui se fait vite aujourd'hui, et qui,
réformant les condamnations politiques, relève la victime
pour mettre le juge sur la claie! »

L'accusation de complot contre la vie du roi fut écartée
par le jury, qui retint celle d'attentat ayant pour but de
changer la forme du gouvernement. Laure Grouvelle fut
frappée de cinq années d'emprisonnement. L'arrêt était
à peine prononcé qu'une scène dramatique éclatait dans
la salle d'audience; au milieu de protestations et de cris,
Huber cherchait à se suicider.

Jules Favre voulut visiter sa cliente condamnée, mais

l'Administration lui refusa impitoyablement l'autorisation qu'il sollicitait. On lui objecta que le ministère de l'avocat finit avec le verdict du jury.

« Dire cela, écrivit le défenseur dans une lettre virulente qu'il fit publier, c'est offenser la raison et les plus simples notions d'humanité; la raison, puisque le verdict est remis en question par le pourvoi, et que nul n'a le droit, sans anéantir la défense, d'empêcher les communications de l'accusé et de son avocat, dans un moment si décisif; l'humanité, parce qu'en dehors de nos fonctions légales nous en remplissons de non moins sacrées en soutenant par les consolations du cœur celui que la justice vient de foudroyer. »

Un débat d'une autre nature allait bientôt occuper l'opinion publique.

Le 20 juin 1838, la plainte en escroquerie, dirigée par de nombreux actionnaires contre les fondateurs de la société des mines de Saint-Bérain, était soumise à la sixième chambre du Tribunal correctionnel. Les prévenus, au nombre de six, sont défendus par Teste, Delangle, Ph. Dupin et Crémieux; les plaignants assistés de Berryer, Baroche et Odilon-Barrot.

C'est dire la grandeur d'un pareil procès qui, non seulement mettait en jeu de graves questions de responsabilité pénale et des intérêts matériels considérables, mais encore provoquait une magnifique lutte oratoire.

L'accroissement de la fortune mobilière, dont rien cependant ne pouvait encore faire prévoir la prodigieuse extension, a développé, en facilitant la circulation des richesses, les appétits et les besoins: de là, nombre de sociétés fondées sous l'apparence ou le prétexte de l'exploitation d'une industrie déterminée, mais qui dissimulent mal des spéculations et des « tripotages ». Le règne des financiers allait commencer et se poursuivre, sans que personne en pût, à ce moment, prévoir les abus et les tristesses.

L'affaire de la société des mines de Saint-Bérain amenait sur les bancs de la police correctionnelle un propriétaire, un notaire, un avocat, un ingénieur, etc..., qui, après avoir fondé la société, s'étaient retirés en reprenant le montant de leurs apports, évalués, par une coupable exagération, à la somme de trois millions et demi. Il paraissait établi que les mines n'étaient pas exploitables.

Les avocats stagiaires en robe assaillirent les chambres où le procès se poursuivit, sans incident notable, mais au milieu d'une accumulation de détails et de chiffres, qui surexcitaient l'attention générale.

Le tribunal rendit, le 30 juin 1838, un jugement qui renvoyait les prévenus de la plainte. Mais, sur appel, et après de nouveaux débats, aussi brillants, et suivis avec autant d'empressement et d'ardeur que les premiers, deux des prévenus furent condamnés à l'emprisonnement et au maximum de l'amende.

L'affaire des mines de Saint-Bérain était l'un des premiers gros procès financiers de l'époque; de combien d'autres du même genre devait-il être suivi, dans les années à venir !

Sous l'influence de ces débats, provoqués par les grandes crises commerciales et industrielles, l'art oratoire et l'éloquence judiciaire vont se transformer; les progrès scientifiques et les premières applications de la vapeur exigent que tout aille vite; un genre nouveau s'inaugure, technique et rapide, visant à la clarté et à la précision bien plus qu'à l'effet extérieur; le style du discours se modifie; on délaisse les exclamations, et les interjections, et les adjurations; c'en sera fait des souvenirs mythologiques et

fabuleux; l'avocat ne se permettra pas de dire d'un accusé
qu' « il se confle à Thémis », ou « qu'un prisonnier gémit
dans les fers » ; il s'efforcera de sacrifier les périodes
fleuries — qui alourdissent la pensée sans lui donner une
force nouvelle, et les développements — qui encombrent la
discussion sans l'éclaircir.

C'est précisément dans une affaire financière retentis-
sante que devait un jour cruellement sombrer l'avocat
qui, le 10 août 1838, était nommé bâtonnier de
l'Ordre.

Jean-Baptiste Teste, qui avait atteint l'âge de 58 ans,
était doué d'un talent éprouvé devant lequel tous s'in-
clinaient. Homme d'affaires et d'expérience, il avait
été successivement avocat à Nîmes, à Paris et en Belgique, lieutenant de police, puis député ; pendant quelques jours même, il avait reçu le portefeuille du commerce. Nommé bâtonnier par 136 suffrages, c'est-à-dire
par le chiffre exact de la majorité requise, il prononça
une allocution des plus banales, où il parlait « d'une vie
peut-être trop agitée », et promettait de consacrer tout ce
qui lui restait de chaleur et d'intelligence à reconnaître
un témoignage vivement senti.

Peu de semaines après sa nomination, le nouveau bâtonnier adressait le dernier adieu au doyen de l'Ordre, le
vénérable Archambault, qui s'éteignait à l'âge de quatre-
vingt-dix ans. Inscrit au tableau le 5 décembre 1774, il
y était resté soixante-quatre ans, à travers toutes les vicissitudes et toutes les tourmentes, fidèle au devoir et à
la profession ; il avait reçu la récompense de cette fidélité
même et de son talent quand, en 1818 et 1819, il s'était
vu appeler au bâtonnat.

Teste ne devait remplir que pendant peu de temps le
poste élevé où l'Ordre l'avait placé : nommé Garde des

sceaux le 12 mai 1839, il fut, le 1er juin suivant, remplacé par Paillet.

La lutte à laquelle donna lieu cette élection fut des plus vives ; on dut procéder à trois tours de scrutin ; Marie, qui avait obtenu la majorité aux deux premiers, fut battu au troisième ; il réunit 127 voix contre 129 données à Paillet.

Au mois de février 1839, Parquin était mort ; sa lutte avec le chef de la Cour lui avait conquis dans l'Ordre des sympathies qui s'étaient manifestées, on s'en souvient, par une triple élection au bâtonnat ; jusqu'à la fin, il garda sa place au Conseil. Ses derniers jours furent attristés par un procès personnel qu'il dut soutenir à la suite d'un arbitrage rendu par lui dans une affaire commerciale.

La politique, qui venait d'absorber Teste, a toujours joué un grand rôle dans l'histoire des avocats du Barreau de Paris et de tous les Barreaux de France.

Déjà, sous la Restauration, ils tenaient leur place à la Chambre ; c'étaient, entre beaucoup d'autres, Dupin aîné et Mérilhou ; puis, au commencement de la monarchie de Juillet, Renouard, Barthe, Philippe Dupin, etc...

Accoutumé par ses travaux de chaque jour à rechercher le sens exact des textes de la loi, l'avocat, qui en a découvert les imperfections et noté les lacunes, sera naturellement préparé aux discussions législatives. Dans le Parlement où il aspire à siéger, il rencontrera une occasion nouvelle d'appliquer son esprit à une multitude d'objets divers ; il pourra s'y livrer, s'il est laborieux, à cette intéressante variété d'études, à laquelle l'examen même des affaires de ses clients l'a depuis longtemps habilité.

Il est d'ailleurs rompu à l'usage de la parole ; éloquent ou maladroit, clair ou diffus, rapide ou prolixe, il n'en a pas moins un instrument dont il sait jouer; les timidités et les craintes, que font naître chez beaucoup un public et un auditoire, lui sont inconnues, et il acquiert de ce chef un avantage visible sur ses contradicteurs, quelles que soient leur valeur personnelle et la distinction de leur esprit. On a souvent médit, et peut-être avec quelque raison, du nombre trop considérable d'avocats prenant leur part des affaires publiques; mais ceux-là même qui s'en plaignaient le plus se laissaient prendre parfois, comme les autres, à une phrase bien tournée et à une période bien conduite.

Les élections générales de 1837 avaient amené ou maintenu à la Chambre des députés un certain nombre d'avocats du Barreau de Paris : c'était d'abord Berryer, le champion ardent et convaincu des idées légitimistes; député au commencement de 1830, il n'avait pas été réélu après la Révolution de Juillet; depuis Mirabeau, personne ne l'avait égalé, « ni le général Foy, qui récitait plus qu'il n'improvisait, qui ne réunissait pas la dialectique serrée des affaires à la puissance d'organe ni à la vaste éloquence de Berryer; ni M. Lainé, qui n'avait qu'un son harmonieux et pathétique ; ni M. de Serre qui, lourd et embarrassé dans ses exordes, ne laissait échapper que, par intervalle, le cri de sa passion oratoire ; ni Casimir Périer, dont la véhémence ne se déployait que dans l'apostrophe; ni Benjamin Constant, dont le talent avait plus de souplesse et d'art que de mouvement et d'énergie ; ni M. Manuel, enfin, qui était doué d'un jugement sûr et courageux, mais qui, plus dialecticien qu'orateur, n'arrachait pas comme Berryer des frémissements involontaires à son auditoire ému et transporté (1). »

_____

(1) Timon (M. de Cormenin), *Livre des Orateurs*.

On remarquait aussi, dans cette Chambre de 1837, Chaix
d'Est-Ange, député de Reims, qui ne retrouva pas à la tribune ses grands triomphes de la barre ; Boudet, Garnier-
Pagès, Hennequin — toujours sur la brèche comme Berryer pour défendre les Bourbons de la branche aînée, leurs
amis et leurs journaux, — Mauguin, plein de vivacité et à
la riposte alerte, qui s'était franchement attaché aux idées
républicaines ; c'est lui dont le discours ardent avait, un
jour, ému plus que de raison un timide séminariste perdu
dans les tribunes ; le jeune lévite s'en ouvrit à son supérieur, et celui-ci se contenta de répondre : « On voit bien
que ces hommes-là ne font pas oraison ! »

Puis, c'était Odilon Barrot, avec la philosophie et la
majesté que révélait sa personne et qu'il replaçait dans
ses discours ; c'était Teste, avec sa parole agressive,
qu'il savait rendre amère même dans les discussions les
plus techniques ; c'était Stourm et d'autres encore, dont
les noms figuraient au tableau, mais qui ne prenaient pas
une part active à la vie judiciaire.

La plupart des avocats députés siégeaient sur les bancs
de l'opposition.

C'est dans l'opposition, en effet, que généralement prennent place les membres du Barreau ; il semble que les
idées d'indépendance, qu'ils ont puisées dans les principes
mêmes et les règles de leur profession, rangent les avocats
de préférence parmi les adversaires du pouvoir, quel qu'il
soit ; et le nombre des mécontents s'augmente naturellement de tous ceux que les événements politiques ont
trahis, et qui, sûrs de trouver dans l'Ordre un refuge où
leurs opinions et leurs personnes seront respectées,
peuvent conserver la franchise de leur parole et de leur
allure.

A peine Teste était-il nommé Garde des sceaux qu'il dut convoquer la Chambre des Pairs pour juger les accusés arrêtés à la suite des journées des 12 et 13 mai 1839. Ces jours-là, un mouvement insurrectionnel sérieux avait éclaté dans Paris; Barbès, Blanqui et Martin Bernard marchaient à la tête de bandes armées, qui se dirigèrent vers certains endroits désignés à l'avance, notamment l'Hôtel-de-Ville et le Palais de Justice. Des barricades s'élèvent sur divers points, mais la troupe accourt, disperse les insurgés après quelques heures d'une lutte meurtrière, et rétablit l'ordre dans la rue.

A la suite de nombreuses arrestations opérées par la police, la Haute Cour s'assembla; Barbès et Martin Bernard étaient au premier rang des accusés; Blanqui ne fut arrêté que plus tard et jugé séparément. Au banc de la défense siégeaient Paillet, Emmanuel Arago, Bertin, Nogent-St-Laurens, Grévy, Jules Favre, qui plaida pour un certain Roudil. Après de longues audiences, où la discussion fut ardente, la Cour prononça la peine de mort contre Barbès, qui bénéficia d'une commutation.

Martin Bernard s'entendit condamner à la déportation, et le client de Jules Favre à cinq années de détention.

Un an plus tard, au mois d'août 1840, le prince Louis Napoléon renouvela aux environs de Boulogne la tentative de Strasbourg. Il y débarqua accompagné de quelques fidèles; en se dirigeant vers la ville, il essaya d'entraîner un poste de soldats et se rendit à la caserne. Mais l'alarme avait été donnée, et la petite bande s'enfuyait vers le rivage pour regagner la mer, lorsque des gardes nationaux l'arrêtèrent. Conduit au fort de Ham, puis transféré à Paris, le prince, en faveur duquel le Gouvernement ne crut pas devoir user de la clémence dont il avait déjà fait preuve en semblable circonstance, comparut avec ses complices devant la Chambre des Pairs.

Les débats s'ouvrirent le 28 septembre. Les accusés étaient au nombre de dix-neuf, parmi lesquels, outre Louis Napoléon, il faut rappeler le comte de Montholon, Charles Parquin, déjà poursuivi à Strasbourg, Henri Conneau, Fialin de Persigny, Aladenise, etc... Le procureur général Franck Carré occupe le fauteuil du ministère public ; aux bancs de la défense sont assis Berryer, pour le prince Bonaparte, Marie, Ferdinand Barrot, Jules Favre, Nogent-St-Laurens... On s'était étonné de voir le chef du parti légitimiste au Barreau et à la tribune, accepter de défendre un Bonaparte, que ses seules mésaventures politiques et privées avaient rendu célèbre et que, malgré ses manifestations bruyantes, on ne prenait pas alors tout à fait au sérieux. Mais l'avocat n'avait pas voulu se soustraire à l'appel d'un client menacé d'une pénalité sévère, et il ne voyait dans le prince qu'un malheureux à protéger de sa merveilleuse parole. Les audiences se suivirent sans incident et la lutte oratoire entre le ministère public et la défense fut des plus chaudes.

Le procureur général Franck Carré lut un réquisitoire fort bien ordonné, où, après avoir habilement groupé tous les faits, il fit la part de chacun des accusés. S'adressant au prince « l'épée d'Austerlitz, s'écria-t-il elle est trop lourde pour vos mains débiles. Cette épée, c'est l'épée de la France; malheur à qui tenterait de la lui enlever! » Caractérisant l'acte violent qu'il reprochait au principal accusé, et s'attaquant à sa personne même, le procureur général continue : « Ce n'est plus aujourd'hui la légitimité impériale que le prince revendique; ce n'est pas une restauration qu'il veut faire; c'est une dictature dont il se saisit de son chef, par devoir envers la patrie, et pour la conduire, sous ses auspices, à de meilleures destinées.

« Mais, en vérité, qui donc êtes-vous pour afficher de si extravagantes prétentions? Qui donc êtes-vous pour vous ériger en représentant de la souveraineté du peuple, sur cette terre où règne un prince que la nation a choisi, et auquel elle a remis elle-même le sceptre et l'épée? Qui donc êtes-vous pour vous donner en France comme un représentant de l'Empire, époque de gloire et de génie, vous qui étalez tant de misères dans vos entreprises, qui donnez par vos actes tant de démentis au bon sens... »

Le succès du procureur général fut attesté par les murmures flatteurs qui s'élevèrent des bancs de la Pairie; mais combien fut plus profonde encore l'impression produite par Berryer, qui prononça, ce jour-là, un de ses plus beaux discours judiciaires; à chaque phrase, on y retrouve le grand orateur avec toutes les ressources de sa prestigieuse éloquence.

Berryer dédaigne tout exorde banal, et, plaidant un procès politique, il se livre sur-le-champ à une discussion politique d'une téméraire grandeur; il attaque plutôt qu'il ne défend; rien ne l'arrête; il dira sans s'émouvoir tout ce qu'il doit dire. « Quel n'est pas, dit-il, le malheur d'un pays, où, dans un si petit nombre d'années, tant de révolutions successives, violentes, renversant tour à tour les droits proclamés, établis, jurés, ont jeté une si profonde et si affligeante incertitude dans les esprits et dans les cœurs sur le sentiment et la constance des devoirs. Eh quoi! dans une seule vie d'homme, nous avons été soumis à la République, à la Restauration, à la royauté du 7 août. Cette acceptation de gouvernements si rapidement brisés les uns sur les autres ne s'est-elle pas faite au détriment de l'énergie des consciences, de la dignité de l'homme, et je dirai même de la majesté des lois ? »

La voix est sonore, le geste superbe ; l'orateur, comme ramassé dans sa petite taille, s'élève et grandit à mesure qu'il parle.

Mais il faut qu'il explique à ceux qui s'en sont étonnés sa présence à ce banc de la défense. « Le devoir qui m'est imposé aujourd'hui, dit-il, je l'ai rempli loyalement au début de ma carrière. En 1815, des ministres, méconnaissant la véritable force de la royauté légitime, infidèles à son caractère auguste, poursuivirent devant les tribunaux les hommes débarqués en France avec Napoléon et échappés au désastre de Waterloo J'étais ardent et sincère dans les convictions, que le spectacle offert à mes yeux fortifie de jour en jour. Royaliste, j'ai défendu les hommes restés fidèles à l'Empereur. Pour sauver leur vie, j'ai fait la part des événements, des lois, des traités, des actes, des fautes mêmes du Gouvernement — et les juges du Roi ont acquitté Cambronne. Aujourd'hui, l'accusé, qui a fait à mon indépendance et à ma bonne foi l'honneur de venir me chercher pour sa défense dans un parti si différent du sien, ne me verra pas faillir à sa confiance... »

L'avocat se demande si les espérances de son client sont aussi chimériques, ses droits aussi insensés que le Procureur général l'a affirmé ; l'Empereur est mort, mais tout a-t-il fini avec lui ? Sa dynastie ne promettait-elle d'autre durée au pays que celle de la vie d'un homme ?

« Ce n'est pas une de ces questions, s'écrie-t-il, qu'on vide par un arrêt. Un arrêt, des condamnations, la mort, des têtes qui tomberaient !... Mais vous n'avez rien fait. Tant qu'un reste de sang se transmettra dans cette famille, la prétention d'hérédité, appuyée sur le principe politique de la France, se transmettra également. Vous aurez des supplices affreux, injustes ; vous serez usurpateurs dans l'exercice de la qualité de juge, et tout cela aura été complètement inutile... »

Berryer connaît à merveille ceux à qui il s'adresse, et, pénétrant dans l'intimité de leur conscience et les replis de leur cœur, il dit, au moment de terminer : « Vous faites allusion à la faiblesse des moyens, à la pauvreté de l'entreprise, au ridicule de l'espérance du succès; ou bien, si le succès fait tout, vous qui êtes des hommes, qui êtes même des premiers de l'État, qui êtes les membres d'un grand corps politique, je vous dirai : il y a un arbitre inévitable, éternel, entre tout juge et tout accusé; avant de juger devant cet arbitre, et à la face du juge qui entendra vos arrêts, dites-vous, sans avoir égard à la faiblesse des moyens, le droit, les lois, la constitution devant les yeux : la main sur la conscience, devant Dieu et devant mon pays, s'il eût réussi, s'il eût triomphé, ce droit, je l'aurais nié; j'aurais refusé toute participation à ce pouvoir, je l'aurais méconnu, je l'aurais repoussé. Moi, j'accepte cet arbitrage suprême, et quiconque, devant Dieu, devant le pays, me dira : s'il eût réussi, je l'aurais nié, ce droit ! celui-là, je l'accepte pour juge !... »

Un mouvement prolongé, où l'admiration pour l'orateur se heurtait aux sentiments du corps politique devant lequel il plaidait, accueillit les dernières paroles de Berryer. Ses confrères de la défense lui succédèrent, Ferdinand Barrot discuta vaillamment; Jules Favre fut agressif et souleva des protestations.

Après une réplique du Procureur général et quelques paroles du prince Louis, la Haute Cour entra en délibération. Elle prononça contre le principal accusé la peine de l'emprisonnement perpétuel; cette peine n'existant pas dans le Code, la Chambre des Pairs l'inventa, pour retirer, a-t-on dit, au châtiment son caractère infamant. Les complices du prince furent condamnés à la déportation ou à la détention.

Moins célèbre est resté, à coup sûr, le procès intenté à M. de Lamennais. Le délit dont il avait à répondre n'était pas de ceux qui pouvaient renverser un trône et susciter la révolution. Lamennais avait publié une brochure intitulée: *le Pays et le Gouvernement*, où il protestait avec violence contre les mesures de rigueur prises par le pouvoir, pour étouffer l'esprit d'association dans la classe ouvrière; il comparut, maigre, chétif et souffrant, devant la Cour d'assises, dans les derniers jours de décembre 1840. Le prétoire est envahi comme pour les grandes affaires; la jeunesse des écoles s'y écrase; Chateaubriand, David d'Angers, Garnier-Pagès, Cormenin, plusieurs membres du Parlement anglais assistent à cette solennelle audience. La lutte fut acerbe entre l'accusation et la défense. Vivement attaqué par l'avocat général Partarrieu-Lafosse, qui le représenta comme un partisan du despotisme théocratique, médiocrement défendu par Mauguin, qui n'était pas dans ses bons jours, et qui, se croyant à la Chambre, refit devant le jury son dernier discours sur la question d'Orient et sur les avantages de l'alliance russe (1), Lamennais fut condamné à un an de prison et deux mille francs d'amende; il subit, sans qu'on lui fit la moindre grâce, sa double peine, corporelle et pécuniaire.

Les premiers jours de l'année 1840 avaient vu mourir Hennequin, âgé seulement de cinquante-trois ans. D'une fermeté inébranlable dans ses croyances politiques et religieuses, Hennequin joignait une touchante modestie à un charme véritable de la parole et à une grande force de dis-

(1) O. Pinard, I, 813.

cussion. Mort député, il avait droit à des honneurs et à des discours qu'il refusa, et c'est sans apparat, mais au milieu d'un concours d'amis fidèles, que ses obsèques furent cé-lébrées.

Peu après, s'éteignait sur son siège de la Cour de cas-sation, l'ancien bâtonnier de 1828, Tripier, suivant de quel-ques mois seulement son collègue à la cour suprême, un ancien bâtonnier également, Bonnet. A cette occasion on se rappela le courage avec lequel Tripier avait accepté la défense du marquis de la Valette, dans un temps où il n'était pas sans danger de le faire. « Je défendrai seul mon client, disait-il ; aucune considération ne me fera reculer. » Quant à Bonnet, le bâtonnier de 1816, il fallait l'avoir entendu pour savoir tout ce qu'il y avait d'attrait et de puissance dans sa parole si simple, si naturelle et pourtant si originale et si vive(1). Il mourait plein de jours et disait à l'heure suprême: « J'ai été constamment heureux ; je ne voudrais pas retrancher un seul jour de ma vie. »

A la même époque que ces deux magistrats, disparaissait le conseiller de Broë. M. de Broë était fort connu du Barreau de Paris, contre lequel il avait, pendant la Res-tauration, engagé de violents combats. Sa conviction était sincère, mais il apportait dans ses réquisitoires une impitoyable ardeur qui avait soulevé contre lui de vives attaques, presque justifiées. Il aimait à savourer ses vic-toires, et, pour n'en pas oublier le nombre, il faisait relier sous ce titre: *Ecrits condamnés sur mes conclusions*, les opuscules qu'il avait avec succès déférés au jury(2).

Le zèle de M. de Broë se retrouvait souvent chez les magistrats du ministère public; un avocat général n'a-t-il

(1) Paillet, *Disc. du Bâtonnat.*
(2) Nous possédons un de ces volumes, où se trouvent les coups de crayon de l'irascible magistrat.

pas, un jour, menacé Jules Favre, plaidant en cour d'assises dans une affaire d'outrage à la morale publique, de prendre des réquisitions contre lui si l'avocat, qui venait de parler de la *Vie de Jésus* de Strauss, avait l'air de nier le dogme de la divinité du Christ? Et Jules Favre fut obligé de ne pas insister.

Un grave incident, où se trouvaient engagés certains privilèges et certaines immunités nécessaires à l'exercice de la profession d'avocat, émut, en 1840, le Barreau de Paris : Perrin, avocat, trouva, en revenant de voyage, son domicile tout bouleversé; pendant son absence, un commissaire de police, pour opérer une perquisition, avait sans aucun avis préalable forcé les serrures, ouvert les tiroirs et visité les papiers; cette perquisition était pratiquée sur l'ordre d'un juge d'instruction, saisi d'une plainte en escroquerie contre l'avocat, qui d'ailleurs bénéficia d'une ordonnance de non-lieu.

Perrin adressa au Garde des sceaux une réclamation énergique, qu'il communiqua au Conseil. Le Conseil, sur le rapport de Chaix d'Est-Ange, examina d'abord les faits allégués, et, la conduite de Perrin ayant paru à l'abri de toute critique, fit écrire au Procureur général. Il ne s'agissait pas de revendiquer pour les avocats des privilèges exceptionnels; mais devait-on oublier que chacun d'entre eux est dépositaire de secrets qui ne sont pas les siens ? que, parmi ses papiers, se trouvent mêlées des pièces confiées à sa foi et d'où peuvent dépendre l'honneur d'une famille, ou le salut d'un accusé? Le Conseil demandait au Procureur général si, lorsqu'il s'agit d'une perquisition à faire dans le domicile et les papiers d'un avocat, il ne serait pas convenable que ce fût ce magistrat lui-même qui se présentât pour exécuter son mandat.

Le Procureur général répondit qu'il appréciait la jus-
tesse des observations qui lui étaient soumises et qu'il
donnait des ordres à ce sujet.

Dans les premiers jours d'août, Delangle, le bâtonnier
de 1836 et de 1837, quittait le Barreau; il était nommé
avocat général à la Cour de cassation. « M. Delangle, disait un journal de l'époque, est, autant qu'il nous en sou-
vienne, le premier membre du Barreau qui ne doive son
élévation à la Magistrature de la Cour suprême qu'à son
talent, le premier auquel la Chambre des députés n'ait
pas, pour ainsi dire, servi de vestibule pour un tel avan-
cement. »

Quelque temps avant la nomination de Delangle, la Chambre des Pairs avait rejeté un projet de loi présenté par le
Gouvernement et signifié, par son vote, sa volonté de ne
pas voir entrer quelqu'un dans la Magistrature sans qu'il eût
au préalable subi une sorte de stage judiciaire. Le choix
du ministre, justifié d'ailleurs par le talent et la situation du
nouveau magistrat, fut considéré comme une protestation
contre la décision de la Chambre Haute.

Le moment des élections de l'Ordre approchait; Paillet
avait achevé son bâtonnat, et il s'agissait de lui donner un
successeur. Déjà, aux précédentes élections du bâtonnier,
les compétitions avaient été ardentes : Delangle n'était
nommé qu'au troisième tour de scrutin, Teste réunissait
exactement le nombre de suffrages nécessaires, et Paillet ne
l'emportait sur Marie qu'au scrutin de ballottage, par deux
voix de majorité. En août 1840, on opposait à la candidature de Marie, tout indiquée par les précédents, celle de
Chaix d'Est-Ange; Marie finit par l'emporter sur son concurrent: il réunit 166 voix contre 161 données à Chaix.

Les élections au Conseil furent également accompagnées
d'une agitation que beaucoup déploraient en se rappelant

le calme accoutumé de ces luttes confraternelles. Les journaux judiciaires, reprenant une thèse soumise quelques années auparavant au Conseil, et dont il avait repoussé le principe, demandaient que les membres sortants ne fussent pas tous rééligibles; mais, cette fois, on s'en tint à une discussion toute théorique, sans provoquer une décision nouvelle sur la question.

Liouville figurait parmi les élus; il y avait juste dix ans qu'il était inscrit au tableau.

L'année suivante, en 1841, Marie fut nommé sans concurrent. Chaix d'Est-Ange avait été vivement sollicité de poser sa candidature; il l'eût pu faire avec quelques chances de succès. Le principe de la non-réélection du bâtonnier après une année d'exercice était de nouveau mis en discussion; on rappelait qu'avant 1830 ce principe avait été respecté, et que le Barreau ne l'avait abandonné, depuis la Révolution de juillet, que sous l'influence des circonstances politiques qui imposèrent, en 1831, la réélection de Mauguin.

Chaix d'Est-Ange jugea plus sage de ne pas céder aux instances dont il était l'objet, et laissa le champ libre à son confrère.

Dans l'allocution traditionnelle qu'il prononça après le vote, Marie s'expliqua sur la durée du bâtonnat :

« On a jeté parmi vous une idée que j'aurais acceptée, et dont je n'aurais laissé à personne l'initiative, si je l'avais crue juste; mais quand vous confiez à l'un de vos confrères une mission aussi grande, aussi importante que celle du bâtonnat, il faut lui laisser le temps de l'accomplir; une année d'exercice ne me paraît pas suffisante. J'aurais voulu surtout que cette question ne fût pas portée dans le public; nos élections sont des élections intimes. Un appel à la publicité est toujours dangereux; l'éclat appelle l'éclat; la discussion appelle la discussion, et vous ne tarderiez pas à vous repentir de cette faute, si vous vouliez entrer dans la voie qui vous est ouverte. »

Et Marie ajouta : « Permettez-moi de joindre ainsi un conseil à mes remerciements de cœur; le conseil était dans ma pensée, et, au milieu de ma famille, j'ai voulu le développer. »

La question de la non-rééligibilité des membres sortants du Conseil, remise en discussion l'année précédente, prit, en 1841, un caractère plus positif sous forme d'une pétition; mais, comme en 1835, sur l'avis d'une commission présidée par le bâtonnier et composée de Paillet, Vatimesnil, Pinart et Flandin, il rejeta le principe qu'on lui demandait d'adopter.

Deux avocats, qui avaient eu leurs jours de célébrité, s'éteignirent chargés d'années, à quelques mois d'intervalle; c'était Pantin, le bâtonnier de 1825, que son grand âge avait depuis longtemps éloigné du Palais, mais qu'accompagnait dans sa retraite une considération justifiée par son caractère et son autorité, et c'était Berryer père. Berryer père était devenu le doyen de l'Ordre; la place qu'il y avait tenue et le renom qui l'entourait étaient quelque peu éclipsés par la gloire de son fils, et il semble que, par une pensée de touchante modestie, le vieillard ait tenu à s'effacer lui-même : il avait formellement ordonné qu'on ne prononçât aucun discours à ses obsèques, conduites par celui qu'un journal du temps appelait « le premier orateur de la tribune ».

Berryer père avait connu les temps les plus troublés de notre histoire; le calme semblait revenu, mais le Gouvernement, la personne du Roi et les membres mêmes de sa famille étaient souvent exposés à des complots et à des attentats.

Le 13 septembre 1841, le duc d'Aumale, accompagné de ses frères, les ducs d'Orléans et de Nemours, traversait Paris à la tête de son régiment, le 17ᵉ léger. Un individu nommé Quénisset, qui l'attendait au passage, tira presque à bout portant sur lui un coup de pistolet; personne ne fut atteint. Le coupable, aussitôt arrêté, comparut devant la Chambre des Pairs, constituée une fois encore en Haute Cour de Justice; il était défendu par Paillet. Paillet arrivait alors à l'apogée de son talent et de sa renommée; chargé des affaires civiles les plus importantes et des procès criminels les plus mémorables, il ne quittait pas la barre, où toujours il se montrait égal à lui-même. C'était merveille de voir avec quelle énergie il soulevait le lourd fardeau de tous ces grands débats, sans une faiblesse ni une défaillance. Un an auparavant, il avait été à Tulle plaider la mystérieuse affaire de Mᵐᵉ Lafarge; assisté de Th. Bac, il avait apporté dans l'accomplissement de sa délicate mission un dévouement absolu; pendant ces longs jours d'audience, où les incidents succédaient aux incidents, où, selon les affirmations successives et contradictoires des experts, l'espérance d'un succès définitif faisait rapidement place au découragement le plus cruel, Paillet était resté vaillamment sur la brèche; il avait prononcé en vain un chaleureux plaidoyer. Atterré tout d'abord par un verdict de condamnation, il avait eu du moins la consolation de s'assurer la reconnaissance de son infortunée cliente.

Devant la Cour des Pairs, Quénisset comparut avec un certain nombre de complices que l'instruction avait révélés. Le procureur général Hébert occupait le siège du ministère public; aux bancs de la défense avaient pris place, outre Paillet, Baroche, Nogent-St-Laurens, Crémieux, Ledru-Rollin, Plocque, etc... Les audiences se prolongèrent; Paillet, en s'attachant plus spécialement à la défense de Quéniss-t, embrassa cependant toute l'affaire. Mais il avait bien compris que ses efforts, si éloquents qu'ils fussent, devaient rester vains; aussi, il dit en terminant :

« Si ma parole était impuissante, si elle devait se briser contre les tables de la loi, je dirais à cet homme de ne pas désespérer encore, et j'oserais lui promettre d'autres défenseurs, plus éloquents et plus heureux, devant un autre Tribunal.

« Ces défenseurs, quels sont-ils? Vous les avez déjà nommés; ce sont les jeunes princes eux-mêmes, contre qui on a bien pu diriger son bras quand il ne les connaissait pas encore, mais qu'il connaîtra bientôt à la façon dont ils se vengeront de lui. Oui, ce sont eux qui plaideront en sa faveur, avec cette autorité et ce droit que leur donne le danger personnel auquel ils ont échappé. Oui, ils nous prouveront qu'ils partagent les sentiments d'humanité et de haute philanthropie de leur père, comme ils partagent avec lui cette protection providentielle qui l'a soustrait tant de fois aux balles des assassins. Voilà, messieurs les Pairs, à quels autres avocats, dans mon impuissance, je léguerai à mon tour le client que vous m'avez donné. »

Le triomphe personnel du défenseur fut considérable; le lendemain, Séguier, à l'ouverture de l'audience lui rendit un public hommage. « Me Paillet, dit-il, a plaidé hier avec un bien grand talent; je le dis à l'honneur de tout le Barreau. »

La péroraison de l'avocat fut d'ailleurs entendue en haut lieu et, à la prière des princes, le roi commua la

peine de mort, prononcée contre Quénisset et deux de ses
complices.

Ce n'étaient pas seulement les procès criminels reten-
tissants qui donnaient aux avocats de ce temps l'occasion
de faire assaut d'éloquence et de valeur ; d'importantes
affaires, civiles ou correctionnelles, appelaient à l'audience
les maîtres du Barreau ; ils y rencontraient aussi parfois
des avoués avec lesquels il n'était pas sans danger d'en-
gager la lutte. « C'était l'âge épique de la procédure et
des procès, le temps où les grands avoués ne dédaignaient
pas l'audience, où les Glandaz, les Guidou, les Denor-
mandie se trouvaient tous les jours à la barre de la première Chambre, se mesurant quelquefois, dans les escar-
mouches qui précédaient les grandes batailles, avec les
Paillet, les Berryer, les Chaix d'Est-Ange et les Dupin,
sous l'œil pénétrant de M. de Belleyme (1) ».

Déjà, au commencement de l'année 1839, une importante entreprise, celle des Messageries françaises, avait
cité devant le tribunal de police correctionnelle la compagnie des Messageries royales et celle des Messageries
générales, connue sous le nom de Messageries Laffitte et
Caillard ; celles-ci étaient prévenues d'avoir, au moyen
d'un traité de coalition, fait échec au principe de la liberté de la concurrence.

Les audiences correctionnelles du Tribunal et de la
Cour entendirent pendant plusieurs jours la grande voix
de Baroche et de Testo, auxquels répliquèrent Delangle,
Chaix d'Est-Ange et Philippe Dupin.

En 1842, c'est l'effroyable catastrophe du chemin de
fer du Versailles qui provoqua d'émouvants débats ; les

(1) Ed. Rousse, *Notice sur Benoît Da.*

20

familles des nombreuses victimes, qui périrent dans le brasier allumé par le charbon des locomotives brisées, demandaient des indemnités considérables. Paillet, Liouville, Jules Favre, Crémieux appuyaient leurs réclamations ; Philippe Dupin, Chaix d'Est-Ange et Bethmont défendaient les prévenus, poursuivis par le Parquet pour homicide par imprudence.

Bethmont plaida merveilleusement ; après une discussion technique d'une admirable clarté, qui attestait la vigueur et l'étendue de son esprit, il élève le débat ; il expose que les progrès, réalisés par l'humanité, se paient toujours, et que la seule coupable c'est la fatalité.

En terminant, il trace l'histoire de l'industrie, transformant le monde par ses miraculeuses conquêtes, et marquant chacun de ses progrès par des souffrances et des sacrifices, immolant la vie de l'homme, dont le sang, par un impénétrable mystère, semble le ciment de toutes les grandes entreprises (1).

« Le triomphe de Bethmont fut grand ; les magistrats, les avocats, les victimes elles-mêmes, tout le monde, suspendu à cette noble parole, était transporté. C'était un attendrissement et un apaisement général ; les larmes semblaient avoir uni ces hommes qui s'en voulaient moins depuis qu'ils avaient pleuré ensemble. Je me rappelle l'émotion qu'en avait ressentie et qu'exprimait vivement un grand maître de la parole, qui n'était pas facile à émouvoir : c'était M. Philippe Dupin (2). »

Le Procureur général avait promis au bâtonnier (3), sur la plainte de Perrin, que, si des perquisitions étaient

(1) Jules Favre, Disc. du Bâtonnat.
(2) O. Pinard, II, 592.
(3) V. page 839.

opérées dans le cabinet d'un avocat, le magistrat instructeur ne donnerait pas à des agents mandat d'y procéder, mais agirait par lui-même. La promesse faite fut vite oubliée, car, peu de mois plus tard, le Conseil dut intervenir de nouveau. Un jeune avocat, chargé de la défense d'un accusé devant la Cour d'assises, avait été soupçonné de soustraire aux recherches de la justice une femme, complice de son client. Sur ce soupçon, un agent de police s'était présenté à son domicile et avait interrogé sa domestique; d'autres agents, munis d'un mandat, se transportèrent au domicile de son père, juge de paix en province, et y procédèrent à une perquisition complète.

L'avocat se plaignit au Préfet de police, qui, au lieu d'écouter ses explications, l'accueillit fort mal, interrompant l'entretien par ces mots: « Allez, Monsieur, défendre vos voleurs. »

Le conseil prit fait et cause pour l'avocat offensé, non seulement dans sa personne, mais encore dans sa profession, et écrivit au Préfet pour obtenir de lui satisfaction. « Nous aimons à nous persuader, dit la lettre du Conseil, d'une part, que vos agents ont mal compris vos ordres, et d'autre part, que, dans un moment où sans doute votre âme était en proie à la douleur causée par une horrible catastrophe, vos paroles ont mal rendu votre pensée. Nous n'avons voulu nous plaindre qu'à vous-même... Nous vous prions de considérer cette lettre comme l'indispensable réclamation d'un Ordre dont la dignité a reçu une grande atteinte dans la personne d'un de ses membres... »

Le Préfet répondit dans des termes qui donnèrent satisfaction à tous, et l'incident fut clos.

Au mois de juillet 1842, l'Ordre se réunissait pour choisir son nouveau bâtonnier en remplacement de Marie. La presse quotidienne s'occupa de l'élection.

Armand Marrast, dans *le National*, combattit vivement une candidature qui se trouvait posée d'elle-même, celle de Chaix d'Est-Ange; l'article, imprimé en brochure, fut distribué aux avocats. Ce procédé souleva au Barreau une réprobation presque unanime, et l'ingérence du journaliste fut plutôt favorable à l'avocat qu'il combattait et nuisible à celui dont il appuyait la candidature. Chaix sortit triomphant de la lutte, avec une majorité de soixante voix sur Gaudry; celui-ci, pour répudier publiquement toute solidarité avec des amis trop zélés, dont il blâmait l'attitude, prit le bras du nouveau bâtonnier au moment où celui-ci pénétrait dans la salle de la bibliothèque, et tous deux furent accueillis par de frénétiques applaudissements.

Le Barreau attendait avec une curieuse impatience le discours de Chaix d'Est-Ange, à la rentrée de la conférence; on ne l'avait jamais vu lisant, et ce fut un spectacle nouveau dont il ne paraissait pas le moins étonné; il semblait avoir grande envie de jeter son papier et de se mettre tout simplement à parler comme il parlait; il lui fallut rester attaché à la lettre morte du discours écrit, lutter contre le démon intérieur, et voir passer auprès de lui les idées les plus vives et les plus souriantes sans pouvoir les accueillir. Le discours de Chaix d'Est-Ange fut mal dit par l'homme du Barreau qui disait le mieux.

Un conflit d'une certaine gravité divisait depuis quelque temps le Barreau de Paris et celui de Versailles. La formation de ce dernier avait soulevé les protestations des avoués qu'il dépouillait, par son existence même, du droit de plaider. Les avoués, à titre de représailles, s'abstinrent d'envoyer leurs dossiers aux membres du nouveau Barreau, mais firent venir de Paris des avocats qui, quelquefois en assez grand nombre, se présentèrent à l'ouverture des audiences.

Le Barreau de Versailles adressa une plainte à Marie, qui, dans sa réponse, exprima la satisfaction du conseil d'avoir vu la création d'un collège d'avocats. « Il éprouverait, ajoutait le bâtonnier, une vive douleur si des membres du Barreau de Paris se rendaient volontairement les instruments de la combinaison que vous avez signalée: mais il a la conviction qu'aucun fait de cette nature n'a eu lieu jusqu'à présent, et que, en admettant l'existence de cette combinaison, aucun avocat de Paris n'a cru la seconder en acceptant les causes pendantes au Tribunal de Versailles, qui lui ont été offertes. »

« Le Conseil, disait Marie en terminant, a pensé qu'un appel aux sentiments d'honneur du Barreau de Paris préviendrait à l'avenir toute atteinte à vos droits et à vos intérêts, qui sont aussi ceux de la loi et de la justice ; et il m'a confié le soin de remplir ses intentions, et d'être son organe auprès de nos confrères. »

Malgré ces bonnes dispositions, la concurrence, dont se plaignaient les avocats de Versailles, continua, et, quelques mois après l'élévation de Chaix d'Est-Ange au bâtonnat, le nouveau Barreau, qui avait menacé de saisir de sa réclamation tous les Barreaux de France, fit imprimer et publier une lettre très acerbe, adressée par l'un de ses membres, Charles Durand, au bâtonnier de Paris. Cette lettre parle de complot formé pour anéantir le Barreau de Versailles; elle constate qu'on n'a pas nié les faits, mais qu'on s'est efforcé d'excuser les intentions. « Nous défendrons notre existence, ajoute-t-elle, en mettant a nu les ignobles manœuvres, la basse cupidité de nos adversaires. »

Il ne paraît pas que l'incident ait eu, officiellement du moins, une suite quelconque.

Au cours de son premier bâtonnat, l'occasion se présenta pour Chaix d'Est-Ange d'aller montrer à l'étranger, à Bruxelles, combien était justifiée la distinction dont ses confrères l'avaient honoré.

Déjà, il s'était présenté à la Cour d'assises de la Seine pour demander justice contre Aimé Sirey (1), coupable d'avoir tué en duel un de ses parents. En Belgique, Sirey avait trouvé la mort dans une scène violente et rapide, dont les péripéties diverses restaient entourées de quelque mystère ; un des acteurs de cette scène, Caumartin, était poursuivi pour crime d'assassinat ; il expliquait que, provoqué en plein salon par Sirey, il avait essayé de se défendre avec la canne à épée qu'il portait, mais que Sirey, s'élançant sur cette canne, en avait arraché le fourreau, et, dans l'aveuglement de la colère, s'était enferré sur la lame. Chaix d'Est-Ange plaida pour Caumartin devant les assises du Brabant.

« Eh quoi! s'écria-t-il, dans une des plus belles péroraisons qu'il ait prononcées, vous demandez encore qui a frappé Sirey! Vous cherchez encore d'où est parti le coup qui a donné la mort à Sirey! Aveugles que vous êtes! Ne voyez-vous pas que c'est la main de Dieu qui l'a tué! Un jour, au mois de novembre 1835, il y a sept ans, Aimé Sirey a provoqué Alexis Durepaire, un homme paisible, honorable, estimé. Pour le forcer à se battre, il l'a frappé au visage, et l'a entraîné dans un duel inégal ; il lui a mis un masque sur la figure, un gant de combat à la main, puis il lui a plongé son sabre dans le ventre, et sa femme

(1) V. page 270.

est restée veuve, et sa fille, enfant, est demeurée sans père... »

« Mais si la justice des hommes dort quelquefois, la justice de Dieu veille toujours. Patiente parce qu'ell' est éternelle, elle a voulu que Sirey continuât cette vie d'emportement et de violence, jusqu'à ce qu'enfin, la mesure étant comblée et son jour venu, sa punition fût plus éclatante et sa fin mieux méritée. C'est elle alors qui, redoublant sa fureur au milieu de cette scène, lui a fait arracher le fourreau d'une arme jusqu'alors sans danger... C'est elle qui, dans cette salle, à la clarté de ces bougies, jetant devant ses yeux égarés un nuage d'aveuglement et de colère, l'a fait se précipiter sur le fer qu'il avait mis à nu; c'est elle qui a voulu que, dans ce mois fatal, à sept ans de distance, ce mari, qui avait abandonné sa femme, ce père, qui avait oublié ses enfants, vînt périr misérablement à la suite d'une orgie dans le salon d'une comédienne; c'est elle enfin qui tout à coup l'a frappé de ce fer si profond, de cette mort si foudroyante, sans même lui laisser le temps de donner un souvenir à ses enfants et de se repentir... Ah ! que Dieu maintenant lui pardonne, et que sa miséricorde le reçoive ! car il a payé toute sa dette, et les fautes de sa vie sont enfin rachetées par sa mort ! »

Le jury brabançon ne se contenta pas d'admirer ; il se laissa émouvoir, et rapporta, en faveur de Caumartin, un verdict d'acquittement.

Chaix d'Est-Ange fut réélu bâtonnier le 11 août 1843. Le même jour, au scrutin pour la nomination des membres du Conseil, Mollot et Caignet obtinrent un nombre égal de suffrages ; le bâtonnier se préparait à proclamer Mollot élu au privilège de l'ancienneté, quand un avocat

demande la parole; il reconnaît que les précédents mili-
tent en faveur de Mollot, mais le texte de l'ordonnance de
1830 est formel : il exige qu'un candidat pour être nommé
ait atteint la majorité relative; or, quand deux concurrents réunissent le même nombre de suffrages, aucun
d'eux n'a de majorité relativement à l'autre.

La question, qui ne laissait pas d'être délicate, fut renvoyée à l'examen du Conseil; celui-ci, après une discussion qui se prolongea pendant trois heures, persista dans
son ancienne jurisprudence, et Mollot fut proclamé.

A la fin de son second discours de rentrée de la conférence, Chaix d'Est-Ange adressa un dernier souvenir à
un ancien bâtonnier, décédé loin de Paris, Thévenin, qui
avait été avocat au Parlement en 1790, puis devint chef
de l'Ordre en 1826 et 1827, et, prenant sa retraite, avait
quitté le Barreau pour aller exercer les modestes fonctions de juge de paix de campagne.

Vers la même époque, un jeune avocat arrivait au Palais, qui devait y fournir brillante carrière; Allou débutait; les affaires criminelles l'attiraient de préférence, et
déjà il y faisait remarquer cette grande parole, à laquelle
la barre réservait d'éclatantes victoires. « La manière de
M. Allou est simple, rapide, abondante, disait la *Gazette
des Tribunaux* (1). Il y a une âme dans cette jeune
enveloppe, et comme cette âme paraît avoir été fécondée
par de solides études, M. Allou est appelé à une belle
destinée. »

Mais la vie paisible du Barreau de Paris va être troublée, pendant plusieurs mois, par l'une de ces querelles
majestueuses que font naître fatalement, entre juges et

(1) 3 septembre 1843.

avocats, des rapports obligés de chaque jour dans l'accomplissement d'une œuvre commune, — querelles où la
dignité un peu hautaine des uns se heurte à l'indépendance un peu batailleuse des autres — qui finissent, parfois par des chansons, comme en 1833 (1) ou au théâtre,
et toujours par une réconciliation cordiale, comme dans
les ménages les plus unis.

(1) V. page 228.

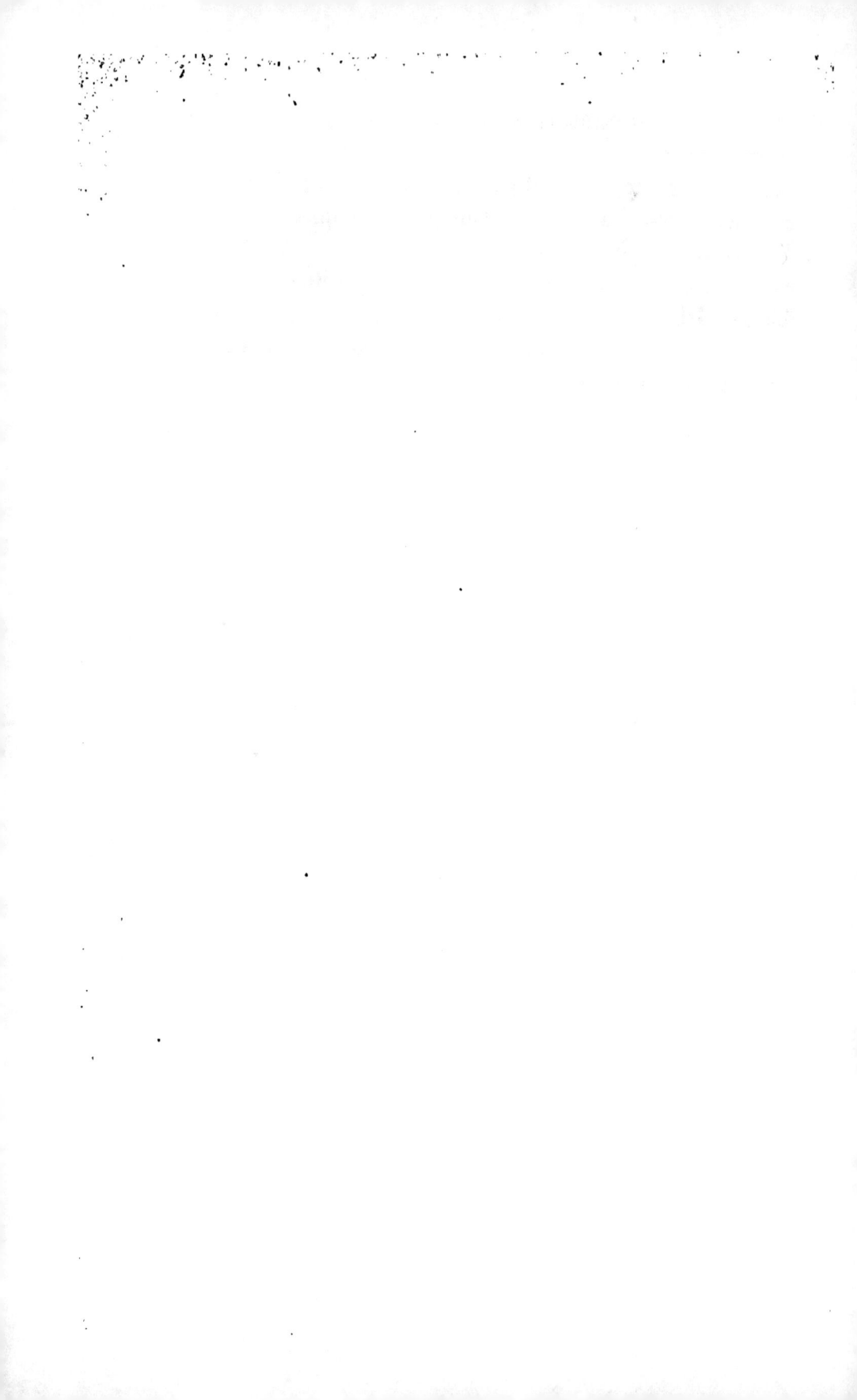

CHAPITRE IX

MONARCHIE DE JUILLET (suite et fin). 1844-1848.

Nouveau conflit entre Séguier et le Barreau : affaire du Conseil de l'Ordre. — Duvergier bâtonnier. — Affaire Donon-Cadot. — Les congrégations religieuses : consultation de Vatimesnil. — Décès de Philippe Dupin. — Médaille des membres du Conseil. — Affaire disciplinaire de Charles Ledru. — Baroche bâtonnier. — Un avocat centenaire. — Affaire d'Alexandre Dumas contre *la Presse* et *le Constitutionnel.* — Delangle procureur général. — Affaire Teste et de Cubières. — Affaire de Praslin. — L'Ordre et son tableau. — Situation politique.

Le baron Séguier présidait, depuis plus de trente années, aux travaux de la Cour de Paris; il continuait d'apporter à l'exercice de sa haute magistrature cette verve pétulante, faite à la fois de bienveillance et de vivacité, qui a déchaîné des tempêtes et laissé malgré tout d'aimables souvenirs. Une fois pourtant, il s'était montré presque inhumain ; une remise de cause était sollicitée au nom d'un avocat qui venait de voir mourir son enfant : « Le jour où le premier Président se mariait ou perdait sa femme, répondit Séguier dans un mouvement d'impatience qu'il a certainement regretté, il n'en venait pas moins à l'audience ; vous trouverez cela dans Laroche Flavin ; et lorsqu'un prêtre perd, non pas sa femme, car il n'est pas marié, mais son père, il n'en doit pas moins dire sa messe. Il ne faut pas que les affaires domestiques entravent le service public. Nous entendrons donc aujourd'hui l'avocat qui est présent. »

Le 9 juin 1844, le premier Président était d'assez méchante humeur; dès l'ouverture de l'audience, on appelle une affaire, dans laquelle aucun avocat ne se présente; un des avoués, celui de la partie qui avait perdu son procès en première instance, insiste pour qu'un dernier délai lui soit accordé : « Non, répliqua aigrement Séguier à l'avoué qu'il prend pour un avocat, plaidez! votre affaire est mauvaise. Les avocats se chargent de toutes les causes; ils acceptent les plus mauvaises et savent bien ce qu'ils font, car ils ne manquent pas de talent. Nous ne nommons plus d'avocat d'office; ils plaident tout... ils manquent à leur conscience; je les rappelle à leur serment. »

On comprend sans peine l'effet produit par ces paroles, bientôt répandues dans le Palais; l'incident ne tarda même pas à transpirer au dehors; la presse s'en empara, ajoutant aux récits qu'elle imprimait des commentaires et des réflexions qui n'étaient pas précisément de nature à atténuer la gravité de l'affaire. Le Conseil s'était réuni d'urgence et, dans deux séances consécutives, avait arrêté les termes d'une lettre de protestation à adresser à Séguier. En même temps, une démarche officielle était faite auprès du Procureur général et du Président de la première Chambre pour les assurer que l'incident devait conserver un caractère tout personnel, et n'altérerait en rien les sentiments du Barreau envers la magistrature.

Des négociations furent tentées pour empêcher l'envoi de la lettre : elles n'aboutirent pas.

Cette lettre rappelait le propos de Séguier, puis :

« Dans cette situation, continuait-elle, les membres du Conseil, cédant à un sentiment unanime, ont pensé que les paroles, qui ont si cruellement atteint l'Ordre, devaient être effacées, et qu'il ne leur était plus possible,

tant qu'elles subsisteraient, de concourir avec vous à l'action de la justice. Nous cesserons donc jusque-là de nous
présenter à votre audience. Cette mesure, qui nous serait
impérieusement dictée par le soin de notre honneur, nous
est encore commandée par les devoirs de notre profession.
En effet, dépouillés désormais de toute autorité, nous com-
promettrions les intérêts des justiciables en ne présentant
plus en leur nom qu'une défense sans dignité. »

En même temps, il était décidé que Chaix d'Est-Ange,
accompagné des anciens bâtonniers, de Caubert et de
Gaudry, se rendrait à l'audience de la première Chambre
pour constater par eux-mêmes si réparation était accordée; Séguier resta silencieux; et tous les avocats se retirèrent.

A quelques jours de là, devant une barre vide et en
présence des seuls avoués de la Cour, le premier Président
dit : « Les avoués nous ont toujours présenté les causes
sommairement et clairement; ils nous mettent avec précision sur la voie de la justice. Ils ont droit de plaider les
affaires sommaires et les incidents de procédure; toutes
les fois qu'il s'agira d'affaires plus importantes, nous leur
donnerons les autorisations nécessaires; à huitaine, les
avoués pourront être prêts à plaider; à huitaine, le cours
de la justice sera rétabli. »

Alors le Parquet intervint; le procureur général Hébert
apporta dans la lutte l'âpreté qui lui était naturelle; il
croyait, sans aucun doute, accomplir le devoir que lui imposait sa fonction.

En vertu d'une délibération de la Cour, toutes les chambres assemblées, il prit un réquisitoire contre le bâtonnier Chaix d'Est-Ange et tous les membres du Conseil,
dont il importe de recueillir les noms : Philippe Dupin,
Paillet, Marie, Caubert, Berryer, Gaudry, Mollot, Duver-

gier, Bourgain, Baroche, Fleury, Benoit, Flandin, Bethmont, Boinvilliers, Desboudets, Liouville, de Vatimesnil,
Pinard et Jules Favre.

Le bruit avait couru au Palais que l'un d'entre eux s'é-
tait détaché, et avait, dans une visite personnelle au premier Président, désavoué sa signature. La rumeur était
fausse; jusqu'au bout, au contraire, le Conseil resta unanime dans la fermeté de son attitude et de sa résolution;
plusieurs de ses membres même, Liouville entre autres,
poussaient à la résistance au point d'être d'avis que, non
seulement les audiences de la première Chambre, mais
toutes les audiences fussent abandonnées (1).

Le réquisitoire d'Hébert considérait la lettre du Conseil
comme constituant un excès de pouvoirs, et les termes
dans lesquels elle était conçue comme un manquement
aux devoirs de la profession d'avocat et au respect envers la magistrature; il concluait à la citation de tous les
avocats signataires, devant la Cour jugeant disciplinairement.

Les membres du Conseil, le bâtonnier en tête, comparurent en effet le 8 juillet 1844; l'audience se tenait à huis
clos.

Hébert, dans ses réquisitions verbales, manifesta l'espoir qu'une conciliation honorable pouvait arrêter encore
l'action qu'il intentait; il ne pouvait admettre, disait-il,
que le Conseil ait exigé une rétractation publique des paroles attribuées au premier Président; si donc les avocats
cités consentaient à retirer leur lettre, la Cour n'aurait pas
à statuer; en tout cas, et avant de conclure, il entendrait
les explicat ons fournies.

Chaix d'Est-Ange donna lecture d'observations rédigées

(1) Pouillet, *Eloge de F. Liouville*, p. 87.

après mûre délibération, et signées de tous ses collègues.

Ces observations établissent d'abord les faits dont s'est ému le Barreau, et qui, recueillis et vérifiés avec attention, sont incontestables dans leur matérialité même. Le silence, alors, n'était ni honorable, ni possible.

« Ce sentiment, dit le Conseil, a été parmi nous spontané, unanime. Il s'explique par cette solidarité d'honneur dont nous avons, avec tant de soin, conservé à travers les temps les traditions toujours vivantes. La main qui avait fait le mal pouvait seule le réparer. Nous avons demandé qu'il en fût ainsi. Nous l'avons demandé avec convenance, ne songeant pas même qu'il pût y avoir péril dans cette conduite, mais bien résignés toutefois à accepter la responsabilité de nos actes. C'est dans ces idées que notre lettre a été écrite et signée. Nous avons la conviction que ce que nous avons fait nous avions le droit de le faire. Le sentiment d'un devoir accompli envers le Barreau justifie en nous cette conviction. »

Le Conseil proteste ensuite contre l'accusation d'avoir excédé ses pouvoirs et manqué aux devoirs de la profession; il s'est tenu dans la juste limite des droits qui lui sont conférés.

Faisant allusion aux anciens conflits et aux objurgations fréquentes de Séguier, il poursuit :

« En élevant la voix pour nous plaindre — nous avons longtemps souffert, et dans notre dignité professionnelle plus d'une fois attaquée, et dans nos intérêts individuels plus d'une fois compromis par des paroles blessantes. Nous ne nous en faisons point un mérite. Mais si, en présence d'une offense qui, cette fois, porte atteinte à l'honneur de tous, nous étions restés froids et silencieux, nous n'hésitons pas à le dire, nous nous serions ainsi rendus complices de l'abaissement de notre Ordre. C'est alors

que tous les hommes de cœur, magistrats aussi bien qu'a-
vocats, auraient pu, auraient dû nous reprocher de manquer aux devoirs de notre profession. Nous aurions violé
en effet le dépôt sacré que l'élection a remis en nos mains.»

Les avocats repoussent le reproche d'avoir manqué au
respect dû à la magistrature; en s'adressant directement à
Séguier, ils ont voulu en appeler du magistrat au magistrat lui-même; c'était honorer celui dont ils avaient à se
plaindre.

« Voici, dit, en terminant, le Conseil dans un noble et
fier langage, où la netteté de la forme le dispute à la vigueur du fond; voici le grand intérêt qu'avant tout nous
avons voulu défendre. La loi nous a institués pour être
les intermédiaires entre la justice et les justiciables. Elle
a placé notre ministère sous l'autorité, sous la sanction
d'un serment. C'est la conscience, bien plus encore que le
talent, qui nous accrédite auprès de la Magistrature; c'est
dans la probité de l'avocat bien plus que dans l'habileté de
sa parole, que la fortune et l'état des familles confiés à ses
soins peuvent trouver un ferme et salutaire appui. Notre
mission, Messieurs, doit rester à cette hauteur; nous ne la
comprendrions plus, nous ne l'accepterions pas abaissée
et humiliée. La Magistrature a intérêt à honorer les hommes qui participent avec elle à l'action de la justice et qui
ont passé leur vie à conquérir, par des travaux toujours
consciencieux, le droit d'être honorés. »

Les membres du Conseil, loin de céder à l'invitation
d'Hébert et d'atténuer en quoi que ce soit la portée de
leur légitime protestation, persistaient donc avec fermeté
dans leurs revendications et leurs plaintes. La Cour n'a-
vait plus qu'à se prononcer. Le jour même, elle rendit un
arrêt qui, en des termes où certain embarras est visible,
relevait, à la charge du Conseil, l'excès de pouvoirs, le

manquement aux devoirs de la profession, au respect dû
à la Magistrature et aux intérêts dont la défense est confiée au Barreau ; elle ordonnait la suppression de la
lettre, et prononçait contre chacun des signataires la
peine disciplinaire de l'avertissement.

Cette sentence n'était pas faite pour raccommoder les
choses ; elle détermina le Barreau, s'il eût hésité, à persister dans sa résolution fermement prise de ne plus paraître aux audiences de la première Chambre ; les avoués
plaidèrent. « Pendant quelque temps, M. Séguier feignit
l'indifférence. Il fit le magnanime ; il affecta de prendre
goût aux explications concises des avoués, et de montrer
aux avocats combien il lui était facile de ne plus les entendre. Mais il avait beau faire, il était visiblement malheureux ; il lui manquait quelque chose de plus qu'une
vieille habitude ; il sentait ce que la liberté des plaidoiries
peut seule donner à l'autorité des arrêts, et le silence du
Barreau troublait au fond de sa conscience le sentiment
et l'idée même de la justice (1). »

Les avocats frappés d'une peine disciplinaire se devaient
à eux-mêmes de ne pas accepter la décision rendue et de
lutter jusqu'au bout ; dans cette intention et, dès que
l'arrêt de la Cour de Paris leur eût été notifié, ils le défé-
rèrent à la censure de la Cour suprême. Vis-à-vis de leurs
confrères, ils avaient un autre devoir à remplir : dès la
première heure du conflit, ils s'étaient vus entourés et
encouragés des sympathies de tous ; leurs délibérations,
leurs actes, leur langage, avaient reçu l'approbation générale ; et de la grande majorité des Barreaux de France
des adresses d'encouragement et d'adhésion leur étaient
parvenues ; c'était véritablement l'Ordre entier qui avait

(1) Rousse, *Préface aux discours et plaidoyers de Chaix d'Est-Ange.*

comparu à la barre de la Cour dans la personne de ses anciens et qui y avait revendiqué hautement ses droits outragés. Toutefois, Chaix d'Est-Ange et ses collègues résolurent de provoquer une adhésion plus tangible ; le 9 juillet, vingt-quatre heures après le prononcé de l'arrêt, ils donnèrent leur démission, et le corps électoral fut convoqué pour le 13.

Cinq cents votants se présentèrent au scrutin ; c'était un nombre inaccoutumé, et la manifestation allait retirer de ce concours significatif un caractère plus imposant ; Chaix d'Est-Ange fut réélu par 413 suffrages ; les membres du Conseil réunirent de 491 à 496 voix. Le triomphe était complet, et les élus durent éprouver une joie profonde à la pensée que, derrière eux, marchaient en rangs pressés tous leurs confrères, unis dans le même sentiment et guidés par les mêmes principes d'indépendance et de légitime fierté.

En proclamant le résultat du vote, Marie, qui remplaçait le bâtonnier, retenu à l'audience, prononça une vibrante allocution.

« Vous avez compris comme nous, dit-il entre autres choses, et ç'a été notre véritable, notre unique pensée, que, représentant devant la justice des intérêts qui font appel à vos efforts, ces intérêts vous ne pouviez utilement les défendre qu'à la condition d'être acceptés de tous les magistrats qui vous écoutent comme hommes d'honneur, fidèles à vos devoirs et à la sainteté de vos serments. Vous avez compris que votre concours devenait impuissant, et dès lors inutile, du moment où une atteinte quelconque pouvait être portée à son autorité morale...

« Agir ainsi, mes chers Confrères, prendre ainsi au sérieux les questions d'honneur et de serment, sur lesquelles tant d'hommes aujourd'hui se montrent indifférents ou railleurs, sacrifier, à la grandeur de ces questions, même nos intérêts matériels, c'est répondre noblement à toutes les attaques, et fortifier, s'il en était besoin, les droits de notre profession, conquis par l'intelligence et le travail au profit de la société tout entière. »

L'acclamation enthousiaste qui accueillit ces paroles prouva à l'orateur qu'il avait su pénétrer dans la conscience de chacun et en extraire la pensée commune.

Un mois après, le bâtonnier arrivait au terme de son mandat ; pendant deux ans, il avait répandu sur sa haute fonction un éclat sans égal par ses succès à l'audience, et l'avait revêtue d'une incomparable grandeur par la dignité de son attitude. La tradition voulait qu'il cédât la place à un autre ; le Barreau toutefois pensa que ce n'est pas au milieu de la bataille le temps de remplacer le général, et, par une imposante majorité, il plaça Chaix d'Est-Ange à sa tête, pour la quatrième fois.

Chaix exprima chaleureusement à ses confrères l'extrême gratitude qu'il éprouvait de ce témoignage de sympathique approbation ; il était fier de cet honneur sans exemple : « Dans les circonstances où l'Ordre se trouve placé, leur dit-il, vous avez voulu, par la persévérance de vos suffrages, prouver l'inébranlable fermeté de vos résolutions. »

Donc, la paix ne paraissait pas près d'être conclue ; mais les vacances approchaient, et l'on espérait un peu en ces jours de repos pour arrêter les conditions et la forme d'une réconciliation, qui finirait par s'imposer.

Après la dernière audience de l'année judiciaire, Séguier, sortant de son cabinet, aperçut dans un obscur corridor la silhouette fugitive d'une robe noire qui s'effaçait : « Vous êtes avoué, Monsieur, interpella-t-il ? — Non, Monsieur le premier Président, je suis avocat. — C'est très bien : j'ai toujours aimé les avocats. Il y a bien parmi eux quelques mauvaises têtes : mais j'aime beaucoup l'Ordre des avocats ; allons, adieu ; bonnes vacances ! »

Le calme, que l'interruption du travail apporte aux nerfs agités, et l'apaisement, que le grand air et les voyages lointains font germer dans les esprits, accomplirent insensiblement leur œuvre ; magistrats et avocats revinrent au Palais avec la pensée de mettre fin à la querelle ; en des conciliabules officieux, on s'entendit sur le moyen effectif d'y parvenir.

L'audience de rentrée du 4 novembre était attendue avec une impatience surexcitée, et de grand matin la foule assiégeait les portes de la salle.

La Cour prit séance à l'heure dite ; le procureur général Hébert était à la tête de son Parquet, et Chaix d'Est-Ange avait pris place à la barre, assisté de tous les membres du Conseil, moins Berryer, qui, depuis 1830, s'était toujours abstenu de paraître à cette solennité, en raison, disait-on, du serment qui la terminait.

Hébert prononça le discours ; sa harangue achevée, il se tourna vers le Barreau, et s'adressant, comme d'usage, aux avocats : « Avocats, leur dit-il, comment ne pas penser à vous quand on parle des intérêts de la justice et de la vérité? Ne doivent-ils pas sortir plus évidents et mieux éprouvés des débats de chaque jour, éclairés par votre savoir et votre talent ? Sans vous, la famille judiciaire est incomplète ; sa marche serait moins facile et son appareil aurait moins d'éclat. Qui pourrait donc vouloir une séparation impossible ? diviser ce que les lois ont uni ? rompre nos traditions anciennes et ravir peut-être au bon droit l'un de ses moyens de succès ? Cédons à d'autres sentiments au sein de cette réunion accoutumée, où, sûre de votre respect, la Magistrature aime à vous témoigner son estime et ses égards. »

Au cours de la cérémonie, et pendant le discours d'Hébert, Séguier semblait gêné par un bout de papier qu'il tenait à la main et dont il ne savait que faire.

Les membres du Conseil ayant renouvelé leur serment, le premier Président entr'ouvre sa note manuscrite, et, plus embarrassé encore que lorsqu'il écoutait, probablement sans les entendre, les paroles du Procureur général, il laisse tomber ces mots : « La Cour donne acte aux avocats ici présents du serment par eux renouvelé. Elle les voit toujours avec satisfaction réunis à l'ouverture des audiences. Les membres du Barreau connaissent l'estime de la Cour pour leur caractère, et sa confiance dans leur talent. Quant au zèle des magistrats, il est depuis longtemps éprouvé. La Cour va donc reprendre ses travaux accoutumés. Les avocats contribueront de leurs moyens à la bonne et prompte distribution de la justice souveraine. Le concours si désirable de la magistrature et du Barreau ne fera pas faute au service du roi et à la paix des citoyens. »

Il eût été difficile de retrouver, dans ces paroles banales et mal tournées, quelque trait de l'habileté et de la finesse presque proverbiales du célèbre premier Président, mais il était convenu qu'on y devait découvrir d'excellentes intentions, et, les premières avances paraissant venir des sièges de la Cour, l'Ordre pouvait, sans rien compromettre de son indépendance et de sa dignité, accepter la main qui lui était tendue. Le Conseil se réunit aussitôt après l'audience et délibéra sur la situation ; au cours de la discussion, Liouville aurait exprimé l'avis que l'on ne devait pas accepter comme de véritables excuses les

phrases insignifiantes de |Séguier (1) ; mais son opinion
ne prévalut pas, et une résolution fut prise qui, « considérant que les paroles, prononcées en audience solennelle
de rentrée, non pas seulement au nom de M. le Procureur général, mais au nom de la Cour, étaient de nature
à effacer complètement tout souvenir du passé et à rétablir le concours si désirable en effet de la Magistrature
et du Barreau », décidait que les avocats reprendraient
immédiatement les plaidoiries devant la première chambre de la Cour. Le pourvoi formé contre l'arrêt du 8 juillet fut abandonné.

Chaix d'Est-Ange ayant ainsi contribué pour sa bonne
part à obtenir la satisfaction due à l'Ordre dont il était le
chef, et le Barreau, ne devant plus conserver de son conflit
avec Séguier qu'un souvenir passager, rien n'empêchait
désormais que la tradition fût reprise, et les avocats se
réunirent pour désigner un nouveau bâtonnier.

Au deuxième tour d'un scrutin, qu'avait précédé une
assez vive agitation, provoquée par la présence des trois
candidats que les orateurs de la salle des Pas Perdus dis-
cutaient depuis longtemps, Duvergier fut élu contre Gaudry et Baroche.

Duvergier avait cinquante-cinq ans ; jurisconsulte profond plutôt qu'avocat entraînant, il s'était fait, par sa
science, par l'honorabilité de son caractère et de sa vie,
une situation des plus honorables, qui justifiait le grand
honneur dont les suffrages du Barreau venaient de l'investir. Au lendemain de sa nomination, il ne comptait
plus que des amis, même parmi ceux qui l'avaient le plus
rudement combattu; mais on savait bien et il savait bien
lui-même qu'il allait interrompre l'ère des grands bâton-

(1) Pouillet, *eod. loco.*

niers. Il n'en promit pas moins à l'Ordre, avec sa reconnaissance, toute sa bonne volonté pour le cas où des
circonstances difficiles viendraient à surgir

Ces circonstances ne se réalisèrent pas, et le bâtonnat de
Duvergier est resté sans histoire.

Dans l'un de ses discours de rentrée, celui du 13 décembre 1845, il rajeunit dans un langage pittoresque quelques conseils, souvent donnés aux générations de jeunes
avocats qui se succédaient à la conférence. « Nous nous
plaignons quelquefois, dit-il à un moment, de l'ingratitude de ceux pour qui nous avons montré le plus de zèle
et de dévouement ; estimons-nous heureux de pouvoir
employer cette expression ; conservons précieusement le
droit de nous en servir; soyons fiers de pouvoir faire des
ingrats; c'est notre plus beau privilège. Le jour où l'on
pourra dire : *tant plaidé tant payé, partant quitte*, de
quel droit les avocats conserveraient-ils dans leur langage
le mot de *client* emprunté par eux au souvenir de Rome,
et dont ils partagent aujourd'hui l'honneur avec les per-
ruquiers et les porteurs d'eau ? »

Au plus fort de la querelle entre Séguier et le Barreau,
Chaix d'Est-Ange remportait un de ses plus brillants
triomphes oratoires. Cité en sa qualité de bâtonnier, avec
ses collègues du Conseil, à la barre de la Cour, il avait
dû demander et avait obtenu quelques jours de délai —
le temps de vaincre une fois de plus à la Cour d'assises.

Un banquier de Pontoise, Donon-Cadot, était mort
assassiné; le criminel, un certain Rousselet, bientôt arrêté,
avait dès ses premiers aveux dénoncé comme son complice le propre fils de sa victime, Edouard Donon-Cadot.
L'instruction s'était prolongée, et les débats s'ouvrirent
dans une salle débordant d'un auditoire anxieux et pressé.

« Pendant toute la durée du procès, a dit un témoin vingt ans après, je puis attester qu'un très grand nombre de stagiaires arrivaient au Palais, à six heures du matin avec les vivres de la journée. La rampe du petit escalier de la Cour d'assises, faussée par les chocs de la foule, portait, il y a peu de temps encore, les traces de cet empressement inouï (1). »

Le procureur général Hébert tenait le siège du ministère public; Nogent Saint-Laurens défendait Rousselet ; Chaix d'Est-Ange assistait Donon-Cadot.

La lutte fut ardente entre l'accusation et la défense, d'une part, entre les deux accusés, de l'autre, Édouard Donon-Cadot protestant énergiquement contre l'abominable imputation de Rousselet, alors que celui-ci, avec une implacable netteté, persistait dans ses dires. Et puis, il semblait qu'Édouard eût avoué, et de quelques passages de l'instruction le procureur général s'efforçait de tirer la preuve de ces aveux.

La mission de Chaix d'Est-Ange était rude; mais avec quelle puissance de discussion, avec quelle grandeur de parole, il s'en acquitta!

Il s'explique sur les prétendus aveux arrachés à son client; il dénonce à l'indignation publique les moyens tentés pour amener un prisonnier à faire de périlleuses déclarations :

« Savez-vous ce que c'est, vous, citoyens, qui nous jugez, vous, heureux, protégés, honorés, savez-vous ce que c'est que le régime de la prison pour un malheureux enfant de dix-huit ans et demi? Savez-vous ce que c'est que d'être mis au secret pendant un mois, pendant six semaines, ne sortant pas de sa cellule pendant quinze jours;

---

(1) Ed. Rousse, *Préface aux discours et plaidoyers de Chaix d'Est-Ange.*

pouvant se promener, mais se promener dans le corridor
qui précède la cellule ?

« Y était-il seul ? Non. — Avec qui y était-il ? Quel était
l'homme chargé, comme ils disent, de le *moutonner* ? J'ai
horreur de le rappeler... qui lui avez-vous donné pour
compagnon intime de ses jours et de ses nuits ! Qui char-
gez-vous de le surveiller, de lui arracher des aveux, de le
conduire dans cette voie où vous voulez le jeter ? A qui
la police confie-t-elle le soin, l'œuvre sacrée de la justice ?...
à un homme qui sort du bagne, à un forçat condamné à
vingt ans de galères, que la police a extrait du bagne, dont
elle use, qu'elle a fait, je ne dis pas le chef, mais un des
chefs de la Conciergerie ! »

Et un peu après :

« Ce n'est pas son corps seulement, s'écrie-t-il, que
vous mettrez dans les entraves de la prison, sous les ver-
rous de son cachot ; c'est son âme, son âme immortelle et
divine, que vous jetterez au milieu de cette corruption,
que vous donnerez en pâture à ces infâmes ! Ce contact,
il faudra qu'il l'endure ! ce forçat, qui est son compagnon, il faudra qu'il devienne son ami, qu'il l'entende,
qu'il le subisse ! Et, s'il sort de là souillé, est-ce à lui
que vous en demanderez compte ? Si, jeté là innocent
et honnête, il en sort avec l'âme flétrie et le cœur dessé-
ché, est-ce donc lui que vous accuserez ? Non ! — C'est à
moi de vous en demander compte ; c'est à moi de vous
dire les enseignements auxquels vous l'avez soumis, les
souillures auxquelles vous l'avez exposé, les habitudes
ignobles de la prison, et cette inconscience grossière avec
laquelle maintenant il accepte son régime.

« Et pourtant si un jour, sorti enfin de sa cellule, rendu
à la liberté, à la liberté de la prison, il peut se promener
sous ces cloîtres et réchauffer ses membres aux rayons

du soleil qui éclairent encore le fond de ses cours, ah!
qu'il prenne garde, le malheureux! car on l'épie, on le
surveille, on prend note de ce qu'il fait, de ce qu'il dit,
et, quand le grand jour de l'audience arrivera, on lui dira:
Tu t'es mêlé aux jeux de tes compagnons; tu as ri avec
eux; tu as avec eux insulté la justice, parodié la Cour
d'assises, tu es un malheureux, tu es un parricide...
Étranges reproches, arguments impies! Non! cela n'est
pas juste! »

A ces mots, l'émotion de la foule est immense, et
l'avocat s'interrompt au milieu d'une de ces rumeurs flatteuses qui prouvent que, par la seule action de sa parole,
l'orateur a saisi aux entrailles son auditoire, qu'il laisse
plus haletant que les misérables mêmes dont la vie est en
jeu.

En défendant Donon-Cadot, Chaix d'Est-Ange s'était
rappelé le jour où, accusant le parricide Benoît, il avait
provoqué une inoubliable scène (1). Se retournant vers
Rousselet, il s'efforça en vain de lui arracher un de ces cris
que la conscience la plus endurcie laisse échapper aux
heures solennelles. « Qu'il soit maudit, s'écrie l'orateur,
et, dans ce moment, quand les minutes pour le retour à
la vérité et au repentir lui sont encore comptées, en présence de ce Dieu que sa prière hypocrite implora avant
de paraître ici; puisqu'il persiste encore dans un mensonge,
puisqu'après avoir massacré le père, il veut faire monter
le fils innocent sur l'échafaud et détruire une famille
entière... Oui, qu'il soit maudit! et quoi qu'il advienne
ici, quoi qu'on décide, son sort est fixé; passant de la main
des hommes sous la main éternelle de Dieu, il ira de justice en justice, de condamnation en condamnation, expier

(1) Voir page 190.

des crimes dont la mesure est comblée, et qui, jusqu'ici du moins, étaient pour nous sans exemple. »

Hébert se leva et, de sa voix amère et pénétrante, il adjura en quelques mots solennels, l'accusé Rousselet de revenir à la vérité. Celui-ci resta impassible. Il fut déclaré coupable, mais bénéficia des circonstances atténuantes; Edouard Douon-Cadot était acquitté.

Au printemps de l'année 1845, l'opinion publique, aidée de la presse, se préoccupait de la question de l'existence légale des congrégations religieuses; la Chambre des Députés et la Chambre des Pairs avaient, sur ce sujet brûlant, entendu de vives discussions et de nombreux orateurs. Le 2 mai 1845, à la suite d'une interpellation de M. Thiers, dans laquelle étaient intervenus à la tribune Dupin, Hébert, Berryer, Odilon-Barrot, etc., la Chambre votait un ordre du jour par lequel elle déclarait se reposer sur le Gouvernement du soin de faire exécuter les lois de l'État.

Le Barreau fut saisi de la question par un mémoire à consulter rédigé par M. de Ravignan; de Vatimesnil était chargé de la consultation. De Vatimesnil exerçait à ce moment au Palais une sérieuse influence, sans y tenir grande place. Il est resté l'un des derniers avocats consultants; la barre l'attirait peu, mais on recherchait fort ses conseils. L'avocat consultant était ordinairement un jurisconsulte encombré d'érudition et de textes, qui avait casé dans sa mémoire tous les arrêts importants, comme d'autres feraient en des notes soigneusement rangées; sur chaque difficulté, il citait une ou plusieurs décisions, et, le bon sens aidant à son savoir, il tenait toute prête, sur chaque difficulté qui lui était soumise, une solution généralement exacte. C'est de l'un d'eux que l'on disait : le

Palais allait chez lui, car il était comme l'oracle de la ville.

Parmi les avocats consultants figuraient aussi quelques avocats fatigués des luttes de l'audience, qui terminaient leur longue et utile carrière en mettant à la disposition de leurs clients leur expérience des affaires et leur bagage longtemps accumulé.

De Vatimesnil soutint avec chaleur la cause des congrégations religieuses; sa science de jurisconsulte fut-elle toujours d'accord avec les inspirations de son cœur? Toujours est-il que son travail longuement développé ne réunit au sein du Barreau de Paris qu'un nombre d'adhésions très restreint; vingt-sept signatures seulement s'étaient jointes à celle de Vatimesnil, entr'autres celles de Caubert, de Gaudry, de Demante, etc.; mais, à l'exception de Berryer, dont le sentiment était connu, aucun des grands avocats d'une époque qui a vu les plus illustres n'avait donné sa signature.

Au dehors, la campagne poursuivie par de Vatimesnil excita une véritable surprise. On se demanda comment l'ancien ministre de 1828 s'était déterminé à soutenir, en faveur des congrégations, des théories qu'au pouvoir il avait vivement combattues. Suivant lui, en 1845, rien de plus légal que l'existence des Jésuites; dans l'ardeur de son zèle, il avait oublié les lois anciennes et les lois nouvelles; il avait oublié ce que M. de Vatimesnil, ministre de l'Instruction publique, écrivait dans l'art. 2 de l'ordonnance du 20 juin 1828 : « Nul ne peut être ou demeurer chargé, soit de la direction, soit de l'enseignement dans une des maisons d'éducation dépendant de l'Université, ou dans une des écoles supérieures ecclésiastiques, s'il n'a affirmé par écrit qu'il n'appartient à aucune congrégation religieuse non légalement établie en France. »

Dans les premiers jours de novembre 1845, une douloureuse nouvelle s'était répandue au Palais : Philippe
Dupin revenait de vacances, abattu, épuisé par un mal
implacable; on ne tarda pas, en effet, à le voir arriver
pour l'audience de rentrée, à laquelle il n'avait pas,
disait-il, manqué depuis trente ans, mais frappé cette fois
au point de ne laisser aucune espérance à ses amis et à
ses confrères.

Il ne reparut, dans la salle des Pas-Perdus, que le jour
où il apporta au Conseil ses adieux découragés; puis,
il quitta Paris avec l'illusion que quelques mois passés
dans le midi lui rendraient la vigueur et la santé perdues.
De Nice, où il s'était d'abord arrêté, il adressa à Duvergier une lettre attristée, dont celui-ci donna lecture à la
conférence du 20 décembre 1835.

« Mon cher bâtonnier, écrivait Philippe Dupin, je ne
veux point laisser expirer entièrement l'année 1845 sans
vous adresser un souvenir amical, ni commencer l'année
1846 sans vous exprimer mes vœux confraternels. Peut-
être d'ailleurs votre amitié ne sera-t-elle pas fâchée de
connaître mon itinéraire, et consentira-t-elle à me suivre
avec quelque intérêt dans ce pèlerinage qu'on m'impose
pour ranimer mes forces altérées par vingt-neuf ans
de travaux et de fatigues; car, mon cher ami, il y aura
demain vingt-neuf ans que j'ai pris rang sur notre tableau,
et commencé cette vie laborieuse dont vous avez été témoin. Je n'ai pas besoin, j'espère, de vous dire que,
dans ma course, j'ai bien souvent tourné mes regards en
arrière, et reporté ma pensée vers ce Palais où me ratta-
chent tant de liens, de souvenirs et d'affections précieuses.
On n'interrompt pas sans regrets et sans combats des
habitudes si chères, et qui ont pour ainsi dire embrassé
toute une existence... »

Quelques jours après, le mal s'étant aggravé, Philippe
Dupin dut se soustraire au climat trop changeant et trop
rude des bords de la Méditerranée; il s'arrêta à Pise, où
une crise fatale le terrassa; il y mourut le 16 février 1846,
dans toute la force de l'âge, puisqu'il n'avait que cinquante
et un ans.

Le Conseil de l'Ordre se rendit aussitôt auprès de Dupin
aîné pour lui porter l'expression de sa douleur et de sa
sympathie; une députation fut désignée qui devait assister
aux obsèques. Elles eurent lieu à Clamecy, le 8 mars suivant. L'émotion était grande dans le pays; la population
presque entière s'était portée sur la route au devant de la
voiture qui amenait le cercueil.

Le Barreau de Paris était représenté par son bâtonnier,
Duvergier, et par Paillet, Marie et Chaix d'Est-Ange; Delangle, qui alors était avocat général à la Cour de cassation, s'était joint à ses anciens confrères pour rendre un
suprême hommage à l'un de ceux qui, par l'énergie de sa
parole et l'éclat jeté sur un nom difficile à porter, avaient
le plus honoré la barre, dans un temps où les grands
avocats s'y rencontraient chaque jour.

Les journaux qui, presque unanimement, avaient su
rendre au maître disparu avant l'heure un hommage
mérité, s'occupèrent encore du Barreau de Paris dans
une circonstance d'importance bien secondaire. Le Conseil avait décidé la création d'une médaille qui devait
être remise à chacun de ses membres, en souvenir de son
élection. La délibération méritait presque de passer ina-
perçue, et, à coup sûr, de ne pas sortir du cabinet mal éclairé
où le secrétaire de l'Ordre recueillait soigneusement ses
archives. Mais un journal, à court de renseignements et de
faits divers, publia sérieusement la nouvelle, comme si

ses lecteurs y pouvaient trouver un intérêt quelconque ; il dit même le chiffre du crédit voté pour assurer l'exécution de la mesure ; et, comme il n'y a pas lieu de s'arrêter en si bonne voie, il annonça, avec le plus grand sérieux, « qu'une pétition allait être adressée aux pouvoirs compétents pour que les privilèges attachés à la médaille de député le fussent également à celle de membre du Conseil de l'Ordre des avocats. » De la sorte, les anciens du Barreau ne feraient plus queue au théâtre et pourraient se placer au premier rang pour voir les exécutions et les incendies ! Le journaliste en fut pour ses frais d'imagination trop féconde, et n'eut même pas la satisfaction de s'attirer le démenti qu'il espérait.

Aussi bien l'Ordre avait-il chaque jour d'autres et plus graves préoccupations.

Une poursuite disciplinaire exercée contre un avocat, fort connu par l'ardeur de ses opinions et la fougue de sa parole, Charles Ledru, intéressa le Palais. Charles Ledru, qui avait plaidé dans plusieurs affaires retentissantes, entre autres celle d'Isambert et celle d'Alibaud (1), s'était présenté en 1827, dans un procès de Cour d'assises, dont vingt ans après le souvenir était à peine endormi, et que des circonstances nouvelles venaient de ranimer : l'abbé Contrafatto, poursuivi pour attentat à la pudeur sur un enfant de cinq ans, avait été condamné aux travaux forcés à perpétuité. Sa peine, tout d'abord subie au bagne de Brest, fut, une première fois, commuée en celle de la réclusion perpétuelle ; puis, le condamné, transporté à la prison de Rennes, y reçut un jour, en 1845, la nouvelle de sa grâce définitive. Parmi les personnes qui

(1) V. pages 125 et 268.

s'étaient employées le plus utilement pour obtenir cette faveur figurait Ledru, l'avocat même qui, plaidant à l'audience pour la mère de l'innocente victime, avait, pour sa grande part, contribué à entraîner la condamnation.

Peu de temps après sa libération, Contrafatto venait trouver son ancien adversaire, qui l'admit à sa table ; des relations s'établirent entre eux, et, un jour, l'avocat, sur la promesse que la pièce servirait uniquement à permettre à l'ancien prêtre de rentrer dans le diocèse d'un évêque italien, écrivit une lettre dans laquelle il affirmait que plusieurs témoins de l'affaire d'assises étaient venus lui confier qu'ils avaient altéré la vérité pour perdre l'accusé. Il parlait ensuite d'un châtiment immérité, et affirmait sa grande douleur d'en avoir été la cause même involontaire.

Contrafatto obtint même de Ledru qu'il reconnût son écriture par acte passé en la forme authentique.

La lettre fut publiée, huit mois plus tard, d'abord dans un journal de province, puis dans *l'Époque* de Paris.

Le parquet s'émut de cette publication, et vit dans la protestation de l'avocat contre la chose jugée un regrettable manquement aux obligations professionnelles ; la faute de Ledru s'aggravait des protestations énergiques des témoins, affirmant que jamais ils n'étaient revenus sur leurs dépositions faites à l'audience de la Cour d'assises.

Le procureur général Hébert saisit le bâtonnier d'une plainte contre Charles Ledru, qui comparut devant le Conseil, assisté de Ferdinand Barrot, et fut frappé de la peine de l'interdiction pendant une année.

Le Conseil avait relevé avec soin les déclarations des témoins s'élevant contre les affirmations de la lettre de Ledru, relatives à leur parjure ; aucun témoin, disait la sentence, n'a avoué ou déclaré à Me Ledru avoir fait une fausse déposition contre l'accusé Contrafatto; si la grâce a été accordée au condamné, c'est en considération de sa bonne conduite au bagne et dans la maison de réclusion, où il est resté dix-sept ans, et l'Administration n'a jamais pensé qu'il eût été victime d'une erreur judiciaire; c'était donc sans raison ni prétexte que M. Ledru avait attaqué l'autorité de la chose jugée; sa qualité d'avocat et de défenseur de la partie civile rendait cette conduite encore plus condamnable.

Mais le Conseil, certain qu'aucune pensée cupide ne s'était mêlée aux actes reprochés à Ledru, ne voulut pas pousser la sévérité jusqu'à prononcer contre lui la peine de la radiation.

Si rigoureux que fût le châtiment encouru par l'avocat, il parut insuffisant au procureur général, qui en appela *a minima* devant la Cour. Cet acharnement produisit le plus déplorable effet; on ne comprenait pas que, quelque graves que fussent les fautes de Ledru, la sentence qui l'éloignait du Palais pendant une année, et interrompait ainsi, en pleine activité, une carrière jusque-là respectée, n'ait pu satisfaire le Parquet. Aussi un revirement se produisit-il en sa faveur, et ne se fit-on pas faute de dire que le ministère public dissimulait mal son désir de frapper un adversaire politique qui, avec la plus entière franchise et un certain courage, avait souvent porté de rudes coups à la monarchie de Juillet.

La Cour se réunit en chambre du Conseil, le 27 avril 1846; Ferdinand Barrot prêtait de nouveau l'appui de sa parole à son confrère. Hébert se montra implacable, et un arrêt fut rendu qui, décidant qu'il n'existait pas dans la cause de motifs d'atténuation, ordonna la radiation de Charles Ledru. Trop sévèrement frappé, Ledru laissa dans l'Ordre, où il avait vécu de longues années, quelques sympathiques souvenirs.

Le 12 août 1846, le Barreau faisait choix d'un nouveau bâtonnier; Baroche était élu presque sans concurrent; Bethmont seul, derrière lui, avait réuni un nombre respectable de suffrages. Baroche était un très bon avocat sans être un avocat très éloquent, d'un talent facile et froid, s'échauffant à la surface sans brûler au fond (1). Il n'occupait pas au Palais le premier rang, mais il y tenait un honorable emploi, et son intervention dans de grosses affaires, où s'agitaient des intérêts matériels considérables, expliquait le vote du Barreau.

A la fin de la même année, un avocat, dont le nom est resté obscur, accomplissait sa centième année. Né le 22 décembre 1746, inscrit au tableau en 1777, Gérard de Bury n'était pas cependant le doyen de l'Ordre; il avait, en effet, pendant la Révolution, exercé les fonctions de juge et ne s'était fait réinscrire au tableau que sous la Restauration. Le vénérable vieillard comptait dans ses meilleurs souvenirs l'amitié dont Gerbier l'avait honoré.

L'année 1847, qui réservait au Barreau de Paris la pénible surprise de voir la chute effroyable d'un de ses anciens chefs, mit en relief, dès son début, le nom d'un jeune avocat auquel les honneurs du bâtonnat étaient réservés : Lacan, qui, dès l'âge de trente-six ans, était entré au Conseil, où il devait siéger jusqu'à sa mort, se trouva chargé d'un mémorable procès. Un des écrivains les plus aimés du public, un de ceux dont les romans et les feuilletons étaient lus avant que l'encre d'impression en fût séchée,

(1) Edm. Rousse, *Souvenirs du siège de Paris*, p. 269.

Alexandre Dumas, avait négligé quelques-uns de ses engagements; au milieu des péripéties d'un voyage, où le
guidaient les seuls caprices de sa fantaisie, il ne s'était
plus souvenu de certains traités qui le liaient à deux journ-
naux en vogue, *la Presse* et *le Constitutionnel*. Une assignation essaya de les lui rappeler. Dumas accepta le
rendez-vous. L'écrivain devait se rencontrer à la barre
avec Philippe Dupin, mais la maladie, qui devait emporter
l'ancien bâtonnier, l'en avait éloigné dès le commencement
de la procédure, et Lacan fut chargé de remplacer son
illustre confrère.

Au jour de l'audience, le prétoire débordait; magistrats
et hommes de lettres, femmes du monde et maîtres du
Barreau... tous se poussent à l'envi pour juger si la parole
chez Alexandre Dumas sera aussi chaude et alerte que la
plume. Mais l'illustre romancier a oublié l'heure, comme
il avait auparavant oublié sa signature; il n'est pas présent
à l'ouverture de l'audience; et Chaix d'Est-Ange entame
une autre affaire. Il saisit bientôt, dans cet auditoire bous-
culé, des signes d'une déception, qui ne tardera pas à
se traduire par de timides retraites; il le remercie toutefois d'être « venu exprès pour ne pas l'entendre ». Tout
à coup, comme l'ouragan déchaîné qui force une porte close,
Dumas apparaît au tribunal, et, tout essoufflé, commence
son discours. Ses attaques contre les gérants des journaux,
son propre panégyrique, le récit d'exploits imaginaires,
tout cela était bien loin du procès, et Lacan n'eut pas de
peine à y revenir. Il le fit avec un rare bonheur et un tact
parfait. De l'excellence de la cause résultait la principale
difficulté de la discussion; aussi, laissant de côté les
principes du droit, les enseignements de la doctrine et de la
jurisprudence, l'avocat répondit par une raillerie de bon
aloi aux éclats de voix de son dangereux adversaire, et

ramena à lui une foule d'auditeurs qui de prime abord lui
étaient hostiles (1). Le succès fut complet avant même
que le Tribunal ait rendu sa sentence.

Le Barreau se réjouissait encore de la douce leçon ainsi
infligée par l'un de ses membres au littérateur adulé, qui
jusque-là n'avait connu que le succès, lorsque dans la salle
des Pas-Perdus le bruit courut de la nomination de Delangle à la haute fonction de procureur général près la Cour
de Paris, où il remplaçait Hébert.

Depuis 1830, il n'était plus de tradition que l'Ordre
allât offrir ses hommages au Garde des sceaux ou au
Procureur général au moment de leur entrée en fonctions ;
cette règle n'avait souffert qu'une seule exception, le jour
où Teste passait directement du bâtonnat à la Chancellerie ; encore avait-il été entendu que c'était au confrère et
non au ministre que le Barreau rendait visite. En raison
de ce précédent, le Conseil se présenta chez Delangle, et
cette démarche, qi i, jusqu'au bout, resta dépouillée de
tout caractère officiel, reçut l'approbation générale.

Delangle avait à peine pris possession de son siège qu'il
fut appelé à remplir un des plus douloureux devoirs
qui ait jamais été infligé à un chef de Parquet. Des difficultés financières avaient mis en présence, devant les tribunaux, les actionnaires d'une mine de sel gemme, exploi-
tée à Gouhenans, dans la Haute-Saône. Au cours des
débats, et sans que rien auparavant ait pu en révéler
l'existence et la gravité, de nombreuses pièces furent
produites, parmi lesquelles toute une correspondance du
général Despans-Cubières, ancien ministre de la Guerre.
« Il n'y a pas à hésiter, écrivait-il à l'époque où la conces-

---

(1) R. Viviani, *Eloge de Lacan*, pp. 15 et s...

sion de la mine était demandée, il n'y a pas à hésiter sur
les moyens de nous créer un appui intéressé dans le sein
même du Conseil. J'ai les moyens d'arriver jusqu'à cet
appui; c'est à vous d'aviser aux moyens de l'intéresser;
n'oubliez pas que le Gouvernement est entre des mains
avides et corrompues. »

On comprend l'émotion que, livrées à la publicité, produisirent ces lignes, dont le sens était d'une évidente clarté.
Il ne s'agissait plus que de savoir le nom du personnage
auquel il était fait allusion; on ne chercha pas bien longtemps, et grande fut la stupeur au Palais lorsqu'on y
apprit qu'il s'agissait d'un magistrat, président de chambre à la Cour de cassation, membre de la Chambre des
Pairs, ancien bâtonnier de l'Ordre des avocats, de Teste.

Sans doute, le jour où Teste avait de haute lutte conquis le bâtonnat, le Barreau n'ignorait pas sa vie tour-
mentée; mais sa supériorité personnelle s'était imposée au
Palais avec une telle force que, quelques années à peine
après son admission dans l'Ordre, il en était devenu le
chef suprême.

Bien qu'on voulût douter encore, il n'était plus possible
de reculer devant la nécessité de faire la lumière et de
dégager les responsabilités. Une instruction fut ordonnée,
et Delangle chargé d'occuper, devant la Chambre des Pairs
qui venait d'être saisie, le siège du ministère public.
Delangle avait été l'adversaire heureux de Teste, en 1836,
dans une de ces luttes courtoises où les dignités de l'Ordre des avocats se disputent; qui eût prédit alors que les
deux concurrents se retrouveraient un jour face à face, en
de si terribles conjonctures?

L'instruction croyait avoir démontré que la société mi-
nière avait fait verser quatre-vingt-quatorze mille francs
entre les mains de Teste, ministre des Travaux publics,

pour hâter la concession sollicitée, et c'est sous l'accusation d'avoir agréé des offres, reçu des dons et présents pour faire un acte de sa fonction, qu'il allait comparaître devant ses juges.

Il s'y retrouvait avec le général Despans-Cubières, comme lui pair de France, et avec un certain Parmentier, administrateur de la société. Un quatrième accusé, Polla-pra, ancien trésorier payeur général, par l'intermédiaire duquel les fonds auraient été versés, était en fuite.

Cubières, devant la Cour, était assisté de Baroche, Teste, de Paillet et de Dehaut, Parmentier de Benoist-Champy.

Le procès commença le 8 juillet 1847 ; la veille, Teste, qui protestait de son innocence avec une énergie désespé-rée, écrivait au Roi.

« Sire, je dois à Votre Majesté, en retour d'un dévoue-ment dont je me suis efforcé de multiplier les preuves, la dignité de pair de France, et l'honneur de siéger dans la plus haute magistrature du royaume comme l'un de ses présidents. J'aborde demain une épreuve solennelle, avec la ferme conscience d'en sortir sans avoir rien perdu de mes droits à l'estime publique et à celle de Votre Majesté. Mais un pair de France, magistrat, qui a eu le malheur de traverser une accusation de corruption, se doit à lui-même de se retremper dans la confiance du souverain qui lui a conféré ce double caractère. Je dépose entre les mains de Votre Majesté ma démission de la dignité de pair de France, et celle des fonctions de président à la Cour de cassation, pour n'être protégé dans les débats qui vont s'ouvrir que par mon innocence. »

Les premières phases de l'effroyable procès semblèrent confirmer ce fier langage. Teste se défendait avec une habi-leté consommée, où se retrouvaient toutes les ressources

de son vigoureux talent; il animait et encourageait ses
avocats, notamment Paillet, dont la physionomie trahissait l'embarras et dont la droite raison était comme en-
gloutie dans un abîme. A l'habileté, au sang-froid de Teste,
on eût dit que la cause n'était pas la sienne; ce vieillard de
soixante-sept ans semblait avoir recouvré les forces de sa
jeunesse pour ce combat suprême. Il fallait le voir lorsque, se sentant atteint, ou près de l'être, il se retournait
comme un lion vers les téméraires qui l'avaient blessé (1).

Mais un coup de théâtre éclate; un notaire, appelé d'urgence à la barre, dépose, après une émouvante hésitation,
et au milieu de l'anxiété générale, que Pellapra lui a confié
avoir versé cent mille francs à Teste, et l'on apporte du
Trésor la preuve matérielle d'un achat de titres fait à la
même époque et pour une somme équivalente, au nom du
ministre des Travaux publics.

Le vieux lutteur était terrassé; son visage, à mesure
que la vérité se découvrait, s'était visiblement altéré; il
sortit de l'audience pour n'y plus reparaître. Rentré dans
sa prison, il reçut la visite d'amis intimes avec lesquels il
s'entretint longuement, s'en prenant à la fatalité de la
catastrophe qui l'écrasait. A peine se trouva-t-il seul au
milieu de la nuit qu'il adressa au duc Pasquier, président
de la Haute Cour, la lettre suivante :

« Monsieur le Chancelier, les incidents de l'audience
d'hier ne laissent pas de place à la contradiction en ce
qui me concerne; je considère à mon égard le débat comme
consommé et clos définitivement. J'accepte d'avance tout
ce qui sera fait par la Cour en mon absence. Elle ne voudra sans doute pas, pour obtenir une présence, désormais
inutile à l'action de la justice et à la manifestation de la

(1) O. Pinard, op. cit., II, p. 229.

vérité, prescrire contre moi des voies de contrainte personnelle, ni triompher par la force d'une résistance désespérée. Je la prie aussi d'être convaincue que cette résolution irrévocable de ma part se concilie dans mon cœur
avec mon profond respect pour le caractère et l'autorité
de mes juges. »

Puis, l'infortuné tenta de se suicider; le coup de pistolet
dont il se frappa ne lui fit qu'une insignifiante blessure.

Le lendemain, sommé de paraître de nouveau devant la
Cour, il s'y refusa avec hauteur, déclarant que cela lui
était impossible par les motifs exprimés dans la lettre qu'il
avait eu l'honneur d'adresser à M. le chancelier.

On n'insista pas, et les débats s'achevèrent. Delangle
prononça son réquisitoire; il affecta tout d'abord de ne
pas parler de Teste, mais, après avoir fait la part de responsabilité incombant à chacun des autres accusés, il
s'arrêta un instant, puis : « Pour M. Teste, reprit-il, avec
l'accent d'une douleur profondément ressentie,... ah!
Messieurs, après ce que je viens d'entendre, je ne me sens
pas le courage de mesurer l'abîme au fond duquel il a
été entraîné par sa cupidité! »

Et ce fut tout; Paillet ne plaida pas; Dehaut seul prononça quelques brèves paroles, et la Cour condamna
Teste à la dégradation civique, à trois années de prison,
et à une amende de quatre-vingt-quatorze mille francs. Il
subit une partie de sa peine, et, quand remise lui fut faite
de ce qui en restait à courir, il se retira à Passy, où il mourut ignoré, malgré l'attachement que ne cessèrent de lui
témoigner quelques fidèles, retenus par sa douceur et sa
bonté.

Le Palais avait suivi dans une anxieuse agitation le
procès de la Haute Cour; sans doute, le Barreau ne se
sentait pas et n'était pas atteint, dans son honneur et sa

fidélité traditionnelle au devoir, par la défaillance personnelle de son ancien chef; mais comment n'aurait-il pas
souffert d'une déchéance sans exemple dans ses annales?
Et comment n'aurait-il pas fait un douloureux rapproche-
ment entre le souvenir des succès étonnants remportés
par Teste, et l'immensité de sa chute fatale?

Le scandale avait été grand dans le public, et l'opinion,
satisfaite parce que justice était rendue, ne s'en montrait
pas moins fort excitée.

Un crime, plus grave encore, imputé à un autre Pair
de France, n'était pas fait pour la calmer; cette fois, le
public se plaignit que le duc de Choiseul-Praslin, accusé et
convaincu d'avoir assassiné sa femme, n'ait pas été mis,
au moyen de mesures suffisamment prudentes, dans l'impossibilité de se soustraire par la mort au châtiment qu'il
avait mérité.

L'année 1848 approchait, et l'avenir, compromis par
une suite d'événements périlleux, était gros de menaces.

Au sein du Barreau de Paris, une grave question, d'ordre intérieur, mais d'un réel intérêt, s'était posée dans les
derniers mois de 1847; la décision, par laquelle le Conseil
de l'Ordre refuse l'admission d'un licencié au stage ou au
tableau, peut-elle être déférée au jugement de la Cour? En
d'autres termes, l'Ordre est-il maître de son tableau? Les
tribunaux et les Cours royales s'étaient déjà prononcés
sur ce point; on pouvait même invoquer des décisions en
sens contraire, quand la difficulté se présenta à Paris
même.

Un licencié, Allain, ancien commerçant failli mais
réhabilité, avait sollicité son inscription au stage; le
Conseil la lui ayant refusée, il interjeta appel de cette décision.

Après avoir subi plusieurs remises, l'affaire fut indiquée pour l'audience du 13 janvier 1848. Baroche, assisté des anciens bâtonniers et des membres du Conseil, ainsi que l'avait décidé un arrêté spécial, se présenta devant la Cour, réunie en chambre du Conseil. Il plaida que l'appel d'Allain n'était pas recevable en vertu du vieux principe qui donne à l'Ordre toute autorité sur son tableau ; mais il se garda bien de discuter le fond de l'affaire, et il se retira accompagné de ses confrères.

Le 20 janvier, la Cour rendit un arrêt contraire à la doctrine soutenue par l'Ordre des avocats ; elle jugea que la discipline du Barreau et l'exercice de la profession d'avocat étaient placés sous la surveillance de la Magistrature ; que, l'inscription au tableau étant exigée pour l'exercice de la profession, on ne saurait, sans porter atteinte au principe de la liberté des professions, laisser aux Conseils de discipline le pouvoir de refuser, sans aucun recours, l'admission au stage.

Le Barreau avait perdu son procès ; il forma sans retard un pourvoi devant la Cour de cassation. De longs mois s'écouleront avant que la Cour suprême ne se prononce.

En attendant, une révolution s'accomplira ; dans le pays, une agitation profonde s'était peu à peu répandue, qui demandait la réforme électorale et la chute du ministère Guizot ; un coup de feu, parti on ne sait d'où sur les boulevards, fit surgir les barricades ; le lendemain, à la stupéfaction de tous, même des adversaires les plus ardents de la monarchie, la Charte s'effondrait ; ce n'était pas un ministère, c'était le trône lui-même qui était renversé.

Durant les dix-huit années de son règne tourmenté,

Louis-Philippe avait rêvé plus de bien qu'il n'en put faire; les excitations de la rue pénétraient même jusque dans l'enceinte de la justice; mais jamais peut-être on n'applaudit à luttes plus brillantes de la tribune et de la barre.

CHAPITRE X

SECONDE RÉPUBLIQUE (1848-1852).

Dans les derniers jours de février 1848, la résistance entêtée de M. Guizot avait fini par provoquer des troubles dans la rue, et, à la Chambre, le dépôt d'une demande de mise en accusation du ministère ; au bas de cette proposition, figuraient les signatures d'un certain nombre de députés qui étaient loin de passer pour nourrir des idées subversives; parmi eux quelques avocats, Odilon-Barrot le premier, puis, Bethmont, Baroche, Crémieux, Marie, Mauguin, etc...

Mais les événements se précipitent; la catastrophe du 23 février au soir a donné le signal de la lutte, qui éclate sur tous les points de la capitale.

Le roi se refusait à croire au danger :

« Qu'appelez-vous des barricades, aurait-il dit? un cabriolet renversé! » Il lui fallut cependant se rendre à l'évidence; surmontant d'anciennes et intempestives répugnances, il fit appeler successivement Molé, Thiers et Odilon-Barrot; il chargea Bugeaud du commandement des troupes... C'était trop tard! l'heure de la fuite avait sonné.

Louis-Philippe dut prendre cette route d'Angleterre où, dix-huit années auparavant, son « bon cousin » Charles X l'avait précédé.

Toutefois, le roi, en quittant les Tuileries, se faisait l'illusion de croire que, derrière lui, il laissait le trône à son petit-fils — comme si le torrent qui emportait la monarchie allait s'arrêter devant la grâce d'une femme et le sourire d'un enfant.

A la Chambre, Dupin avait fait acclamer la régence; mais Marie prononce le mot de gouvernement provisoire; Crémieux l'appuie, et la foule, massée dans les tribunes, répond par des applaudissements. La salle est envahie; le tumulte est à son comble. Le nouveau gouvernement se rend à l'hôtel de Ville, où il va se constituer.

Parmi ses membres figurent deux avocats du Barreau de Paris : Crémieux et Marie, qui prennent, le premier, le portefeuille de la Justice, le second, celui des Travaux publics. En outre, Bethmont devient ministre du Commerce. Quelques jours après, Jules Favre était nommé secrétaire général du ministre de l'Intérieur; c'était un poste des plus délicats à la veille de la convocation d'un corps électoral inconnu.

La République, qui s'imposait brusquement par la désertion même du pouvoir royal, fut accueillie comme si elle était le résultat et le terme d'espérances longtemps caressées et de projets savamment conduits. Au Palais, elle ne rencontra aucune résistance; la Magistrature s'y rallia sans froideur apparente et le Barreau l'accueillit avec joie.

La justice suspendit à peine son cours; dès le 25 février, la Cour d'assises allait reprendre ses audiences, lorsque quelqu'un fit remarquer que, le principe d'où émanait le pouvoir judiciaire étant changé, il y avait peut-être lieu de surseoir; le sursis dura quelques jours.

Le 2 mars, Crémieux se rendit au Palais; il présida successivement les audiences solennelles de la Cour de cassation, de la Cour d'appel et du Tribunal civil.

A la Cour d'appel, Baroche, bâtonnier, s'était présenté à la barre entouré des membres du Conseil. Le premier président Séguier et Portalis, nommé procureur général en remplacement de Delangle, prononcèrent successivement des discours. « Le magistrat, qui a l'avantage de vous adresser la parole, disait avec quelque mélancolie le premier Président au Garde des sceaux, a vu passer de sa place cinq gouvernements. Une sixième ère ramène la République; que, pour cette fois, elle se constitue sagement, solidement; qu'elle devienne l'émule de sa sœur florissante au delà de l'Océan !... la République nouvelle nous doit l'extinction des discordes civiles, l'union entre tous les citoyens et l'accord avec les étrangers. »

Dans sa réponse, Crémieux s'adressa en terminant au Barreau: « Avocats, dit-il, hier, mes confrères, et qui le serez encore demain quand j'aurai déposé le poids de cette dictature momentanée, je sais, la France sait que tous les sentiments de patriotisme, de générosité, de véritable indépendance sont dans vos âmes; la République compte sur vous. »

Dès le 28 février, le Conseil de l'Ordre votait une somme de quatre mille francs, destinée à la souscription ouverte en faveur des blessés de la rue et des ouvriers sans travail; il avait, en outre, décidé que cette somme serait remise directement au Garde des sceaux, dans une audience particulière. Baroche, en effet, à la tête de ses collègues, se rendit à la Chancellerie. « Le Conseil de l'Ordre, dit-il au ministre, en manifestant son sincère et loyal concours au gouvernement provisoire, vient remettre entre vos mains son offrande pour les blessés et les travailleurs sans ouvrage. — Je n'attendais pas moins du Barreau de Paris, répondit Crémieux; je le remercie de son concours comme ministre du Gouvernement provisoire; je m'associe à sa démarche comme avocat. »

Au sein de l'Ordre, et sous la présidence de Liouville, s'était formée l'*Association républicaine du Barreau*; les articles du programme, précisant le but poursuivi, disaient que la société s'efforcerait de travailler à constituer définitivement la République; qu'à cet effet elle s'engageait à appuyer de tous ses efforts les hommes sincèrement républicains. La circulaire fut envoyée à tous les avocats pour solliciter d'eux une adhésion, dont l'utilité était manifeste à l'heure où des élections qui se préparaient allait sortir l'Assemblée Constituante.

Ces élections eurent lieu le 27 avril 1848; pour la première fois, le suffrage universel appelait aux urnes tous les citoyens français âgés de vingt et un ans. Le Barreau de Paris fournit un assez grand nombre de députés à la nouvelle assemblée; c'étaient le bâtonnier Baroche, élu par la Charente-Inférieure, ainsi que Bethmont, Berryer élu à Marseille, Jules Favre par la Loire, Jules Grévy et le professeur Valette par le Jura, Emmanuel Arago par les Pyrénées-Orientales, Leblond par la Marne, Crémieux par l'Indre-et-Loire, Billault par la Loire-Inférieure; Marie était nommé à Paris et dans l'Yonne. Des avocats de province justement estimés, et que le Barreau parisien devait bientôt recueillir, entraient aussi à la chambre : c'étaient Senard élu dans la Seine-Inférieure, et Dufaure dans la Charente-Inférieure, qu'il représentait déjà sous la monarchie déchue.

La préparation et le vote d'une constitution nouvelle, instituant en France un régime auquel le pays ne semblait pas préparé, et que personne ne prévoyait la veille même du jour où il était acclamé, ne pouvaient manquer d'amener des manifestations et des crises. Aussi bien, en ce temps, l'histoire est-elle bien plutôt à l'Assemblée Constituante et dans la rue qu'au Palais, où la justice s'efforce malgré tout d'accomplir son œuvre pacifique et rassurante.

L'Assemblée, s'étant réunie le 4 mai, procéda à la nomination d'une commission chargée d'exercer le pouvoir exécutif jusqu'à ce que la Constitution l'eût définitivement organisé; Marie fit partie de cette commission; et Crémieux conservait le portefeuille de la Justice.

Mais vient la journée du 15 mai, où, sous prétexte de pétition en faveur de la Pologne, des bandes révolutionnaires envahissent la chambre, affolée et sans résistance;

23

la garde nationale la délivre; des arrestations sont opérées. Au Palais, les galeries et la Cour du Harlai avaient été occupées militairement; Crémieux était accouru dès le début pour se rendre compte de la gravité du mouvement aux abords de la Préfecture de police.

La commission exécutive ayant rétabli l'ordre, une instruction commença contre les auteurs de la manifestation et leurs complices. Une demande d'autorisation de poursuites contre Louis Blanc ayant été repoussée, Crémieux donna sa démission de Garde des sceaux; Jules Favre, qui, au lendemain des élections et pour se consacrer tout entier à son mandat, s'était démis de ses fonctions de secrétaire général du ministère de l'Intérieur, avait été appelé par la commission exécutive au poste de sous-secrétaire d'État aux Affaires étrangères; la part active prise par lui dans la discussion des poursuites contre Louis Blanc, et l'échec personnel qu'il y subit, l'obligèrent à se retirer et à se consacrer uniquement à son siège législatif.

Quelques semaines après, éclata l'insurrection de Juin. L'organisation des ateliers nationaux, inspirée sans doute par des intentions excellentes, auxquelles manquaient l'esprit d'application pratique et l'exacte intelligence des nécessités sociales, avait été suivie d'amères déceptions, aussi bien chez ceux qui les avaient imaginés que chez les travailleurs qui comptaient s'en servir. Les ateliers furent supprimés; c'était décréter l'émeute. Elle ensanglanta pendant plusieurs jours tous les quartiers de la capitale. Cette fois encore, l'Assemblée resta victorieuse, mais la répression fut terrible.

Chargé dans ces conjonctures difficiles d'exercer le pouvoir exécutif, jusqu'après le vote de la Constitution qui se préparait, le général Cavaignac confia le portefeuille de la

Justice à Bethmont, et celui de l'Intérieur à Senard.

Senard, que sa vaillante attitude pendant l'insurrection rouennaise avait signalé à l'attention de ses collègues, était, dès le début, nommé vice-président de l'Assemblée constituante; après la retraite de Buchez, il fut appelé à la présidence. C'est à ce poste que, pendant les journées de Juin, il déploya un admirable courage, restant au fauteuil pendant de longues heures sans laisser paraître ni une fatigue ni une faiblesse; une délibération de l'Assemblée déclara solennellement qu'« il avait bien mérité de la patrie ». Marie, élu contre Dufaure, remplaça Senard au fauteuil de la présidence.

Pendant ce temps, au Palais, les audiences s'étaient fermées d'elles-mêmes; elles reprirent le 28 juin; encore, pendant quelques jours, les affaires y furent-elles rares, les avocats étant, pour la plupart, retenus par le service de la garde nationale.

Au mois d'août, Baroche arrivait au terme de son bâtonnat; pour lui succéder les candidatures de Boinvilliers et de Bethmont étaient posées dans la salle des Pas-Perdus, et ardemment soutenues par leurs partisans respectifs; au premier tour de scrutin, les deux concurrents réunirent exactement le même nombre de suffrages; au second tour, Boinvilliers l'emporta par sept voix de majorité.

Parmi les maîtres de la barre Boinvilliers tenait une place honorable, au second plan; son éloquence, un peu attardée, ne se pliait pas facilement aux nécessités de l'époque, et l'on retrouvait dans les discours de l'avocat de la Ville de Paris les souvenirs du jeune homme un peu emphatique, qui, au commencement de la Restauration, combattait avec une généreuse ardeur dans les rangs de l'opposition bonapartiste et libérale. Il avait figuré dans l'affaire des sergents de la Rochelle, et, en 1838, il plaidait pour le général de Brossard, cité devant un conseil de guerre, à Perpignan, à la suite de marchés dont la régularité était incriminée ; le général fut acquitté après la chaude plaidoirie de son défenseur.

Le lendemain de la nomination du nouveau bâtonnier, le premier président Séguier mourait. Il avait prescrit que ses obsèques fussent célébrées sans le moindre apparat : « Ainsi je l'ordonne, disait-il, à la fin de l'un de ses testaments ; que ce mot me soit permis pour moi-même, qui l'ai si souvent employé pour les autres. » Il fut fait selon son désir. Aucune invitation n'avait été envoyée et aucune tenture ne décorait l'église ; la cérémonie resta des plus simples, mais une foule considérable était accourue, apportant ainsi un suprême hommage à un grand magistrat qui, malgré quelque rudesse, et certaines aventures restées célèbres, s'était dignement acquitté de sa haute mission.

Un décret du Gouvernement provisoire, rendu à la date du 1er mars 1848, avait dispensé les fonctionnaires de l'ordre administratif et judiciaire de toute prestation de serment. Par application de ce décret, les licenciés en droit, pour être reçus avocats, étaient simplement présentés à la Cour, qui, après la lecture publique de leurs noms, ordonnait qu'ils fussent inscrits au tableau. A la rentrée de novembre 1848, une circulaire ministérielle rétablit le serment professionnel. La Cour de cassation jugeait, quelques mois plus tard, que ce serment devait être prêté selon la formule ordinaire, modifiée par la suppression de tout ce qui pouvait présenter un caractère politique.

Le 10 décembre 1848, Louis-Napoléon Bonaparte avait

été, selon les formes prescrites par la Constitution, élu au suffrage universel président de la République. Le premier ministère qu'il forma était présidé par Odilon Barrot, qui, peu de jours après, appela Baroche au poste de procureur général près la Cour de Paris. Le Conseil de l'Ordre des avocats, ayant Boinvilliers à sa tête, alla complimenter officiellement le ministre et le magistrat, en qui il saluait avant tout d'anciens confrères.

Pendant ce temps, l'instruction ouverte à la suite de l'attentat commis contre l'Assemblée, le 15 mai 1848, s'achevait ; elle aboutissait au renvoi d'un certain nombre d'accusés, parmi lesquels Barbès, Blanqui, Raspail, devant la Haute Cour de justice qui se réunit à Bourges, au mois de mars 1849 ; Baroche occupait le siège du ministère public ; Bethmont y plaida pour l'un des accusés les moins compromis, le général Courtais, qui fut acquitté.

A cette époque, le Palais s'intéressa vivement à une plainte en diffamation déposée par Armand Marrast, président de l'Assemblée constituante et ancien maire de Paris après la révolution de février, contre le journal *l'Assemblée Nationale* ; le journal avait reproché à Marrast d'avoir, alors qu'il était maire de Paris, laissé dissiper les millions de l'État.

La Cour d'assises jugea l'affaire le 3 mai 1849 ; Billault soutint la plainte, et Delangle défendit l'auteur de l'article incriminé.

Mais le grand succès de l'audience fut pour Chaix d'Est-Ange, avocat du gérant. Marrast avait été longtemps rédacteur en chef du *National* et, parmi ceux que sa plume alerte et mordante avait souvent égratignés, se trouvait Chaix, qui rendait en outre le journaliste responsable d'un échec électoral récemment subi.

Les débats se prolongeaient sans grand intérêt ; la personnalité du plaignant paralysait les attaques; avocats, magistrats, tous ne savaient comment s'y prendre avec un homme qui avait rempli de hautes fonctions, qui occupait encore à l'Assemblée le siège de la présidence, où il avait surpris plus d'une personne, moins par les rares qualités de son esprit, que par sa modération et sa dignité (1).

Mais Chaix d'Est-Ange se lève ; son irritation est visible; il ne recule pas, il attaque ; il n'excuse pas, il raille; il ne défend pas, il se venge ; et avec quelle véhémence, dans cette harangue, qui est bien plus un discours politique qu'un plaidoyer, il démasque son adversaire.

« Il y a au fond de ce procès une grande leçon, un énergique enseignement! s'écrie-t-il ; ce qui en sort, le voici : un homme a donné à son pays, a donné au monde le spectacle de tout ce que la presse peut commettre d'abus et de violences; il a tout attaqué ; rien n'a pu préserver de ses injures, ni le talent, ni la probité, ni la noblesse du caractère, ni les services rendus à la patrie... il a appelé Casimir Périer voleur ; le glorieux Soult, il l'a traîné dans la boue malgré ses victoires. Les ministres, il les accusait chaque matin de ruiner le Trésor. Si enfin un homme, auquel la France rend hommage, si M. de Montalembert, parlant à une tribune qui n'existe plus, nous montre la révolution qui nous menace, l'anarchie qui nous envahit, dans quel langage ne le traite-t-il pas? « Peut-on savoir, « dit-il, ce que le vésicule d'un dévot renferme de fiel ? » Et la sainte indignation de l'orateur, il l'appelle « une dia- « tribe sans talent, une colère mêlée de bave et d'eau bénite ». Chaque jour de sa vie est marqué par un de ces outrages. Enfin, le jour de la justice arrive ; nous voulons user de

---

(1) O. Pinard, op. cit., II, p. 180.

la liberté qu'il dit nous avoir faite, et Marrast, lui, l'insulteur public, nous appelle sur ces bancs parce que nous signalons ses dilapidations partout reconnues et partout proclamées. Il veut que vous nous condamniez! Non, cela n'est pas possible! Non, ce n'est pas à l'homme dont je viens de parler qu'il appartient de dénoncer, de livrer à la justice les citoyens qui ont usé d'un droit, qui ont accompli un devoir en appelant l'attention publique sur les dilapidations. »

Le plaignant veut protester : « Ah! permettez, monsieur Marrast, riposte Chaix, je sais bien que dans une autre enceinte, où l'on interrompt beaucoup, vous êtes chargé de rappeler à l'ordre ceux qui interrompent ; mais ici, on n'interrompt pas. »

Le gérant fut acquitté et l'auteur de l'article condamné à l'amende.

L'Assemblée constituante avait achevé son œuvre ; et, avant même qu'elle se séparât, les électeurs furent appelés à nommer l'Assemblée législative. Le scrutin s'ouvrit le 13 mai 1849 ; il en sortit une chambre composée d'éléments absolument disparates et hostiles ; le parti républicain modéré était presque complètement anéanti ; les républicains avancés comptaient environ deux cents députés ; en outre, près de cinq cents membres de l'Assemblée y arrivaient avec la pensée intime de combattre et détruire la République. La difficulté commençait lorsqu'il s'agissait de désigner le titulaire présomptif de la couronne abandonnée. Aucun représentant des royautés déchues ne se trouvant là pour la ramasser, elle devait passer, trois ans plus tard, à celui qui, le 20 décembre 1848, à la tribune de l'Assemblée constituante, avait juré solennellement « de rester fidèle à la République démo-

cratique et de défendre la Constitution, et promis de
regarder comme ennemis de la patrie tous ceux qui
tenteraient, par des voies illégales, de changer la forme
du Gouvernement établi ».

A la Législative, Berryer était député des Bouches-du-
Rhône, Grévy du Jura, Crémieux de l'Indre-et-Loire, Jules
Favre du Rhône, Emmanuel Arago des Pyrénées-Orientales ; Odilon Barrot et Dufaure avaient été élus par le
département de la Seine ; mais Marie et Senard étaient
battus.

Bethmont, qu'un vote de l'Assemblée avait appelé au
Conseil d'État, ne s'était pas représenté. Peu après, le
bâtonnier Boinvilliers était nommé député de Paris, à une
élection partielle de juillet 1849.

Marie revint au Barreau ; par décision spéciale prise à
son égard, il fut maintenu au rang d'inscription qu'il occupait lors de son entrée au Gouvernement provisoire. Senard quitta Rouen ; le 22 mai 1849, il figurait au tableau
de Paris.

Le calme ne paraissait pas près de renaître dans les
esprits, et l'ère recommençait des poursuites contre la
presse et des suspensions administratives contre les journaux ; en juillet 1849, Jules Favre se présentait devant le
tribunal civil, pour demander justice, au nom de six
feuilles suspendues d'un coup par arrêté de Dufaure, alors
ministre de l'Intérieur. Les imprimeries d'où elles sortaient
avaient été dévastées ou interdites, et injonction faite
d'interrompre la publication de ces journaux. A l'action
intentée, le ministère public opposa un déclinatoire d'incompétence, auquel le tribunal fit droit.

Ce procès se rattachait au mouvement insurrectionnel
qui éclata dans Paris le 13 juin 1849, et qui devait bientôt

donner lieu à des débats passionnés, devant la Haute
Cour de Justice, convoquée à Versailles.

Elle s'y réunit le 13 octobre 1849; dès la première audience et pendant toutes celles qui suivirent, les accusés,
au cours des interrogatoires ou des dépositions, soulevèrent de bruyants incidents et firent entendre d'énergiques
récriminations. Le procureur général Baroche occupait le
siège du ministère public, mais il tomba malade, et l'avocat général de Royer dut supporter seul tout le poids de
la discussion. Au banc des défenseurs, on voyait Th. Bac,
Jules Favre, Michel de Bourges, Nogent-Saint-Laurens,
Crémieux, Malapert, Henri Celliez, etc.

C'est le 10 novembre seulement que, après le réquisitoire de l'avocat général, le premier des défenseurs, Michel de Bourges, obtint la parole; il fut arrêté dès les
premiers mots. Indiquant le plan de sa discussion, il avait
annoncé son intention d'établir que toute violation de la
Constitution ouvrait pour le peuple le droit à l'insurrection. Le président Bérenger l'ayant interrompu, Michel
posa et soutint des conclusions formelles tendant à ce
qu'il fût admis à développer sa thèse. La Cour en délibéra,
et rendit un arrêt qui rejetait les conclusions de la défense.

L'avocat avait écouté debout la lecture de la sentence ;
à peine était-elle terminée, qu'il s'assit en prononçant ces
seuls mots : « J'ai fini ; » et immédiatement la grande majorité des défenseurs, s'associant à la manifestation faite
par leur confrère, déclarèrent qu'eux aussi renonçaient à
présenter la défense de leurs clients.

La Haute Cour manifesta l'intention de désigner d'office des défenseurs pris parmi les avocats du tribunal de
Versailles, mais les accusés élevèrent alors de virulentes
protestations, s'écriant que, dans la situation qui leur
était faite, ils refusaient d'être défendus.

La Cour passa outre, et, en même temps que quelques rares acquittements, elle prononça de nombreuses condamnations à la peine de la déportation.

Le Conseil de discipline se saisit de l'affaire, et cita devant lui les avocats placés sous sa juridiction, et auxquels il reprochait d'avoir, sans motif légitime, abandonné la défense; c'étaient, entre autres, Crémieux, Jules Favre, Henri Celliez, Malapert, Madier de Montjau. Sur un rapport de Duvergier, le Conseil statua.

Son arrêté, longuement motivé, rappelle d'abord certaines des règles auxquelles est soumise la profession d'avocat et les prérogatives qui lui appartiennent; la liberté de la défense est non seulement un droit pour les avocats, mais avant tout une puissante garantie pour les citoyens.

Toutefois, cette liberté doit se concilier avec le respect de l'Ordre, des lois et de la magistrature.

En fait, la Haute Cour, en défendant de plaider la thèse que le droit d'insurrection est la conséquence légale de toute violation de la Constitution, a interdit le développement d'une doctrine dangereuse; elle n'a dès lors apporté à la liberté de la défense qu'une limitation raisonnable et légitime. Le besoin de la défense n'exigeait pas d'ailleurs le développement de cette thèse, d'autres éléments de plaidoirie pouvant résulter des interrogatoires, de l'audition des témoins et des nombreuses observations produites au cours des débats.

Le Conseil déclare que l'attitude des avocats serait de nature à appeler sur eux une pénalité sévère si l'incident avait été prévu d'avance, et si, d'avance, il avait été convenu que cette circonstance servirait de prétexte à l'abandon de la défense; rien ne permettait d'admettre qu'aucun des avocats cités ait pris part à une semblable combinaison.

L'arrêté reconnaît qu'il est constant que les accusés ont déclaré individuellement qu'ils ne voulaient pas qu'une défense injustement limitée fût présentée dans leur intérêt; mais ce fait ne suffit pas à disculper entièrement les défenseurs; l'avocat doit insister auprès de son client, et, lorsque ses efforts sont infructueux, il doit rester à l'audience afin d'être prêt à lui venir en aide si, changeant de sentiment, il réclame l'appui d'abord repoussé. En conséquence, le Conseil considère comme établie l'infraction aux règles professionnelles relevée contre les avocats comparaissant devant lui. Toutefois, deux d'entre eux n'avaient prononcé aucune parole qui pût leur être reprochée; un autre avait même assisté aux débats jusqu'à l'arrêt; dans ces conditions, un arrêté de non-lieu intervint en leur faveur; mais la peine de l'avertissement fut prononcée contre Jules Favre, Celliez et d'autres, celle de la réprimande contre Crémieux et Madier de Montjau.

Avant la rentrée de novembre 1849, le président de la République procéda à une installation solennelle de la magistrature française. Le Gouvernement avait résolu de donner à la cérémonie un brillant apparat; il y convoqua, outre tous les magistrats de Paris, les premiers présidents et les procureurs généraux des Cours de province. La salle des Pas-Perdus du Palais de justice avait été décorée avec soin, sous l'œil vigilant des chefs des différentes compagnies judiciaires; le procureur général Dupin, la visitant l'avant-veille de la séance, ordonna de retrancher certains ornements qui lui paraissaient peu en rapport avec les institutions républicaines (1). Au jour fixé, la Magistrature entière se déroula en un pompeux cortège, à la

(1) *Journaux du temps.*

tête duquel marchait Louis Napoléon, escorté de ses ministres. Après une cérémonie religieuse, célébrée à la Sainte Chapelle, chacun prit place dans la salle, et la séance commença par une série de discours, que prononcèrent le ministre de la Justice Rouher, le procureur général Dupin et le prince président. On fut frappé de l'accent lent et grave de celui-ci ; il donna à sa parole une énergie et une autorité qui étonnèrent l'auditoire. « Monsieur le Président, lui aurait dit Paillet, vous eussiez dû vous faire avocat. »

Après lecture d'une formule, à la fois professionnelle et politique, chacun des magistrats présents prêta serment.

L'année 1849 se termina au milieu de l'agitation provoquée au Palais par le procès de la Haute Cour ; on n'y recueillait toutefois que l'écho assoupi des excitations du dehors, où, presque chaque jour, au sein de l'Assemblée législative, éclataient les débats politiques les plus irrités ; les deux cents députés républicains luttaient pied à pied pour conserver les libertés conquises ; ils devaient succomber sous le nombre de leurs adversaires, effrayés d'excès qu'il n'était au pouvoir de personne d'empêcher, et résolus dès l'abord à revenir en arrière.

En janvier 1850, la Cour de cassation, que rien ne détournait de l'œuvre de justice sereine qu'elle poursuivait, examina le pourvoi formé contre l'arrêt de la Cour de Paris, du 20 janvier 1848 (1) ; cet arrêt avait décidé, contrairement aux prétentions du Barreau, que l'Ordre des avocats n'était pas maître de son tableau, et que la décision du Conseil, repoussant une demande d'inscription, pouvait être légitimement frappée d'appel.

(1) V. page 346.

L'affaire fut appelée le 22 janvier 1850, à l'audience de
la Chambre civile, présidée par Portalis ; Renouard fit le
rapport, et, après les plaidoiries des avocats des parties
en cause, Dupin donna ses conclusions. Il se prononça
très énergiquement pour la cassation de l'arrêt de la Cour
de Paris.

« Sous l'ancienne monarchie, dit-il en commençant,
on connaissait deux républiques, celle des lettres et celle
du Barreau. Les académies se constituaient par l'élection
libre de leurs membres et le choix de leurs officiers ; les
avocats par la confection de leur tableau, et par la nomination de leur bâtonnier et du Conseil de l'Ordre, chargés
de veiller à l'observation de leur discipline... L'Ordre des
avocats n'était pas une corporation, une personne civile,
à la manière des congrégations et des couvents, mais une
profession éminemment libérale, liée à l'exercice de la justice, et gouvernée par des règles généralement admises
par l'autorité, parce qu'elles suffisaient à toutes les garanties sociales. Cette indépendance ne consistait pas seulement dans la liberté de la parole pour la libre défense des
citoyens; elle existait surtout en ce qui touche le tableau
des avocats. C'était un usage que les avocats étaient
maîtres de leur tableau... Heureuse tradition ! heureuse
discipline ! toute la gloire du Barreau est là !... »

Le procureur général étudie les règlements et les ordonnances concernant l'Ordre des avocats depuis l'époque de
sa reconstitution; il y trouve écrite la règle, d'ailleurs
conforme aux anciens usages, qui constitue l'Ordre maître
de son tableau.

Sans doute, l'appel est de droit commun, mais ce principe ne peut être invoqué quand il s'agit d'une loi spéciale, qui a réglé particulièrement les pouvoirs dont on
veut appeler.

Après une longue délibération, la Cour s'associa aux conclusions de Dupin ; elle jugea que les Conseils de discipline, quand ils se livraient à l'appréciation des qualités personnelles d'un candidat, sollicitant son inscription au tableau ou au stage, statuaient dans un cas déterminé, où l'ordonnance de 1822 n'avait pas prévu d'appel possible ; il résultait de ce silence que l'ordonnance avait voulu conserver à l'Ordre lui-même, représenté par son Conseil, la responsabilité et l'honneur de la formation de son tableau.

La satisfaction que causa au Barreau le succès qu'il venait de remporter fut tempérée, peu de mois après, par l'échec qu'il subit lorsque revint devant l'Assemblée législative la question de la patente des avocats.

Dès le mois de mars 1849, une proposition, due à la seule initiative d'un membre de l'Assemblée constituante, avait demandé sans succès que les avocats fussent imposés ; on fit observer que la question devait être réservée pour le jour où serait révisée la loi entière sur les patentes.

En 1850, cependant, au chapitre des recettes à inscrire au budget en préparation, on introduisit un certain nombre de dispositions, parmi lesquelles figurait celle qui frappait les avocats.

Comme en 1833 et 1834, le Conseil se préoccupa de la situation et chargea une commission d'en suivre les péripéties diverses ; Paillard de Villeneuve rédigea un rapport, que l'Ordre adressa à tous les Barreaux de France et distribua aux députés. Les objections, déjà formulées contre des propositions semblables, se retrouvèrent avec la même force ; comment, disait-on, assimiler le Barreau à une industrie? comment assujettir à une taxe similaire l'avocat et l'épicier en demi-gros? Où s'arrêtera-t-on dans

cette voie? Pourquoi n'en arriverait-on pas à exiger des
inventaires et des livres? Sans doute, on objectait que les
médecins payaient patente; mais un abus doit-il en légi-
timer un autre? La patente des avocats est injuste; elle
frappe les débutants et les anciens, ceux qui ne tirent
encore aucun profit de l'exercice de la profession, et ceux
aussi qui n'en tirent plus. Certains états sont exemptés :
les marchands d'amadou, les poètes, les artistes, les écrivains; pourquoi les avocats ne continueraient-ils pas à
bénéficier du même privilège (1)?

Ces considérations avaient sans doute leur valeur, et
personne ne le méconnaissait. Mais les nécessités bud-
gétaires parlèrent plus haut que les objections les mieux
déduites, et, laissant de côté les questions de sentiment,
l'Assemblée se laissa toucher par les arguments du rapporteur de la loi de finance. « Si nous n'étions pas, disait-il,
dans des circonstances qui commandent à tous les citoyens
le dévouement et le sacrifice, si nous pouvions impuné-
ment nous permettre les libéralités qu'il nous paraît juste
et opportun d'accorder à certains patentables, peut-être ne
vous proposerions-nous pas de revenir si brusquement
sur une décision qui n'a été prise qu'après de mûres réflexions et un examen approfondi. La question de savoir
si les professions dont il s'agit doivent être assimilées aux
professions passibles de la patente n'a pas été, comme on
le suppose, résolue seulement par la politique ; avant
tout on a écouté des raisons d'équité et de justice distri-
butive, qui conservent toute leur force aujourd'hui... » Le
projet fut voté sans plus de résistance et les avocats
durent se soumettre; le Conseil se contenta de charger
une commission, composée de Marie, Desboudets et Pail-

(1) O. Pinard, l'Histoire à l'audience. p. 169.

lard de Villeneuve, d'étudier les différentes difficultés soulevées par l'application de la loi nouvelle.

Le but poursuivi fut-il atteint? C'est douteux, car le nombre moyen des avocats inscrits au tableau qui, avant 1850, était de 1050, descendit rapidement à un chiffre bien inférieur.

A quelque temps de là, quelques esprits inventifs imaginèrent de demander au Conseil la création d'une sorte de tableau supplémentaire qui comprendrait, sous le titre d'avocats honoraires, les noms de tous ceux qui, à la suite du vote de la loi sur les patentes, avaient donné leur démission. Le Conseil rejeta la demande; il considéra que l'ordonnance de 1822 ne prévoyait, en aucune mesure, l'existence d'avocats honoraires et s'opposait à l'institution, parmi les membres du Barreau, de deux catégories, qu'aucune raison n'autorisait et que la loi seule aurait pu créer.

Cette décision fut prise sous la présidence de Gaudry, élu bâtonnier quelques mois auparavant, le 6 août 1850. Il avait eu pour concurrent Liouville, sur lequel il l'avait facilement emporté au second tour de scrutin. Un nombre respectable de suffrages s'était aussi porté sur Delangle, ancien bâtonnier, qui, destitué après le 24 février, s'était fait réinscrire au tableau. Gaudry, quand il devint bâtonnier, était avocat depuis 1814; il avait tenu un rang des plus honorables parmi ses confrères, et s'était fait connaître, même au dehors, par d'assez volumineux travaux historiques et littéraires; étendant le cercle de ses connaissances et de ses recherches, il avait été jusqu'à publier une brochure sur l'« invention de l'éclairage par le gaz hydrogène carboné ».

Le nouveau bâtonnier se rendait bien compte de tout ce

qui le distinguait des grands maîtres de la barre; dans
son allocution, après avoir constaté que le choix de l'Ordre s'était généralement porté sur les confrères dont le
talent avait le plus illustré le Barreau, il ajoutait modestement : « Aujourd'hui, c'est un tribut d'honneur que vous
payez à l'ancienneté et à des sentiments d'attachement
héréditaire. »

La crise politique, dont la Révolution de février avait
donné le signal, se poursuivait au milieu des discussions
violentes de la tribune, et des intrigues mal dissimulées
d'une majorité réactionnaire; l'heure n'était donc pas
propice au développement industriel et commercial du
pays; il semblait que partout dans la marche des affaires
on ressentît les symptômes d'une paralysie menaçante, et
les prétoires de justice ne retentissaient que de procès
d'un intérêt relatif.

Un différend curieux avait pourtant éclaté, à la fin de
1849, entre les sociétaires de la Comédie-Française et la
grande Rachel; les questions les plus délicates d'interprétation du décret de Moscou y étaient soulevées. Delangle
plaidait pour la tragédienne et Marie pour ses camarades;
plus tard, une difficulté s'était élevée, à l'occasion de la
publication des lettres de Benjamin Constant à Mme Réca-
mier, qui avait mis en présence Jules Favre et Berryer;
l'un et l'autre s'étaient surpassés. Mais la foule avait
laissé s'agiter ces débats sans y prêter l'attention qu'en
d'autres temps ils auraient méritée; le Palais lui-même
semblait insouciant des choses de la justice; les esprits
étaient ailleurs.

Cependant Louis Napoléon prenait à l'Élysée une attitude qui n'aurait dû laisser aucun doute sur ses desseins

24

ultérieurs; partout, il avait placé ses créatures et ses obligés; il s'assurait chaque jour davantage du concours de l'armée; les fêtes de tout genre, où il jouait le principal rôle, voyages princiers, revues, inaugurations de lignes de chemins de fer..., habituaient le pays à le voir monter insensiblement au pouvoir personnel; il ne restera bientôt plus qu'un titre à modifier pour que la monarchie soit rétablie.

Pendant l'hiver de 1850-1851, les réceptions se succédaient, soit chez les proches du président, la princesse Mathilde particulièrement, où fréquentait Chaix d'Est-Ange, soit chez ses amis et ses fidèles; les soirées de Baroche étaient suivies et luxueuses; on n'y voyait pas arriver, comme au temps du procès des ministres de Charles X, un avocat célèbre crotté jusqu'à l'échine et dont toutes les paroles étaient des calembours (1). A un grand bal donné au Jardin d'hiver, Dupin, président de l'Assemblée, « l'homme aux trente-six faces (2), » n'avait pas quitté le prince président, qu'il accablait de témoignages d'amitié.

Une loi, votée le 22 janvier 1851, créa au Barreau de nouveaux devoirs, qu'il accepta avec empressement puisqu'il s'agissait de prêter à l'infortune son dévouement et son concours : l'Assistance judiciaire était organisée.

Longtemps avant 1810, il existait, dans la Grande salle un pilier que l'on appelait le « pilier des consultations »; c'était là que les députés des colonnes et les anciens donnaient à tous ceux qui se présentaient les avis qu'ils sollicitaient. Le décret de 1810 avait institué le Bureau des consultations gratuites, qui était bientôt devenu une véritable conférence; il tenait séance tous les mardis. Mais l'usage s'était établi peu à peu des désignations d'office

(1) Bonnet, *Souvenirs*, page 220.
(2) De Viel-Castel, *Mémoires*.

que la loi sur l'Assistance judiciaire eut pour but de réglementer; elle indiqua, en outre, en quelle forme devait se faire la nomination des officiers ministériels, dont l'intervention était indispensable à la marche de la procédure.

A cette époque, le Conseil se préoccupa des mesures régulières à prendre pour enseigner aux stagiaires les règles et les devoirs de la profession; déjà, en 1844, une commission avait été chargée d'étudier la même question, mais il ne fut pas statué sur les conclusions du rapport préparé.

Un arrêté du 6 mai 1851 organisa les réunions de colonnes, auxquelles, contrairement à ce qui se passait avant 1830, les stagiaires seuls durent désormais prendre part. A dater de ce moment, les colonnes se réunirent périodiquement sous la présidence d'un membre du Conseil, assisté d'un secrétaire de la conférence.

Le Barreau de Paris poursuivait donc ses travaux de chaque jour sans s'en laisser détourner par des préoccupations extérieures; il luttait avec énergie dans les procès de presse, qui se multipliaient sans relâche. Le Palais s'intéressa particulièrement à la poursuite intentée contre l'*Evénement*, à la suite d'un article publié par Charles Hugo contre la peine de mort. Une effroyable scène, qui s'était passée à Châlons-sur-Saône, lors de l'exécution d'un misérable se débattant pendant toute une journée contre les exécuteurs, avait servi de thème à l'article poursuivi. Devant la Cour d'assises, Victor Hugo présenta la défense de son fils, et Crémieux celle du gérant. Malgré leurs efforts, l'avocat ayant d'ailleurs plaidé avec sa verve accoutumée presque indistinctement pour les deux prévenus, Charles Hugo fut condamné à six mois de prison et le gérant bénéficia d'un verdict d'acquittement. On ra-

conte que le fils du poète manifesta quelque regret d'une
intervention, au demeurant plus chaleureuse que profitable.

Au mois d'août 1851, Gaudry avait été réélu bâtonnier ;
le 30 novembre, il présidait à la reprise des conférences,
où il traitait un sujet paisible entre tous : l'institution
même de la Conférence des avocats, lorsqu'éclatèrent les
plus graves événements.

Depuis longtemps les troubles politiques annonçaient à
qui savait prévoir une catastrophe prochaine ; le matin
du 2 décembre, une révolution nouvelle était accomplie.
Venant d'en haut, c'était un coup d'Etat ; ceux qui l'avaient
longuement préparé et qui l'exécutaient sans pudeur se
donnèrent comme les sauveurs de la société ; ceux qui op-
posèrent à la violation de la loi une courageuse résistance
devinrent les criminels et les suspects.

La salle des séances de l'Assemblée étant occupée militairement, et le président Dupin s'étant laissé tranquille-
ment confisquer, un nombreux groupe de représentants se
réunit à la mairie du Xe arrondissement, alors située rue
de Grenelle-St-Germain ; Benoist d'Azy et Vitet présidè-
rent. Dès le début, Berryer propose un décret qui, voté par
acclamation, « déclare Louis-Napoléon Bonaparte déchu
de la présidence de la République, et décide que le pouvoir
exécutif passe de plein droit à l'Assemblée nationale ».

La réunion est bruyante, les motions s'entrecroisent
et se contredisent ; Dufaure intervient, il exhorte au calme:
« Messieurs, dit-il de sa voix pénétrante, nous sommes
maintenant les seuls défenseurs de la Constitution, du
droit, de la République, du pays ; ne nous manquons pas
à nous-mêmes, et, s'il faut succomber devant la force
brutale, l'histoire nous tiendra compte de ce que, jusqu'au

dernier moment, nous avons résisté par tous les moyens qui étaient en notre pouvoir. » (*Bravos et applaudissements.*)

Berryer, intervenant avec une rare vigueur dans la discussion, fait adopter un nouveau décret qui ordonne à tous les directeurs de maisons de force ou d'arrêt de délivrer, sous peine de forfaiture, les représentants arrêtés.

Mais la troupe se présente, et la confusion est grande dans la salle; en vain Berryer, paraissant à la fenêtre, harangue-t-il la foule en lui donnant connaissance des résolutions prises, en vain Benoist d'Azy et Vitet font-ils les plus courageux efforts, il faut céder à la force, et les représentants, encadrés entre deux haies de soldats, sont conduits jusqu'à la caserne du quai d'Orsay.

Deux cent vingt députés répondent à l'appel nominal, auquel il est procédé dans la cour même de la caserne; outre Berryer, le Barreau de Paris était représenté par Odilon Barrot, Grévy, Paillet, de Vatimesnil, Colfavru etc... Dufaure appartenait encore au Barreau de Bordeaux.

Quelques instants après, un citoyen se présente et demande à partager le sort de ses collègues; à l'officier qui hésite, le professeur Valette réplique : « J'ai deux titres pour être arrêté; je suis représentant du peuple, et j'enseigne le droit. »

Crémieux avait été appréhendé à son domicile et conduit à la Préfecture de police.

Pendant que ces événements se passaient à la mairie de la rue de Grenelle, une réunion des députés de la gauche se constituait en comité de résistance et tentait de faire apposer des placards déclarant que Louis Napoléon était un traître, qu'il s'était lui-même mis hors la loi, et se terminant par un appel aux armes. Au bas de cette affiche figuraient les signatures de Michel de Bourges, Jules Favre, Emmanuel Arago, Madier de Montjau, auprès de celles de Schœlcher, Victor Hugo, Eugène Suë, etc...

Pendant quelques jours, au Palais, les audiences ne s'ouvrirent que pour la forme ; on procédait à un rapide appel des causes, et chacun se retirait ; la gendarmerie mobile bivouaquait au milieu de la salle des Pas-Perdus.

Dans la rue, la lutte était inégale : d'un côté, l'armée, conduite par des chefs résolus à tout et ne reculant devant rien ; de l'autre, une population indignée mais impuissante, terrifiée d'ailleurs par les fusillades des boulevards... le coup d'État triomphait.

Encore un peu de temps, la dernière barricade sera détruite, les tentatives de résistance dans plusieurs départements seront écrasées, les commissions mixtes, simulacre impie de cette chose sacrée qu'on appelle la justice, commenceront leur œuvre... puis, la tribune étant renversée, la presse bâillonnée, la liberté perdue, le silence se fera — celui dont parle Tacite : *ubi solitudinem faciunt, pacem appellant.*

En vertu des pouvoirs dictatoriaux qu'il s'était octroyés à lui-même, Louis Napoléon légiféra sur une quantité de matières ; un décret-loi du 22 mars 1852 apporta de sérieuses modifications à l'ordonnance de 1822 et à celle de 1830, en ce qui concernait le mode d'élection des membres du Conseil de discipline et du bâtonnier de l'Ordre des avocats. Avant que le décret ne parût, le bruit s'était répandu que les mesures projetées rappelleraient le régime établi, en 1810, par le premier empire ; l'Ordre notamment serait privé de toute participation à l'élection de ses chefs.

Mais Delangle, devenu procureur général à la Cour de Paris, et Baroche, qui était vice-président d'une commission consultative instituée par Napoléon, n'oublièrent pas complètement qu'ils avaient eu l'honneur d'être bâtonniers; ils intervinrent : « Je travaille pour le Barreau, avait dit Delangle; on me reprochera de travailler contre. On voulait lui enlever ses élections; sans Troplong, Baroche et moi, la chose était faite, et l'on en revenait au régime impérial. »

Dans son article premier, le décret du 22 mars prescrivait que l'élection du Conseil se ferait au scrutin de liste, et à la majorité absolue des votants ; jusque-là, la majorité relative suffisait, même dès le premier tour.

Le droit d'élire le bâtonnier était enlevé à l'assemblée générale de l'Ordre et attribué au Conseil, qui ne pouvait choisir que l'un de ses membres.

Pour être élu membre du Conseil, à Paris, l'avocat devait compter dix années d'inscription au tableau. Cette mesure restrictive visait, disait-on, certaines personnalités, que la politique avait rendues au Barreau, Senard, inscrit depuis son échec à la Législative, Dufaure, qui manifestait l'intention de se fixer définitivement à Paris.

Aux pénalités prévues par l'ordonnance de 1822, le décret de mars ajoutait la privation du droit de faire partie du Conseil, qui pouvait être prononcée accessoirement à l'une des peines déjà édictées.

L'art. 5 du décret prescrivait que les secrétaires de la conférence des avocats à Paris seraient désignés par le Conseil sur la présentation du bâtonnier ; c'était consacrer légalement une institution que l'usage avait créée et toujours respectée. Depuis 1830, et sur l'initiative de Mauguin, les secrétaires étaient élus au suffrage universel de tous les membres de l'Ordre. Les pouvoirs exercés dans ce cas par l'assemblée générale allaient appartenir désormais au Conseil seul.

Le Barreau perdait ainsi quelques-unes des prérogatives qu'il avait le plus ardemment réclamées en d'autres temps; mais, dans le mouvement de réaction dont le coup d'État avait été le signal, il pouvait craindre d'être frappé plus durement encore ; il se félicita presque de conserver le droit de vivre.

Il ne suffisait pas à Louis Napoléon d'avoir balayé la représentation nationale; quelques semaines plus tard, un acte arbitraire de son Gouvernement souleva une protestation telle que Dupin lui-même parut se fâcher et donna sa démission des fonctions de procureur général à la Cour de cassation, où il fut remplacé par Delangle : un décret du 22 janvier 1852 avait prononcé la confiscation, au profit de l'État, des biens meubles et immeubles compris dans une donation faite le 7 août 1830 par Louis Philippe à ses fils, et, le 27 mars 1852, un second décret ordonnait la vente des domaines de Neuilly et de Monceaux; le 12 avril suivant, l'Administration s'en emparait par la force.

Les princes d'Orléans choisirent Berryer, Paillet, Dufaure, Odilon Barrot et de Vatimesnil pour les assister dans la revendication qu'ils allaient adresser à la justice. Une consultation fut rédigée, et Le Berquier publia un travail fort complet et savamment déduit, qui démontrait, à l'aide de textes patiemment recherchés, la légitimité de la résistance des princes dépouillés.

Une assignation ayant été lancée contre l'Administration des Domaines, l'affaire fut indiquée pour l'audience du 16 avril. Ce jour-là, l'Administration ne se présenta pas; Berryer et Paillet, présents à la barre, demandèrent défaut contre le Domaine; mais, à cette demande, le ministère public répondit sur-le-champ par des conclusions

tendant à faire prononcer l'incompétence du Tribunal
civil. Ces conclusions déposées, le débat était renvoyé à
huitaine pour les plaidoiries.

Le 23 avril, la foule était immense, au point que de
Belleyme, qui présidait l'audience, dut faire ouvrir les
portes de la chambre du Conseil et autoriser les avocats à
y pénétrer; aux bancs réservés avaient pris place Dupin,
Dufaure et des notabilités du parti orléaniste, telles que
Cuvillier-Fleury et Estancelin; Odilon Barrot et de Vatimesnil étaient assis à côté de Paillet et Berryer, chargés
de porter la parole au nom des conseils des princes.

Paillet plaida le premier; sa discussion, pleine d'arguments et de vigueur, souleva à diverses reprises des mouvements approbatifs que le président ne put réprimer
qu'en menaçant de faire comparaître devant le tribunal
quiconque manifesterait.

Faisant allusion au mémoire publié par Le Berquier,
Paillet s'exprima en ces termes : « Un de nos jeunes
avocats, qui n'était pas dans la cause, mais qui s'est inspiré dans cette occasion de son amour de la vérité et du
droit, M° Le Berquier — grâces lui en soient publiquement rendues — s'est livré à des recherches qui ont produit les résultats les plus merveilleux et les plus édifiants.
Il a puisé dans les archives officielles, que nous n'avions
pas encore explorées, et il a trouvé, pour notre cause, un
nouvel et puissant auxiliaire, un jurisconsulte profond
qui n'a jamais figuré sur notre tableau, mais qui figurera
longtemps dans les fastes du monde : c'est tout simplement maître Napoléon... »

Le ministère public développa ses conclusions tendant à
l'incompétence, et, à peine avait-il terminé, que Berryer
se lève pour répliquer.

Avec quelle force d'argumentation il discute ; avec

quelle grandeur, pleine d'éloquence et d'émotion, il réclame des juges. « J'ai été quarante ans, s'écrie-t-il,
élevé à l'école des magistrats ; j'ai défendu les lois de mon
pays sans acception de personnes, sans haine pour les
hommes, avec les ressources de mon intelligence, et avec
l'énergie de mon âme, avec l'impartialité, avec l'amour
de la vérité et de la justice; j'ai toujours défendu le droit;
je le défendrai toujours envers et contre tous... »

Et, s'élevant aux plus nobles accents de l'éloquence ré-
voltée d'une iniquité, il lance cette adjuration :

« Donnez-nous des juges ; *forum et jus !...*

« Comment! vous n'accorderez pas des juges pour savoir
si l'effet des contrats de mariage a été tel que la possession,
en vertu de ces contrats, ne soit pas incontestable, que
les mineurs qui ont des droits, en vertu de ces contrats,
n'ont pas pu les perdre; que les pères, qui ont la jouissance
pendant la minorité de leurs enfants, doivent être maintenus
en possession, en vertu d'actes aussi sacrés, aussi solennels, aussi inébranlables ! Vous viendrez dire que ce sont
là des questions pour lesquelles on ne trouvera pas en
France un tribunal et des juges ! *Forum et jus !* Donnez-
les à tous les princes de la famille d'Orléans, qui disent que
la propriété leur est acquise. *Forum et jus !* ne les refusez
pas au roi de Belgique qui a son contrat de mariage; ne les
refusez pas au duc de Wurtemberg, qui a son contrat de
mariage ; ne les refusez pas aux mineurs qui ont hérité des
droits de leur mère; *forum et jus !* »

A cette même audience, le tribunal rendit un jugement
très nettement motivé, qui établissait la compétence de la
juridiction civile, retenait la cause, et condamnait le préfet
de la Seine, représentant le Gouvernement, aux dépens de
l'incident.

L'Administration avait perdu son procès ; mais un arrêté

de conflit était pris quelques jours plus tard, et l'affaire portée devant le Conseil d'État jugeant comme tribunal des conflits. De louables efforts furent encore tentés en faveur de la famille d'Orléans; Mathieu Bodet et Paul Fabre rédigèrent un substantiel mémoire, que celui-ci développa vaillamment; faut-il ajouter que, devant ce tribunal spécial, présidé par Baroche lui-même, et composé des familiers de l'Élysée, auteurs ou complices du coup d'État, les princes succombèrent? On était « sorti de la légalité pour rentrer dans le droit », mais « le droit, » cela ne voulait pas dire, en ce temps-là, la justice pour tous.

Pendant que tout se taisait au dehors, la salle des Pas-Perdus se repeuplait; on y voyait rentrer, les unes après les autres, les avocats que la politique avait détournés du Palais, et qui venaient sans bruit y reprendre leur vieille robe; et quels avocats! Marie, Bethmont, Jules Favre, Crémieux, que le Barreau de Paris avait prêtés aux plus hautes charges de l'État et qu'il était fier de ressaisir; Berryer, le champion fidèle d'une restauration sans espoir, mais le défenseur constant des lois et de la liberté; déjà Senard semblait oublier, dans la rude besogne d'un cabinet qu'assiégeaient les clients, qu'un jour il « avait bien mérité de la patrie », et Dufaure, quittant le Barreau de Bordeaux, présentait modestement son certificat de stage; « Pourquoi pas aussi de bonne vie et mœurs, lui écrivait Paillet ? »

Tous, d'opinions diverses, opposées même, conservant dans le for intérieur de leur conscience, le regret des choses disparues et l'espérance d'un avenir meilleur, se rencontraient dans ce lieu d'asile — où tous les vaincus ont leur place, et que les vainqueurs eux-mêmes ne désertent pas sans tristesse.

Le 10 août 1852, le Conseil de l'Ordre, usant pour la première fois des pouvoirs nouveaux que lui avait conférés le décret de mars, appelait Berryer au bâtonnat.

Quelques mois après, l'Empire était rétabli.

CHAPITRE XI

SECOND EMPIRE. — 1852-1860.

Le 21 novembre 1852, le sénatus-consulte rétablissant l'Empire était ratifié par plus de huit millions de suffrages.

Au Palais, on attendait avec quelque curiosité la reprise des conférences et le discours de Berryer; le grand orateur ferait-il, dans le seul endroit de France où l'on pût parler encore, une allusion quelconque aux événements des douze mois écoulés? il préféra oublier, pour un instant, les tristesses de la politique et ne songer qu'à ses jeunes confrères, qu'il entretint de sujets professionnels. « Je n'ai plus, dit-il seulement, à partager ma vie entre les devoirs de l'avocat et ceux de député; la tribune est devenue muette, mais le sanctuaire de la justice reste inviolable. »

Le *Moniteur*, dans son numéro du 31 décembre 1852, imprimait que le Conseil de l'Ordre serait reçu aux Tuileries le 1er janvier 1853 à une heure et demie; une lettre d'invitation officielle lui parvint; mais, fidèle à ses traditions, le Conseil décida, dans une séance spéciale, qu'il ne répondrait pas à la convocation. Déjà, dans des circonstances analogues, cérémonies publiques, *Te Deum*, etc.... il avait été pris des arrêtés dans le même sens, « l'Ordre n'ayant pas de caractère politique, et les avocats ne rentrant pas dans la catégorie des corps constitués (1) ».

Le *Moniteur* n'en annonça pas moins, le 2 janvier 1853, la visite du Conseil. Berryer s'empressa de rectifier : « L'Ordre des avocats, écrivit-il, n'est ni un corps de fonctionnaires publics, ni une compagnie d'officiers ministériels. Le Conseil de l'Ordre ne s'est pas présenté, le 1er janvier, aux réceptions officielles, où il ne devait être appelé à aucun titre, et où aucun rang ne pouvait lui être assigné. »

Peu après, dans le courant de l'année, à Montpellier, s'éteignait, obscur et abandonné, un grand avocat, qui n'avait pas appartenu au Barreau de Paris, mais qui, en raison des apparitions fréquentes qu'il y faisait après 1830, y avait laissé de vivants souvenirs — Michel de Bourges.

Après le procès des accusés d'avril et quelques affaires de presse, Michel était rentré dans sa ville natale, calmé, découragé, et résolu, à la suite des déceptions qu'il éprouvait, à se désintéresser de la politique, au moins pour un temps.

Il reparut toutefois à la Chambre, plus tard, comme député de Niort, mais pour n'y jouer qu'un rôle des plus

---

(1) Cresson, *Profession d'avocat*, t. II, p. 284.

effacés. A la Législative, il siégea sur les bancs de l'opposition la plus avancée sans y exercer aucune influence ; ses rares interventions étaient à peine remarquées.

Le coup d'Etat triomphant sembla mépriser le lion devenu vieux ; il ne lui fit même pas l'honneur de le proscrire, et le rendit à sa solitude de province ; il n'avait plus qu'à y mourir.

Plus tristement encore que Michel de Bourges, plus épuisé que lui, l'ancien bâtonnier Mauguin mourait à Saumur, le 4 juin 1854. En 1830, il avait tenu le premier rang au Barreau de Paris ; mais la fatalité, qui s'était attachée à sa personne depuis son entrée dans la vie politique, ne l'avait plus quitté ; les embarras d'argent l'épuisèrent ; il finit misérablement.

Cependant, le Palais avait repris son animation accoutumée ; on y pouvait remarquer toutefois à côté des grandes discussions, bien préparées et bien conduites par les maîtres de la barre, une certaine négligence des affaires de minime intérêt.

Le bâtonnier s'était ému de cet état de choses, et, se faisant l'interprète de ses confrères, vieillis comme lui dans des sentiments de respect pour la justice et de dévouement au client, il s'en ouvrit aux avocats du stage lorsqu'il leur adressa ses paroles d'adieu. « Évitez, leur conseillait-il, une tendance qui n'existait pas autrefois, mais que je vois se développer. Aujourd'hui on tend à plaider sommairement presque toutes les affaires, on plaide presque toujours comme en référé. Il faut, dans les causes les plus simples, maintenir la dignité de la robe, et vous vous ferez respecter du magistrat et du public. Il ne faut pas donner aux tribunaux des explications sans suite et sans ordre ; ce n'est pas de la plaidoirie. La moindre affaire demande à être étudiée et plaidée avec soin et méthode. »

Le grand orateur, qui se préoccupait ainsi du bon renom et des traditions précieuses de la profession à laquelle, à travers toutes les tempêtes, il était obstinément demeuré fidèle, avait été élu, le 12 février 1852, membre de l'Académie française, en remplacement de M. de Saint-Priest. Berryer se récriait sur l'honneur qu'on lui faisait, à lui, qui, disait-il, « ne savait ni lire ni écrire ».

De longue date cependant des avocats avaient siégé dans la compagnie des « Immortels » (1). Leurs études et leurs travaux, qui ne vont pas sans quelque commerce légitime avec les belles-lettres, l'usage de la parole, où certains excellent d'autant mieux qu'ils ont assoupli l'expression de leur pensée par le maniement de la plume, tout impose l'union des distractions littéraires et de la profession d'avocat. « Comme toutes les institutions qui ont derrière elles un long passé, notre vieux Barreau vit sur un fonds de traditions et d'illusions qui sont comme la légende dorée de son antique histoire. Son alliance avec les lettres est une de ses croyances les plus chères. Malgré bien des mécomptes, à travers bien des querelles de famille, il tient à cette parenté séculaire qui le relève et l'ennoblit (2). »

Sans doute, des manifestations, vraiment dignes des lettres, ne se peuvent produire chaque jour, à la barre; « les grands procès, les beaux procès sont rares; et ainsi ce qui empêche l'éloquence du Barreau d'être habituellement littéraire, c'est le sentiment même qu'elle a de ses devoirs (3). » C'est cependant, presque toujours, unique-

---

(1) Ern. Bourdillon, *Le Barreau et l'Académie.*
(2) Edm. Rousse, *Notice sur Charles Sapey.*
(3) Brunetière, *Disc. de réception à l'Académie française.*

ment dans les discours et plaidoyers, prononcés par eux que l'Académie a trouvé les titres véritables des avocats qu'elle a appelés dans son sein.

Berryer prit séance le 22 février 1855; cette solennité, que les événements avaient retardée pendant plus de trois ans, amena sous la coupole une brillante assemblée, dont la curiosité impatiente était singulièrement éveillée. Le discours du récipiendaire fut chaleureusement accueilli.

Berryer, au début, rappelle et s'approprie ces mots de Patru à l'Académie : « Je vous remercie, Messieurs, du profit que j'ai tiré de vos enseignements et de vos exemples... Que si tout me manque d'ailleurs, vous ne pouviez pour le moins jeter les yeux sur une personne qui eût, ou plus d'amour des lettres ou plus de respect et de reconnaissance pour cette illustre compagnie. »

« J'ignore, continue-t-il, comment, en un jour de bataille, sous une attaque imprévue, au fort d'un vif engagement et devant son drapeau, un homme de guerre peut être inspiré par le souvenir des hauts faits des grands capitaines, ou par les savants écrits des hommes éprouvés dans l'art des sièges et des combats. Mais, au sein des assemblées politiques, quand une nation, en possession de ses droits, travaille à garantir ses destinées par le développement de son génie et de sa puissance, de ses besoins et de ses richesses, ou lorsque, durant les jours où s'ébranlent et succombent les pouvoirs qui l'avaient constituée, agrandie, honorée, elle cherche, inquiète, les sécurités de son avenir dans cette mêlée impétueuse des passions, des partis, des intelligences, des intérêts, je sais combien les méditations et les travaux des écrivains contemporains, historiens, publicistes, philosophes et poètes, prêtent soudainement à l'orateur, ainsi qu'on l'appelle, de fécondes pensées et de puissantes paroles. »

25

On guettait pour les applaudir au passage les allusions que l'orateur ne pouvait éviter, et l'on acclama vigoureusement ce rapide coup d'œil jeté par Berryer sur un passé qu'il avait vécu : « Quand se lève le premier jour du siècle où nous sommes, il n'éclaire que les ruines immenses de la religion, de la monarchie, de toutes traditions, de toutes croyances, des droits même de la propriété et de la famille. Pour instituer une société nouvelle, pour aviver un nouvel esprit national, après avoir subi l'essai de l'athéisme et de la terreur, l'abus de la liberté et de la gloire, cette nation, comme fatiguée de son impuissance, jette ses enfants, sa fortune, son avenir aux pieds d'un guerrier victorieux qui, enivré de ses succès, emporté qu'il était par le génie des batailles, remue le monde et veut le subjuguer, et ne laisse après lui qu'un fatal exemple de despotisme, et le souvenir dangereux de ses conquêtes perdues. »

M. de Salvandy, ancien ministre de l'Instruction publique, répondit à Berryer ; il fit une peinture des plus flatteuses du Barreau, « cette libre profession qui ne fait pas de victimes, et qui les défend ».

Le nouvel académicien s'était excusé de son « dénûment ».

« Qu'appelez-vous votre dénûment, lui répliqua le directeur de l'Académie ? Depuis quarante ans vous avez été toujours mêlé aux affaires publiques, et quand, au milieu de cette solennité, votre pays vous contemple, seul peut-être dans cette enceinte — Berryer n'était pas même chevalier de la Légion d'honneur — vous ne portez d'autre distinction, d'autre marque de vos travaux que la palme académique qui vous vient de nous, et le rayon qui vient de Dieu. »

La harangue de Berryer excita la colère du monde officiel ; « il a prononcé un discours rempli de phrases et d'allusions hostiles, et a été fort applaudi par toutes les vieilles femmes politiques du faubourg Saint-Germain, réunies aux femmes doctrinaires. Dites, après cela, que les partis ne se rapprochent pas! La princesse Mathilde était furieuse ; elle traitait Berryer de jésuite et de lâche (1). »

Le jour de sa réception à l'Académie, et depuis quelques mois déjà, Berryer n'était plus bâtonnier.

En août 1854, le Conseil avait été nommé, non sans quelque difficulté, le décret de 1852 exigeant à tous les scrutins la majorité absolue : Léon Duval avait lutté contre Crémieux, qu'il finit par battre. Le premier vote du Conseil nouveau appela Bethmont au bâtonnat.

Si la politique ne s'en était mêlée, Bethmont eût été depuis longtemps mis à la tête de l'Ordre ; son talent, ses succès, sa personne et sa vie, tout lui promettait l'honneur qui lui était enfin conféré.

En mars 1855, un ancien procureur général à la Cour de Paris, celui qui avait occupé le siège du ministère public lors du dernier conflit, le plus grave de tous, entre Séguier et les avocats, un ancien Garde des sceaux de la monarchie de Juillet, Hébert, demanda son inscription au tableau. Il était digne, par son passé et l'emploi qu'il avait tenu au Barreau de Rouen, des adversaires contre lesquels il venait se mesurer ; sur ce nouveau théâtre, il allait rencontrer particulièrement son confrère de Normandie, Senard, qui se prodiguait alors dans des affaires de toute nature, procès financiers, industriels, commerciaux, où se débattaient les intérêts les plus gra-

ves. Ce fut « un beau spectacle de les voir aux prises : tous
deux animés d'une ténacité égale, d'une égale volonté de
vaincre, Hébert, plus froid en apparence, mais accumu-
lant en énergie tout ce que Senard prodiguait en expan-
sion, on pourrait dire en explosion; l'un, ne donnant
rien, ou presque rien, à l'agrément, aux ornements du discours, suivant une rigoureuse et aride logique, arrivant
méthodiquement des prémisses à la conclusion, serrant un
raisonnement, comme un consciencieux ouvrier serre un
écrou; l'autre, souple, varié, chaleureux, spirituel, rail-
leur, tantôt insinuant, tantôt impétueux, passant des into-
nations caressantes aux éclats foudroyants de l'éloquence;
tous deux rompus à toutes les habiletés, initiés à tous les
mystères de la procédure normande, ne se pressant jamais, se répétant impitoyablement, jusqu'à ce qu'ils fussent sûrs d'avoir été compris des intelligences les plus
rebelles, écoutés des oreilles les plus inattentives; considérant enfin le juge, je ne dirai pas comme une victime, dont il leur était permis de marteler, en quelque
sorte, le cerveau, pour y enfoncer une empreinte durable,
mais comme un oracle qu'il ne fallait pas craindre de vio-
lenter pour le faire parler (1) ».

L'opinion, à cette époque, s'émut d'un lamentable
procès : l'institutrice Célestine Doudet, poursuivie pour
avoir exercé sur les jeunes filles confiées à sa garde des
traitements odieux, avait bénéficié en Cour d'assises d'un
acquittement complet; mais, retenue devant le tribunal
de police correctionnelle, elle s'y entendit condamner à
deux années de prison, après plusieurs audiences très
animées et des plaidoiries ardentes.

Chaix d'Est-Ange avait représenté le père des victimes,

(1) Duvier. *Disc. du bâtonnat*, 1887.

partie civile dans l'affaire; Berryer, Nogent-Saint-Laurens et Henri Celliez défendaient la prévenue. Sur appel, la Cour, sensible, ce jour-là, aux rumeurs du dehors, porta la peine à cinq années d'emprisonnement.

Peu de jours après, la Cour d'assises condamnait à mort un certain Pianori, coupable d'avoir dirigé deux coups de pistolet sur Napoléon III, au moment où il sortait des Tuileries; l'accusé avait été faiblement défendu par Benoist-Champy, qui, au dernier moment, s'était présenté à la place de Paillet, désigné d'office. Paillet était souffrant depuis quelque temps, mais rien ne faisait prévoir l'émouvante catastrophe que réservait la rentrée de novembre.

Le grand avocat était revenu de vacances plus visiblement frappé; les progrès du mal avaient éveillé l'attention inquiète de ses amis, qui insistaient pour qu'il prît quelque repos. « Non, répondait-il simplement, je mourrai à mon poste; ma robe sera mon linceul. » Il ne croyait pas si bien prédire. Le vendredi 16 novembre, il se présente à l'audience de la première chambre du tribunal, présidée par de Belleyme; il commence une réplique à son adversaire, Henri Celliez; sa parole, d'habitude si nette et si sûre d'elle-même, est hésitante; il semble que la poursuite d'une pensée et la recherche de l'expression, si familière à son esprit lucide, lui soient, ce jour-là, singulièrement pénibles; il a hâte d'en finir; mais à peine a-t-il prononcé les derniers mots qu'il tombe sur son banc; ses yeux se ferment; Paillet ne se réveillera pas.

Transporté dans la petite salle de la *Parlotte*, il y est l'objet des soins les plus empressés; tous les efforts sont impuissants; quelques heures après, il rendait chez lui le dernier soupir; le lendemain, il devait célébrer, au milieu des siens, son cinquante-neuvième anniversaire.

La stupeur, au Palais, fut très vive; le deuil était général; la Magistrature s'associa à la douleur du Barreau. Le jour des obsèques, la Cour ne siégea pas; elle s'était transportée derrière le cercueil, qu'accompagnait une foule immense, où se pressaient à pied, avec les avocats, les maîtres de la tribune et de la presse, les illustrations scientifiques, littéraires, commerciales, les pauvres... tout ce que Paillet avait aimé, cultivé, protégé (1).

Paillet était passionnément attaché à la profession qu'il a illustrée. On lui demandait un jour quelles qualités un avocat devait réunir pour être complet; il hésita à répondre, puis, avec un intraduisible sourire : « Donnez à un homme toutes les qualités de l'esprit, répondit-il; donnez-lui toutes celles du caractère, faites qu'il ait tout vu, tout appris et tout retenu, qu'il ait travaillé sans relâche, pendant trente ans de sa vie, qu'il soit tout à la fois un littérateur, un critique, un moraliste, qu'il ait l'expérience d'un vieillard, l'ardeur d'un jeune homme, la mémoire infaillible d'un enfant; faites enfin que toutes les fées soient venues successivement s'asseoir à son berceau et l'aient doué de toutes les facultés, — et peut-être avec tout cela parviendrez-vous à former un avocat complet (2). »

Sur la tombe qui venait de s'ouvrir si brusquement, Marie lut, avec une émotion qu'il fit partager à la foule, le discours de Bethmont; le bâtonnier de l'Ordre, très souffrant lui-même, n'avait pu accompagner au-delà de l'église l'imposant cortège.

Par un dernier hommage à la mémoire de Paillet, le Barreau désigna son gendre pour le remplacer au Conseil.

Quand les Chambres politiques sont muettes, l'avocat

(1) J. Larnac, Éloge de M. Paillet.
(2) Maurice Joly, Le Barreau de Paris, xxvii.

ne s'y sent pas attiré; au Corps législatif de l'Empire, on
votait sans parler, aux ordres des ministres; des débats
inutiles, qui s'y déroulaient, à peine quelque compte-rendu,
très sommaire et très officiel, était-il publié par les journaux, sans appréciation ni commentaire ; aussi le Barreau ne sortait-il plus guère du Palais, où il trouvait
d'importants emplois.

C'était, en février 1856, l'affaire des « Docks Napoléon ».
Un certain nombre de personnages étaient poursuivis par
le Parquet, qui leur imputait de graves abus de confiance
au préjudice des actionnaires de l'entreprise. Parmi les
prévenus, s'étaient assis un familier des Tuileries, condamné jadis pour participation à l'attentat de Boulogne, et
un jeune homme, porteur d'un nom sur lequel la gloire de
son père jetait à ce moment même une illustration peu
commune, Arthur Berryer. Les longues audiences où se
discuta le procès mirent en lumière quelques-unes des
manœuvres et des ruses financières, dont cette époque n'a
pas conservé le triste monopole. Dufaure, Nogent-Saint-
Laurens, Grévy plaidèrent avec vigueur; Marie défendait
Arthur Berryer; il dut faire sur lui-même un violent effort
pour conserver la libre possession de ses hautes facultés
à une heure où la moindre défaillance pouvait devenir
périlleuse. Il trouva, dans sa vieille et fidèle amitié pour
son grand confrère des ressources de dialectique qui con-
solidèrent singulièrement sa discussion. Il avait tout
examiné, tout réfuté, tout dit, il allait finir :

« Maintenant que la cause est dégagée de tous les faits
qui pouvaient la rendre douteuse, s'écria-t-il, je puis donc
invoquer le grand nom, devant lequel tout le monde s'incline, et qui est l'honneur et l'exemple du Barreau. Si je
l'invoque, ce nom, ce n'est pas dans la pensée qu'il pèsera
sur vos délibérations; personne ne peut commander à

votre indépendance, et Berryer lui-même ne le voudrait
pas ; je l'invoque, pour qu'il abrite, sous ses cinquante
années de gloire, pure et honorée, cette jeune existence
qui, après avoir reçu les enseignements paternels, n'a
pas, j'en suis sûr, débuté par des spéculations honteuses.
Ah ! l'instruction était dominée par un instinct généreux
lorsqu'elle reculait devant la pensée que l'homme que je
défends eût pu démentir son origine. Je ne crois pas à cette
décadence rapide de la noblesse la plus haute de toutes,
celle du génie, du travail et du cœur.

« Berryer a parlé trop haut dans le monde, et sa parole
a été trop féconde pour qu'elle n'ait pas résonné aussi au
cœur des siens. Il serait bien désespérant de prouver que
la famille, la plus belle des créations de Dieu, fût privée
de la plus précieuse des hérédités, l'hérédité morale. Ah !
je crois qu'il n'en est pas ainsi, et cette croyance je la
bénis, je la chéris ! c'est elle qui m'a fait pressentir tout
d'abord l'innocence d'Arthur Berryer ; c'est elle qui m'a
encouragé dans les veilles, qui, hier, faisaient trembler ma
voix ; c'est elle qui, au moment suprême, a soutenu mes
efforts plus d'une fois trahis. Dans cette conviction, j'ai
puisé une espérance qui va bientôt devenir une réalité
judiciaire. Votre décision que j'attends calmera des douleurs et tarira des larmes que vous pouvez deviner, mais
dont seul j'ai été le témoin. »

Ces touchants efforts de la défense restèrent d'abord
impuissants ; le tribunal prononça de sévères condamnations ; l'ancien complice de l'Empereur lui-même n'y put
échapper. Sur appel, toutefois, Arthur Berryer fut renvoyé
de la poursuite.

Le procès Pescatore vint ensuite ; le tribunal avait à
juger et à préciser les effets d'un mariage religieux célébré
à l'étranger ; Dufaure et Chaix d'Est-Ange se rencon-

trèrent à la barre, où Senard intervint au nom de la ville de Luxembourg, intéressée à l'affaire.

De part et d'autre, on produisit des consultations signées des plus grands noms de jurisconsultes et d'avocats; c'étaient Odilon Barrot, Bethmont, Marie, Demolombe et Rugnet, auxquels répondirent Valette, Demante, Machelard et de Valroger.

Senard ne se contentait pas d'être l'avocat accompli qui s'assimilait avec une merveilleuse facilité les problèmes les plus divers et les plus techniques, et, par la puissance de sa discussion en faisait entrer, presque de force tous les aspects dans l'esprit du juge; vienne une affaire d'ordre plus délicat et plus élevé, l'ancien président de la Constituante se surpassera.

Une revue, mal notée en haut lieu, la *Revue de Paris*, avait publié, vers la fin de 1856, un roman de Gustave Flaubert, *Madame Bovary*. L'œuvre fit grand tapage; les raffinés de lettres applaudirent à la forme pure de l'ouvrage; les psychologues se complurent à l'analyse délicate d'un cœur perverti et à l'histoire bien déduite d'une femme mal élevée, dont la chute était fatale; mais la pudeur officielle s'en prit à quelques épisodes, et le beau monde se boucha les yeux — après avoir lu. Le Gouvernement supprima administrativement la *Revue de Paris*, et Flaubert fut cité à comparaître devant le tribunal de police correctionnelle, pour outrage à la religion et à la morale.

Il s'y présenta le 31 janvier 1857, assisté de Senard. Le ministère public s'indignait de la « couleur lascive » du roman; il déplorait le récit de certains tours de valse trop bien décrits: « Je sais bien, disait l'avocat impérial, qu'on valse un peu de cette manière, mais cela n'en est pas plus

moral! » Il relevait surtout quatre scènes d'adultère ou
d'empoisonnement, qui lui paraissaient les plus condam-
nables du monde. Sans doute, le vice à la fin était puni;
mais dans les détails de l'œuvre, « Messaline avait raison
contre Juvénal! »

Senard répondit : l'ouvrage poursuivi est le premier
livre de son client; c'est le fruit de longues études, de
longues méditations, et l'on ne doit pas, avec quinze ou
vingt lignes, mordues çà et là, présenter l'auteur comme
un faiseur de tableaux lascifs. Esquissant à grands traits le
fond du roman : « M. Flaubert, dit-il, a voulu peindre la
femme qui, au lieu de chercher à s'arranger dans la condition qui lui est donnée, avec sa situation, avec sa naissance,
au lieu de chercher à se faire la vie qui lui appartient,
reste préoccupée de mille aspirations étrangères, puisées
dans une éducation trop élevée pour elle; qui, au lieu de
s'accommoder des devoirs de sa position, d'être la femme
tranquille du médecin de campagne avec lequel elle passe
ses jours, au lieu de chercher le bonheur dans sa maison,
dans son union, le cherche dans d'interminables rêvasse-
ries, et puis, qui, bientôt rencontrant sur sa route un jeune
homme qui coquette avec elle, joue avec lui le même jeu
(mon Dieu! ils sont inexpérimentés l'un et l'autre), s'excite
en quelque sorte par degrés, s'effraie quand, recourant à
la religion de ses premières années, elle n'y trouve pas
une force suffisante....

« Cependant l'ignorance du jeune homme et sa propre
ignorance la préservent d'un premier danger. Mais elle
est bientôt rencontrée par un homme comme il y en a
tant, comme il y en a trop dans ce monde, qui se saisit
d'elle, pauvre femme déjà déviée et l'entraîne. Voilà ce
qui est capital, ce qu'il fallait voir, ce qu'est le livre lui-
même ! »

L'avocat insiste sur l'expiation cruelle infligée par Flau-
vert à Mme Bovary, expiation que Lamartine —qui disait de
ce livre : « c'est la meilleure œuvre que j'aie lue depuis
vingt ans » — trouvait horrible et hors de proportion avec
le crime; il discute avec sa force et sa malice natives les
étonnements et les colères du ministère public, et il finit
par en appeler à la littérature française : Chénier, Jean-
Jacques, Mérimée, Sainte-Beuve sont cités en témoignage.

« Vous n'êtes pas de ceux qui condamnent des livres sur
quelques lignes, dit Senard en terminant; vous êtes de
ceux qui jugent avant tout la pensée, les moyens mis en
œuvre, et qui vous poserez cette question par laquelle j'ai
commencé ma plaidoirie et par laquelle je la finis : la
ecture d'un tel livre donne-t-elle l'amour du vice ? inspire-
t-elle l'horreur du vice ? l'expiation si terrible de la faute
ne pousse-t-elle pas, n'excite-t-elle pas à la vertu ? La
lecture de ce livre ne peut pas produire sur vous une impression autre que celle qu'elle a produite sur nous, à
savoir que ce livre est excellent dans son ensemble et que
les détails en sont irréprochables. Toute la littérature clas-
sique nous autorisait à des peintures et à des scènes bien
autres que celles que nous nous sommes permises. Nous
aurions pu sous ce rapport la prendre pour modèle;
nous ne l'avons pas fait; nous nous sommes imposé une
sobriété dont vous nous tiendrez compte... »

Par un effort d'indépendance inattendu, le tribunal acquitta Flaubert; mais il lui infligea un jugement qui dut
réjouir sa misanthropie railleuse, en même temps que dé-
soler son respect passionné pour le bon sens et l'esprit.

Le tribunal constate que « les passages incriminés, en-
visagés abstractivement et isolément, présentent effectivement, soit des expressions, soit des images, soit des
tableaux que le bon goût réprouve et qui sont de nature à

porter atteinte à de légitimes et honorables susceptibilités » ;
l'ouvrage mérite donc un blâme sévère, car la mission de
la littérature doit être d'orner et de récréer l'esprit, en élevant l'intelligence et en épurant les mœurs, plus encore
que d'inspirer le dégoût du vice en offrant le tableau des
désordres qui peuvent exister dans la société.

Mais, poursuit le jugement, Gustave Flaubert articule
que son roman a un but éminemment moral ; en outre,
c'est une œuvre qui semble avoir été longuement et sérieusement travaillée ; « enfin, il n'apparaît pas que le livre ait
été, comme certains autres, écrit dans le but unique de
donner une satisfaction aux passions sensuelles, à l'esprit
de licence et de débauche, ou de ridiculiser des choses qui
doivent être entourées du respect de tous ; » en conséquence, les délits relevés contre le prévenu ne sont pas
établis.

Flaubert rendit un jour à son défenseur un hommage
qui le toucha ; il fit imprimer à la fin de l'édition définitive
de son œuvre, avec le réquisitoire, le plaidoyer de Senard ;
« Il a eu raison, disait un chroniqueur ; on ne peut séparer
de cette étude normande le chef-d'œuvre de l'avocat
normand. »

Ce n'était pas seulement à Paris que les grands avocats
de Paris remportaient leurs triomphes oratoires, dans des
causes dignes de leur talent et de leur renommée : Berryer obtenait l'acquittement, à Évreux de Mᵐᵉ de Jeufosse,
accusée avec ses fils d'avoir fait assassiner, dans son parc,
par l'un de ses gardes, un voisin de campagne, trop en-
treprenant et grand viveur. Jules Favre et Bethmont se
rencontraient à Grenoble dans le procès de Mˡˡᵉ de la Merlière. Celle-ci avait assigné en paiement de dommages-
intérêts, pour diffamation, un certain abbé Déléon, qui s'était

permis d'émettre des doutes irrespectueux sur l'authenticité du miracle de la Salette et de prétendre que Mlle de la Merlière s'y était personnellement chargée de l'intervention divine et des apparitions prodigieuses.

Jules Favre soutenait en appel la plainte, qui avait échoué en première instance. Sa présence dans cette cause surprenait ses amis ; allait-il donc plaider la réalité du miracle, et devenir le défenseur des fantaisies du clergé ? On raconte que Favre hésitait, mais qu'ayant été menacé s'il acceptait la cause de ne plus avoir une seule voix, à Lyon, aux élections futures, il releva le défi et se chargea du dossier (1). La discussion fut superbe, ardente, irritée même ; des propos amers et des récriminations s'échangèrent entre les deux grands avocats, mais ce ne fut qu'un nuage, et le Barreau de Grenoble, fier de ses hôtes, les réunit en un banquet où Bethmont et Jules Favre s'embrassèrent dans une accolade confraternelle.

Mlle de la Merlière perdit son procès.

Depuis le 4 août 1856, Liouville était bâtonnier de l'Ordre ; avocat laborieux et dévoué avant tout à ses clients, il devait l'estime justifiée dont le Palais l'entourait à la fermeté constante de ses convictions libérales, à la puissance de sa logique et de son bon sens, bien plus qu'à la forme, souvent abrupte, de son discours où se glissaient parfois quelques familiarités, que n'arrêtait pas la majesté de l'audience.

Sous la présidence de son nouveau bâtonnier, le Conseil trancha une importante question relative à l'obligation du domicile imposée à l'avocat : consulté par le Barreau de Brives, il répondit qu'un avocat, forcé de s'ex-

---

(1) L. Cléry, *M. Bethmont : souvenirs intimes.*

patrier par suite d'événements politiques, exilé, comme
plusieurs l'avaient été, à la suite du coup d'État et de l'a-
vénement de l'Empire, pouvait être maintenu au tableau;
« il y aurait injustice évidente à aggraver le malheur de
sa position en lui enlevant l'honneur qu'attache à son nom
l'inscription sur le tableau où figurent les noms d'anciens
confrères, dont il a conservé l'affection et l'estime ».

Le 29 novembre 1857, Chaix d'Est-Ange échangeait sa
robe noire et son modeste chaperon d'avocat pour la toge
écarlate et l'épitoge fourrée du procureur général ; placé
par la confiance du Gouvernement impérial à la tête du
parquet de la Cour de Paris, il n'avait du moins, pour
accepter et remplir sa fonction nouvelle, aucune promesse
à oublier ni aucun souvenir à éteindre. En quittant la
salle des Pas-Perdus, il y laissa d'unanimes regrets; il en
éprouvait lui-même quand il disait : « Ce n'est pas sans
déchirement et sans larmes que j'ai dit adieu à cette vieille
robe usée dans de nobles combats ! Quand je l'ai quittée
pour la dernière fois, quand j'ai pu dire comme le vieil
athlète de l'antiquité : *hic cæstus artemque repono*, mon
cœur s'est brisé, et un moment j'ai cru que je quittais ma
chère patrie pour une terre étrangère. »

Quelques semaines après, Chaix d'Est-Ange remplissait magistralement, dans de lugubres circonstances, les
devoirs de sa charge : le 14 janvier 1858, des bombes
éclataient au moment même où l'empereur et son escorte
arrivaient à l'Opéra ; Napoléon III ne fut pas atteint,
mais les projectiles firent dans les rangs du public de
nombreuses victimes. La police découvrit rapidement les
auteurs du forfait, et, le 26 février, quatre Italiens, Orsini,
Pieri, Rudio et Gomez, comparaissaient devant la Cour
d'assises de la Seine.

Le premier président Delangle dirige les débats; Chaix d'Est-Ange s'assied au fauteuil du ministère public; Jules Favre est à la barre, le hasard réunissant ainsi dans un même procès trois hommes qui honoraient ou avaient honoré le Barreau parisien. A côté de Jules Favre prenaient place pour les autres accusés, Nicolet, Mathieu et Nogent-Saint-Laurens.

Aucun incident particulier ne marqua l'audience; seule, l'attitude résolue d'Orsini produisit sur un auditoire sympathisant avec l'accusation une impression presque favorable à l'accusé, et Bethmont, qui s'était mêlé à la foule des avocats présents, écrivait à son fils :

« J'ai assisté à l'interrogatoire dans l'affaire de l'attentat. Cette scène judiciaire restera longtemps dans ma mémoire ; Orsini a répondu avec un calme vraiment remarquable, car c'était le calme vrai, exempt de jactance et de faiblesse. Le ton était mesuré, le langage choisi, sans prétention. La sincérité était évidente dans tout ce qui le concernait, et la réticence ou l'évasion non moins claires quand on voulait le faire parler sur les autres. Pour un homme de sa trempe comme courage, de sa portée comme intelligence, de son abnégation personnelle, le supplice a commencé à l'audience, quand il a vu les efforts misérables de Pieri, son complice, pour disputer sa vie à l'expiation, les calculs et les faiblesses de Gomez et de Rudio... Telle est la séduction des grands courages, telle est l'influence qu'exerce la fermeté dans le monde, que cet homme a touché tous ceux qui le voyaient mourir, car il mourait minute par minute à cette audience... Il a dit à X...., quand celui-ci lui témoignait sa sympathie pour sa triste destinée et son impassibilité devant la mort : Que voulez-vous ? c'est un peu plus tôt, un peu plus tard ; cela ne vaut pas qu'on s'en émeuve ! »

Le procureur général prononça un réquisitoire rempli d'énergiques revendications et de pensées de justice, que personne ne songeait à contredire.

Jules Favre se lève; il ne parle que peu d'instants, mais son discours restera l'un des plus merveilleux monuments de l'éloquence française; ce fut dans l'audience presque de l'éblouissement.

L'orateur salue d'abord son grand adversaire, qui a longtemps illustré l'Ordre, où sa place est restée vide, sa personne regrettée, et il continue : « Certes, on peut ici rencontrer des opinions différentes sur bien des choses, et pour ma part, que M. le procureur général me permette de le dire, je suis loin de m'incliner devant tous les principes, tous les actes, tous les hommes qu'il défend. Oui, Messieurs les jurés, malgré les temps où nous vivons et qui s'opposent à la libre expression de ma pensée, je n'en conserve pas moins, au fond de mon cœur, avec une fierté jalouse, le dépôt sacré de mes sentiments et de mes croyances, mais leur symbole n'a jamais été le glaive, ni le poignard. Je suis de ceux qui détestent la violence, qui condamnent la force toutes les fois qu'elle n'est pas au service du droit. Je crois qu'une nation se régénère par les mœurs et non par le sang. Si elle était assez malheureuse pour tomber sous le joug d'un despote, ce n'est pas le fer d'un assassin qui briserait sa chaîne. Les Gouvernements périssent par leur propre faute, et Dieu, qui compte les heures dans les secrets de sa sagesse, sait préparer à ceux qui méconnaissent ses éternelles lois des catastrophes imprévues, bien autrement terribles que l'explosion d'une machine de mort imaginée par des conspirateurs. Voilà ma foi, Messieurs, ma foi profonde, et cependant, quand Orsini m'a appelé, je ne l'ai point repoussé. ... Je lui ai dit : vous confessez votre crime, vous l'expiez, vous donnez votre tête à la loi que vous avez violée, vous êtes prêt à mourir pour subir la peine de votre attentat à la vie d'autrui, eh bien ! je vous assisterai à cette heure suprême,... non pour présenter une inutile défense, non pour vous glorifier, mais pour essayer de faire luire sur votre âme immortelle qui va retourner au sein de Dieu un rayon de cette vérité qui peut protéger votre mémoire contre des accusations imméritées... »

L'orateur s'élève contre le récit du ministère public ; il a dans l'esprit le souvenir des événements politiques qui ont préparé l'Empire : « M. le Procureur général se trompe, s'écrie-t-il ! Non, Messieurs les jurés, le crime d'Orsini n'a été dicté ni par la convoitise, ni par la haine, ni par l'ambition ; ce n'est pas en semant la mort et les ruines autour de lui qu'il a voulu conquérir la puissance; non, il n'a pas voulu monter au pouvoir par ces degrés sanglants... Quelle est donc cette histoire, M. le Procureur général ! Elle n'est pas celle d'Orsini ! »

Jules Favre lit une lettre touchante de son client à Napoléon III, et il termine :

« Vous n'aviez pas besoin des adjurations de M. le Procureur général pour faire votre devoir sans passion, comme sans faiblesse. Mais Dieu qui nous jugera tous, Dieu, devant qui les grands de ce monde, dépouillés du cortège de leurs courtisans et de leurs flatteurs, apparaissent tels qu'ils sont, Dieu qui seul mesure l'étendue de nos fautes, la force des entraînements qui les égare et l'expiation qui les efface, Dieu prononcera son arrêt après le vôtre, et peut-être ne refusera-t-il pas un pardon, que les hommes auront cru impossible sur la terre. »

Après de pareils accents, Nicolet, dont le nom commençait à se répandre, prononça pour la défense de Gomez une plaidoirie vigoureuse qui produisit au Palais et au dehors la plus flatteuse impression.

Orsini, Pieri et Rudio furent condamnés à mort, Gomez à la peine des travaux forcés à perpétuité.

La Cour de cassation examina le pourvoi des condamnés, le 11 mars suivant; bien qu'aucun moyen n'ait été relevé, le procureur général en personne occupait son siège. C'était Dupin ! L'indignation que lui avait causée l'affaire des biens de la famille d'Orléans s'était bientôt évanouie au mirage d'une haute magistrature à reprendre, et d'un fauteuil de sénateur à occuper. Il crut devoir, dans des observations très brèves, où il n'y avait d'ailleurs aucune place pour la discussion, protester contre la plaidoirie de Jules Favre ; rien ne manqua plus au triomphe du défenseur d'Orsini.

« Dans cette enceinte, dit Dupin, l'éloquence n'eût point prêté ses voiles aux sophismes les plus hardis; en condamnant le crime, on n'eût point essayé de réhabiliter le criminel; et, quand la justice et la loi, du même coup, frappent et flétrissent le parricide, on n'eût point entrepris, en face de l'échafaud qui se dresse pour la vindicte publique, d'élever une statue à la mémoire de celui qui doit y monter. » Orsini et Pieri furent exécutés deux jours après; jusqu'à la minute suprême, Orsini fit preuve d'un invincible courage.

Au mois d'août 1858, Plocque fut appelé au bâtonnat en remplacement de Liouville, dont le mandat allait expirer.

Le bâtonnier sortant fit aux stagiaires de la conférence de mémorables adieux; il leur adressa une allocution émue, dans laquelle il résumait à grands traits les règlements de la profession, et il ajouta :

« Ce ne sont pas les exemples domestiques qui vous
manqueront; je ne parle pas des vivants; je ne veux blesser la modestie de personne; je ne parle que des morts.
Lisez leurs œuvres et étudiez l'histoire de leur vie. Pre-
nez pour guides les plus vertueux, les plus savants, les
plus éloquents...

« Ayez, je vous le souhaite, la science et la profondeur de
Dumoulin, la pureté de style de Patru, la simplicité, la
clarté, la précision, le nerf de Cochin, l'élévation et le
pathétique de Gerbier, la force et la dialectique de Tripier,
la raillerie de Mauguin, la grâce d'Hennequin, la finesse
et le sourire de Paillet, l'abandon, la verve, la variété de
Philippe Dupin, la simplicité de mœurs, la probité rigide,
la délicatesse, le désintéressement de Montholon, de Normand, de Ferey, de Poirier, de Billecoq, de Delacroix-
Fraioville, de Gairal... Qu'ils revivent en vous, et que la
gloire de vos noms vienne s'ajouter à notre trésor commun, la gloire de notre profession! »

En ce temps, les audiences intéressantes se succédaient,
et la diversité accoutumée des affaires en augmentait
l'attrait, presque autant que le déploiement d'éloquence
des maîtres du Barreau.

A certain jour de novembre 1858, on se serait cru à
une séance orageuse de l'Académie de médecine, deux
écoles adverses, les allopathes et les homéopathes, se disputant en justice le monopole du soulagement de l'humanité souffrante.

Le docteur Magnan, une des lumières de l'homéopa-
thie, avait déposé au bureau d'un journal, l'*Union Médicale*, deux exemplaires d'un important ouvrage ensei-
gnant l'excellence de la méthode; il insistait pour qu'il
fût publié un compte-rendu du livre; le journal d'abord

n'en fit rien; il ne se décida à parler que sur les réclama-
mations pressantes de l'auteur; mais il le fit dans un tel
esprit de critique qu'il provoqua une réplique fort acerbe,
dont l'insertion était difficile. Les homéopathes assi-
gnèrent *l'Union Médicale* en paiement de 50.000 francs
de dommages-intérêts.

Me Émile Ollivier plaida pour le docteur Magnan et ses
amis; Paul Andral, Victor Lefranc et Bethmont lui répondirent.

Dans une discussion animée, qui se prolongea plusieurs
audiences, la doctrine d'Hahnemann reçut de cuisantes
égratignures; on railla de part et d'autre, les homéopathes flétrissant la science prétentieuse de leurs adversaires, et ceux-ci plaisantant la théorie qui enseigne « qu'une
seule goutte de teinture de quinquina, assez étendue pour
ne contenir que la quadrillionième partie d'un grain, est
souvent une dose trop forte! »

Paul Andral s'expliquait sur la question des globules,
quand le président l'arrêta en lui faisant observer que ce
point était suffisamment expliqué, et donna la parole à
Bethmont.

On a conservé le souvenir de son étincelante plaidoirie :

« Il y aurait inconvenance de ma part, dit-il en commençant, après l'observation que vient de faire le tribunal,
à rentrer dans cette partie des débats où les doctrines
scientifiques se sont trouvées en jeu. D'ailleurs, je dois
déclarer ma complète insuffisance. Ces questions, qui constituent le véritable intérêt du procès, ne sont pas de mon
domaine. Je n'oserais pas dire qu'elles ne sont pas du vôtre;
cependant, je le pense; mais c'est à vous d'apprécier ces
choses...

« Permettez-moi de dire que, sur cette question qui
divise la médecine en deux camps, nous, pauvres tribu-

taires de la maladie et de l'art de guérir, nous ne sommes jamais complètement libres. Quant à moi, je ne me sens pas l'être. Je conserve un souvenir à tous ceux qui, dans des moments difficiles, douloureux, m'ont rendu des services; il peut se trouver, je ne veux pas que mon client le sache, que j'aurais peut-être quelque jour consulté un homéopathe; le globule qu'il m'a donné, tout infinitésimal qu'il a pu être, m'a laissé je ne sais pas quoi, mais quelque chose que j'appellerai, si vous voulez, de la reconnaissance. J'ai lu dans les pièces de ce procès, une belle définition de la médecine : elle doit, dit-on, guérir quelquefois, soulager souvent, consoler toujours. Il y a donc des médecins qui guérissent; il y a des médecins qui soulagent; et, quant à moi, je ne veux pas méconnaître que Messieurs les homéopathes, s'ils ne savent pas guérir et soulager, sont de la classe des médecins qui consolent. En telle sorte que je m'en tiens à mon procès, et que je m'y renforme. »

Plus loin Bethmont dit :

« Une doctrine arrive dans le monde inconnue; par cela seul qu'elle est nouvelle, elle révolte les doctrines anciennes. Est-ce une bonne doctrine? ce n'est pas la question. Les lectures qu'on m'a forcé de faire m'ont donné là-dessus des ébranlements douloureux. Quand j'ai vu les effets de vos globules, qui, à des distances de quarante jours, peuvent me faire dire *prune* alors que je veux dire *poire*, je me suis effrayé... »

Les homéopathes perdirent leur procès devant le tribunal, et la discussion rentra dans le domaine de la science pure.

Dans une autre partie du Palais, le prétoire de la sixième chambre de police correctionnelle était envahi de bonne

heure par un public de choix, et le prévenu, qui répondait
à l'appel de l'huissier de service, s'appelait de Montalembert. M. de Montalembert avait publié dans *le Corres-*
pondant un article, d'étiquette fort innocente : *Un débat*
sur l'Inde au Parlement anglais. Le Parquet y relevait
une série de délits plus effrayants les uns que les autres:
attaque contre le principe du suffrage universel ; attaque
contre le respect dû aux lois ; excitation à la haine et au
mépris du gouvernement de l'empereur ; excitation à la
haine et au mépris des citoyens les uns contre les autres...
tout cela était contenu dans de pauvres petites phrases :
« Quand le marasme me gagne, disait d'une part l'écrivain, et quand j'étouffe sous le poids d'une atmosphère
chargée de miasmes serviles et corrupteurs, je cours
respirer un air plus pur et prendre un bain de vie dans la
libre Angleterre... » Plus loin, il comparait les Français à
un troupeau, docilement indolent, à tondre et à mener
paître sous le silencieux ombrage d'une énervante sécurité.

Le procureur impérial en personne, M. de Cordoën, vint
soutenir la prévention ; Berryer et Dufaure défendirent
Montalembert. Au cours de la plaidoirie de Berryer, le
Président l'interrompant s'éleva contre les allusions qu'il
se permettait :

« Des allusions, répliqua l'orateur ! ma parole m'a bien
trahi si elle a caché ma pensée ! » Malgré les efforts de
ses avocats, le prévenu fut condamné à six mois d'emprisonnement et 3.000 francs d'amende ; la Cour réduisit la prison à trois mois, et une note officielle, parue au
Moniteur, annonça que l'Empereur avait fait grâce.

En 1859, la compagnie des agents de change disputait
son privilège légal contre les empiétements de la coulisse ;
les intérêts engagés étaient considérables et expliquent le

ton de la discussion, souvent technique et toujours éloquente, à laquelle se livrèrent, pendant de longues journées,
Dufaure, Paillard de Villeneuve et Mathieu, d'une part,
Berryer, Plocque, Crémieux, Jules Favre et Léon Duval
de l'autre.

Un membre de cette compagnie des agents de change
comparaissait, à la fin de décembre 1859, devant la Cour
d'assises de la Seine, sous l'accusation de faux et de détournement.

A Chaix d'Est-Ange, qui occupait le siège du ministère
public, et à Desmarets qui soutenait la demande des parties
civiles, Lachaud répondit. Le nom de Lachaud jouissait à
cette époque, dans le pays tout entier, d'une juste réputation; devenu presque célèbre depuis le jour où il avait été
associé à la défense de Mme Lafarge, pour laquelle il n'avait
cependant plaidé qu'une affaire de vol de bijoux, Lachaud
était doué d'un merveilleux talent d'avocat; les ressources
inépuisables de son esprit, l'imprévu d'une discussion
toujours habile, sa parole chaude et pénétrante lui avaient
valu de mémorables victoires, et sa vie militante se partageait entre les audiences prolongées des cours criminelles, et les fatigants voyages auxquels le condamnait la
défense, sur tous les points du territoire, des accusés qui
réclamaient le secours de son éloquence protectrice.

Dans l'affaire de l'agent de change, Lachaud réplique
au Procureur général, et il commence en lui rendant l'hommage qu'il mérite :

« Vous êtes encore sous l'empire de cette magnifique
harangue d'un orateur incomparable, qui a conquis à cette
barre même où je suis ses plus beaux triomphes, et dont
le talent, à la hauteur de toutes les positions, jette maintenant un si grand éclat sur le siège qu'il occupe... Il ne
s'agit pas en ce moment de lutte oratoire, mais de la re-

cherche de la vérité, et il ne doit y avoir ici que le prestige
de sa lumière éclatante; que m'importe après cela le prestige du talent ! »

Le client de Lachaud fut acquitté.

Le jour où le grand avocat remportait ce nouveau succès,
un incident des plus graves venait d'éclater à une audience
correctionnelle, qui causa au Palais grand tapage.

Le Parquet poursuivait un livre de M. Vacherot, *la Démocratie*, dans lequel le ministère public avait relevé un
certain nombre de délits. Le prévenu était assisté de
M⁰ Emile Ollivier.

Le substitut ayant requis une condamnation, le défenseur commençait sa plaidoirie; il parlait depuis une minute à peine, quand il dit :

« Je ne répondrai pas aux parties irritantes du réquisitoire de M. l'avocat impérial; cet appel aux passions est
mauvais... » A ces mots, M⁰ Ollivier est vivement interrompu par le président, et invité à retirer les expressions
dont il vient de se servir; il répond qu'il ne croit pas avoir
rien dit d'inconvenant et se refuse à toute rétractation; il
est immédiatement frappé de la peine disciplinaire de trois
mois de suspension, par un jugement qui, modifiant quelque peu le texte exact des paroles prononcées, prête à
l'avocat ces mots : « Le réquisitoire vient de faire appel
aux passions les plus irritantes; cela est mauvais; je le
regrette. »

La stupeur et l'indignation furent vives au Palais en
présence de ce que l'on y considérait comme une rigueur
sans motif. Tous, sans acception d'opinions politiques,
éprouvèrent comme un sentiment de révolte (1).

(1) Ernest Cartier, *Plaidoirie pour M. Viviani.*

Le Conseil, dans sa séance du 3 janvier, prit un arrêté décidant qu'il y avait lieu pour M° Ollivier d'interjeter appel, et que l'appel serait soutenu par le bâtonnier, assisté, à la barre de la Cour, par tous les membres du Conseil.

Le 4 janvier, M° Ollivier se présenta au greffe pour y faire recevoir son appel ; le greffier, prétendant qu'en ces matières l'appel devait être formé par exploit, refusa de l'accueillir, et les huissiers, d'autre part, ayant hésité à le signifier, l'avocat condamné dut obtenir du Président du tribunal une ordonnance désignant l'un d'eux pour procéder à la signification.

L'auditoire était encombré d'avocats, le 12 janvier 1860, quand l'affaire vint devant la Cour ; au banc de la défense, Plocque s'assit entouré de tous ses collègues du Conseil. ``eloppant des conclusions d'incompétence, il soutint ```` la Chambre des appels correctionnels ne pouvait être régulièrement saisie de la cause, qui appartenait de droit, comme en toute matière disciplinaire, à la Cour réunie en Assemblée générale, dans la chambre du Conseil.

« Quel que soit l'intérêt que je porte à Ollivier, dit le bâtonnier, quel que soit l'intérêt dont il est entouré par le Conseil, par les anciens, il y a quelque chose qui touche plus encore, c'est l'intérêt de l'Ordre que l'on représente et que l'on défend. Aussi, en matière disciplinaire, avons-nous supprimé cette garantie de publicité parce que c'est la juridiction disciplinaire, ou domestique ou de famille. Cette juridiction de toutes les chambres réunies, nous la réclamons. Nous connaissons la bienveillance des magistrats surtout pour un jeune, honorable et brillant avocat dont ils ont vu les succès. Nous voulons aller devant les chefs les plus illustres de votre compagnie leur dire le respect que nous professons pour la Magistrature, et aussi leur expliquer l'entraînement que l'on peut avoir dans certaines causes. »

« Ollivier défendait un homme politique, continua Plocque; cet homme je ne le connais pas personnellement, je ne le connais que par ses admirables études sur l'école d'Alexandrie, qui resteront comme un chef-d'œuvre de la philosophie moderne. Je ne veux pas aller au-delà de mon droit en vous parlant de ce qui n'est pas dans le procès; mais il est bien des choses que je dirai en chambre du Conseil, et que je ne peux pas dire dans cette enceinte devant le public. Il y a bien des choses qui s'éclairciront. Vous comprendrez que le cœur peut se trouver entraîné bien loin par des paroles qu'on juge amères. Nous nous expliquerons; ici, il me semble que je suis bâillonné. Il y a des droits que je veux analyser; je veux savoir où s'arrêtent ceux de la défense. Si nous renonçons à la publicité, c'est dans l'intérêt de tout le monde. »

Le lendemain, un arrêt était rendu qui repoussait la prétention du Barreau, et, sur pourvoi immédiatement formé, la question fut portée à la Cour de cassation. Devant la Cour suprême, le président de l'Ordre plaida pour Me Ollivier, et eut pour adversaire le procureur général Dupin.

L'ancien bâtonnier de 1829 soutint que les affaires du genre de celles dont la Cour était saisie devaient être jugées au grand jour de l'audience, et non à huis clos, en chambre du Conseil, qu'il compara au tribunal de l'inquisition n'admettant à ses horribles séances que les quelques personnages indispensables.

« Si j'étais encore avocat, dit-il en terminant, et qu'il s'agît pour moi de me justifier pour une parole d'audience sortie de ma bouche, au début et dans le cours d'une improvisation, dans la libre défense d'un accusé..... frappé à l'audience, interdit publiquement, c'est publiquement aussi, c'est à l'audience encore que je voudrais me défendre; l'audience est le champ d'honneur des avocats. »

La Cour de cassation, rejeta le pourvoi, et l'affaire revint pour être plaidée au fond devant la chambre des appels correctionnels. Le bâtonnier se retrouvait à la barre pour défendre son jeune confrère, et, comme à la Cour de cassation, c'était un ancien chef de son Ordre, Chaix d'Est-Ange, que le prévenu allait trouver pour adversaire.

Un premier incident fut soulevé par la défense qui, pour préciser exactement les paroles incriminées, et particulièrement les explications fournies à la suite de l'incident, demandait à faire entendre des témoins, tous avocats ayant assisté à l'audience, Salvetat, Ferry, Durier, Rivolet et Lacan.

La Cour, dont le siège paraissait fait à l'avance, repoussa cette demande, comme si elle eût craint que les dépositions reçues pussent amoindrir la gravité de l'affaire. Il n'y avait plus d'illusion à se faire sur la sentence.

Malgré des explications très dignes de Mᵉ Emile Ollivier, une sérieuse défense de Plocque, l'arrêt fit droit au réquisitoire véhément du procureur général; il jugea que la persistance du prévenu à maintenir les paroles qu'il reconnaissait avoir prononcées, justifiait la peine appliquée par les premiers juges, et justement proportionnée à la faute. L'ordre public avait sans doute failli être troublé par quelques mots, d'allure assez timide, car la Cour déclara solennellement qu'« elle avait mission de le préserver de toute atteinte ».

Un nouveau pourvoi fut porté devant la Cour suprême; on se doute bien qu'il eut le même sort que le premier.

L'impression produite au Barreau par cet incident fut

pénible; abstraction faite de tout sentiment politique, on ne pouvait s'empêcher de mettre en regard les paroles incriminées et la peine infligée.

Quelques jours après le jugement du tribunal, une protestation plus positive s'était élevée, qui émanait d'un des chefs de l'Ordre, bâtonnier de la veille, à ce moment frappé à mort par une maladie dont l'issue était fatale. Liouville avait écrit à Plocque :

« Monsieur le bâtonnier, je viens vous prier d'agréer et de faire agréer au Conseil de l'Ordre ma démission de membre du Conseil. Je n'ai pas besoin de vous dire que ce n'est pas sans plus d'un regret que j'ai pris cette détermination. La circonstance même qui m'y conduit est pour moi, comme pour nous tous, un vif sujet de douleur. Mais je serai le plus heureux des hommes si l'Ordre tout entier peut trouver dans cette circonstance l'occasion de manifester, d'une manière éclatante, l'inviolable attachement qu'il porte à l'attribut capital de notre profession, la liberté de la défense. »

La démission de Liouville ne fut pas acceptée, mais quelques semaines plus tard son siège au Conseil et celui de Bethmont étaient vides; à peu de jours de distance la mort avait terrassé deux maîtres de la barre.

Bethmont fut frappé le premier; le 24 mars 1860, il quitta le Palais, les audiences terminées; il paraissait souffrant et s'appuyait au bras d'un de ses jeunes confrères; dans la soirée, il était atteint d'une congestion subite; la nuit fut mauvaise, mais des soins empressés donnèrent quelque espérance; ce n'était qu'un répit; le 1er avril, Bethmont s'éteignit. Une affluence énorme, qui prouvait l'estime générale dont le défunt jouissait dans toutes les classes de la société et dans tous les partis politiques, suivit son cercueil ; la députation du Barreau était plus nombreuse que jamais ; tous voulaient adresser un dernier salut à un avocat qui fut aussi grand par le talent que par le caractère.

Bethmont, en mourant, disparaissait tout entier ; de ses plus chaleureux discours et de ses plaidoyers les plus entraînants, il ne devait rester rien, ou presque rien ; seule, la mémoire de ses contemporains allait conserver son souvenir ; mais qu'ils partent à leur tour, et le nom du grand avocat sera presque fatalement condamné à l'oubli — dans un pays où les morts vont vite, et où il suffit de quinze jours pour faire « d'une mort récente une vieille nouvelle ».

Huit jours après, exactement à la même heure et au même cimetière, l'Ordre accompagnait la dépouille de Liouville. Sourdement miné par un mal implacable, il avait dû, sur l'ordre des médecins, aller chercher quelque repos en Italie ; il y accomplit un douloureux pèlerinage, laissant à chaque étape, malgré l'accueil sympathique qu'il recevait, quelque chose de ses forces et de sa vie ; il rentra à Paris, ne pouvant plus écrire et la vue presque éteinte. C'était le signe précurseur de la mort, qui vint le 7 avril 1860.

CHAPITRE XII

SECOND EMPIRE (suite et fin). — 1860-1870.

Le Corps législatif, nommé en 1852, selon les formes
édictées par la Constitution du 14 janvier, avait poursuivi
son œuvre silencieuse ; rien n'était venu troubler ses délibérations, dont un écho officiel et discret pouvait seul
transpirer au dehors.

Le 29 mai 1857, sans incident, sans bruit, la Chambre
des députés était dissoute par décret, et, au mois de juin,
le pays procédait à de nouvelles élections.

Malgré la puissance redoutée de la pression gouvernementale, cinq députés de l'opposition étaient élus à Paris, un triomphait à Lyon; mais trois d'entre eux: Cavaignac, Carnot et Goudchaux, ayant refusé le serment, il ne restait plus à la Chambre que Hénon, MM. Darimon et Ollivier.

En avril 1858, des élections partielles eurent lieu dans le département de la Seine; Jules Favre et Ernest Picard furent nommés; Liouville échoua.

Le petit groupe des « Cinq » était constitué; il comprenait trois membres du Barreau de Paris : Jules Favre, Ernest Picard et M. Ollivier.

Pendant toute la législature qui va s'ouvrir, on les verra constamment sur la brèche, dépensant leur activité, leurs forces, leur éloquence, pour formuler sans découragement des revendications sans espoir. Tout d'abord, leur voix ne sortira même pas de l'enceinte de la Chambre; en 1860 seulement, la publicité des débats ayant été rétablie, le pays entendra et retiendra ces paroles courageuses, qui l'invitaient à se reprendre et à compter sur des jours meilleurs.

Une légitime consécration de l'admirable talent de Jules Favre lui était réservée; au mois d'août 1860, il était nommé bâtonnier. Ce fut le plus beau temps de cette vie, sur le soir de laquelle devaient fondre les orages.

Peu à peu, par un travail sans relâche, Favre avait conquis une place brillante au Barreau parisien; le charme de sa parole, l'élévation de sa chaude éloquence quand un noble sentiment faisait battre en sa poitrine un cœur, dont la grande faiblesse fut d'être, en toute occasion, trop généreux et trop bon, le plaçaient au premier rang de ses confrères; son rôle politique, en lui créant des adversaires, ne l'avait pas privé d'un ami, et tout lui prédisait un gr... d bâtonnat.

Il l'a illustré par de beaux discours professionnels, et par son emploi au Palais; on voyait chaque jour, à l'audience, cet athlète, redoutable et séduisant à la fois, avec sa forte taille, son teint pâli, sa tête un peu penchée, aux cheveux rebelles et à la lèvre dédaigneuse. Il partageait l'activité fébrile de sa vie entre les exigences de la justice, les multiples devoirs de sa charge et l'accomplissement fidèle de son mandat législatif; et il ne semblait pas ployer sous l'écrasant fardeau.

Le 3 décembre 1860, Jules Favre présidait à la reprise de la conférence.

La conférence se tenait toujours dans la salle de la Bibliothèque, au milieu des vieux livres que l'Ordre avait eu tant de peine à réunir, et dont le nombre, grâce à quelques dons particuliers et à des sacrifices pécuniaires, était devenu considérable.

Au cours de l'année 1860, le bâtonnier s'adressa de nouveau au procureur général Dupin, au sujet de la restitution des volumes ayant appartenu aux avocats et déposés à la bibliothèque de la Cour de cassation. Dupin sembla favorable à la réclamation. « Votre revendication des registres et papiers ayant appartenu à l'ancien Ordre des avocats me paraît de toute justice, répondit-il ; et certainement je l'appuierai de toutes mes forces auprès de la Cour et de son premier président ».

Mais le premier président — c'était Troplong — n'écouta pas les doléances du procureur général et refusa, en invoquant à l'appui de son refus de singulières considérations.

Il rappela que, le 21 thermidor an IV, Merlin, ministre

27

de la Justice, regrettait que la bibliothèque de l'Ordre des avocats n'existât pas dans son intégrité afin de la donner tout entière à la Cour de cassation ; il pensait donc que, sans exception ni distinction, cette Cour était la destinataire naturelle des richesses scientifiques tombées dans le domaine de l'État. Troplong ajoutait : « Nous ne sommes dépositaires qu'en vertu de titres précis, émanés de l'autorité compétente, consignés sur nos registres, et tous antérieurs à l'établissement de l'Ordre en 1810... C'est pourquoi j'ai lu avec regret ces mots qui terminent votre lettre, répliquait-il au bâtonnier, *et qui nous appartiennent*. Ni en fait, ni en droit, notre bibliothèque ne possède rien qui puisse vous appartenir. »

Mais le Barreau était assuré qu'il pourrait, quand bon lui semblerait, « consulter ses archives et ses livres dans la bibliothèque de la Cour de cassation (1) ! »

Dans le discours qu'il adressa aux stagiaires réunis autour de lui, Jules Favre célébra, en un langage inimitable le rôle du Barreau : « J'ai raison de le trouver grand, dit-il, et ceux-là qui seraient tentés de me contredire seraient bien vite de mon avis si quelque revers les forçait à recourir à notre ministère ; c'est alors qu'ils comprendraient l'erreur de ces esprits qui, dans un fol amour de l'autorité à tout prix, s'alarment de nos franchises ; pour nous juger, il faut avoir souffert, et, dans un temps où la fortune a de si brusques retours, où la prison et le trône se touchent de près, nous pouvons invoquer ce témoignage de la conscience publique que nous restons fidèles au malheur, quel que soit son drapeau. »

Le bâtonnier conseille à ses jeunes confrères le culte du beau langage, la recherche de l'éloquence vraie et le désintéressement.

(1) Cresson, *Ann. ano. secrèt.*, 1881, pp. 231 et s.

« Notre vie, poursuit-il, n'est qu'un long et rude labeur. C'est à peine si l'avocat occupé peut goûter les saintes joies de la famille. Ses veilles ne lui appartiennent point. Courbé sous un joug que la conscience d'être utile seule allège, incessamment agité par le sentiment d'une responsabilité d'autant plus lourde qu'elle n'a pas de sanction, prodigue de son repos et de sa santé, jetant sans ménagement son esprit et son cœur dans cette lutte dévorante où tout son être se consume, usé souvent avant l'heure, tombant glorieusement à la barre comme Paillet, ou s'éteignant dans sa vigoureuse maturité comme les confrères bien-aimés (1) dont la perte récente nous paraît encore impossible, après tant d'efforts, tant de sacrifices, tant d'abnégation volontaire, il arrive rarement à la conquête d'un modeste patrimoine.

« Qu'ils s'éloignent donc de cette noble carrière, ceux qu'aiguillonne le désir du gain et qui ne comptent les succès que par les richesses ! L'industrie la plus méprisée leur sera plus profitable... ! » Jules Favre termine par un touchant portrait des deux bâtonniers que le Palais avait vus si rapidement disparaître.

A la fin de l'année judiciaire, le bâtonnier adressa à la conférence quelques paroles chaleureuses, célébrant, dans la plus poétique des proses, la joie des vacances.

Puis, vint la rentrée de 1861 ; Jules Favre, dans son discours, étudie, l'une après l'autre, les conditions morales auxquelles l'avocat doit son autorité : la simplicité, la bonté, le labeur, l'indépendance, une impeccable probité : « C'est à ce dernier trait, dit-il, que nous reconnaissons la supériorité légitime devant laquelle les hommes s'inclinent involontairement. Ils peuvent se laisser éblouir un

(1) Bethmont et Liouville.

jour par l'éclat de la gloire, battre des mains aux succès de la force, suivre dans la poussière, en l'acclamant, le char du triomphateur qui les écrase ; descendez dans l'intimité de leur conscience, vous verrez qu'ils réservent leur admiration et leur estime pour celui que la fortune n'exalte ni n'abat, et qui, mettant son plus grand honneur à demeurer fidèle à ses opinions et à ses amitiés, prodigue sans arrière-pensée à ses semblables un dévouement désintéressé. »

Avant d'adresser l'adieu suprême aux confrères touchés par la mort, le bâtonnier jette un regard autour de lui, et s'incline avec admiration devant Berryer et Marie : « Quel est, dit-il de Berryer, cet orateur immense, aux lèvres frémissantes duquel un demi-siècle entier est demeuré suspendu, et qui, plus fort que les années, illustre sa vigoureuse vieillesse par des travaux et des triomphes que sa maturité peut lui envier ? Né dans nos rangs, il a rempli la scène politique d'un incomparable éclat. Les enthousiasmes et les louanges lui ont été prodigués. Idole d'un parti que la fortune a grandi, quel est son titre réel à vos respects et à votre amour ? N'est-ce pas sa vaillante fidélité à son drapeau, et surtout sa croyance obstinée au droit et à la liberté ? Ah ! que longtemps encore il donne à votre Ordre la leçon salutaire d'une popularité conquise par la noblesse des sentiments, le dévouement au malheur, le mépris des hommes et des richesses qu'il lui eût été facile d'acheter par le sacrifice des principes ! Qu'il enflamme ainsi les jeunes courages, et maintienne dans la voie du bien ceux qui seraient tentés de défaillir ! »

Jules Favre contemple ensuite chez Marie une rare valeur, une sérieuse intelligence et une irréprochable vertu; il rappelle le pouvoir dictatorial qu'il a exercé, et l'abnégation avec laquelle il s'y est dévoué ; « L'ingratitude a été sa récompense. Et quand il nous est revenu dépouillé d'honneurs, appauvri, suspect, bientôt persécuté, ne vous a-t-il pas paru si grand et si noble qu'il vous semblait se révéler à vous ? »

Les harangues de Favre retentissaient hors du Palais où elles étaient prononcées, et charmaient bien d'autres esprits que ceux auxquels elles étaient particulièrement destinées; sa renommée littéraire en recueillit de précieux suffrages.

L'hommage public rendu à Berryer consacrait les beaux triomphes qu'il remportait à cette époque, peut-être la plus glorieuse d'une carrière qui ne comptait plus les victoires; il paraissait dans toutes les grandes affaires.

L'évêque Dupanloup avait été cité devant la première chambre de la Cour de Paris, jugeant correctionnellement, pour diffamation envers les rédacteurs du journal *le Siècle* et envers la mémoire d'un de ses prédécesseurs au siège épiscopal d'Orléans ; de ce dernier chef, le procès posait à la Cour la question de la diffamation commise contre la mémoire des morts.

Senard plaida pour le journal, Plocque pour les héritiers du prélat décédé, Dufaure et Berryer assistaient Dupanloup, et Chaix d'Est-Ange donna ses conclusions. La nature même des débats en interdisait la reproduction, mais ils attirèrent dans le prétoire de la Cour une affluence énorme et distinguée, venue dans l'espoir d'assister à une brillante lutte d'orateurs ; cet espoir ne fut pas trompé.

La Cour acquitta Dupanloup ; elle jugea que la plainte du *Siècle* n'était pas fondée ; à l'égard des héritiers de l'ancien évêque, elle décida que la diffamation envers la mémoire d'un défunt ne constituait pas un délit donnant

ouverture à une action pénale. La Cour de cassation, saisie de cette question, annula l'arrêt de Paris, sur d'énergiques conclusions de Dupin, qui rappela le temps où il
soutenait la plainte de la veuve du maréchal Bruère contre
le journal *le Drapeau blanc* — le procureur général paraissait tout heureux d'établir qu'en ce point il était resté
fidèle à lui-même!

En 1861, Berryer soutenait, devant le tribunal et la
Cour, les revendications de Mᵐᵉ Paterson et de son fils
Jérôme ; il rencontrait pour adversaire Allou, dont la
réputation s'était fortement établie, et qui se plaçait à ce
moment à la tête du Barreau de Paris ; quoique jeune
encore, puisqu'il venait à peine de dépasser sa quaran-
tième année, il se montrait digne de se mesurer avec les
grands maîtres, et il le fit sans faiblir.

Mᵐᵉ Paterson arguait de son mariage avec le frère de
Napoléon, à Baltimore, en 1803 ; Jérôme Paterson s'appuyait sur les relations familiales qu'il avait entretenues
soit avec Mᵐᵉ Lætitia, soit avec le prince Napoléon et la
princesse Mathilde ; il invoquait surtout certains actes du
gouvernement de Napoléon III ; et tous deux réclamaient
leurs droits dans la succession du vieux roi de Westphalie,
qui venait de mourir.

Le procès était jugé d'avance, mais Berryer avait apporté à la cause qu'il perdit l'autorité de son incomparable
puissance. Allou se surpassa lui-même; il plaidait, la loi
à la main, invoquant, contre une femme et un jeune homme entourés de la sympathie publique, le droit, dont
l'application extrême confine parfois à l'extrême injustice;
mais il donna aux considérations supérieures qu'il développait des accents si nobles et si élevés qu'on en oublia
les adjurations de son illustre contradicteur.

Berryer se présenta aussi dans l'affaire du banquier Mirès, où d'énormes intérêts étaient en jeu et qui passa par les alternatives les plus contradictoires : les prévenus condamnés, par le Tribunal de la Seine et la Cour de Paris, au maximum de la peine, ont la bonne fortune de voir casser l'arrêt qui les avait frappés et d'être absous par la Cour de renvoi ; mais la Cour de cassation intervient de nouveau et annule dans l'intérêt de la loi la sentence d'acquittement. Berryer avait plaidé pour l'une des parties civilement responsables ; il s'était rencontré à l'audience avec Plocque, Mathieu, Crémieux, Marie, Nicolet, Léon Duval, Jules Favre et Lachaud.

C'est encore devant la juridiction correctionnelle que Berryer, revendiquant avec force le droit d'association, défendit plusieurs ouvriers typographes qui, ayant, à la suite de difficultés avec leurs patrons, déserté leurs ateliers, étaient poursuivis pour délit de coalition ; les prévenus furent condamnés à des peines d'emprisonnement, mais, pleins de reconnaissance pour les efforts de leur glorieux défenseur, qui refusait énergiquement le moindre honoraire, ils composèrent un exemplaire unique des « *Oraisons funèbres de Bossuet* » qu'ils revêtirent de cette dédicace : « Bossuet à Berryer, les ouvriers typographes reconnaissants. »

Le 26 décembre 1861 fut jour de fête pour le Barreau de Paris ; inscrit au tableau de l'Ordre le 26 décembre 1811, Berryer accomplissait la cinquantième année d'exercice de sa profession.

On résolut de célébrer cet anniversaire dans un banquet confraternel.

Plus de deux cents convives répondirent à l'appel du

Barreau, qui avait en outre adressé des invitations aux chefs de la Cour et du Tribunal, aux anciens bâtonniers ne faisant plus partie de l'Ordre, Dupin, Delangle, Chaix d'Est-Ange, Duvergier, Baroche et Boinvilliers, et aux bâtonniers en exercice des Barreaux des vingt-six Cours d'appel de France.

La cérémonie fut digne de celui en l'honneur duquel elle était instituée, et, sans arrière-pensée, d'un seul élan, d'un seul cœur, tous, quelles que fussent leurs divergences politiques, entourèrent le grand avocat, chez lequel on ne savait ce que l'on devait le plus admirer — la puissance de la parole, la dignité du caractère, l'inébranlable fidélité à la même cause et aux mêmes principes.

A la fin du repas, Jules Favre, qui présidait en sa qualité de bâtonnier, proposa un toast « à l'illustre héros de cette fête de famille, au glorieux stagiaire de 1811, resté debout à notre barre, où ses triomphes semblent le rajeunir... »; tous les convives s'étaient levés et une acclamation générale salua ces premiers mots.

« La fortune, par une rare faveur, ajouta le bâtonnier, l'a toujours éloigné du pouvoir, et, depuis longtemps assis dans le camp des vaincus, il y a porté sa grande âme et son irrésistible puissance. Champion infatigable du malheur, ennemi courageux de l'arbitraire et de l'illégalité, gardien sévère de nos traditions, il est au milieu de nous le maître vénéré de l'art de bien dire, et nul ne songe à lui disputer le premier rang que lui assigne notre admiration. Aussi avons-nous accueilli avec joie cette occasion de nous presser autour de lui pour couronner sa brillante carrière par l'impérissable témoignage de la profonde sympathie de tous les Barreaux de France... Notre illustre maître aura jusqu'au bout vaillamment servi notre cause puisque, après avoir été notre modèle pendant un demi-

siècle, il devient aujourd'hui l'ardent foyer où se réflé-
chissent en un lumineux faisceau les intelligences et les
cœurs de tous ses confrères de France.

« Que notre gratitude, nos respects, notre affection soient
sa récompense ! »

Ce fut alors un inoubliable spectacle ; les bravos
qui répondaient au discours du bâtonnier, redoublè-
rent quand Berryer se leva, le front empourpré, le regard ébloui; sa grande voix, qui jamais n'avait faibli,
dans les plus redoutables prétoires ou au sein des assemblées les plus imposantes, est éteinte; il veut parler, il
ne le peut pas; chancelant sous le poids de l'émotion qui
l'écrase, il commence une phrase, et ne peut aller jusqu'au
bout; les acclamations l'interrompent à chaque syllabe; il
s'arrête : « Je ne puis plus parler, s'écrie-t-il; on m'avait
conseillé de jeter quelques mots sur le papier; je ne
pourrais pas lire (1) ! » Cette défaillance momentanée soulève un enthousiasme émouvant. Mais l'orateur se reprend; il retrouve ses grands souvenirs :

« Ce fut un beau jour dans ma vie, dit-il, que celui où
j'obtins l'honneur d'être élu, par mes confrères, bâtonnier
de notre Ordre ; mais comprenez ce qu'est pour moi cette
réunion, ce concours de tous les Barreaux de France, et
pardonnez-moi de me taire sur les louanges que vous
m'accordez... »

Puis, par un pieux retour sur le passé, il offre à la mémoire de son père « une des couronnes qui l'accablent » :

« Ah! qu'en ce moment si solennel pour moi je rends
grâce aux aspirations de ma jeunesse; qu'avec bonheur
en ce moment je me rappelle l'ardeur dont m'animait
alors l'espoir de pouvoir suivre un jour les pas de mon

(1) *Journaux du temps.*

père; vous me permettrez d'associer sa mémoire à l'insigne honneur que j'obtiens aujourd'hui ; vous me permettrez de l'associer aux remerciements que je vous adresse au fond de mon cœur... il fut pendant de longues années le doyen de notre Ordre... pendant plus de soixante ans, sa voix a retenti avec honneur au Palais; il ne cessa point de se vouer aux laborieuses occupations de l'avocat.

« C'est à lui, c'est à ses leçons, à ses conseils, c'est à l'exemple qu'il m'a donné que je dois tout ce que vous approuvez dans ma vie.

« Vous m'applaudissez de lui avoir obéi ; je lui ai obéi en refusant de cesser d'être votre confrère, en un temps où mes convictions et d'honorables sympathies purent me convier à tenter une autre carrière. Plus tard, quand le cours des événements, quand les révolutions m'ont apporté des regrets et des inquiétudes, combien ne me suis-je pas senti heureux d'être demeuré dans vos rangs, dévoué au service du droit et de la liberté ! »

Berryer termine en buvant « aux espérances de l'Ordre, à ces jeunes hommes amis du travail et de la gloire, qui, comme le stagiaire de 1811, aspirent à suivre la carrière, au Barreau français ! »

Marie porta un toast à l'union fraternelle de tous les Barreaux de France et à l'unité du Barreau français; Pervinquière, de Poitiers, doyen d'âge des bâtonniers présents, répondit en buvant au Barreau de Paris.

Pendant qu'au cinquantenaire de Berryer un même sentiment d'admiration réunissait tous les membres de l'Ordre, une légère agitation se produisait au Palais; bien avant l'époque habituelle des élections pour le renouvellement du Conseil de discipline, cette agitation avait pris corps sous la forme d'une pétition, revêtue de 182 signatures, demandant, comme en 1835 et en 1841, qu'une portion des membres sortants du Conseil ne fût pas immédiatement rééligible, les anciens bâtonniers étant exceptés.

Le Conseil n'accueillit pas le vœu des pétitionnaires; par un arrêté longuement motivé, en date du 15 juillet 1862, rendu sur le rapport du bâtonnier, il décida qu'il n'y avait pas lieu de prendre la demande en considération.

Cet arrêté s'appuie en substance sur les dispositions des décrets et ordonnances qui ont réglementé le mode d'élection des Conseils, et qu'il est impossible de modifier. Sans doute, il est difficile à de nouveaux candidats d'entrer au Conseil, la situation des membres sortants semblant commander les suffrages et les électeurs pouvant craindre de les blesser par une exclusion. Mais le principe du suffrage universel et direct, appliqué à la totalité des membres du Conseil, permet aux avocats de faire librement prévaloir les candidatures qui réunissent les plus nombreuses sympathies.

« Considérant, ajoute l'arrêté, que, maîtres absolus des suffrages, les avocats n'ont qu'à se concerter et à s'entendre sur les candidatures les plus favorables; qu'il est sans doute désirable de voir le plus grand nombre entrer au Conseil, mais que, pour y arriver, il faut réunir, au lieu d'éparpiller ses forces, porter ses voix avec ensemble sur quelques candidats acceptés par la majorité des électeurs, user enfin du suffrage avec intelligence et désintéressement, et ne jamais oublier l'esprit de confraternité qui doit inspirer chacun dans ces luttes de famille, où il peut y avoir des vainqueurs, mais jamais de vaincus. »

La requête ainsi écartée devait être renouvelée l'année suivante; mais, dès ce moment, le Barreau suivit les préceptes donnés par l'arrêté, qui l'invitait à user du suffrage universel, et, après quelques conciliabules où il fut décidé que les voix « se porteraient avec ensemble sur quelques candidats », on se prépara avec une ardeur inaccoutumée aux élections de fin d'année.

Le 1er août 1862, le renouvellement partiel, repoussé en principe, fut appliqué, en fait, avec une impitoyable rigueur.

Au premier tour de scrutin, quinze membres sortants ne sont pas réélus ; seuls, les anciens bâtonniers, puis Dufaure, Senard, Nicolet et un ou deux autres réunissent la majorité absolue. Quand, après quatre tours de scrutin, le vote fut terminé, neuf membres étaient définitivement éliminés. Ce fut une véritable révolution de Palais ; les plus ardents eux-mêmes ne dissimulaient pas l'étonnement que leur avait causé la victoire.

Dufaure figurait parmi les nouveaux élus ; il venait d'accomplir, le 22 juillet précédent, les dix années d'inscription exigées par le décret de 1852, et les suffrages du Barreau avaient, aussitôt que possible, consacré sa juste renommée. Quelques jours après, le 11 août, le Conseil lui décernait le bâtonnat. A l'exception de Teste, qui ne comptait que huit ans de tableau quand il fut élu bâtonnier, aucun avocat n'avait conquis aussi rapidement une situation semblable à celle de Dufaure ; mais combien les dignités successives que lui conférait le Barreau étaient justifiées ! les souvenirs qu'il avait laissés à Bordeaux, l'intégrité de sa vie politique et privée, l'énergie de son caractère, la solidité de son éloquence, un labeur de tous les instants, c'était plus qu'il n'en aurait fallu pour assurer le succès et la gloire — si ces choses allaient toujours à ceux qui en sont dignes.

Cependant, au dehors, à cette époque, un nom était

plus répandu et plus populaire que celui de Dufaure, qui se tenait depuis longtemps éloigné de la politique, et ne sortait guère de la salle des Pas-Perdus : c'était le nom de Lachaud.

Constamment dans le tourbillon d'une vie fiévreuse, Lachaud, sans toujours convaincre ses juges, ajoutait, presque chaque jour, un émouvant plaidoyer aux triomphes oratoires déjà remportés. Ce n'était pas seulement dans le prétoire de toutes les cours d'assises de France et aux solennelles audiences qu'il déployait son talent si personnel et si puissant; combien d'entraînantes discussions a-t-il fait entendre devant les tribunaux correctionnels, dont le souvenir s'est éteint avec le jour même où elles ont été présentées.

En 1863, Lachaud défendait le directeur du Théâtre italien Calzado, accusé, de complicité avec un certain Garcia, d'escroquerie et de tricherie au jeu, commises dans un monde où se coudoyaient, sous des aspects trompeurs, toutes les dégradations et tous les vices ; et, malgré une argumentation des plus serrées et de chaleureux appels, l'avocat ne parvenait pas à épargner à son client une sévère condamnation.

L'année suivante, il plaidait, avec Jules Favre, devant la Cour d'assises d'Aix, pour Armand, accusé d'avoir tenté d'assassiner son domestique. Le procès avait provoqué dans le Midi tout entier, où les impressions sont violentes, une excitation incroyable; les incidents s'étaient succédé à tel point que la Cour de cassation dut intervenir; elle constata l'état des esprits, exprima la crainte que la justice ne pût suivre son cours dans toute sa liberté et toute sa dignité, et, dessaisissant les assises de l'Hérault, renvoya l'affaire devant celles des Bouches-du-Rhône.

Les débats s'y prolongèrent pendant douze chaudes audiences. Au Procureur général, siégeant en personne, Lachaud répondit ; il le fit avec une extrême vigueur, discutant, l'une après l'autre, les charges de l'accusation, en montrant les impossibilités et les contradictions.

La défense avait fait citer plusieurs médecins célèbres, dont les investigations paraissaient décisives en faveur de l'accusé.

« Je ne me dissimule point, dit Lachaud, tout ce qu'on peut dire contre les médecins ; je ne les crois pas infaillibles ; je sais bien qu'ils se contredisent. M. le Procureur général a rappelé, à cet égard, deux grands exemples : l'un qui est particulier à mon illustre confrère, M° Jules Favre ; et l'autre qui me concerne, celui de l'affaire de Mᵐᵉ Lafarge. Que voulez-vous, Messieurs ? dans le sanctuaire de la justice, devant la chose jugée, je m'incline, et il faut bien que je dise avec vous que Mᵐᵉ Lafarge est coupable. Au dehors, et dans la liberté de ma conscience, je pourrais parler autrement. »

Le grand avocat ne cessa jamais de s'élever respectueusement, mais avec fermeté, contre le dénouement du grand drame judiciaire de 1839.

Dans l'affaire Armand, la péroraison de Lachaud fut accueillie par une triple salve d'applaudissements, et une manifestation se produisit, toute méridionale, et si sympathique à l'accusé que le président agacé déclara, avant de lever l'audience, que le lendemain le public ne serait pas admis aux débats. En effet, les témoins furent seuls autorisés à pénétrer dans le prétoire, et, après une réplique du ministère public, Jules Favre se leva ; il rivalisa d'éloquence avec son confrère ; ce fut pour les deux maîtres un beau succès, que vint bientôt confirmer l'acquittement de leur client.

Quelques semaines plus tard, Lachaud se retrouvait à la barre de la Cour d'assises de la Seine, disputant au ministère public la tête du docteur Couty de la Pommerais, accusé d'empoisonnement sur sa belle-mère et sur sa maîtresse.

La foule s'était passionnée, la salle était comble ; et la présence de savants comme Tardieu, Bouley, Vulpian et Claude Bernard ajoutait singulièrement à l'intérêt de ces grands débats.

Ce que dut être la plaidoirie, on le devine; stimulé par la parole d'un adversaire redoutable, l'avocat général Oscar de Vallée, et aussi par l'hostilité manifeste de l'opinion publique, contre laquelle Lachaud a eu le courage de ne jamais faiblir, le défenseur produisit une émouvante impression; mais il avait à combattre les constatations matérielles de la science, et la lutte était inégale ; il succomba. La Pommerais fut condamné à la peine capitale, et, malgré des interventions puissantes, il subit son châtiment.

Dans le même temps, et bien moins dramatique dans ses conséquences, se déroulait la célèbre affaire de la succession du commandeur Da Gama Machado.

Le commandeur était mort laissant un testament très embrouillé et très touffu, que de nombreux codicilles étaient loin d'éclaircir. Les héritiers en contestaient la validité, invoquant à l'appui de leur thèse l'insanité d'esprit du testateur. Le procès dura plusieurs années, et auprès de Senard, de Dufaure et de Nicolet, Léon Duval prononça une plaidoirie, qui restera comme un chef-d'œuvre de fine raillerie.

Léon Duval soutenait les intérêts de l'une des légataires particulières, à laquelle Machado avait légué une rente viagère de trente mille francs. Entre autres bizarreries, le

testateur avait prescrit qu'un valet de chambre porterait
derrière son char funèbre un sansonnet renfermé dans une
cage; l'avocat s'était avisé de recueillir toutes les origi-
nalités imputables aux plus illustres d'entre les hommes,
et la moisson était abondante! Le monument qu'il éleva
ainsi n'était pas à la gloire de l'esprit humain.

Le commandeur était un amateur d'oiseaux passionné;
aux sarcasmes que cette manie provoquait, Duval répondit avec le plus grand sérieux :

« M. Machado aimait profondément la nature; il trouvait Descartes injuste envers les animaux. Il leur soup-
çonnait une âme; il attribuait même aux oiseaux la pré-
éminence sur l'humanité...

« Le dernier trait de sagacité du commandeur fut d'in-
viter les corbeaux du Louvre à ses funérailles. Voici
comment il s'y prit : il demeurait quai Voltaire; depuis
plusieurs années, il faisait exposer sur son balcon, à trois
heures précises, des assiettes chargées de viande en
menus morceaux, et les corbeaux étaient exacts à la curée.
Il lui suffit donc de prescrire à ses héritiers qu'on fît ses
obsèques à trois heures; les corbeaux du Louvre n'y man-
quèrent; et même, s'il y voulait des êtres véritablement
affligés, il y réussit à merveille, car, le repas des corbeaux
n'ayant pas été servi ce jour-là, il y eut un vacarme tout
à fait de circonstance... *orantes gutture corvi*. J'ai vu
des hommes sérieux, des savants, qui croyaient en savoir
sur les oiseaux, revenir de ces funérailles avec la stupeur d'un prodige inexpliqué... »

Léon Duval résume toute sa discussion :

« Il ne faut pas juger le testament d'un naturaliste
comme on jugerait celui d'un notaire !

« Les testateurs qui ont voulu égayer la mort ne sont
pas rares. Celui-ci convie à ses obsèques une réunion de

buveurs, qui oublieront à longs traits les peines de la
vie. Cet autre veut sur sa fosse bien gazonnée des danses
et des farandoles. Un troisième y veut des enfants, des
jeux, de la joie...

« Chacun prend la mort à sa manière; heureux ceux
qui la trouvent joviale!... »

Peu de semaines avant les vacances de 1863, une solennité, à laquelle le Barreau s'associa de tout cœur, réunissait
quelques-uns de ses anciens dans la petite ville de Soissons :
on inaugurait une statue élevée à Paillet.

Le bâtonnier Dufaure, à la tête de la députation parisienne, parla, comme il savait parler, au nom de l'Ordre
qu'il représentait.

« Je voudrais, dit-il en terminant, qu'autour de ce monument qui rappellera aux enfants de cette cité le nom de
Paillet, il se formât une sorte de légende qui leur transmît
fidèlement le portrait que l'on a fait de lui avant moi, et
les quelques traits que j'ai pu y ajouter pour qu'avec sa
statue ils puissent avoir l'image de sa belle âme. Rien, ce
me semble, ne les encouragerait autant à bien faire que de
trouver réunis dans vos murs le toit qui a vu naître votre
illustre concitoyen, et les témoignages, consacrés par l'art
ou par la tradition, de tout ce qu'il fut pendant sa vie, et
des hommages que l'admiration et l'amitié lui ont décernés
après sa mort. »

Mais les honneurs de la journée furent pour Alfred Le-
vesque, compatriote et ancien collaborateur de Paillet. Il
fit revivre, avec un rare bonheur et une extrême finesse,
le Paillet intime, le « Paillet du cabinet », comme il l'appela; il pénétra chez le maître et montra l'avocat, bien-
veillant pour tous, mais difficile pour lui-même, que le
Barreau de Paris avait perdu.

« Si c'était encore la mode des Dialogues des morts, ajouta Lévesque, j'aimerais à me représenter l'illustre enfant de Soissons assis aux Champs-Élysées entre le cygne de la Ferté-Milon et le poète de Château-Thierry. Il se ferait relire Tacite dans la langue de *Britannicus* et ne refuserait pas un sourire au plaidoyer de l'*Intimé*; il trouverait un plaisir extrême aux *Animaux malades de la peste* et ne prendrait pas aux cheveux l'auteur de *Joconde*. Et chez ses interlocuteurs d'outre-tombe, il ne chercherait pas seulement de beaux vers, mais des maximes ; comme Burrhus, il souhaiterait César tout puissant, mais dans Rome libre. »

Le succès de Lévesque fut souligné des applaudissements de la foule accourue au bruit des fanfares. Le banquet indispensable termina la fête, et le soir même les avocats parisiens reprenaient le chemin de la salle des Pas-Perdus.

A la rentrée de novembre, Dufaure, réélu bâtonnier, saisit l'occasion de relever une erreur, plus ou moins involontaire, qu'avait commise le *Moniteur*, journal officiel de l'Empire français (1), qui, racontant les obsèques de Billault, ministre d'État, faisait figurer le Conseil de l'Ordre des avocats parmi les corps constitués ayant assisté à la cérémonie. Une manifestation de ce genre eût été contraire aux traditions toujours respectées du Barreau ; mais elle n'aurait pas déplu au pouvoir.

Il aurait souhaité plus ardemment encore l'échec de la candidature du bâtonnier de l'Ordre, posée à l'Académie française, en remplacement de Pasquier ; Dupanloup et de Montalembert s'étaient faits les parrains de leur défenseur, et le succès répondit à leurs démarches.

(1) Numéro du 18 octobre 1863.

Le 7 août 1864, Dufaure vint prendre possession de son siège d' « immortel ».

Comme c'était justice, dès le début de son discours, il salua le Barreau, qui regarde « comme son devoir le plus glorieux de défendre, quand les circonstances le demandent, et contre tout adversaire, une liberté sans laquelle l'Académie, comme le Barreau, n'existerait plus — la liberté de pensée, de parler et d'écrire ».

Retraçant les souvenirs de la jeunesse de Pasquier il dit un mot du 18 Brumaire, plus amer et plus dédaigneux que des périodes irritées ou des phrases à grand effet :

« Mon prédécesseur n'a pris aucune part au 18 Brumaire ; ainsi je n'ai pas à vous en dire mon opinion ; je m'en félicite ; je ne trouverai peut-être pas en moi l'impartialité nécessaire pour en parler. » Patin répondit à Dufaure, et le loua de son éloquence « simple, sobre, austère et pressée d'agir ».

Depuis le décret de 1860, sur la publicité des débats législatifs, la vie politique était devenue plus active ; la nuit profonde, qui avait assombri les premières années de l'Empire, s'était peu à peu éclaircie ; des lueurs d'aube paraissaient.

La jeunesse des écoles se jetait dans la bataille, recueillant avec passion l'écho de la Chambre des députés, où les « Cinq » combattaient chaque jour avec un infatigable courage.

La presse libérale élevait le ton ; les communiqués, les avertissements, les suspensions, les suppressions mêmes, préludes des poursuites qui se terminaient toujours par des condamnations fatales, restaient sans effet, et le journal, frappé la veille, criait plus fort le lendemain.

C'est dans les prétoires correctionnels que le Barreau

prenait sa rude part de la lutte engagée; « à l'audience,
et sous le couvert des droits de la défense, on censurait le
Gouvernement, on mettait en accusation les ministres, on
élevait des barricades plus ou moins légales, et l'on mon-
tait sans trop de danger à l'assaut du pouvoir. La plaidoirie servait aux superbes déclarations de principes, aux
revendications véhémentes, aux satires acerbes; parfois,
la fantaisie la plus déréglée s'y donnait carrière. Le client
était sacrifié; mais le tribunal, l'avocat et le client étaient
d'accord sur ce point (1). »

A côté des vieux champions de la liberté, une jeune mi-
lice surgissait à la voix des anciens, bien préparée au
combat.

Hérold, Durier, Dréo, Laurier, Ferry, Hérisson, Jozon,
et quelques autres qui comptaient déjà une dizaine d'années de tableau, se retrouvaient fréquemment dans la
mêlée. Ils animaient de leur ardeur bruyante la salle des
Pas-Perdus, qu'ils quittaient précipitamment vers deux
heures pour courir à la Chambre et y applaudir—au dedans
d'eux-mêmes—les harangues de l'opposition; on les appelait les « auditeurs au Corps législatif ». Un journal de
province réclamait-il un concours désintéressé, l'un d'eux
était désigné, qui, l'audience achevée et le jugement de
condamnation rendu, devait assister au banquet fraternel,
et prononcer au dessert le discours obligatoire.

Cependant la législature nommée en 1857 achevait son
œuvre paisible; de nouvelles élections étaient annoncées
pour le printemps de 1863. C'était le moment de tenter de
sérieux efforts, et chacun prit son poste de combat.

Un *Manuel électoral* est rédigé; il porte les signatures
de Clamageran, Dréo, Durier, Ferry, Floquet, Hérisson,

---

(1) P. Bourdeley, *Étude sur Émile Durier.*

Hérold; des comités se forment où, auprès des recrues nouvelles, se retrouvent Marie, Carnot, Jules Simon, Corbon, Crémieux, Charton, Henri Martin, Garnier-Pagès... La presse donne le mot d'ordre sous la forme d'une liste d'opposition, définitivement arrêtée après quelques froissements inévitables, mais à laquelle on se rallie sans arrière-pensée et sans regret.

La France vota le 31 mai; dans les neuf circonscriptions de la Seine, les candidats officiels furent battus; Lyon, Marseille, Nantes, la Loire, la Côte-d'Or, la Manche renforcèrent les « Cinq », qui étaient réélus à de fortes majorités.

Le Barreau de Paris prenait sa bonne part de la victoire; Ernest Picard, Jules Favre et M. Emile Ollivier rentraient au Corps législatif, Favre passant en même temps à Paris et à Lyon; Marie et Berryer étaient nommés à Marseille.

D'autre part, et parmi les candidats de l'Empire que désignaient les départements, l'Ordre des avocats comptait Nogent-Saint-Laurens, Mathieu, Gressier, M. Josseau, etc...

Deux circonscriptions de la Seine étant devenues vacantes par suite d'option, la période électorale se rouvrit à Paris au commencement de 1864.

Les comités se reformèrent; les noms de Durier et d'Hérold avaient été prononcés, mais ils se retirèrent sans hésiter devant deux vétérans de la politique libérale, Carnot et Garnier-Pagès, qui furent nommés.

Le Gouvernement n'avait pas vu sans un violent déplaisir ce réveil de l'opinion, qui installait, de vive force, à la Chambre des députés, un groupe d'opposition avec lequel il faudrait désormais compter, sinon au moment des votes, au moins dans le cours des discussions. Pour montrer que, malgré tout, la force lui restait, le ministère résolut d'intenter des poursuites.

La police procéda à des perquisitions; le 16 juin 1864, entre sept et huit heures du matin, des commissaires se présentèrent chez un grand nombre de personnes, inculpées d'association illicite. Parmi celles-ci, plusieurs membres du Barreau, Dréo, Clamageran, etc..., furent l'objet de ces mesures, qu'une feuille officieuse annonçait au public.

Une instruction s'ouvrit; elle impliquait, dans la prévention, outre les auteurs du *Manuel Electoral*, les deux députés de Paris nouvellement élus, et quelques autres citoyens connus parmi les plus militants, Corbon, André-Pasquet, Charamaule, Gambetta, encore sur les bancs de l'Ecole de droit.

Un journal, l'*Opinion Nationale*, ayant annoncé que le bâtonnier s'était présenté chez le procureur général pour demander des explications au sujet des poursuites commencées contre quelques-uns de ses confrères, un communiqué dédaigneux, parti du ministère de l'Intérieur, répliqua que la nouvelle était inexacte: « aucune explication de cette nature ne pouvait être et n'a été demandée. »

Il était vrai cependant que Dufaure avait vu le chef du Parquet pour lui exprimer l'inquiétude que l'affaire engagée inspirait à l'Ordre, et s'entendre sur les précautions que commandait l'intérêt des clients lors des visites opérées dans le cabinet des avocats.

En réponse au communiqué ministériel, le Conseil fit publier une lettre qui précisait le sens exact de la démarche du bâtonnier (1).

Le 21 juillet 1864, une ordonnance de non-lieu intervenait en faveur d'un certain nombre d'inculpés, mais en renvoyait treize devant le tribunal de police correction-

(1) Cresson, *op. cit.*, II, 4.

nelle comme prévenus d'avoir fait partie d'une association non autorisée et composée de plus de vingt personnes.

Deux députés, six avocats à la Cour Impériale, deux avocats à la Cour de cassation, un avocat du Barreau de Marseille, un avoué de Schelestadt, étaient cités à comparaître.

L'audience étant fixée au 5 août, le Conseil décida qu'il y assisterait, et le bâtonnier était chargé d'écrire au Président pour le prier de vouloir bien faire réserver des places; celui-ci tout d'abord ne crut pas devoir répondre ; mais, après une démarche personnelle faite auprès de lui, il déclara que l'affaire ne se rattachant ni de près, ni de loin à des actes professionnels, il ne pouvait admettre le Conseil à l'audience avec un caractère officiel.

Dufaure répliqua que le Conseil regrettait de ne pouvoir, par sa présence, donner à ses confrères le témoignage de sympathie qu'il avait promis; « mais, ajoutait la lettre, il doit s'arrêter devant l'impossibilité matérielle qui résulte de votre refus. Il délègue à son bâtonnier le soin de le représenter dans les débats qui vont s'ouvrir. »

Au jour fixé, on vit s'asseoir au banc des prévenus des hommes comme la sixième chambre n'avait guère coutume d'en recevoir; au banc de la défense, prirent place des orateurs comme peu de procès en avaient réuni; le bâtonnier Dufaure, Jules Favre, Marie, Berryer, anciens chefs de l'Ordre et députés au Corps législatif, Picard, l'un des Cinq, Hébert, l'ancien garde des sceaux, Senard, Grévy, MM. Desmarest et Emmanuel Arago. L'un des prévenus avait demandé, sans succès d'ailleurs, l'autorisation de confier sa défense à M. Jules Simon, député de la Seine.

Les interrogatoires des inculpés et les dépositions de quelques témoins s'achevèrent rapidement, et le reste de l'audience fut consacré à la lecture du long réquisitoire de l'avocat impérial.

Le lendemain, Jules Favre prit la parole. Chargé d'assister plus particulièrement Garnier-Pagès, il présente cependant la défense générale, établissant les principes du droit d'association, et démontrant que les prévenus n'avaient commis aucune infraction à la loi positive.

« Nous vous demandons, dit-il, si, pour exercer nos droits de citoyens, nous pouvons nous entendre, causer ensemble, nous éclairer. Vous nous dites : vous êtes libres, mais à la condition de n'y pas voir ; vous êtes libres, mais à la condition de ne pas parler ; vous êtes libres, mais à la condition de ne pas penser ! ou plutôt, je me trompe, à la condition de penser ce que nous pensons nous-mêmes, et d'accepter d'une main asservie ces bulletins que nous vous proposons pour les placer dans l'urne officielle qui doit réaliser le simulacre du suffrage et de la liberté ! Mais non, non ! nous ne le voulons pas, et tant qu'il nous restera un souffle de vie, nous protesterons, la loi à la main, contre votre système, et nous invoquerons éternellement les règles de la dignité humaine contre l'insolence des prétentions adverses ! »

Et Jules Favre s'élève avec énergie contre les perquisitions sans scrupule dont son client a été la victime ; puis, il poursuit sa discussion à travers les textes et les travaux préparatoires.

Mais sa plaidoirie va s'achever ; l'orateur écarte toute éventualité d'une condamnation possible, ou bien c'en serait fait à jamais du suffrage universel. « Il faudrait, s'écrie-t-il, jeter un voile sur notre pays, qui ne serait plus qu'une terre d'embûches et de surprises. Il resterait, cela est vrai, vos déclarations pompeuses ; mais devant les faits elles ne seraient plus que de détestables mensonges. »

« J'espère qu'il n'en sera pas ainsi, et quand je vois à côté de moi tous ceux qui m'entourent et me fortifient ; quand je songe que, lorsque ma voix ne se fera plus entendre, elle sera remplacée par celle de mes maîtres ; quand je vois Berryer, mon vieil ami, qui n'a pas été seulement le plus grand des orateurs, mais aussi le plus noble cœur et l'amant passionné et persévérant de la liberté, qui couronne son illustre vieillesse ; quand je vois Marie, qui a servi son pays avec le désintéressement et la pureté que tout le monde a admirés ; et Senard, le courageux président de l'Assemblée nationale, qui a opposé sa poitrine aux coups des agitateurs ; et ces ministres de l'ancienne monarchie, M. Dufaure, M. Hébert, qui ont cherché, dans la mesure de leurs forces, si puissantes, à faire triompher les principes qui sont aujourd'hui obscurcis et niés ; et toute cette jeune génération qui me presse, qui est mon espérance, qui est mon amour ; ah ! je ne dis pas seulement que cette cause triomphera (ce n'est là qu'un bien petit accident dans notre vie politique) ; je dis que la liberté est impérissable ; elle a de trop illustres champions, de trop nobles défenseurs, et nous pouvons considérer d'un œil serein le nuage qui passe... le soleil n'en sera pas obscurci ! »

A ces mots, il se produit une scène profondément émouvante : pendant que le tribunal s'esquive dans la chambre du Conseil, un mouvement enthousiaste éclate dans l'auditoire, et des bravos, d'abord difficilement comprimés, font explosion ; Jules Favre est entouré, pressé, acclamé, et Berryer s'écrie : « Il n'y a plus de prévention ; il ne sert plus à rien de plaider ! » Mais l'audience est reprise, et le président va donner la parole à Marie, quand Berryer s'avance à la barre, et, de cette voix superbe qui donnait tant de puissance à sa parole, il dit : « Pendant que le tribunal a suspendu son audience, sans céder à de profondes et vives émotions, sans obéir à des entraînements que l'admiration fait naître, après la magnifique harangue que vous avez entendue, après cette plaidoirie si complète, les prévenus tous ensemble, et tous ceux de mes honorables confrères qui s'étaient associés à la défense, ne pensent pas qu'il y ait rien à ajouter. Nous ne trouvons dans notre intelligence et dans notre cœur rien qui puisse être produit, rien qui atteigne à la vérité, à la grandeur, à la noblesse des raisons qui viennent de vous être présentées.

« Elevés dans le respect de la Magistrature, nous renonçons à prolonger la défense, convaincus que nous sommes qu'après de telles paroles, après de telles démonstrations, après de telles vérités historiques, il n'y a pas un juge en France qui puisse prononcer une condamnation contre les hommes assis sur ces bancs. »

Après cette déclaration, qui honorait au même titre celui qui la faisait et celui dont elle consacrait le triomphe, le tribunal se retira; il délibéra de longues heures et rapporta enfin un jugement qui condamnait chacun des prévenus à une amende de cinq cents francs.

L'affaire fut portée au mois de novembre devant la Cour; les mêmes défenseurs assistaient les mêmes parties. Le débat s'y poursuivit pendant de nombreuses audiences avec une ampleur inusitée, chacun faisant appel à ses plus remarquables qualités, celui-ci pénétrant avec la force de sa dialectique jusqu'au cœur de la discussion, celui-là se livrant aux considérations générales les plus élevées. Un incident, vivement commenté, se produisit après les conclusions du Procureur général de Marnas; avant de terminer, il s'était adressé aux défenseurs :

« Vous me feriez un succès, si réellement j'en cherchais

un, leur dit-il; peut-être la différence des forces serait
compensée par la différence des situations, alors que j'ai
devant moi des hommes de la Restauration, des hommes
du Gouvernement de Juillet, des hommes de 1848, qui se
réunissent pour attaquer la poursuite la mieux établie au
point de vue du droit. La partie est assez belle pour moi! »

A peine a-t-il achevé, Berryer se lève avec impétuosité:
« Je prends la parole, s'écrie-t-il, je l'usurpe! je la prends
le premier parce que j'ai besoin d'expliquer pourquoi je
suis ici. J'ai entendu M. le Procureur général vous dire
tout à l'heure : comment vos sentiments politiques, votre
dévouement à l'État, au Gouvernement établi, ne seraient-
ils pas inquiets, alarmés? Comment ne sentiriez-vous pas
le besoin de sévir quand vous voyez les partisans de la
Restauration, les partisans du Gouvernement de Juillet,
les partisans de la République se donner la main dans
une coalition contre le Gouvernement établi? Oui, je vote
avec ces messieurs ! oui, je viens défendre le comité démocratique... je suis fils d'un électeur de 1789; mon père
m'a élevé dans la tradition des grands principes, des grandes idées de cette époque... Hommes de la République,
hommes de la Restauration, hommes du Gouvernement
de Juillet, nous avons tous besoin de manifester librement
nos opinions, parce que nous avons tous des convictions
profondes et honnêtes, parce que tous nous désirons que
notre pensée triomphe dans le pays... »

« Je suis vieux, eh bien! j'ai cette satisfaction dans mon
cœur, et je l'aurai jusqu'au dernier moment, lorsque je
m'endormirai de mon dernier sommeil, que la France a
toujours été toute ma pensée. C'est pour cela que j'ai
gardé l'indépendance de cette robe avec laquelle je viens
ici, et que je n'ai jamais désertée; c'est pour cela que je
n'ai livré ma parole aux amis, que je suis toujours heureux

de servir, comme aux ennemis que je ne sais pas repousser, qu'en obéissant aux élans sincères et vrais de ma conscience, aux claires et manifestes convictions de mon esprit et de mon intelligence... C'est ainsi que nous sommes réunis ici, prévenus et défenseurs, dans un intérêt complètement commun. »

Est-il besoin d'ajouter que la Cour confirma le jugement du tribunal correctionnel?

Les condamnés payèrent l'amende; quelques milliers de francs de plus figurèrent aux recettes du budget impérial, mais l'opposition démocratique, poursuivie et traquée, allait se proclamer irréconciliable.

Dans le même temps, une manifestation imposante se préparait; l'un des personnages les plus illustres d'Angleterre, lord Brougham (1), avait adressé à Berryer une invitation à un banquet « qui sera, écrivait le noble lord, le témoignage de notre admiration respectueuse du grand orateur et avocat, et de la reconnaissance qui vous est due pour avoir soutenu en tout temps l'indépendance des vaincus ».

Berryer accepta, et, dans les premiers jours de novembre, il se rendit en Angleterre, accompagné de M. Desmarest, que le Conseil avait nommé bâtonnier, en remplacement de Dufaure.

La réception fut splendide. Après avoir fait à leurs hôtes les honneurs de plusieurs audiences, les chefs du Barreau Anglais les admirent à une séance de l'association de jurisprudence, présidée par lord Brougham. Des discours y furent prononcés; Berryer dit quelques mots en français; le bâtonnier prétendit que ce serait une faute de

(1) V. Frank-Chauveau, *Étude sur Lord Brougham.*

sa part de parler en français après Berryer, et prononça
une courte allocution en langue anglaise.

Un banquet réunit plus de quatre cents convives, sous
la présidence de l'attorney général, dans la grande salle
de Middle-Temple; un luxe inusité avait été déployé
dans l'ordonnance et le service du repas.

Au dessert, après le « loyal toast » porté par le président à la reine Victoria et à l'empereur Napoléon III,
Berryer se leva, aux applaudissements répétés de l'assistance. Il remercia de tout cœur de la réc . tion dont son
confrère et lui se voyaient l'objet.

« Après cinquante ans de travaux, ajouta-t-il, j'ai reçu
de mes confrères de France un témoignage de fraternelle
sympathie. Mais là, j'étais au milieu des miens, j'étais soutenu par cinquante ans de relations amicales. Encore une
fois, j'étais auprès des miens; mais, près de vous, je ne
saurais dire ce que je sens.

« Si! laissez-moi dire ce que j'éprouve en ce moment;
il me semble que c'est la voix de la postérité que j'entends
tomber de vos lèvres.

« Il y a une pensée plus féconde qu'un hommage rendu
à un seul homme. Il y a l'alliance des Barreaux des deux
nations les plus civilisées du monde... »

Faisant un retour sur sa patrie :

« Nous ne pouvons avoir en France de ces réunions que
la loi autorise dans ce pays, dit Berryer ; mais nous pouvons nous mettre en communication les uns avec les autres, et de ces communications naîtra, je l'espère, l'union
des intelligences.

« Le Barreau français n'a pas, comme le Barreau anglais, fourni des hommes à toutes les situations de la vie
politique. Au milieu de nos révolutions, ces hommes, qui
se respectent, n'ont pas voulu accepter d'emplois.

« Le Barreau est resté l'asile de ceux qui, froissés dans leurs convictions, n'ont pas voulu fléchir. On compte parmi eux les hommes les plus éminents.

« Nous possédons le libre échange; mais il ne faut pas qu'il se borne à l'échange de soieries et de cotonnades ; il faut que ce soit le libre échange des idées... »

L'enthousiasme fut immense, et c'est au milieu d'une agitation persistante que M. Desmarest, heureusement inspiré, établit un parallèle entre lord Brougham et Berryer, « ces deux porte-étendards du droit et de la justice. »

L'effet produit par cette imposante cérémonie dépassa les frontières anglaises et retentit vivement en France: l'attitude de Berryer, critiquée par les uns, louée par le plus grand nombre, suscita quelque polémique ; on arrivait difficilement à faire passer le grand avocat pour un révolutionnaire farouche; mais l'énergie et la constance de son opposition au régime impérial causaient quelque émotion dans les sphères officielles.

Deux ans après, à la mort de Duranton, Berryer devenait doyen de l'Ordre; son père avait vu, lui aussi, son nom en tête du tableau; il n'en est pas de plus illustre dans les annales du Barreau français.

Le Procureur général Dupin n'assistait pas à la solennité de la rentrée de 1865; le Palais s'en étonna, mais apprit bientôt que, malgré l'esprit enjoué d'une lettre que publiaient les journaux, Dupin aîné était gravement malade; il mourut le samedi 11 novembre.

A travers les péripéties variées de sa longue carrière, Dupin avait tenu une trop large place dans le monde judiciaire pour que le Barreau ne fût pas frappé de son décès; l'Ordre perdait un de ses anciens bâtonniers; quelle attitude devait-il tenir lors de ses funérailles? le

Conseil se réunit le jour même; sur l'invitation du bâtonnier il se demanda s'il devait assister aux obsèques, officiellement, en robe et en corps. Précédemment, au mois de mars 1864, le Conseil avait décliné l'invitation de se rendre à l'enterrement du Procureur général de Cordoën. Persistant dans cet usage, le Conseil décida de s'abstenir; l'Ordre ne doit les derniers devoirs qu'à ses membres, c'est-à-dire à ceux qui sont décédés étant encore avocats, sans exception même pour les anciens bâtonniers qui ont quitté le Barreau.

Les obsèques furont célébrées avec toute la pompe qu'exigeait la haute fonction de Dupin; les avocats s'y rendirent en grand nombre, apportant ainsi leur suprème hommage à un maître dont il faut d'autant plus déplorer les faiblesses qu'on ne saurait, sans injustice, contester la supériorité de son esprit.

Aux élections pour le Conseil de l'Ordre qui eurent lieu au mois de juillet 1866, Gaudry déclina toute candidature; dans une lettre rendue publique, il rappelait qu'il avait cinquante années de tableau, que depuis trente-six ans il siégeait au Conseil, et qu'il avait été bâtonnier en 1850 et 1851; il était résolu, disait-il, à rester avocat jusqu'à son dernier jour, mais son âge l'avertissait de ne plus occuper une place que d'autres rempliraient si bien.

A ces mêmes élections, Allou devenait bâtonnier; tout le désignait, depuis plusieurs années déjà, aux suffrages du Conseil; il voyait chaque jour sa situation grandir et s'étendre sa légitime autorité. Le Palais suivait avec une attention sympathique la série ininterrompue de ses succès oratoires; le complot de Greco et de Trabucco, l'affaire du duc de Brunswick, des questions de séparations de corps, des différends d'ordre financier, quelques procès de presse enfin où il trouvait l'occasion d'affirmer ses opinions libérales, absorbaient l'infatigable labeur de sa vie militante.

L'exercice de ses hautes fonctions ne ralentirent pas son activité, et chaque jour le trouvait à la barre.

Sous le bâtonnat d'Allou, et alors qu'on ne parlait presque plus de l'incident tapageur soulevé par la visite de l'empereur de Russie, au Palais de Justice, où l'avaient accueilli les cris de : vive la Pologne ! une grave question, qui préoccupait toujours le Barreau, se posa de nouveau devant la Cour de cassation : l'Ordre des avocats est-il maître de son tableau? Contrairement à la jurisprudence, proclamée en 1850 (1), la Cour suprême se prononça, le 29 juillet 1867, dans le sens de la négative, et, malgré de respectueuses mais énergiques revendications, elle a persisté dans son sentiment. « Cette jurisprudence donne son appui à ce qu'elle croit être l'intérêt particulier des candidats à la profession. N'oublie-t-elle pas, dans ses délibérations, la part plus grande due à cet intérêt public, intérêt supérieur, cherché et voulu par le législateur de 1822? Celui-ci en avait confié la défense à l'honneur des Conseils de discipline, en se rappelant qu'à travers les âges l'Ordre des avocats s'était surtout distingué par la probité, l'indépendance et le désintéressement. Il lui avait paru que le passé garantissait l'avenir, que le Barreau restait digne de se recruter lui-même et de juger seul les conditions remplies pour exercer la profession et donner sécurité au peuple des plaideurs (2). »

Le régime impérial comptait environ quinze années d'existence, et, malgré la gloire militaire que nos armes

(1) V. p. 384
(2) Crosson, *Profession d'avocat*, II, p. 169.

avaient un instant recueillio dans d'heureuses campagnes,
il semblait que de sourds craquements se faisaient entendre à la base de l'édifice.

Les poursuites contre les journaux et les brochures
étaient fréquentes ; dans l'une d'elles, fut compris un
avocat, Maurice Joly, qui, convaincu d'excitation à la
haine et au mépris du Gouvernement à la suite de la publication d'un opuscule intitulé : *Dialogue aux enfers
entre Machiavel et Montesquieu*, subit une rigoureuse
condamnation de quinze mois d'emprisonnement.

Maurice Joly était très connu du monde judiciaire.
Il ne réussit pas cependant à s'y créer une place; sorte
de « neveu de Rameau de la démocratie et du Palais, »
comme on l'a justement appelé, il devait finir misérablement, après avoir poursuivi d'une implacable haine ceux
qu'il accusait de son infortune persistante. Joly avait dessiné, en de fines et piquantes pages, les portraits des avocats célèbres; sous les noms de Gorgias et de Laërte, il
avait esquissé deux figures, qu'il était facile de reconnaître;
Dufaure, Senard, Berryer et beaucoup d'autres revivaient
sous sa plume ; et le livre où il réunit ces études renfermait en outre des considérations générales dans un style
d'une extrême vigueur.

Il devait fonder un jour une feuille judiciaire, *le Palais*,
dont l'existence éphémère ne résista pas à une retentis-
sante querelle.

Cependant, au Corps législatif, l'opposition se montrait
plus hardie et plus encouragée ; la presse élevait le ton,
et les salons de bonne compagnie disaient du mal du pouvoir. L'Académie française s'associa malicieusement à ces
mouvements hostiles en portant ses suffrages sur l'un des
adversaires les plus déterminés de l'Empire, dont les triom-

phes éloquents ne se complaient plus, ni à la barre, ni à la tribune : Jules Favre était nommé au fauteuil de Victor Cousin. Il prit séance le 23 avril 1868. Lu de cette voix séduisante, qui produisait par moments l'effet d'une pure harmonie, le discours de Favre lui valut un prodigieux succès de séance ; certains passages, où l'orateur s'était particulièrement appliqué, soulevèrent l'enthousiasme de la société choisie qui s'était entassée de bonne heure au Palais Mazarin.

L'avocat ne pouvait oublier ni sa profession, ni ses confrères. « Je ne puis m'empêcher, dit-il, de faire remonter l'honneur que je reçois à sa source véritable, à ce Barreau qui m'est si cher, au sein duquel s'est écoulée ma vie, au milieu de rudes labeurs et de douces affections. Il a été l'école de ma jeunesse, le soutien de mon âge mûr ; il sera la dignité des jours qui me restent encore. L'indépendance, le désintéressement, le courage civil sont ses règles élémentaires. J'ai essayé de n'y être pas tout à fait infidèle, et, sur un autre théâtre, je n'ai eu qu'à m'en souvenir pour faire mon devoir. Je lui ai donné mon cœur. Il m'a rendu d'inestimables amitiés, mes guides indulgents et sûrs. Je serais bien aveugle si je ne les voyais pas me devançant ici, et me préparant au poste que, sans elles, je n'aurais jamais osé espérer ; je serais bien ingrat si je ne leur renvoyais pas l'expression de ma reconnaissance et de mon inaltérable attachement. »

Quand il eut achevé l'éloge du chef de cette école philosophique, qui, délaissant les préceptes de l'inflexible logique, se réfugie dans un éclectisme commode, Jules Favre crut le moment d'ouvrir sa conscience et de proclamer sa foi philosophique : « Quelles alarmes, s'écriat-il, puis-je concevoir en face de la négation de l'âme et de Dieu s'il m'est permis de dire hautement : je suis ma pro-

pre lumière. Quand je m'interroge, je sens en moi la faculté de me connaître, et, en dehors de moi, le monde
extérieur qui n'est pas moi, et, au dessus encore, l'infini
dont tout émane et dont ma conscience me fournit l'irré-
cusable notion.

« Il est vrai que cette notion ne me vient pas de mes
sens, pas plus que toutes celles qui constituent ma vie
morale, c'est-à-dire la meilleure partie de mon être, et,
comme je ne doute pas de celle-ci, je ne puis pas davantage douter de celle qui me conduit à Dieu... Mais ce
Dieu dont mon âme immortelle garde l'ineffaçable image,
ce Dieu qui se révèle à ma conscience par ma raison, c'est
un Dieu d'esprit et de vérité. Il m'a fait intelligent et
libre, et la première loi qu'il m'impose, c'est le respect
de mon intelligence et de ma liberté ; je lui suis fidèle en
suivant la raison qu'il m'a donnée pour guide ; je le mé-
connais en humiliant cette raison devant des erreurs
qu'elle n'accepte point... »

Les spéculations développées par Jules Favre n'étaient
ni bien hardies ni bien nouvelles ; certains les trouvèrent
piquantes sur ses lèvres.

M. de Rémusat répondit ; sa parole sourde et hésitante
fatigua l'assistance ; mais le lendemain on découvrit dans
son discours de fines pensées, écrites dans une langue
irréprochable.

Le directeur de l'Académie célébra, comme il convenait, la puissance oratoire du récipiendaire et la suprématie qu'il exerçait au Barreau.

Il venait de rappeler, en un brillant langage, la parole
persuasive de Victor Cousin ; subitement, il s'arrête :
« Mes souvenirs m'entraînent, Monsieur, dit-il à Jules
Favre, et vous allez croire que je vous oublie. Rassurez-

vous, je n'étais pas si loin de vous, car je parlais d'éloquence.

« Je ne m'en serais pas beaucoup éloigné, même en ne parlant que de philosophie. Comme l'orateur romain l'a répété tant de fois, vous professez que la philosophie est nécessaire à l'éloquence. Vous voulez que, même au Barreau, elle accompagne l'orateur, éclaire son esprit, élève son langage, soutienne sa conviction. Vous l'avez dit souvent aux membres réunis de l'Ordre qui vous avait élu pour son chef ; vous l'avez répété à ces jeunes stagiaires, que vous aimez comme l'espérance. C'est dans les discours, prononcés comme en famille, devant des confrères heureux de vous entendre, que l'on apprend le mieux à connaître et les idées qui vous sont chères, et les sentiments qui vous animent, et ce talent, fruit de la nature et du travail, de l'inspiration et de la volonté, qui vous marquait une place dans cette enceinte. L'amour fervent de votre noble profession, la religion du droit, le dévouement au devoir, la fidélité au travail, le respect de tout ce qui est saint et juste, enfin le culte du beau, sous toutes ses formes, sous celles de l'art et même de la poésie, voilà ce que, par votre bouche, le bâtonnier de cet illustre Barreau de Paris a maintes fois recommandé, avec l'autorité de son exemple et de sa parole, à ceux qu'il était digne de guider dans la carrière... »

L'opposition politique s'accentuait ; à la veille d'une campagne électorale qu'il allait entreprendre dans le Jura et pour lui donner plus d'autorité, Jules Grévy fut appelé au bâtonnat. Les grandes affaires dans lesquelles il avait joué un rôle important, les intérêts que lui confiait une clientèle empressée assuraient à Grévy une place des plus honorables ; des considérations extérieures ne restèrent cependant pas étrangères à son élévation.

Aussi bien, l'agitation n'allait pas tarder à se répandre; le Gouvernement en était arrivé à cette heure psychologique où toute force se heurte à une résistance, qu'elle doit vaincre si elle ne veut risquer d'être vaincue.

Au Palais, un coup de tonnerre éclate : un homme se révèle presque subitement qui va se mêler, pendant plus de vingt ans, aux destinées du pays, à ses luttes et à ses progrès, à ses malheurs et à ses espérances ; une affaire de presse jette au monde le nom de Gambetta. « La veille du procès, on parlait de Sadowa, du Mexique, du Pape. Le lendemain, on ne parla plus que du Deux-Décembre ; et dévoilé, flétri dans son origine criminelle, l'Empire était condamné (1). »

Pour le jeune Barreau et pour les Comités politiques, Gambetta n'était pas tout à fait un inconnu.

Dès son inscription au stage, à la fin de 1860, il avait eu hâte de plaider. « Le serment m'a coûté quelques francs, écrivait-il à son père, sans compter les trois francs par mois que me coûte le louage de ma robe. Oh ! qu'il me tarde de plaider ! la langue me brûle. *J'ai peur d'avoir peur*, comme disait Montaigne. C'est le courage des braves. Oh ! quand viendra ce beau jour ? En ce moment, j'ai la fièvre de débuter... Ma pensée, ma vie est concentrée sur ce point : plaider ! »

A la Conférence des avocats, il produisit une vive impression, qui lui valut d'être nommé, à la fin de l'année, troisième secrétaire. On raconte qu'un jour, répliquant à son contradicteur, qui avait parlé des sirènes, dont la voix enchanteresse appelle et retient les joueurs autour des

(1) H. Brisson, *Revue politique.*

tables de baccarat, il le désigna d'un geste impérieux et
s'écria, en le foudroyant du regard : « La sirène, la voilà ! »
Sur cet exorde *ad hominem*, Jules Favre, qui présidait,
donna le signal des applaudissements.

Gambetta suivait, plus assidûment encore, la conférence
Molé, s'y livrant, avec toute son ardeur, à l'apprentissage
des débats politiques; par deux fois, il fut appelé à en présider les juvéniles discussions.

Après avoir étudié quelques dossiers sous la direction
de de Jouy, il s'était attaché au cabinet de Crémieux. Plusieurs causes sans retentissement, deux ou trois affaires
pour des hommes de lettres l'avaient seules appelé à la
barre, quand il fut chargé de défendre dans le « Procès
des cinquante-quatre » un jeune contre-maître de l'usine
Cail. Cette fois déjà, Gambetta s'était fait l'accusateur de
l'Empire. « Vous vous êtes donnés, avait-il dit, comme
devant sauver les libertés menacées, et vous n'avez d'autre
objectif que d'entraîner cette jeunesse courageuse, forte, et
qui aime sa patrie par-dessus tout, dans des traquenards
et des guet-apens de police ! et vous vous dites un Gouvernement fort ! N'avez-vous pas honte de mettre en balance les mesquins intérêts d'une dynastie de hasard avec
les intérêts supérieurs de la nation (1) ? »

Dans la journée on voyait constamment Gambetta aux
tribunes de la Chambre des députés; le soir, il se mêlait,
dans les comités et dans les cercles, aux hommes de l'opposition, toujours prêt à parler sur toutes les questions qui
s'y posaient, et faisant admirer par de jeunes amis enthousiastes les ressources de son vaste esprit et les fruits
de son labeur.

Aux élections de 1863, il avait vigoureusement soutenu

(1) Albert Tournier. *Gambetta.*

dans le quartier des écoles la candidature de Prévost-Paradol; l'année suivante, il fut un instant impliqué dans la poursuite qui aboutit au « procès des Treize » (1).

Donc, Gambetta attendait impatiemment son heure, quand parut un livre d'histoire contemporaine qui fit grand tapage; c'était une étude sur le coup d'Etat, *Paris en Décembre 1851*, par Eugène Ténot. L'auteur s'était presque exclusivement contenté de recueillir des documents officiels, et de réimprimer quelques récits empruntés à des écrivains dont on ne pouvait, en haut lieu, suspecter le dévouement; à peine y avait-il, çà et là, ajouté quelque commentaire timide et d'allure inoffensive. L'opinion se reporta aux tristes jours dont Ténot ravivait le souvenir, et, parmi les épisodes qu'il racontait, la mort du représentant Baudin, tué sur les barricades du faubourg Saint-Antoine, revint à la pensée de beaucoup, qui l'avaient oubliée, ou frappa les esprits de ceux qui l'ignoraient encore.

Le 2 novembre 1868, jour des morts, un certain nombre de citoyens se rendirent au cimetière Montmartre, et des discours animés furent prononcés sur la tombe de Baudin. Quelques jours après, les principaux organes de l'opposition démocratique ouvraient une souscription pour lui élever un monument; les adhésions affluèrent; celle de Berryer produisit une émouvante sensation. « Le 2 décembre 1851, écrivait le glorieux champion du parti légitimiste, j'ai provoqué et obtenu de l'Assemblée nationale, réunie dans la mairie du X⁰ arrondissement, un décret de déchéance et de mise hors la loi du président de la République, convoquant les citoyens à la résistance contre la violation des lois dont le président se rendait coupable. Ce décret a été rendu public autant qu'il a été possible.

(1) V. page 438.

Mon collègue, M. Baudin, a énergiquement obéi aux ordres de l'Assemblée; il en a été victime, et je me sens obligé de prendre part à la souscription ouverte pour l'érection d'un monument expiatoire sur sa tombe. Veuillez agréer mon offrande. »

Le pouvoir jugea qu'il était temps d'agir; le Parquet lança contre les orateurs du cimetière Montmartre et les gérants des journaux, où la souscription avait été ouverte, des citations à comparaître devant le tribunal de police correctionnelle, sous la prévention de manœuvres à l'intérieur.

Le débat s'ouvrit le 13 novembre 1868. Crémieux et M⁰ Emmanuel Arago avaient déjà répondu au réquisitoire de l'avocat impérial, quand Gambetta se leva pour présenter la défense de Delescluze, rédacteur en chef et gérant du journal *le Réveil*.

C'était à l'audience du 14; on n'oubliera pas de sitôt cette harangue enflammée, où, à la stupéfaction d'un président impuissant, l'avocat, soutenu par un auditoire électrisé, répliqua à la poursuite, intentée contre le souvenir du Deux-Décembre, en faisant le procès au Deux-Décembre lui-même.

« Oui, s'écria-t-il, en réponse aux mouvements d'impatience de l'avocat impérial, le Deux-Décembre, autour d'un prétendant, se sont groupés des hommes que la France ne connaissait pas jusque-là, qui n'avaient ni talent, ni honneur, ni rang, ni situation, de ces gens qui à toutes les époques sont les complices des coups de la force, de ces gens dont on peut répéter ce que Salluste a dit de la tourbe qui entourait Catilina, ce que César dit lui-même en traçant le portrait de ses complices, éternels rebuts des sociétés régulières : *Ære alieno obruti et vitiis onusti,* un tas d'hommes perdus de dettes et de crimes, comme traduisait Corneille. C'est avec ce personnel que l'on sabre depuis des siècles les institutions et les lois; et la conscience humaine est impuissante à réagir, malgré le défilé sublime des Socrate, des Thraséas, des Cicéron, des Caton, des penseurs et des martyrs, qui protestent au nom de la religion immolée, de la morale blessée, du droit écrasé sous la botte d'un soldat.

« Mais ici, il ne peut pas en être de la sorte; quand nous venons devant vous, magistrats, et que nous vous disons ces choses, vous nous devez aide et protection. Ces hommes ont prétendu avoir sauvé la France. Il est un moyen décisif de savoir si c'est une vérité ou une imposture. Quand un pays traverse réellement une crise suprême, qu'il sent que tout va succomber, jusqu'à l'assiette même de la société, alors savez-vous ce qui arrive? C'est que ceux que la nation est habituée à compter à sa tête, parce qu'ils se sont illustrés par leurs talents et leurs vertus, accourent pour la sauver. Si je compte, si je dénombre, si j'analyse la valeur des hommes qui ont prétendu avoir sauvé la patrie au Deux-Décembre, je ne rencontre parmi eux aucune illustration, tandis que, de l'autre côté, je vois venir au secours du pays des hommes comme Michel de Bourges, Charras, morts depuis — Ledru était déjà exilé — et tant d'autres pris dans l'élite des partis les plus divers; par exemple, notre Berryer, ce mourant illustre, qui, hier encore, nous envoyait cette lettre d'un homme de cœur, testament d'indignation qui prouve que tous les partis se tiennent pour la revendication de la morale.

« Où étaient Cavaignac, Lamoricière, Changarnier, Leflô, Bedeau, et tous les capitaines, l'honneur et l'orgueil de notre armée?

« Où étaient M. Thiers, M. de Rémusat? les représentants autorisés des partis orléaniste, légitimiste, républicain, où étaient-ils? A Mazas, à Vincennes, tous les hommes qui défendaient la loi ! en route pour Cayenne, en partance pour Lambessa, ces victimes spoliées d'une frénésie ambitieuse. Voilà, Messieurs, comment on sauve la France ! Après cela, pensez-vous qu'on ait le droit de s'écrier qu'on a sauvé la société uniquement parce qu'on a porté la main sur le pays? De quel côté étaient le génie, la morale, la vertu? Tout s'était effondré sous l'attentat... »

Ici, le président tenta d'intervenir timidement, mais que pouvait-il contre cette grande voix dont l'éclat allait retentir au dehors, et y faire pour toujours justice d'un attentat politique?

« Il y a d'ailleurs quelque chose qui juge nos adversaires, poursuit l'orateur. Écoutez ! Voilà dix-sept ans que vous êtes les maîtres absolus, discrétionnaires de la France : c'est votre mot...! Vous n'avez jamais osé dire : nous célébrerons, nous mettrons au rang des solennités de la France, le Deux-Décembre, comme un anniversaire national ! Et cependant, tous les régimes qui se sont succédé dans ce pays se sont honorés du jour qui les a vus naître; ils ont fêté le 14 juillet, le 10 août; les journées de 1830 ont été fêtées aussi, de même que le 24 février; il n'y a que deux anniversaires, le 18 Brumaire et le 2 Décembre, qui n'ont jamais été mis au rang des solennités d'origine parce que vous savez que si vous vouliez les y mettre, la conscience universelle les repousserait. Eh bien! cet anniversaire dont vous n'avez pas voulu, nous le revendiquons, nous le prenons pour nous; nous le fêterons toujours, incessamment; chaque année, ce sera l'anniversaire de nos morts jusqu'au jour où le pays, redevenu le maître, vous imposera la grande expiation

nationale au nom de la liberté, de l'égalité, de la frater-
nité ! »

L'effet fut prodigieux ; en vingt-quatre heures, le nom
du jeune tribun — il avait trente ans — se répandait
sur tout le territoire ; l'Empire était touché.

« Mon père revint chez lui, raconte quelque part M. Georges Lachaud, tout animé, à la fois saisi de colère et d'admiration. Il avait entendu insulter, non seulement l'Empire qu'il soutenait, mais l'Empereur qu'il aimait ; en
même temps, cette éloquence fougueuse et hardie avait
séduit le grand artiste. Il faut que le président du tribunal
ait été frappé de surdité pour l'avoir laissé parler ainsi,
disait-il avec indignation, et, en souriant, il ajoutait : mais
c'était beau à entendre ! »

Les liens d'une sincère amitié unissaient d'ailleurs, l'un
à l'autre, Lachaud et Gambetta ; Gambetta admirait sans
réserve les ressources du talent du grand avocat d'assises ; et celui-ci applaudissait aux succès de celui-là, inspiré qu'il était par la générosité de son cœur, qui se refusa
toujours à tenir compte des divergences politiques, même
les plus accentuées.

Laurier et Leblond plaidèrent après Gambetta ; puis,
un avocat développa brièvement des conclusions pittores-
ques, dans lesquelles il cherchait à établir que le délit de
manœuvres ne pouvait être retenu : le mot *manœuvres*,
disait-il, n'a jamais compris que des actes manuels ; « l'é-
tymologie de ce mot, *manuum opera*, suppose le travail
et le mouvement des mains, tandis que les faits reprochés
aux prévenus supposaient exclusivement le mouvement
des jambes, le mouvement de la langue et le mouvement
des lèvres. »

Des peines sévères furent prononcées, que la Cour s'empressa de confirmer ; mais c'était plus qu'un discours qui

avait frappé les échos de la police correctionnelle: un acte d'accusation était dressé contre le pouvoir ; il semblait que la condamnation ne se ferait plus longtemps attendre.

A partir de ce moment, Gambetta parut dans de nombreuses poursuites de presse; le journal *le Rappel*, particulièrement, poursuivi sans relâche par le Parquet, lui confiait chaque fois sa défense, et le jeune Barreau s'empressait, avec une joie mal dissimulée dans le local exigu de la 6e Chambre pour entendre l'avocat couvrant de la vigueur de ses poumons les interruptions désolées du président Brunet.

Dans sa plaidoirie pour Delescluze, Gambetta avait parlé de « notre Berryer mourant ». En effet, une grave maladie frappait le grand avocat dans les premiers jours de novembre. Dès que le bruit s'en fût répandu, le Barreau suivit les progrès du mal avec anxiété, mais sans l'espoir d'une guérison possible ; l'âge avancé du malade autorisait toutes les craintes. Chaque jour, les journaux publiaient des « bulletins », qui, chaque jour aussi, devenaient plus alarmants.

Le 18 novembre, Berryer ne conserva plus d'illusions sur l'issue fatale de ses souffrances; toute sa pensée se reporta vers la cause politique dont il avait été, de tout temps, l'éloquent défenseur, et, dans un cri suprême d'invincible fidélité, il écrivit au comte de Chambord : « O Monseigneur, ô mon Roi, on me dit que je touche à ma dernière heure. Je meurs avec la douleur de n'avoir pas vu le triomphe de vos droits héréditaires, consacrant l'établissement et le développement des libertés dont notre patrie a besoin. Je porte ces vœux au ciel pour sa Majesté la Reine, pour notre chère France.... »

Ce devoir accompli, Berryer manifesta le désir d'être conduit hors Paris, et d'aller mourir dans sa terre d'Augerville, loin du bruit, et dans la paix qui convient au dernier sommeil. Auparavant, il fit appeler Marie, qui accourut; il trouva le mourant dans son lit, absorbé plutôt qu'abattu par le mal qui le terrassait. Dès que Berryer vit son vieil ami, il se souleva, lui tendit les mains, et, d'une voix émue : « Ah ! vous voilà, mon cher Marie, dit-il, merci ! je vous ai fait venir ; j'ai voulu vous voir une dernière fois avant de mourir; vous avez été pour moi un bon voisin, un bon ami, un bon confrère; j'en suis bien reconnaissant ; embrassez-moi, mon cher ami... » et, après l'étreinte touchante de ces deux grands vieillards, Berryer reprit d'une voix posée : « Soyez, je vous en prie, mon organe auprès de notre Barreau, auprès de nos confrères. Je les ai bien aimés ; ils m'ont aussi bien aimé; c'est une grande joie pour moi que ce souvenir ; embrassez-les pour moi, mon ami, je leur ai été fidèle, et ce sera mon dernier honneur de mourir le doyen de notre Ordre ! Ah ! mon ami, ce grand Barreau, qu'il reste toujours, comme il l'a été, ferme dans sa foi, dans son amour pour le droit ; car là est sa puissance, sa grandeur, sa force... A tous, mes derniers adieux !... »

Peu après, une voiture transportait Berryer à la campagne. Il n'y résista que quelques jours aux atteintes de la maladie ; l'agonie le prit presque dès son arrivée, et, le 29 novembre 1868, à quatre heures du matin, il expira doucement.

Le deuil fut immense, et les manifestations les plus précieuses se produisirent de toutes parts. Les obsèques furent célébrées à Augerville, le 7 décembre, par une âpre journée d'hiver, où il semblait que les choses se fussent pénétrées des tristesses de la foule empressée autour du cercueil. L'Académie française, le Barreau, précédé du Conseil de discipline et représenté par plus de deux cents de ses membres, les avocats à la Cour de cassation, les délégués des Barreaux de France et du Barreau anglais, les typographes de Paris, les compagnons charpentiers…, plusieurs milliers de personnes enfin, suivaient dans le plus sincère recueillement le corbillard funèbre. Des discours furent prononcés sur la tombe, si nombreux que la nuit vint qui les interrompit ; et tous reprirent le chemin de Paris frappés du souvenir de cette grande voix qui venait de s'éteindre et de cette noble figure qui disparaissait pour toujours.

Le lendemain, l'Ordre des avocats, pour rendre un dernier hommage à la mémoire de Berryer, réunit les délégués des Barreaux étrangers et français. Le bâtonnier Grévy remercia ses confrères français, anglais et belges de s'être associés au deuil qui frappait le Barreau parisien, après s'être, peu de temps auparavant, associés à sa joie. Un avocat de Londres et le bâtonnier du Barreau de Gand répondirent ; Jules Favre termina les discours par une chaleureuse allocution.

Il félicita les orateurs d'avoir fidèlement exprimé les sentiments de tous, « hier, autour d'une tombe illustre, aujourd'hui dans une fête fraternelle, qui n'a pas, dit-il, un autre caractère que celui de la cérémonie où se confondaient nos douleurs et nos regrets. C'est toujours la grande âme de l'ami que nous avons perdu qui est au milieu de nous. Elle m'apparaît, comme le jour où j'ai eu la rare fortune, représentant alors le Barreau de Paris qui m'est si cher, de consacrer, par l'expression d'une légitime et affectueuse admiration, cinquante années de gloire et de vertus professionnelles… Lorsqu'un de nos ancêtres tombait dans un combat, ses compagnons, réunis dans un banquet semblable au nôtre, se penchaient sur sa

glorieuse dépouille, et faisaient le serment de suivre sa
trace. Que cette leçon soit la nôtre ! Apprenons, par l'e-
xemple de cet illustre ami, dont le souvenir ne nous quit-
tera jamais, à nous tenir prêts à tous les sacrifices com-
mandés par la conscience et le patriotisme... ».

La mort de Berryer laissait vacant un siège de député
à Marseille. Le grand orateur n'était pas inhumé que
déjà Gambetta se trouvait désigné comme candidat de
l'opposition. Le Gouvernement, pour fermer aussi longtemps que possible les portes de la Chambre au défenseur
de Delescluze, décida, sous prétexte de l'approche des
élections générales, de ne pas convoquer le collège.

Au Palais, l'Ordre des avocats se réunit en janvier 1869
pour remplacer Berryer au sein du Conseil. La lutte fut
interminable ; déjà, en 1865, il avait fallu procéder à six
ou sept scrutins avant que les derniers candidats eussent
réuni la majorité absolue, exigée par le décret de 1852 ;
cette fois, c'est sur les noms de Rivolet et de Paul Andral que le Barreau bataillait, et, par suite de la présence
dans l'urne de quelques suffrages indisciplinés, le nombre voulu n'était atteint ni par l'un ni par l'autre des com-
pétiteurs ; au neuvième tour enfin, un troisième candidat,
surgissant à la dernière heure, Taillandier, fut nommé.

C'est sur une plus vaste scène qu'au printemps de 1869
une autre agitation électorale, provoquée par de plus graves querelles, se trouva portée : la Chambre de 1863, son
œuvre accomplie, était dissoute ; il s'agissait de la remplacer.

Le Gouvernement ne pouvait ignorer que le combat
allait être des plus rudes ; partout, même dans les cir-
conso. iptions où les chances de succès restaient très pro-

blématiques, l'opposition s'organisait; des journaux paraissaient sans s'effrayer des rigueurs administratives; des candidatures se révélaient, qui étaient vaillamment soutenues.

Le Barreau de Paris prit sa part accoutumée de la bataille; Ernest Picard était, au premier tour de scrutin, élu dans l'Hérault et réélu dans la Seine; par contre — la reconnaissance des services rendus n'étant pas une des vertus dominantes du monde politique — Jules Favre éprouvait de sérieux échecs; battu à Lyon, par Raspail, il passait à Paris, mais difficilement, et au second tour.

M. Émile Ollivier n'était plus inscrit au tableau depuis qu'il remplissait les fonctions de conseil du vice-roi d'Egypte, jugées incompatibles avec la profession d'avocat. Son adhésion à l'empire libéral avait déchaîné contre sa candidature et sa personne de violentes animosités; il échoua piteusement à Paris, dans son ancienne circonscription, et parvint seulement à se faire nommer, grâce à l'appui officiel, dans le département du Var.

Gambetta triomphait, dès le premier scrutin, à Paris et à Marseille, Jules Ferry était nommé dans la Seine, Grévy dans le Jura.

Parmi les députés du Gouvernement, appartenant au Barreau parisien, se retrouvaient Mathieu, Nogent-Saint-Laurens, Josseau, Busson-Billault, etc... Quelques mois plus tard, en novembre, des élections partielles, nécessitées à Paris par l'option des députés nommés dans plusieurs collèges, ramenèrent à la Chambre Crémieux et M. Emmanuel Arago. Allou s'était présenté, mais, trop tiède pour les uns, trop accentué pour les autres, il ne réunit que quelques milliers de suffrages.

L'opposition revenait au Corps législatif sérieusement fortifiée; ses membres formaient, à gauche, un groupe compact et plein d'ardeur qui, plus encore que pendant la précédente législature, allait jeter de l'animation dans les débats; en outre, une sorte de tiers parti s'était formé, qui se composait de députés sincèrement attachés au régime impérial, mais pourtant résolus à le contrôler et à l'avertir.

L'année 1869 touchait à sa fin; dans les derniers jours de décembre, mourait un ancien chef de l'Ordre, devenu procureur général à la Cour de cassation, Delangle. En dehors des souvenirs qu'il avait laissés au Barreau, Delangle avait vécu de la vie militante du Palais pendant qu'il y occupait le siège de premier président de la Cour impériale; il y tenait bien sa place, mais il semblait rechercher une certaine rudesse de forme, que n'excusait pas, comme chez Séguier, la finesse d'un esprit supérieur; il gourmandait volontiers les stagiaires intimidés, refusant le serment de l'un d'eux qui lui avait envoyé sa carte par la poste, ou soulevant un incident parce qu'un autre avait négligé de couper ses moustaches. Sans doute, cette question du port des moustaches s'était, jadis (1), posée aux graves délibérations de la Cour de cassation elle-même, mais le temps avait marché, et il eût été peut-être difficile de soutenir encore qu'une certaine coupe de barbe manquait de dignité et tournait au ridicule (2).

En même temps qu'il assistait officieusement aux obsèques de l'un de ses anciens bâtonniers, le Barreau de Paris célébrait la cinquantaine de Marie, inscrit au tableau depuis le 22 novembre 1819. Pareille solennité avait, quelque temps auparavant, réuni le Barreau de Rouen autour de Senard.

(1) Arrêt du 6 août 1844, S., 44, I, 678.
(2) Mollot, I, p. 385.

Le banquet offert à Marie eut lieu le 27 décembre 1869; autour du vieux bâtonnier, furent invités ses trois fils et les chefs de la Cour, du tribunal et des compagnies judiciaires. Grévy présidait; au dessert, il se leva, et, après avoir félicité le Barreau du pieux et touchant usage qui réunit l'Ordre à certaines dates mémorables, il se tourna vers Marie. « Quand on est devenu, lui dit-il, par l'élévation du talent, la pureté du caractère et l'austère pratique de toutes les vertus professionnelles, le modèle accompli du grand avocat; quand on a su se rendre, par une bienveillance inépuisable et une sereine aménité, le meilleur et le plus aimé des confrères; quand on a marché avec éclat à la tête du Barreau, et qu'on est, depuis quarante ans, la lumière et l'ornement du Conseil de son Ordre; quand enfin, dans les conseils de la nation et les régions les plus élevées du pouvoir, à travers les vicissitudes de nos temps troublés, on est resté fidèle aux généreuses convictions d'une longue vie, et qu'au déclin de cette noble existence on se voit un jour entouré de ces vives admirations, de ces pures amitiés, confondues ici pour glorifier un demi-siècle de grandeur et de vertu....., n'est-ce pas, mon cher Marie, que cette récompense est la plus belle qu'un cœur comme le vôtre puisse ambitionner ? »

Marie, dans une allocution émue mais prononcée d'une voix bientôt raffermie, porta un toast au Barreau: « Au Barreau, s'écria-t-il! qu'il reste, comme l'a dit Berryer mourant, ce qu'il a toujours été, vaillant par la parole, puissant par la science, grand surtout par le patriotisme et la dignité du caractère. »

La fête semblait terminée, lorsque le premier président Gilardin prit la parole; il s'associa de tout cœur aux joies de la grande famille judiciaire :

« Prêterai-je l'oreille avec inquiétude, ajouta-t-il, à

quelques passages des allocutions des deux honorables bâtonniers? Non, Messieurs! je déclare que je n'éprouve
point à cet égard d'embarras; à chacun la fidélité de ses
convictions; j'ai pu garder la mienne. Beaucoup de choses
sont à discuter de la conduite des hommes de notre
temps, jetés dans des situations où les meilleurs ont pu
suivre des routes différentes... Et au-dessus de la barre
de nos audiences, qui nous unit bien plus qu'elle ne nous
sépare, je tends, sans hésiter, la main à Mᵉ Marie pour
serrer la sienne d'une étreinte qui veuille dire : vous avez
donné les plus beaux exemples de l'avocat ; vous avez
bien mérité de la justice; comptez, je vous prie, et j'espère que vous y mettrez quelque prix en ma personne,
sur des amitiés de Magistrature avec les vives amitiés du
Barreau, qui fêtent aujourd'hui et couronnent magnifi-
quement votre grande et pure carrière. »

Cette intervention toute spontanée et inattendue du
premier Président fit éclater de toutes parts des bravos
enthousiastes, dont Marie conserva avec fierté le précieux
souvenir pendant les quelques mois qu'il lui restait à vivre ; il mourait au mois d'avril 1870.

Le lendemain du banquet, de grand matin, les abords
de la Cour d'assises étaient envahis par un public nombreux, désireux d'assister aux débats d'une affaire criminelle si effroyable que des gens, là l'imagination soupçon-
neuse, allèrent jusqu'à se demander si elle n'avait pas été
imaginée de toutes pièces pour détourner, pendant quelques mois, l'opinion des préoccupations politiques, et
créér par là une salutaire diversion. Lachaud défendit
Troppmann; il le fit avec une telle force que l'auditoire
laissa s'écouler, sans s'en apercevoir, les longs développements de sa belle plaidoirie.

Quelques heures de plus, et l'année 1870 était commencée. Qui donc alors eût prédit sans frémir les tragiques catastrophes qu'elle réservait à la France ?

Le 4 janvier, M. Émile Ollivier, chargé de la constitution d'un ministère libéral, était parvenu à former son cabinet, dans lequel il se réserva le portefeuille de la Justice. Le nouveau Garde des sceaux n'oublia pas ses anciens confrères : le 10 mars 1370, à son initiative, un décret impérial rendait à l'assemblée générale des avocats le droit d'élire le chef de l'Ordre, à la majorité absolue des suffrages ; et, le 28 juillet suivant, comme s'il eût tenu à honneur de justifier, dès l'abord, l'excellence de cette mesure, et comme s'il eût, en même temps, pressenti que l'heure allait sonner des grands devoirs, le Barreau de Paris, réuni pour nommer son bâtonnier, porta son choix sur M. Rousse.

TABLE ALPHABÉTIQUE DES MATIÈRES

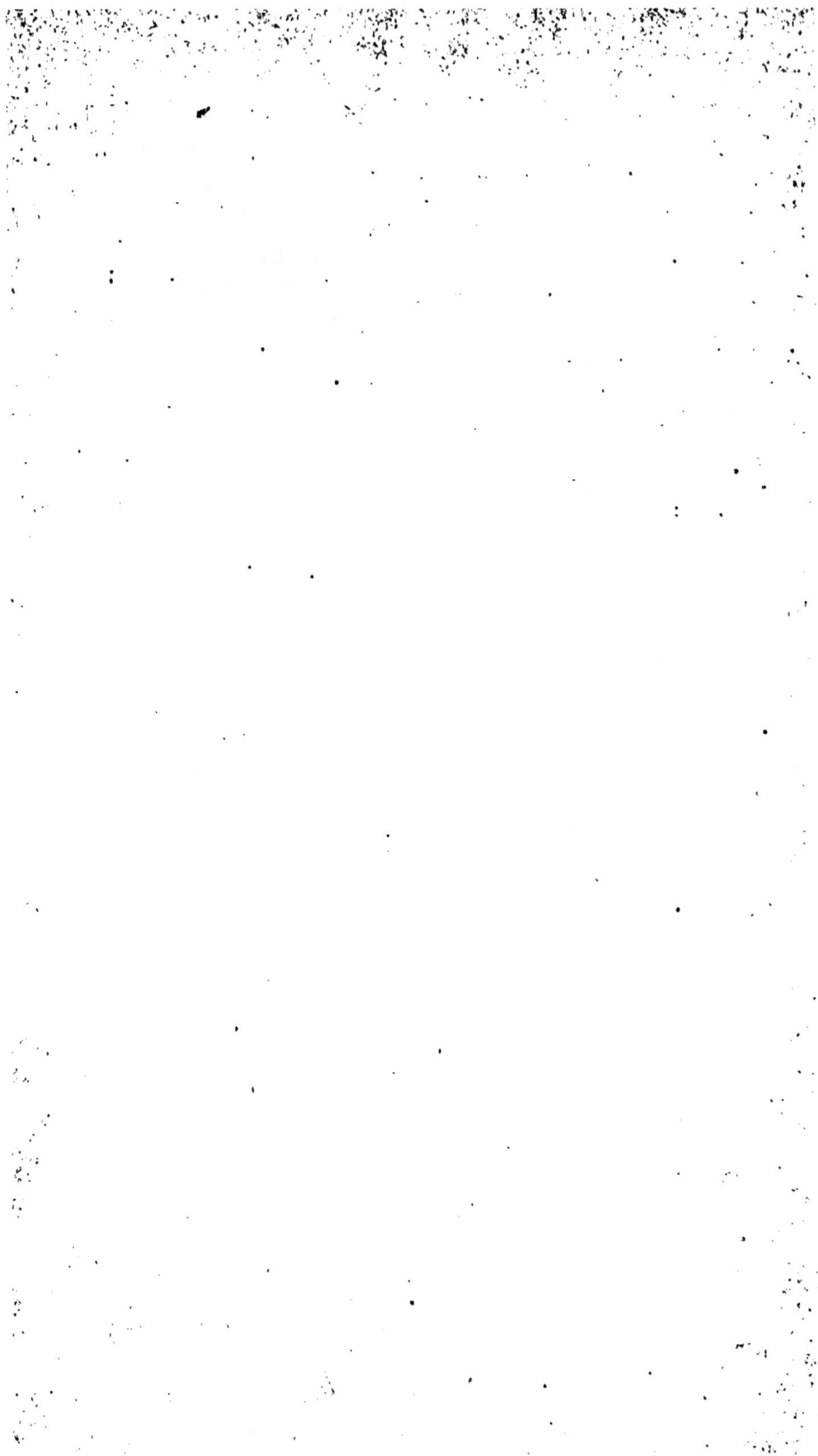

TABLE DES SOMMAIRES

CHAPITRE III

RESTAURATION (1815-1822)

CHAPITRE IV

RESTAURATION (SUITE) (1822-1830)

CHAPITRE V

LA RÉVOLUTION DE 1830

CHAPITRE VI

MONARCHIE DE JUILLET. — 1830-1834

CHAPITRE VII

MONARCHIE DE JUILLET (SUITE). — 1834-1837

CHAPITRE VIII

MONARCHIE DE JUILLET (SUITE). — 1837-1844

CHAPITRE IX

MONARCHIE DE JUILLET (SUITE ET FIN). — 1844-1848 |

CHAPITRE X

SECONDE RÉPUBLIQUE (1848-1852)

Poitiers, Imprimerie Blais, Roy et Cie, 7, rue Victor-Hugo